U0657961

"十三五"职业教育系列教材

电力系统继电保护及二次回路

（第二版）

主　编　沈诗佳

副主编　张皖春　姚旭明　龙　运

编　写　程　琳　曹小玲

主　审　谷水清

中国电力出版社

CHINA ELECTRIC POWER PRESS

内 容 提 要

全书可分为十二章，内容包括电网的电流保护、电网的距离保护、输电线路全线速动保护、电力变压器保护、发电机保护和母线保护、操作电源、断路器的控制和信号回路、隔离开关的控制和闭锁回路、中央信号及其他信号回路。此外，还包括继电保护和二次回路发展及新技术简介。每章附有教学要求、学习指导和习题。

本书可作为高职高专院校发电厂及电力系统、电力系统及自动化、电力系统继电保护与自动化、供用电技术等电力技术类专业的教材，也可作为函授教材及工程技术人员的参考用书。

图书在版编目（CIP）数据

电力系统继电保护及二次回路/沈诗佳主编. —2版. —北京：中国电力出版社，2017.1（2023.8重印）

"十三五"职业教育规划教材

ISBN 978 - 7 - 5123 - 9964 - 8

Ⅰ.①电… Ⅱ.①沈… Ⅲ.①电力系统－继电保护－职业教育－教材②变电所－二次系统－职业教育－教材 Ⅳ.①TM77②TM645.2

中国版本图书馆 CIP 数据核字（2016）第 258766 号

出版发行：中国电力出版社
地　　址：北京市东城区北京站西街 19 号（邮政编码 100005）
网　　址：http://www.cepp.sgcc.com.cn
责任编辑：乔　莉（010－63412535）
责任校对：黄　蓓
装帧设计：赵姗姗
责任印制：吴　迪

印　　刷：望都天宇星书刊印刷有限公司
版　　次：2007 年 12 月第一版　2017 年 1 月第二版
印　　次：2023 年 8 月北京第二十二次印刷
开　　本：787 毫米×1092 毫米　16 开本
印　　张：19
字　　数：459 千字
定　　价：38.00 元

前　　言

本书 2007 年 11 月第一版出版以来，经过多所学校长时间使用，积累了一些经验和建议，结合继电保护技术的发展，将《电力系统继电保护及二次回路》第一版修编后，列入"十三五"职业教育规划教材。

本次修编主要针对第一章至第七章的内容增加了一些微机保护的基本概念和基本知识。

本书共分为十二章，其中第一章第一节由安徽电气工程职业技术学院曹小玲编写，第一章第二、三节、第八章、第九章、第十二章和附录由安徽电气工程职业技术学院程琳编写，第二章、第十章、第十一章由广西电力职业技术学院姚旭明编写，第三章、第四章由安徽电气工程职业技术学院张皖春编写，第五章由安徽电气工程职业技术学院沈诗佳编写，第六章、第七章由四川电力职业技术学院龙运编写。全书由安徽电气工程职业技术学院沈诗佳统稿。

全书承沈阳工程学院谷水清教授主审，并提出许多宝贵意见和建议，在此表示由衷感谢。

由于编写时间仓促，书中难免有疏漏或不当之处，恳请读者批评指正。

编　者

2016 年 11 月于合肥

第一版前言

为贯彻落实教育部《关于进一步加强高等学校本科教学工作的若干意见》和《教育部关于以就业为导向深化高等职业教育改革的若干意见》的精神，加强教材建设，确保教材质量，中国电力教育协会组织制订了普通高等教育"十一五"教材规划。该规划强调适应不同层次、不同类型院校，满足学科发展和人才培养的需求，坚持专业基础课教材与教学急需的专业教材并重、新编与修订相结合。本书为新编教材。

本书是根据全国电力高等职业教育教材建设指导委员会审定的教材编写大纲编写的。

本书根据高职高专教育培养目标的要求，以必需、够用为度，以讲清概念、强化应用为重点，在总结长期教学经验的基础上，将发电厂及电力系统等电力电气类专业的两门专业技术课（电力系统继电保护、发电厂及变电站二次回路）中的主要内容合并在一起。本书充分吸收同类教材的经验并充分考虑高职高专的特点，抛开繁琐的数学推导，力求理论联系实际，对主要基本概念、基本原理做简单明了的阐述，并对继电保护新技术作简单介绍。

本书每章均附有学习指导以突出各章的重点，并配备有针对性的思考题与习题。在例题和练习题的编写上，着眼现场要求，强调现场实用性，注重例题和练习题的质量和数量。

本书共分为十二章，其中第一章第一节由安徽电气工程职业技术学院曹小玲编写，第一章第二节、第八章、第九章、第十二章和附录由安徽电气工程职业技术学院程琳编写，第二章、第十章、第十一章由广西电力职业技术学院姚旭明编写，第三章、第四章由安徽电气工程职业技术学院张皖春编写，第五章由安徽电气工程职业技术学院沈诗佳编写，第六章、第七章由四川电力职业技术学院龙运编写。全书由安徽电气工程职业技术学院沈诗佳统稿。

全书承沈阳工程学院谷水清教授主审，并提出许多宝贵意见和建议，在此表示由衷感谢。

由于编者水平有限，书中难免有不当或错误之处，恳请读者批评指正。

编　者
2007 年 7 月

目　录

第一章　继电保护和二次回路的基本知识

教学要求

通过本章学习了解电力系统的故障和不正常工作状态；了解继电保护的任务；掌握对继电保护的基本要求；熟悉互感器；了解常用电磁型继电器、序分量滤过器、变换器的分类与符号；掌握一次设备、二次设备与二次回路；了解二次回路常用设备的符号；了解二次回路图及分类；了解原理接线图的特点与识绘图方法；掌握展开接线图的特点、识绘图方法；了解安装接线图的分类及其特点。

第一节　继电保护的基本知识

一、电力系统的运行状态

电力系统是由生产、变换、输送、分配和消费电能的各种设备组成的联合系统。当前电力系统的特点是电能还不能大量储存，电能的生产、输送和消费是在同一时间完成的。电力系统的运行状态可以分为正常工作状态、不正常工作状态和故障状态。

1. 电力系统的正常工作状态

电力系统的正常工作状态为：电力系统中各发电、输电和用电设备均在规定的长期安全工作限额内运行；电力系统中各母线电压和频率均在允许的偏差范围内，提供合格而足够的电能以满足负荷的需求；电力系统中的发电、输电和变电设备保持一定的备用容量，能满足负荷随机变化的需要，同时在保证安全的条件下，可以实现经济运行；能承受常见的干扰，而不至于产生严重的后果。

2. 电力系统的不正常工作状态

电力系统的正常工作状态遭到破坏，但未形成故障，称为电力系统的不正常工作状态（或称为异常运行状态）。最常见的不正常工作状态是电气元件的电流超过其额定值，即过负荷状态。长时间的过负荷会使电气元件的载流部分和绝缘材料的温度过高，从而加速设备的绝缘老化，或损坏设备，甚至发展成事故。此外，由于电力系统出现有功功率缺额而引起的频率降低、水轮发电机突然甩负荷引起的过电压以及电力系统振荡等，都属于不正常工作状态。

对电力系统的不正常工作状态必须通过自动或人工的方式加以消除，以使系统尽快恢复到正常工作状态。由于不正常工作状态对电力系统和电力设备造成的经济损失与运行时间的长短有关，加之引起不正常工作状态的原因复杂，一般由继电保护装置检测到不正常工作状态后发出信号，或延时切除不正常工作的电气元件。

3. 电力系统的故障状态

电力系统的所有一次设备在运行过程中由于外力、绝缘老化、过电压、误操作、设计制造缺陷等原因而发生短路、断线等故障时，称为电力系统的故障状态。最常见同时也是最危险的故障是发生各种类型的短路。

短路包括三相短路、两相短路、两相接地短路和单相接地短路。不同类型短路发生的概率是不同的，一般单相接地短路发生的概率最高。不同类型短路产生的短路电流的大小也是不同的，一般为额定电流的几倍到几十倍。

发生短路时可能产生以下后果：

（1）通过故障点的很大的短路电流和所燃起的电弧，使故障元件损坏。

（2）短路电流通过非故障元件，由于发热和电动力的作用，使它们损坏或缩短它们的使用寿命。

（3）电力系统中部分地区的电压大大降低，破坏用户工作的稳定性或影响工厂产品的质量。

（4）破坏电力系统并列运行的稳定性，引起系统振荡，甚至使整个系统瓦解。

在电力系统中除应采取各项积极措施消除或减少发生故障的可能性以外，故障一旦发生，必须迅速而有选择性地切除故障元件，这是保证电力系统安全运行的最有效方法之一。故障和不正常工作状态，都可能在电力系统中引起事故。事故，就是指系统或其中一部分的正常工作遭到破坏，并造成对用户少送电或电能质量破坏到不能容许的地步，甚至造成人身伤亡和电气设备的损坏。

系统事故的发生，除了由于自然条件的因素以外，一般都是由于设备制造上的缺陷、设计和安装上的错误、检修质量不高或运行维护不当而引起的，还可能由于故障切除迟缓或设备被错误地切除，致使故障发展成为事故甚至引起事故的扩大。因此，只要充分发挥人的主观能动性，正确地掌握客观规律，加强对设备的维护和检修，就可以大大减少事故发生的概率，把事故消灭在发生之前。

二、继电保护装置的基本任务

继电保护装置是一种能反映电力系统中电气元件发生的故障或不正常工作状态，并动作于断路器跳闸或发出信号的一种自动装置。它的基本任务是：

（1）当电力系统的被保护元件发生故障时，继电保护装置应能自动、迅速、有选择地将故障元件从电力系统中切除，并保证无故障部分迅速恢复正常运行。

（2）当电力系统中被保护元件出现不正常工作状态时，继电保护装置应能及时反应，并根据运行维护条件，动作于发出信号、减负荷或跳闸。此时一般不要求保护迅速动作，而是根据对电力系统及其元件的危害程度规定一定的延时，以免不必要的动作和由于干扰而引起的误动作。

三、继电保护的基本原理

要完成电力系统继电保护的基本任务，继电保护装置就必须能够正确区分电力系统的正常工作状态、不正常工作状态和故障状态，必须能够正确甄别发生故障和出现异常的元件。继电保护的基本原理就是寻找电力元件在这三种运行状态下的可测参量（主要是电气量）的差异，依据这些差异可以实现对正常工作、不正常工作和故障元件的正确而又快速地甄别。依据可测电气量的不同差异，就可以构成不同原理的继电保护装置。发现并正确利用能可靠区分三种运行状态的可测量或参量的新差异，就可以形成新的继电保护原理。

目前已经发现不同运行状态下具有明显差异的电气量主要有：流过电力元件的相电流、序电流、功率及其方向；元件的运行相电压、序电压；元件的电压与电流的比值即测量阻抗；电压与电流之间的相位；故障时的突变量等。

1. 利用基本电气参数量的区别

（1）过电流保护。反映电流增大而动作的保护称为过电流保护。如图 1-1 所示，在正常运行时，线路上流过由它供电的负荷电流。若在 BC 线路上发生三相短路，则从电源到短路点 K 之间将流过短路电流 i_K，可以使保护 1、2 反映到这个电流，首先由保护 2 动作于断路器 QF2 跳闸。

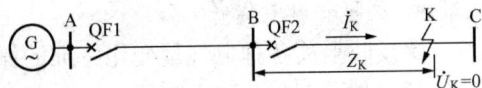

图 1-1　单侧电源线路

（2）低电压保护。反映电压降低而动作的保护称为低电压保护。如图 1-1 所示，正常运行时，各母线上的电压一般都在额定电压 $\pm(5\sim10)\%$ 范围内变化。若在 BC 线路 K 点发生三相短路时，短路点电压降到零，各母线上的电压都有所下降，保护 1、2 都能反映到电压下降，首先由保护 2 动作于断路器 QF2 跳闸。

（3）距离保护。反映保护安装处到短路点之间的阻抗下降而动作的保护称为低阻抗保护，也称为距离保护。如图 1-1 所示，在正常运行时，线路始端的电压与电流之比反映的是该线路与供电负荷的等值阻抗及负荷阻抗角（功率因数角），其数值一般较大，阻抗角较小。若在 BC 线路 K 点发生短路时，BC 线路始端的电压与电流之比反映的是该测量点到短路点之间线路段的阻抗 Z_K，其值较小，一般正比于该线路段的距离（长度），阻抗角为线路阻抗角，其值较大。

2. 利用比较两侧的电流相位（或功率方向）

如图 1-2 所示的双侧电源线路，若规定电流的正方向是从母线指向线路。在正常运行时，线路 AB 两侧的电流大小相等，相位差为 180°；当在线路 BC 的 K1 点发生短路故障时，线路 AB 两侧的电流大小仍相等，相位差仍为 180°；当在线路 AB 内部的 K2 点发生短路故障时，线路 AB 两侧的短路电流大小一般不相等，相位相同。由此可见，若两侧电流相位（或功率方向）相同，则判定为被保护线路内部故障；若两侧电流相位（或功率方向）相反，则判定为区外短路故障。利用比较被保护线路两侧电流相位（或功率方向），可以构成纵联差动保护、相差高频保护、方向保护等。

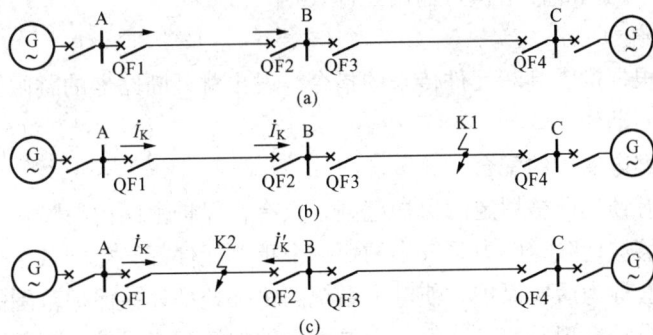

图 1-2　双侧电源线路

(a) 正常运行；(b) 外部故障；(c) 内部故障

3. 反映序分量或突变量是否出现

电力系统在对称运行时，不存在负序和零序分量；当发生不对称短路时，将出现负序、零序分量；无论是对称短路，还是不对称短路，正序分量都将发生突变。因此，可以根据是否出现负序、零序分量构成负序保护和零序保护；根据正序分量是否突变构成对称短路、不对称短路保护。

4. 反映非电量保护

除反映上述各种电气量变化特征的保护外，还可以根据电力元件的特点实现反映非电量特征的保护。例如，当变压器油箱内部的绕组短路时，反映于变压器油受热分解所产生的气体，构成气体保护；反映绕组温度升高构成的过负荷保护等。

四、继电保护装置的组成

继电保护的构成原理虽然很多，但是在一般情况下，整套继电保护装置是由测量比较元件、逻辑判断元件和执行输出元件三部分组成的，如图1-3所示。

相应输入量 → 测量比较元件 → 逻辑判断元件 → 执行输出元件 → 跳闸或信号

图1-3　继电保护装置的组成

1. 测量比较元件

测量比较元件测量通过被保护的电力元件的物理参量，并与给定的值进行比较，根据比较的结果，给出"是"或"非"性质的一组逻辑信号，从而判断保护装置是否应该启动。根据需要继电保护装置往往具有一个或多个测量比较元件。常用的测量比较元件有：被测电气量超过给定值而动作的继电器，如过电流继电器、过电压继电器等；被测电气量低于给定值而动作的欠量继电器，如低电压继电器、阻抗继电器等；被测电压、电流之间相位角满足一定值而动作的继电器，如功率方向继电器等。

2. 逻辑判断元件

逻辑判断元件根据测量比较元件输出逻辑信号的性质、先后顺序、持续时间等，使保护装置按一定的逻辑关系判定故障的类型和范围，最后确定是否应该使断路器跳闸、发出信号或不动作，并将对应的指令传给执行输出元件。

3. 执行输出元件

执行输出元件根据逻辑判断元件传来的指令，发出跳开断路器的跳闸脉冲及相应的动作信息、发出警报或不动作。

五、电力系统继电保护的配合

每一套保护都有预先严格划定的保护范围，只有在保护范围内故障，该保护才动作。为了确保故障元件能够被切除，电力系统中的每一个重要元件都必须配备至少两套保护，一套称为主保护，另一套称为后备保护，使电力系统的每一处都处在保护范围的覆盖下，系统任意点的故障都能被自动发现并切除。每一个电力元件如何配置保护、配备几套保护，以及各电力元件继电保护之间怎样配合，需要根据电力元件的重要程度及其对系统影响的重要程度等因素决定。图1-4所示为一个简单电力系统各电力元件主保护的保护范围和配合关系示意。由图1-4可见，上下级电力元件的保护范围必须部分重叠，这样才能保证系统内任意处故障都处在保护范围内。

主保护是指在电力元件的被保护范围内任意点发生故障时，都能以最短时限（如瞬时）

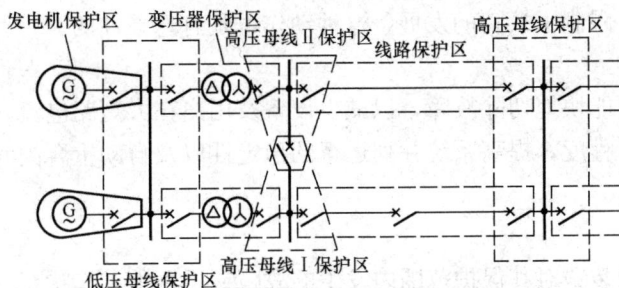

图 1-4 电力元件主保护的保护范围和配合关系示意

动作于跳闸。

后备保护是指由于某种原因使故障元件保护装置或断路器拒绝动作时,由相邻元件的保护或故障元件的另一套保护动作。后备保护分为近后备保护和远后备保护。

近后备保护是指某一元件同时装设两套保护,当该元件故障时,主保护万一不动作,则由后备保护动作于跳闸。显然,当元件的断路器拒绝动作时,近后备保护不能起到后备的作用,此时必须通过装设在断路器上的失灵保护,切除该元件连接母线上的所有电源断路器。

远后备保护是指故障元件保护或断路器拒绝动作时,由上级(电源侧)元件的保护动作于跳闸。当多个电源向该元件供电时,需要在所有电源侧的上级元件处配置远后备保护。显然,远后备保护动作时,使故障影响范围扩大了。

为了最大限度地减小故障对电力系统产生的影响,应保证由主保护快速切除任何类型的故障,一般后备保护都延时动作,等待主保护确实不动作后才动作。因此,主保护与后备保护之间存在动作时间和动作灵敏度的配合。

六、对继电保护的基本要求

动作于跳闸的继电保护,在技术上一般应满足四条基本要求,即选择性、速动性、灵敏性和可靠性。

1. 选择性

选择性是指继电保护装置动作时,仅将故障元件从电力系统中切除,保证系统中非故障元件仍然能够继续安全运行,使停电范围尽量缩小。

如图 1-5 所示,当线路 L4 上 K2 点发生短路时,保护 6 动作跳开断路器 QF6,将 L4切除,这种动作是有选择性的。若 K2 点故障,保护 5 动作将 QF5 断开,变电站 C 和 D 都将停电,这种动作是无选择性的。同样 K1 点故障时,保护 1 和保护 2 动作断开 QF1 和QF2,将故障线路 L1 切除,这种动作也是有选择性的。若 K2 点故障,保护 6 或断路器QF6 拒动,保护 5 动作将断路器 QF5 断开,故障切除,这种情况虽然是越级跳闸,但却尽

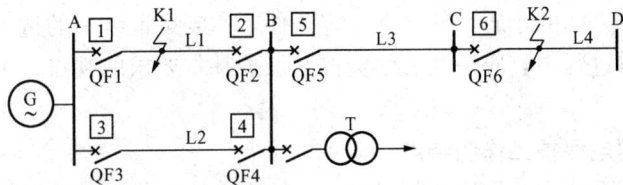

图 1-5 单侧电源网络中保护选择性动作说明

量缩小了停电范围，限制了故障的发展，这种动作也是有选择性的。

2. 速动性

速动性是指尽可能快地切除故障，以减少设备及用户在大短路电流、低电压下的运行时间，降低设备的损坏程度，提高系统并列运行的稳定性以及自动重合闸和备用电源自动投入装置的动作成功率。

3. 灵敏性

灵敏性是指保护装置对其保护范围内发生的故障或不正常工作状态的反应能力。满足灵敏性要求的保护装置应该是在规定的保护范围内部故障时，在系统任意的运行条件下，无论短路点的位置、短路的类型如何，以及短路点是否有过渡电阻，当发生短路时都能灵敏反应。灵敏性通常用灵敏系数 K_{sen} 或灵敏度来衡量。

对于反映故障时参数增大而动作的保护装置，其灵敏系数为

$$K_{sen} = \frac{保护区末端金属性短路时保护安装处测量到的故障参数的最小计算值}{保护整定值}$$

对于反映故障时参数减小而动作的保护装置，其灵敏系数为

$$K_{sen} = \frac{保护整定值}{保护区末端金属性短路时保护安装处测量到的故障参数的最大计算值}$$

在 GB/T 14285—2006《继电保护和安全自动装置技术规程》中，对各类保护灵敏系数的要求都作了具体规定。主保护：带方向和不带方向的电流保护或电压保护，电流元件和电压元件 $K_{sen} = 1.3 \sim 1.5$。后备保护：远后备保护电流、电压和阻抗元件 $K_{sen} = 1.2$；近后备保护电流、电压和阻抗元件 $K_{sen} = 1.3$。

4. 可靠性

可靠性是指在该保护装置规定的保护范围内发生了它应该动作的故障时，它不应该拒绝动作，而在发生任何其他该保护不应该动作的故障时，则不应该误动作。

保护装置的可靠性主要依赖于保护装置本身的质量和运行维护水平。一般说来，保护装置的组成元件质量越高、接线越简单、回路中继电器的触点数量越少，则可靠性越高。同时，精细的制造工艺、正确的调整试验、良好的运行维护以及丰富的运行经验，对于提高保护的可靠性也具有重要的作用。

保护装置的误动和拒动都会给电力系统造成严重的危害。但提高其不误动的可靠性和不拒动的可靠性的措施常常是互相矛盾的。由于电力系统的结构和负荷性质的不同，误动和拒动的危害程度也有所不同，因而提高保护装置可靠性的着重点在各种具体情况下也应有所不同。

以上四个基本要求是分析研究继电保护性能的基础。在它们之间既有矛盾的一面，又有统一的一面。可以这样说，继电保护技术是随着电力系统的发展，在不断解决保护装置应用中出现的对基本要求之间的矛盾，使之在一定条件下达到辩证统一的过程中发展起来的。因此，在本课程的学习过程中，应该注意学会按对保护基本要求的观点，去分析每种保护装置的性能。

七、电力系统继电保护工作的特点

继电保护在电力系统中的作用及其对电力系统安全连续供电的重要性，要求继电保护必须具有一定的性能、特点，因而对继电保护工作者也提出相应要求。继电保护的主要特点和

对保护工作者的要求如下：

（1）电力系统是由很多复杂的一次主设备和二次保护、控制、调节、信号等辅助设备组成的一个有机的整体。每个设备都有其特有的运行特性和故障时的工况。任一设备的故障都将立即引起系统正常运行状态的改变和破坏，给其他设备以及整个系统造成不同程度的影响。因此，继电保护的工作牵涉到每个电气主设备和二次辅助设备。这就要求继电保护工作者对所有这些设备的工作原理、性能、参数计算和故障状态的分析等有深刻的理解，还要有广泛的生产运行知识。此外，对于整个电力系统的规划设计原则、运行方式制定的依据、电压及频率调节的理论、潮流及稳定计算的方法以及经济调度、安全控制原理和方法等都要有清楚的概念。

（2）电力系统继电保护是一门综合性的科学，它奠基于理论电工、电机学和电力系统分析等基础理论，还与电子技术、通信技术、计算机技术和信息科学等新理论、新技术有着密切的关系。纵观继电保护技术的发展史，可以看到电力系统通信技术上的每一个重大进展都导致一种新的保护原理的出现，例如高频保护、微波保护和光纤保护等，每一种新电子元件的出现也都引起了继电保护装置的革命。由机电式继电器发展到晶体管保护装置，集成电路式保护装置和微机保护，就充分说明了这个问题。目前微机保护的普及及光纤通信和信息网络的实现正在使继电保护技术的面貌发生根本的变化。在继电保护的设计、制造和运行方面都将出现一些新的理论、新的概念和新的方法。由此可见，继电保护工作者应密切注意相邻学科中新理论、新技术、新材料的发展情况，积极而慎重地运用各种新技术成果，不断发展继电保护的理论，提高其技术水平和可靠性指标，改善保护装置的性能，以保证电力系统的安全运行。

（3）继电保护是一门理论和实践并重的学科。为掌握继电保护装置的性能及其在电力系统故障时的动作行为，既需运用所学课程的理论知识，对系统故障情况和保护装置动作行为进行分析，还需对继电保护装置进行实验室实验，数字仿真分析，在电力系统动态模型上试验，现场人工故障试验以及在现场条件下的试运行。仅有理论分析不能认为对保护性能的了解是充分的。只有经过各种严格的试验，试验结果和理论分析基本一致，并满足预定的要求，才能在实践中采用。因此，要搞好继电保护工作不仅要善于对复杂的系统运行和保护性能问题进行理论分析，还必须掌握科学的实验技术，尤其是在现场条件下进行调试和实验的技术。

（4）继电保护的工作稍有差错，就可能对电力系统的运行造成严重的影响，给国民经济和人民生活带来不可估量的损失。国内外几次电力系统瓦解进而导致广大地区工、农业生产瘫痪和社会秩序混乱的严重事故，常常是一个继电保护装置不正确动作引起的。因此继电保护工作者对电力系统的安全运行肩负着重大的责任，这就要求继电保护工作者具有高度的责任感、严谨细致的工作作风，在工作中树立可靠性第一的思想。此外，还要求他们有合作精神，主动配合各规划、设计和运行部门分析研究电力系统发展和运行情况，了解对继电保护的要求，以便及时采取应有的措施，确保继电保护满足电力系统安全运行的要求。

八、继电保护的发展简史

继电保护技术是随着电力系统的发展而发展起来的。电力系统中的短路不可避免，短路必然伴随着电流的增大，因而为了保护发电机免受短路电流的破坏，首先出现了反映电流超过一预定值的过电流保护。熔断器就是最早的、最简单的过电流保护装置。这种保护方式时至今日仍广泛应用于低压线路和用电设备。熔断器的特点是熔保护装置与切断电流的装置于一体，因而最为简单。由于电力系统的发展，用电设备的功率、发电机的容量不断增大，发电厂、变电站和供电网的接线不断复杂化，电力系统中正常工作电流和短路电流都不断增大，熔断器已不能满足选择性和快速性的要求，于是出现了作用于专门的断流装置（断路器）的过电流继电器。19世纪90年代出现了装于断路器上并直接作用于断路器的一次式（直接反应于一次短路电流）电磁型过电流继电器。20世纪初随着电力系统的发展，继电器才开始广泛应用于电力系统的保护。这个时期可认为是继电保护技术发展的开端。

1901年出现了感应型过电流继电器。1908年提出了比较被保护元件两端电流的电流差动保护原理。1910年方向性电流保护开始得到应用，在此时期也出现了将电流与电压相比较的保护原理，并导致了20世纪20年代初距离保护装置的出现。随着电力系统载波通信的发展，在1927年前后，出现了利用高压输电线上高频载波电流传送和比较输电线两端功率方向或电流相位的高频保护装置。在20世纪50年代，微波中继通信开始应用于电力系统，从而出现了利用微波传送和比较输电线两端故障电气量的微波保护。早在20世纪50年代就出现了利用故障点产生的行波实现快速继电保护的设想，经过20余年的研究，终于诞生了行波保护装置。显然，随着光纤通信在电力系统中的大量采用，利用光纤通道的继电保护必将得到广泛的应用。

以上是继电保护原理的发展过程。与此同时，构成继电保护装置的元件、材料、保护装置的结构型式和制造工艺也发生了巨大的变革。20世纪50年代以前的继电保护装置都是由电磁型、感应型或电动型继电器组成的。这些继电器都具有机械转动部件，统称为机电式继电器。由这些继电器组成的继电保护装置称为机电式保护装置。机电式继电器所采用的元件、材料、结构型式和制造工艺在近30余年来，经历了重大的改进，积累了丰富的运行经验，工作比较可靠，因而目前仍是电力系统中应用很广的保护装置。但这种保护装置体积大、消耗功率大、动作速度慢、机械转动部分和触点容易磨损或粘连、调试维护比较复杂，不能满足超高压、大容量电力系统的要求。

20世纪50年代，由于半导体晶体管的发展，开始出现了晶体管式继电保护装置。这种保护装置体积小、功率消耗小、动作速度快、无机械转动部分，称为电子式静态保护装置。晶体管保护装置易受电力系统中或外界的电磁干扰的影响而误动或损坏，当时其工作可靠性低于机电式保护装置。但经过20余年长期的研究和实践，抗干扰问题从理论上和实践上都得到了满意的解决，使晶体管继电保护装置的正确动作率达到了和机电式保护装置同样的水平。20世纪70年代是晶体管继电保护装置在我国大量采用的时期，满足了当时电力系统向超高压、大容量发展的需要。

电子工业方面集成电路技术的发展，有可能将数十个或更多晶体管集成在一个半导体芯片上，从而出现了体积更小、工作更加可靠的集成运算放大器和其他集成电路元件。这促使静态继电保护装置向集成电路化方向发展。20世纪80年代后期，标志着静态继电保护从第一代（晶体管式）向第二代（集成电路式）的过渡，20世纪90年代开始向微机保护过渡。目前，微机保护装置已取代集成电路式继电保护装置，成为静态继电保护装置的主要形式。微机保护具有巨大的计算、分析和逻辑判断能力，有存储记忆功能，因而可用以实现任何性能完善且复杂的保护原理。微机保护可连续不断地对本身的工作情况进行自检，其工作可靠性很高。此外，微机保护可用同一硬件实现不同的保护原理，这使保护装置的制造大为简化，也容易实行保护装置的标准化。微机保护除了保护功能外，还兼有故障录波、故障测距、事件顺序记录和调度计算机交换信息等辅助功能，这对简化保护的调试、事故分析和事故后的处理等都有重大意义。由于微机保护装置的巨大优越性和潜力，因而受到运行人员的欢迎，进入 20 世纪 90 年代以来，在我国得到大量应用，已成为继电保护装置的主要型式，成为电力系统保护、控制、运行调度及事故处理的统一计算机系统的组成部分。

由于计算机网络的发展和其在电力系统中的大量采用给微机保护提供了无可估量的发展空间。微机硬件和软件功能的空前强大，变电站综合自动化和调度自动化的兴起、电力系统光纤通信网络的逐步形成使得微机保护不能也不应再是一个个孤立的、任务单一的、"消极待命"的装置，而应是积极参与、共同维护电力系统整体安全稳定运行的计算机自动控制系统的基本组成单元。因而 1993 年前后出现了测量、保护、控制和数据通信一体化的设想和研究工作。在此设想中，微机保护作为一体化装置将就近装设在室外变电站被保护设备或元件的附近，直接采取其电流和电压，将其数字化后一方面用于保护功能的计算，一方面通过计算机网络送到本站主机和系统调度。同时，微机保护不仅根据故障情况实行被保护设备的切除或自动重合，还作为自动控制系统的终端接受调度命令实行跳、合闸等控制操作，以及故障诊断、稳定预测、安全监视、无功调节、负荷控制等监控功能。

此外，由于计算机网络提供的数据信息共享的优越性，微机保护可以占有全系统的运行数据和信息，应用自适应原理和人工智能方法使保护原理、性能和可靠性得到进一步的发展和提高，使继电保护技术沿着网络化、智能化、自适应和保护、测量、控制、数据通信一体化的方向不断前进。

继电保护是电力科学中最活跃的分支，在 20 世纪 50～90 年代的 40 年时间走过了机电式、整流式、晶体管式、集成电路式和微机式五个发展阶段。电力系统的快速发展为继电保护技术提出了艰巨的任务，电子技术、计算机技术、通信技术又为继电保护技术的发展不断注入新的活力，因此可以预计，继电保护学科必将不断发展，达到更高的理论和技术高度。

九、互感器

互感器包括电流互感器（TA）和电压互感器（TV），是一次回路和二次回路的联络元件，用于分别向测量仪表和继电器的电流线圈和电压线圈供电，正确反映电气元件的正常运行和故障情况。

互感器的作用是，将一次回路的高电压和大电流变为二次回路的低电压和小电流，使测量仪表和保护装置标准化、小型化，便于屏内安装。并将二次设备与高电压部分隔离，而且互感器二次侧均接地，保证设备和工作人员的安全。

（一）电流互感器

1. 电流互感器的极性

目前电力系统中常用的是电磁式电流互感器。电流互感器的工作原理与变压器相似。其特点是一次绕组直接串联在一次回路中，匝数很少，所以一次绕组中的电流完全取决于被测回路的电流，与二次绕组的电流大小无关。二次绕组的额定电流一般为 5A 或 1A。二次绕组所接仪表及继电器的电流线圈的阻抗很小，所以在正常情况下，在近似于短路状态下运行。电流互感器的额定变比为其一、二次额定电流之比，即

$$n_{TA} = \frac{I_{1N}}{I_{2N}}$$

为了便于正确接线和理论分析，电流互感器的一次和二次绕组引出端子都标有极性符

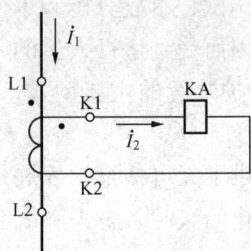

图 1-6　电流互感
器的极性

号。如图 1-6 所示，一次绕组 L1 为首端、L2 为尾端；二次绕组 K1 为首端、K2 为尾端。通常用"·"符号标记在 L1、K1 或 L2、K2 上，表示它们是同极性端。常用的电流互感器极性都按减极性原则标注，即当系统一次电流从极性端流入时，电流互感器的二次电流从极性端流出。例如，设一次电流 $\dot{I}_1$ 由首端 L1 流入，从尾端 L2 流出，那么二次电流 $\dot{I}_2$ 就由首端 K1 流出，从尾端 K2 流入。

2. 电流互感器的误差

电流互感器的等值电路如图 1-7 所示。

由图 1-7 可见，由于励磁电流的存在，电流互感器一次折算后的电流与二次电流大小不相等，相位也不相同，说明在电流转换中将出现数值误差和相位误差。

变比误差用 ΔI 表示，则

$$\Delta I = \frac{I_2 - I'_1}{I'_1} \times 100\%$$

角度误差指 $\dot{I}'_1$ 与 $\dot{I}_2$ 的电流相位差。

DL/T 866—2015《电流互感器和电压互感器选择及计算规程》规定，用于保护的电流互感器，变比误差在最坏的条件下不得超过 10%；角度误差在最坏条件下不得超过 7°。

为控制误差在一定范围内，对一次电流倍数及二次负载阻抗有一定的限制。生产厂家按照试验绘制的 10% 误差曲线是指一次电流倍数 m 与最大允许负载 Z_L 的关系曲线，称为 10% 误差曲线，如图 1-8 所示。

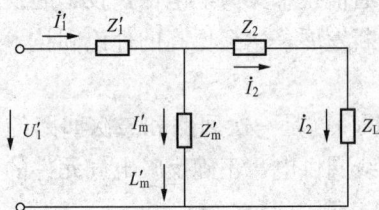

图 1-7　电流互感器的等值电路

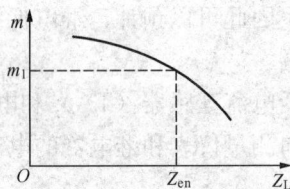

图 1-8　电流互感器的 10% 误差曲线

对于同一个电流互感器在保证其误差不超过允许值的前提下，如果二次负载阻抗较大，则允许的一次电流倍数就较小。如果二次负载阻抗较小，则允许的一次电流倍数就较大。选定保护用的电流互感器时，都要按 10% 误差曲线进行校验。如果已知电流互感器的一次电流倍数，就可以从对应的 10% 误差曲线查得允许的二次负载阻抗 Z_{en}。只要实际的二次负载阻抗 $Z_2 \leqslant Z_{en}$，误差就不会超过允许值。

3. 电流互感器的准确度级

准确度级是指在规定二次负载范围内，一次电流为额定值时的最大误差。我国电流互感器准确度级和最大允许误差限值见表 1-1 和表 1-2。

电流互感器根据使用场合不同，对电流测量的误差要求不同，因此就有不同的准确度级。测量级电流互感器（0.2 级、0.5 级、1 级）与保护级电流互感器（3～10 级，5P、10P 等，B 级供过电流保护用，D 级供差动保护用）的要求不同。对测量级电流互感器的要求是

在正常工作范围内有较高的准确度，当其通过短路电流时，则希望互感器较早饱和，以使其不受短路电流损坏。对保护级电流互感器主要在系统短路情况下工作，因此在额定一次电流范围内准确度级不如测量级电流互感器的高，但对可能出现的短路电流范围内，则要求最大误差不超过 10%。

表 1 - 1　　　　　　　　测量用电流互感器准确度级和最大允许误差限值

准确度级	一次电流为额定电流的百分数	误差限值		二次负载变化范围
		变比误差±（%）	相位误差±（'）	
0.2	10	0.5	20	
	20	0.35	15	
	100～120	0.2	10	
0.5	10	1	60	
	20	0.75	45	$(0.25 \sim 1)S_{2N}$
	100～120	0.5	30	
1	10	2	120	
	20	1.5	90	
	100～120	1	60	
3	50～120	3.0	不规定	$(0.5 \sim 1)S_{2N}$
10	50～120	10		

表 1 - 2　　　　　　　　　保护用电流互感器的误差限值

准确级	额定一次电流的误差			在额定准确限值一次电流时的复合误差（%）
	电流误差	相位误差		
	±（%）	±（'）	±（crad）	
5P	1	60	1.8	5
10P	3	—	—	10

　　注　相位误差是以"分"（'）或"厘弧度"（crad）表示。

（二）电压互感器

电压互感器主要分为电磁式电压互感器和电容式电压互感器。

1. 电磁式电压互感器

电磁式电压互感器的工作原理与电力变压器相同，但容量较小。其特点是一次绕组并联在一次回路中，匝数较多，二次绕组的额定电压一般为 100V。二次绕组所接仪表及继电器的电压线圈阻抗很大，所以在正常情况下，在近似于空负荷状态下运行。电压互感器的额定变比为其一、二次额定电压之比，即

$$n_{TV} = \frac{U_{1N}}{U_{2N}}$$

电压互感器等值电路与图 1 - 7 相同。由图 1 - 7 可见，由于电压互感器本身阻抗上的电压降，电压互感器一次折算后的电压与二次电压大小不相等，相位也不相同，说明在电压转换中将出现数值误差和相位误差。

电压互感器的电压误差为

$$\Delta U = \frac{U_2 - U_1'}{U_1'} \times 100\%$$

角度误差指 $\dot{U}_1'$ 与 $\dot{U}_2$ 的电压相位差。

电压互感器的准确度级是指在规定的一次电压和二次负载允许变化范围内，负载功率因数为额定值时，电压误差的最大值。我国电压互感器准确度级和误差限值标准见表 1-3。

表 1-3　　　　　　　　　　　电压互感器准确度级和误差限值

准确度级	误差限值		一次电压变化范围	二次负载变化范围
	电压误差±（%）	相位误差±（′）		
0.5	0.5	20	$(0.85\sim1.15)U_{1N}$	—
1	1.0	40		$(0.25\sim1)S_{2N}$
3	3.0	—	$\cos\varphi_2=0.8$	—

由于电压互感器的误差与负载有关，所以同一台电压互感器对于不同准确度级有不同的容量。通常额定容量是指对应于最高准确度级的容量。

2. 电容式电压互感器

电容式电压互感器（CTV）用于 $110\sim500kV$ 中性点直接接地电力系统中，它是利用分压原理实现电压变换的，在超高压电容式电压互感器中，还需要一个电磁式电压互感器将电容分压器输出的较高电压进一步变换成二次额定电压，并实现一次回路与二次回路之间的隔离。其原理接线如图 1-9 所示。

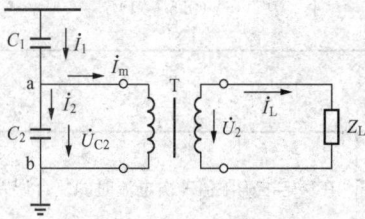

图 1-9　CTV 原理接线

十、常用继电器

继电器是各种继电保护装置的基本组成元件。一般来说，按预先整定的输入量动作，并具有电路控制功能的元件称为继电器。

继电器输入量和输出量之间的关系即继电特性，如图 1-10 所示。图中 X 是加于继电器的输入量，Y 是继电器触点电路中的输出量。当输入量 X 从零开始增加时，在 $X<X_{op}$ 的过程中，输出量 $Y=Y_{min}$ 保持不变。当输入量 X 增加到动作量 X_{op} 时，输出量突然由最小 Y_{min} 变到最大 Y_{max}，称为继电器动作。当输入量减小时，在 $X>X_r$ 的过程中，输出量保持不变。当输入量 X 减小到 X_r 时，输出量 Y 突然由最大 Y_{max} 变到最小 Y_{min}，称为继电器返回。这种输入量连续变化，而输出量总是跃变的特性，称为继电特性。返回值 X_r 与动作值 X_{op} 之比称为继电器的返回系数，以 K_r 表示，即

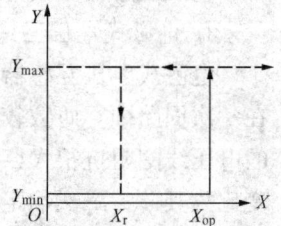

图 1-10　继电特性

$$K_r = \frac{X_r}{X_{op}}$$

通常，继电器在没有输入量（或输入量没有达到整定值）的状态下，断开着的触点称为

动合触点（也称为常开触点）；闭合着的触点称为动断触点（也称为常闭触点）。

国产保护继电器，一般用汉语拼音字母表示它的型号。型号中第一个字母表示继电器的工作原理；第二（或第三）个字母表示继电器的用途。例如，DL 代表电磁型电流继电器，LCD 代表整流型差动继电器。常用继电器型号中字母的含义见表 1-4。

表 1-4　　　　　　　　　　　常用保护继电器型号中字母的含义

第一个字母	第二、三个字母	
D—电磁型	L—电流继电器	Z—阻抗继电器
L—整流型	Y—电压继电器	FY—负序电压继电器
B—半导体型	G—功率方向继电器	CD—差动继电器
J—极化型或晶体管型	X—信号继电器	ZB—中间继电器

1. 电磁型电流继电器

电流继电器的文字符号为 KA，其图形符号如图 1-11 所示。图中方框表示电流继电器的线圈，方框上面的符号表示电流继电器的动合触点。

过电流继电器线圈中使继电器动作的最小电流，称为继电器的动作电流，用 I_{op} 表示；使继电器由动作状态返回到起始位置的最大电流，称为继电器的返回电流，用 I_r 表示。继电器的返回电流与动作电流的比值称为继电器的返回系数，用 K_r 表示，即

图 1-11　KA 图形符号

$$K_r = \frac{I_r}{I_{op}}$$

对于过量继电器（如过电流继电器），K_r 总小于 1。

2. 电磁型电压继电器

电压继电器的文字符号为 KV。电压继电器分为过电压继电器和低电压继电器两种，其图形符号如图 1-12 所示。

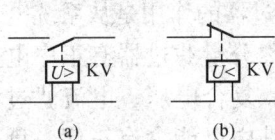

图 1-12　KV 图形符号

(a) 过电压继电器；
(b) 低电压继电器

图 1-12 中，方框表示电压继电器的线圈，过电压继电器一般配有动合触点，低电压继电器一般配有动断触点。

过电压继电器线圈中使继电器动作的最小电压，称为继电器的动作电压，用 U_{op} 表示；使继电器由动作状态返回到起始位置的最大电压，称为继电器的返回电压，用 U_r 表示。继电器的返回电压与动作电压的比值称为继电器的返回系数，用 K_r 表示，即

$$K_r = \frac{U_r}{U_{op}}$$

低电压继电器线圈中使继电器动作的最大电压，称为继电器的动作电压，用 U_{op} 表示；使继电器由动作状态返回起始位置的最小电压，称为继电器的返回电压，用 U_r 表示。继电器的返回电压与动作电压的比值称为继电器的返回系数，用 K_r 表示，即

$$K_r = \frac{U_r}{U_{op}}$$

对于欠量继电器（如低电压继电器），K_r 总大于 1。

3. 电磁型时间继电器

时间继电器在继电保护装置中用来使保护装置获得所要求的延时。时间继电器的文字符

号为 KT，其图形符号如图 1-13 所示。图中方框表示时间继电器的线圈，时间继电器一般配有瞬时打开延时闭合的动合触点。

4. 电磁型信号继电器

信号继电器在继电保护和自动装置中作为装置动作的信号指示，标示装置所处的状态或接通灯光信号（音响）回路。根据信号继电器发出的信号指示，运行维护人员能够方便地分析事故和统计保护装置正确动作次数。信号继电器的触点为自保持触点，应由值班人员手动复归或电动复归。信号继电器的文字符号为 KS，其图形符号如图 1-14 所示。图中方框表示信号继电器的线圈，信号继电器一般配有动合触点。

5. 电磁型中间继电器

中间继电器是保护装置中不可少的辅助继电器，与电磁式电流、电压继电器相比具有如下特点：触点容量大，可直接作用于断路器跳闸；触点数目多，可同时断开或接通几个不同的回路；可实现时间继电器难以实现的延时。中间继电器的文字符号为 KM，其图形符号如图 1-15 所示。图中方框表示中间继电器的线圈，中间继电器一般配有多个动合触点或动断触点。

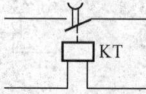

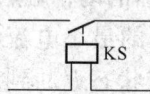

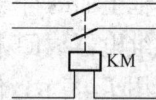

图 1-13　时间继电器　　　　　图 1-14　信号继电器　　　　　图 1-15　中间继电器
　　　　　图形符号　　　　　　　　　　　图形符号　　　　　　　　　　　图形符号

十一、序分量滤过器

系统正常运行时，仅有正序分量存在，没有负序和零序分量；不对称相间短路时，三相电流、电压中分别存在正序对称分量和负序对称分量；接地短路时，三相电流、电压中分别存在正序、负序和零序分量。利用故障时出现的负序和零序分量构成反映序分量的保护，可以避开负荷电流，提高保护的灵敏性；避开系统振荡；可将三相输出综合为单相输出，使保护简化。

反映对称分量的保护装置必须使用对称分量滤过器。对称分量滤过器的作用是从系统电压和电流中滤出所需要的对称分量。在继电保护装置中所使用的对称分量滤过器有正序电压、电流滤过器，负序电压、电流滤过器，零序电压、电流滤过器，复合电压、电流滤过器。某一对称分量滤过器是指在其输入端加以三相的电压或电流，其中可能含有正序、负序、零序分量，而在其输出端只输出与某一分量成正比的电压或电流。如果只输出零序电压则称为零序电压滤过器，如果只输出负序电压则称为负序电压滤过器。有时，根据需要按预定复合方式输出复合的对称分量，则称为复合对称分量滤过器。

1. 零序电流滤过器

将三相电流互感器（相同型号、相同变比）极性相同的二次端子分别接在一起，将电流继电器接于两个连接端之间即组成零序电流滤过器，如图 1-16（a）所示。

从图 1-16 中可知，流入电流继电器的电流为三相电流之和。若三相电流中包含有正序、负序、零序电流时，由于正序、负序三相电流之和为零，故只有零序电流输出，则

$$\dot{I}_r = \dot{I}_a + \dot{I}_b + \dot{I}_c = 3\dot{I}_0$$

若考虑每相电流互感器的励磁电流，则零序电流滤过器的输出电流为

$$\dot{I}_r = \dot{I}_a + \dot{I}_b + \dot{I}_c = \frac{1}{n_{TA}}\left[(\dot{I}_A + \dot{I}_B + \dot{I}_C) - (\dot{I}_{mA} + \dot{I}_{mB} + \dot{I}_{mC})\right]$$

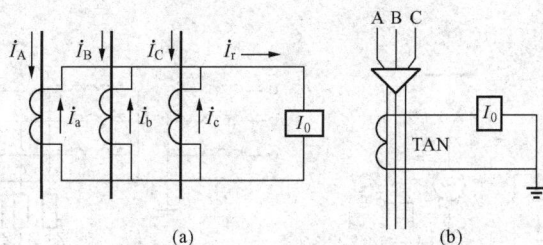

图 1-16 零序电流滤过器的接线

(a) 由三个 TA 构成零序电流滤过器；(b) 由零序电流互感器构成零序电流滤过器

$$= \frac{3\dot{I}_0}{n_{TA}} - \frac{1}{n_{TA}}(\dot{I}_{mA} + \dot{I}_{mB} + \dot{I}_{mC})$$

当三相电流对称时，$\dot{I}_A + \dot{I}_B + \dot{I}_C = 0$，则

$$\dot{I}_r = -\frac{1}{n_{TA}}(\dot{I}_{mA} + \dot{I}_{mB} + \dot{I}_{mC}) = -\dot{I}_{unb}$$

$\dot{I}_{unb}$ 称为不平衡电流。它是由于三相励磁电流不对称（三个电流互感器的励磁特性不同）造成的。当发生不接地的相间短路时，此时一次电流中虽然不含有零序电流，但由于电流互感器的一次电流增大，而且含有非周期分量导致铁芯严重饱和，三相励磁电流的不对称情况更为显著，因此不平衡电流比正常运行时大得多。当发生接地短路时，三相电流中存在零序电流 $3\dot{I}_0$，此时的不平衡电流 $\dot{I}_{unb}$ 比 $3\dot{I}_0$ 小得多，可以忽略不计。

对于电缆线路，可以采用零序电流互感器的接线以获得 $3\dot{I}_0$，如图 1-16 (b) 所示。电流互感器套在电缆外面，电缆是一次绕组，一次电流为 $\dot{I}_A + \dot{I}_B + \dot{I}_C$。只有当一次侧出现零序电流时，二次侧才有相应的 $3\dot{I}_0$ 输出。采用零序电流互感器的优点是没有不平衡电流，同时接线也简单。

2. 零序电压滤过器

图 1-17 (a) 所示为由三台单相电压互感器或一台三相五柱式电压互感器构成的零序电压滤过器，电压互感器一次侧中性点接地才能使二次侧获得三相对地电压 $\dot{U}_a$、$\dot{U}_b$、$\dot{U}_c$。其二次侧绕组顺极性接成开口三角，开口三角输出电压 $\dot{U}_{mn}$ 为

$$\dot{U}_{mn} = \dot{U}_a + \dot{U}_b + \dot{U}_c = \frac{1}{n_{TV}}(\dot{U}_A + \dot{U}_B + \dot{U}_C) = \frac{3\dot{U}_0}{n_{TV}}$$

当系统正常运行时，三相电压对称，$\dot{U}_a + \dot{U}_b + \dot{U}_c = 0$，忽略电压互感器的误差 $\dot{U}_{mn} = 0$，如考虑误差，则 $\dot{U}_{mn} = \dot{U}_{unb}$（不平衡电压）很小。

图 1-17 (b) 为发电机中性点经电压互感器和消弧线圈接地时，可以直接从电压互感器二次绕组取得零序电压。图 1-17 (c) 为二次式零序电压滤过器。

3. 负序电压滤过器

负序电压滤过器输入为三相全电压，输出电压与输入电压中的负序电压成正比。图 1-18 所示为单相式负序电压滤过器原理接线。

两个阻容臂 R_1、X_1 和 R_2、X_2 分别接于线电压。由于线电压中无零序分量，因此这种

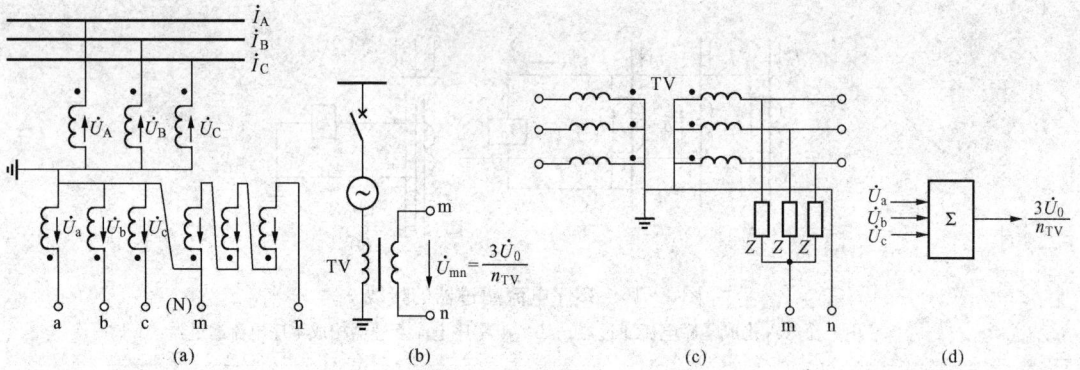

图 1-17　零序电压滤过器

（a）三相五柱式电压互感器；（b）发电机中性点接地电压互感器；

（c）二次式零序电压滤过器；（d）加法器

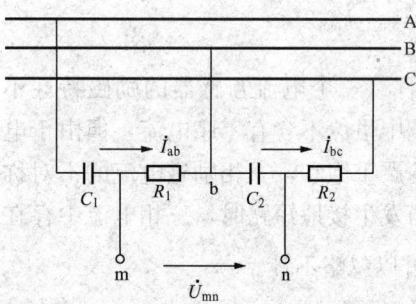

图 1-18　单相式负序电压

滤过器原理接线

电压滤过器无须采取任何措施即可消除零序电压。由对称分量法可以证明，若两个阻容臂的参数满足

$$R_1 = \sqrt{3}X_1, \quad X_2 = \sqrt{3}R_2$$

则输出电压中无正序电压输出。实际上，由于元件参数不准确，阻抗值随环境温度及系统频率变化等原因，使加入正序电压时，有不平衡电压输出。

　　若输入电压中存在五次谐波分量，则由于五次谐波分量的相序与基波负序相同，输出端也会有输出。为消除五次谐波的影响，可以在输出端加装五次谐波滤波器。

　　如果将负序电压滤过器任意两个输入端互相换接，则滤过器就变成为正序电压滤过器。

4. 负序电流滤过器

　　负序电流滤过器的输入是三相或两相全电流，输出是与输入电流中的负序分量成正比的单相电压。常用的负序电流滤过器主要有感抗移相式负序电流滤过器和电容移相式负序电流滤过器，分别如图 1-19 和图 1-20 所示。

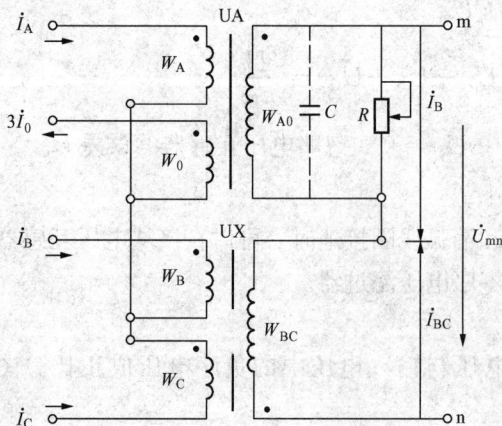

图 1-19　感抗移相式负序电流滤过器

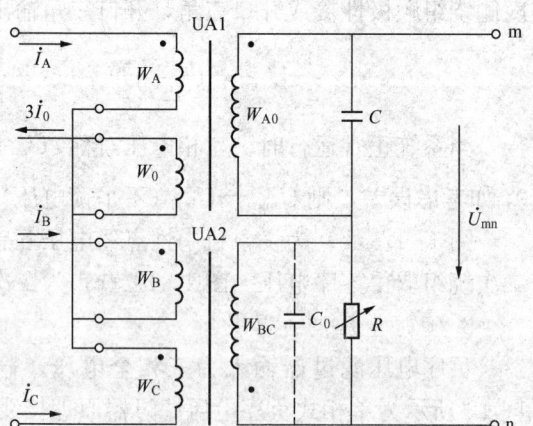

图 1-20　电容移相式负序电流滤过器

对于感抗移相式负序电流滤过器，它由电流变换器 UA 和电抗变换器 UX 组成。要求 $W_B=W_C$，$W_A=3W_0$，$R=\sqrt{3}K_{UA}X_1$（X_1 为 UX 的转移电抗），其输出电压 $\dot{U}_{mn}$ 与输入的负序电流成正比。

对于电容移相式负序电流滤过器，它由电流变换器 UA1 和 UA2 组成（UA1 和 UA2 的变比相同）。要求 $W_B=W_C$，$W_A=3W_0$，$X_C=\sqrt{3}R$（X_C 为电容 C 的容抗），其输出电压 $\dot{U}_{mn}$ 与输入的负序电流成正比。

十二、变换器

在整流型、静态型及数字型继电保护装置中，其测量元件不能直接接入电流互感器或电压互感器的二次线圈，常使用测量变换器将电压互感器的二次电压降低，或将电流互感器的二次电流变为电压。

测量变换器的作用主要有：

（1）变换电量。将互感器二次侧的强电压（100V）、强电流（5A）转换成弱电压，以适应弱电元件的要求。

（2）隔离电路。将保护的逻辑部分与电气设备的二次回路隔离。从安全出发，电流、电压互感器二次侧必须接地，而弱电元件往往与直流电源连接，但直流回路又不允许直接接地，故需要使用变换器将交直流电隔离。另外，借助变换器的屏蔽层可以减少高压设备对弱电元件的干扰。

（3）用于定值调整。调整变换器一次绕组或二次绕组的抽头可以改变继电器的定值或扩大定值的范围。

（4）用于电量的综合处理。通过变换器可以将多个电量综合成单一电量，有利于简化保护。

常用的测量变换器有电压变换器（UV）、电流变换器（UA）、电抗变换器（UX）或称为电抗变压器。

1. 电压变换器（UV）

电压变换器的结构原理与电压互感器、变压器的原理相同，一般用来把输入电压降低或使之可以调节，如图 1-21 所示。

电压变换器的二次侧电压 $\dot{U}_2$ 与一次侧电压 $\dot{U}_1$ 的关系为

$$\dot{U}_2 = K_U\dot{U}_1$$

式中　K_U——电压变换器的变换系数。

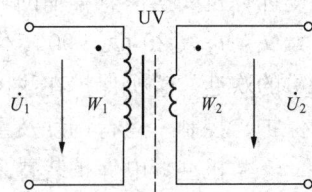

图 1-21　电压变换器

2. 电流变换器（UA）

电流变换器由一台小容量电流互感器及其固定二次负载电阻组成，如图 1-22 所示。

电流变换器一次绕组接电流互感器的二次绕组，将输入电流 $\dot{I}_1$ 变换为与之成正比的二次电压 $\dot{U}_2$。电流变换器的二次侧电压 $\dot{U}_2$ 与一次侧电流 $\dot{I}_1$ 的关系为

$$\dot{U}_2 = K_A\dot{I}_1$$

式中　K_A——电流变换器的变换系数。

3. 电抗变换器（UX）

电抗变换器（也可称为电抗变压器）的作用是把输入电流 $\dot{I}_1$ 直接转换成与 $\dot{I}_1$ 成正比的

电压 $\dot{U}_2$ 的一种电量变换装置，如图 1-23 所示。

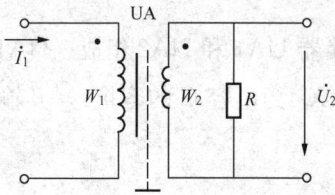

图 1-22　电流变换器　　　　　　　图 1-23　电抗变换器

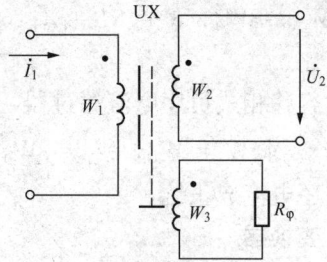

二次侧 W_3 和调相电阻 R_φ，用于改变输入电流 $\dot{I}_1$ 与输出电压 $\dot{U}_2$ 之间的相角差。电抗变换器的二次侧电压 $\dot{U}_2$ 与一次侧电流 $\dot{I}_1$ 的关系为

$$\dot{U}_2 = \dot{K}_1 \dot{I}_1$$

式中　$\dot{K}_1$——带有阻抗量纲的复常数。

第二节　微机保护基本知识

一、微机保护概述

将微型机、微控制器等器件作为核心部件的继电保护称为微机保护。微机保护具有强大的计算、分析和逻辑判断能力，有存储记忆功能，因而可用以实现任何性能完善且复杂的保护原理。微机保护可连续不断地对本身的工作情况进行自检，其工作可靠性很高。此外，微机保护可用同一硬件实现不同的保护原理，这使保护装置的制造大为简化，也容易实行保护装置的标准化。微机保护除了保护功能外，还兼有故障录波、故障测距、事件顺序记录和调度计算机交换信息等辅助功能，这对简化保护的调试、事故分析和事故后的处理等都有重大意义。进入 20 世纪 90 年代以来，由于微机保护装置的巨大优越性和潜力，因而受到运行人员的欢迎。微机保护在我国得到大量应用，已成为继电保护装置的主要型式，成为电力系统保护、控制、运行调度及事故处理的统一计算机系统的组成部分。

微机型继电保护装置采用机箱式结构，每套保护装置由一个或几个机箱组成。有的保护装置机箱除了完成保护功能外，还具有其他功能。例如某 10kV 线路的保护装置机箱具有10kV 线路的保护功能、重合闸功能、故障录波功能，此外还兼有遥测、遥信、遥控及用于切除本线路的低周减载等功能。

微机型继电保护装置机箱的正面称为面板，机箱背面设有接线端子排。微机型继电保护装置机箱的内部是由一个个印制电路板组成的。印制电路板上焊接有各种芯片及电子、电路元器件，为便于调试、检修，在装置不带电的情况下，每个印制电路板一般可以插、拔，因此把每个印制电路板也称为一个插件。

二、微机保护装置的外部结构

1. 面板布置

如图 1-24 所示，在微机型继电保护装置的面板上一般设置有液晶显示器、光字牌（或信号灯）、键盘、插座和信号复归按钮等。其中，液晶显示器可以用来显示保护装置的提示菜单、定值清单、事件报告、运行参数、开关状态等信息；光字牌是由发光二极管构成的，用于运行监视以及发保护动作、重合闸动作、告警等信号；通过键盘可以进行参数设定、控制操作、事件查询等操作；信号复归按钮用来复归程序、光字牌等；面板上的插座是一串行通信接口，用来外接计算机。外接的计算机可以代替本装置的人机对话插件直接同本装置箱体内的各计算机插件通信，通过切换可使人机对话插件或外接计算机取得通信控制权。

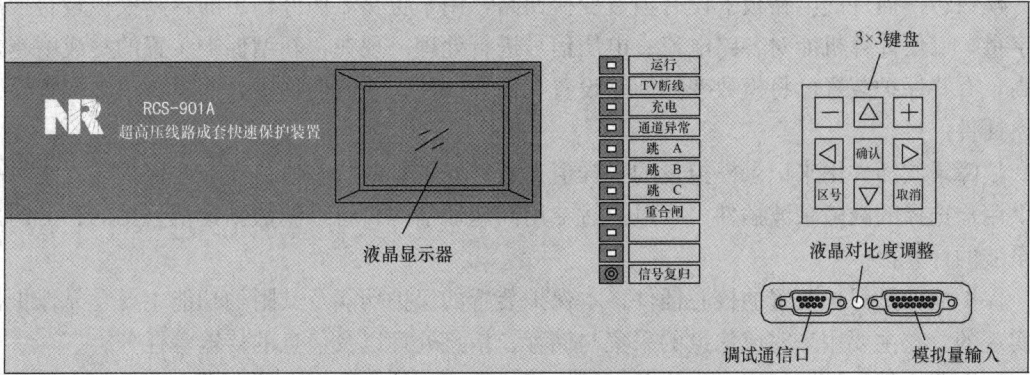

图 1-24　某微机保护装置面板布置

2. 背板布置

微机保护装置的背板布置如图 1-25 所示，各插件实现不同的功能。在每个保护装置机箱的背面，都设有该装置机箱的接线端子排，主要用于保护装置机箱与外部的连接。在各装置的端子排上一般设有交流输入端子、直流电源输入端子、网络接口、跳闸出口、合闸出口、遥信开入、信号输出等端子。

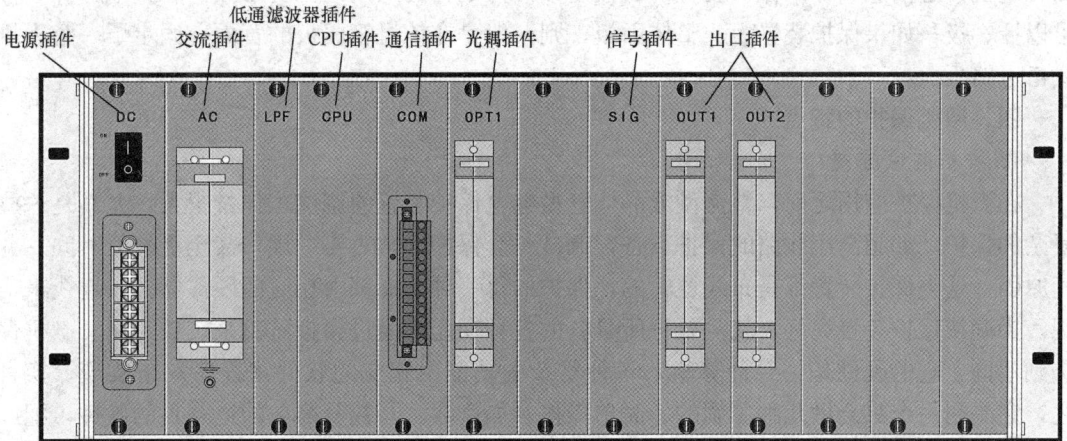

图 1-25　某微机保护装置机箱背板布置

不同型号装置的端子排设置有所不同，即使是同一型号但版本不同的装置，其个别端子的用途也有所不同。因此，在使用时应注意阅读装置的说明书。

三、微机保护装置的内部结构及各插件作用

不同的保护装置机箱，用途、功能都不相同，生产厂家不同，其插件的构成也并不完全相同，但其插件的基本结构大致相同。在微机保护装置机箱的内部一般设置有交流插件、模数转换插件、录波插件、保护插件、继电器插件、电源插件、人机对话插件（人机接口电路板）等。

交流插件内设有电流变换器、电压变换器等元器件，用来引入本保护装置所需的各路交流电流、交流电压量，并起到电量变换和隔离作用。

模数转换插件的电路板上设有模数变换回路，用来将交流插件输出的各路模拟量转换成数字量，以便计算机能对各路电流、电压信号进行处理。现在，新型保护装置的集成度越来越高，有些保护装置已将模数变换回路设置在保护插件、录波插件中，而不再单独配置模数转换插件。

故障录波插件用来记录模拟量的采样值、有关开关量的状态值。在有些保护装置中设有可供用户选择的故障录波插件，可以通过专用高速通信网，将录波数据送至公用的、专门用于录波的计算机。

保护插件是保护装置的核心插件，本保护装置的保护功能及其附加功能主要是靠保护插件实现的。它主要用来完成信息的采集与储存、信息处理以及信息的传输等任务。

继电器插件内设置了用来作为各出口回路执行元件的小型继电器。继电器插件中一般设置有启动继电器、告警继电器、信号复归继电器、跳闸继电器、合闸继电器、备用继电器等。

电源插件用来给本保护装置的各插件提供独立的工作电源。电源插件通常采用逆变稳压电源，它输出的直流电源电压稳定，不受系统电压波动的影响，并具有较强的抗干扰能力。

人机对话插件主要有两个作用：一方面通过键盘、显示器、打印机等完成人机对话功能；另一方面通过局域网与上一层管理机进行双向通信，接受上一层管理机的指令、向上一层管理机传送信息。如果保护装置的面板是按插件划分的，则人机对话插件和其他插件一样可以插、拔；如果保护装置为一整体面板，则一般是在该机箱面板的背面，固定了一个人机接口电路板。

四、微机保护的特点

1. 维护调试方便

在微机保护应用之前，整流型或晶体管型继电保护装置的调试工作量很大，尤其是一些复杂的保护，如超高压线路的保护设备，调试一套保护常常需要一周，甚至更长的时间。究其原因，这类保护装置都是布线逻辑的，保护的每一种功能都由相应的硬件器件和连线来实现。为确认保护装置完好，就需要把所具备的各种功能都通过模拟试验来校核一遍。微机保护则不同，它的硬件是一台计算机，各种复杂的功能由相应的软件（程序）来实现。换言之，它是用一个只会做几种单调的、简单操作（如读数、写数及简单的运算）的硬件，配以软件，把许多简单操作组合来完成各种复杂功能的，因而只要用几个简单的操作就可以检验它的硬件是否完好，或者说如果微机硬件有故障，将会立即表现出来。如果硬件完好，对于已成熟的软件，只要程序和设计时一样，就必然会达到设计的要求，用不着逐台做各种模拟试验来检验每一种功能是否正确。实际上如果经检查，程序和设计时的完全一样，就相当于布线逻辑的保护装置的各种功能已被检查完毕。微机保护装置具有很强的自诊断功能，对硬件各部分和程序（包括功能、逻辑等）不断地进行自动检测，一旦发现异常就会发出警报。通常只要给上电源后没有警报，就可确认装置是完好的。

所以对微机保护装置可以说几乎不用调试，从而可大大减轻运行维护的工作量。

2. 可靠性高

计算机在程序指挥下，有极强的综合分析和判断能力，因而它可以实现常规保护很难办到的自动纠错，即自动识别和排除干扰，防止由于干扰而造成误动作。另外，它有自诊断能力，能够自动检测出本身硬件的异常部分，配合多重化可以有效地防止拒动，因此可靠性很高。目前，国内设计与制造的微机保护均按照国际标准的电磁兼容试验来考核，进一步保证了装置的可靠性。

3. 易于获得附加功能

应用微型机后，如果配置一个打印机，或者其他显示设备，或通过网络连接到后台计算机监控系统，可以在电力系统发生故障后提供多种信息。例如，保护动作时间和各部分的动作顺序记录，故障类型和相别及故障前后电压和电流的波形记录等。对于线路保护，还可以提供故障点的位置（测距）。这将有助于运行部门对事故的分析和处理。

4. 灵活性大

由于微机保护的特性主要由软件决定（不同原理的保护可以采用通用的硬件），因此只要改变软件就可以改变保护的特性和功能，从而可灵活地适应电力系统运行方式的变化。

5. 保护性能得到很好改善

由于微型机的应用，使很多原有型式的继电保护中存在的技术问题，可找到新的解决办法。例如，对接地距离保护的允许过渡电阻的能力，距离保护如何区别振荡和短路，大型变压器差动保护如何识别励磁涌流和内部故障等问题，都已提出了许多新的原理和解决方法。

可以说，只要找出正常与故障特征的区别方案，微机保护基本上都能予以实现。

五、微机继电保护装置的硬件构成

一套微机型保护装置硬件构成从功能上还可以分为六部分，即数据采集系统（或称模拟量输入系统）、微型计算机系统、输入/输出回路、通信接口、人机对话系统和电源部分等。在构成实际的微机保护装置时，均以上述六部分为中心，采用整面板、插件式结构。因此，微机保护装置的硬件构成基本相似。

微机保护装置硬件电路的基本组成框图，如图 1 - 26 所示。

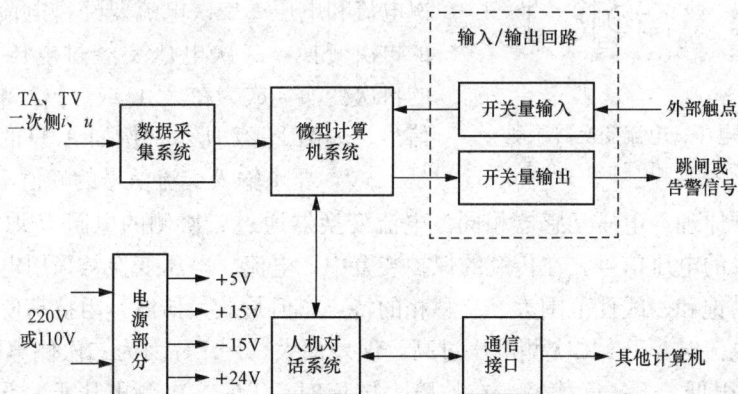

图 1 - 26　微机保护硬件系统构成示意

微机保护装置的数据采集系统又称为模拟量输入系统。其作用是将被保护设备 TA 二次侧的电流、TV 二次侧的电压，分别经过适当的预处理后转换为所需的数字量，送至微型计算机系统。数据采集系统的主要元件通常有变换器、模数转换（A/D）芯片、电阻、电容等。

1. 微型计算机系统

微型计算机系统的作用是完成算术及逻辑运算，实现继电保护功能。该系统的主要元件是微处理器 CPU 芯片、存储器芯片、定时器/计数器及接口芯片等。

2. 人机对话系统

人机对话系统的作用是建立起微机保护装置与使用者之间的信息联系，以便对装置进行人工操作、调试和得到反馈信息。人机对话系统又称人机接口部分，该部分主要包括显示器、键盘、各种面板开关、打印机等。

3. 通信接口

通信接口的作用是提供计算机局域通信网络以及远程通信网络的信息通道。微机保护装置的通信接口是实现变电站综合自动化的必要条件，特别是面向被保护设备的分散型变电站监控系统的发展，通信接口电路更是不可缺少的。每个微机保护装置的通信接口通常都采用带有相对标准的接口电路。

4. 电源回路

电源回路的主要作用是给整个微机保护装置提供所需的工作电源，保证整个装置的可靠供电。微机保护装置的电源回路通常采用输入直流 220V 或 110V，输出直流 $+5V$、$\pm 12V$（或 $\pm 15V$）、$\pm 24V$ 等。其中，$+5V$ 主要用于微型计算机系统；$\pm 12V$（或 $\pm 15V$）主要用于数据采集系统；$\pm 24V$ 主要用于开关量输出回路等。

5. 数据采集系统

模拟量的数据采集系统有两种。一种是由电压形成回路、低通滤波器、采样保持器、多路转换开关和逐次逼近型 A/D 转换器组成；另一种由电压形成回路、压频转换器（VFC）、光电隔离器和计数器构成。

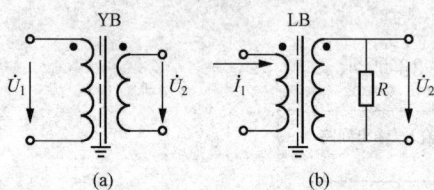

图 1-27　电压、电流变换器原理
（a）电压变换器；（b）电流变换器

（1）电压形成回路。被保护设备的电量通过电流互感器（TA）、电压互感器（TV）变换成为二次电流和电压。二次电流要经过电流变换器（LB）的再次变换，二次电压要经过电压变换器（YB）的再次变换，成为在 A/D 或 VFC 测量范围的电压信号，如图 1-27 所示。例如 A/D 的最大测量范围是 $\pm 5V$，要求输入交流信号的峰值不能超过 $\pm 5V$。

电压变换器原理与电压互感器相同。电流变换器通过二次侧的电阻 R 取得与一次电流成线性比例关系的电压信号。在传统的保护装置中，电流、电压变换常采用电抗器。电抗器虽然有铁芯不易饱和、线性范围大、有移相的特点，但是放大谐波，阻抗高使 TA 的负载增大，在故障大电流时，TA 二次侧电压过高，误差加大。用 LB 因为二次侧电阻 R 很小，使 LB 的等值电阻很低，TA 负载轻，在故障大电流时，TA 二次侧电压低，误差相对较小。LB 并联电阻的电压波形与 TA 的二次电流波形基本一致。只要设计得当，按原边可能的最大电流设计，线性度和动态范围可以满足要求。因此目前微机继电保护都采用电流变换器。

YB 和 LB 除了有电量变换的功能外，通常在两线圈之间加屏蔽层，如图 1-27 中的虚线，并将屏蔽层接地起电气隔离作用，使微机部分与强电部分隔离。

（2）模拟低通滤波器。对微机保护系统来说，在故障初瞬，电压、电流中可能含有相当高的频率分量（如2kHz以上），为防止混叠，采样频率 f_s 不得不用得很高，从而对硬件速度提出过高的要求。实际上，目前大多数的微机保护原理都是反映工频量，采用模拟低通滤波器将高频分量滤掉，这样就可以降低 f_s，从而降低对硬件

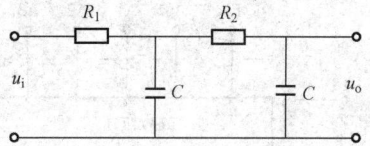

图1-28　无源 RC 低通滤波器

提出的要求。最简单的模拟低通滤波器如图1-28所示。模拟低通滤波器主要用来滤除 $f_s/2$ 以上的高频分量信号，以消除频率混叠，防止高频分量混叠到工频附近来。低于 $f_s/2$ 的其他暂态频率分量，可以通过数字滤波来滤除。

（3）采样保持器（S/H）。微机保护必须对同一时刻的电量进行模数转换，以保证各信号间的相对关系。为了用一个模数转换器得到多个电气量同一时刻的数值，必须在同一时刻对多个电气量采样并将采样的电压保持住，才可以用一个模数转换器依次进行模数转换。实现这个功能的器件就是采样保持器（sample/hold，S/H）。采样保持器原理如图1-29所示。

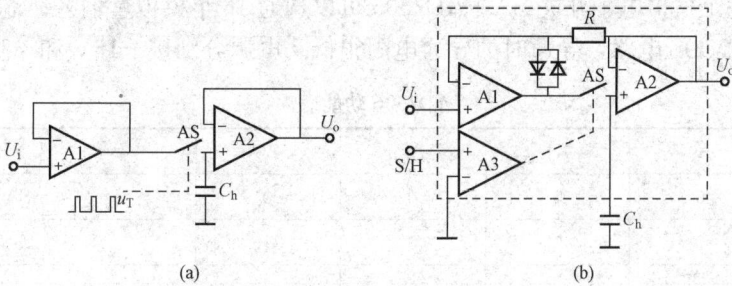

(a)　　　　　　　　　　　　(b)

图1-29　采样保持器原理

(a) 采样保持电路工作原理；(b) LF-398采样保持电路芯片原理

当 AS 闭合时 A1 对 C_h 快速充电，在极短时间内达到 $U_i = U_c$（U_c 为 C_h 充满电时的电压），这个时间叫采样时间。由于运算放大器的输入电阻可以认为无穷大，采样时间相当于 A1 的输出电阻与 C_h 构成的 RC 电路的充、放电时间。显然 A1 输出电阻越低，C_h 值越小，采样时间越短。目前 A/D 的速度都很快，模数转换结束后就可以合上 AS，进入采样，因此对于采样时间的要求并不高。例如对于工频信号每周采样24点，模数转换速度为每次 $3\mu s$，则对20个通道数据进行模数转换的时间不大于 $100\mu s$，而两次保持的时间间隔为20/24ms，等于 $833\mu s$。

当 AS 断开时 A2 的输出电压 $U_o = U_c$，显然 A2 的输入电阻越高 U_c 电流泄漏越少；C_h 值越大，U_c 下降速度越慢，也就是信号保持的越好。由于现在模数转换速度快，如前例中采样时间可以有 $700\mu s$，C_h 可以选大些，不但使信号保持较好，还可以减小电子开关 AS 操作对 U_c 电压的干扰影响保持电压。图1-30中的虚线是输入信号的 $x(t)$ 波形，实线是理想采样

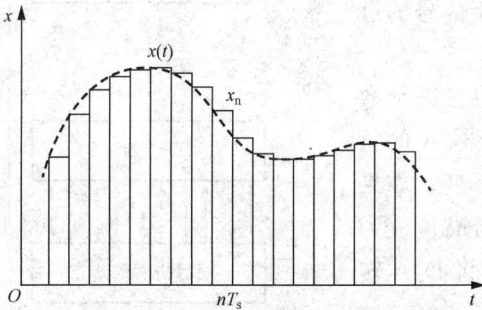

图1-30　采样保持后信号波形

保持后信号 x_n 的波形。目前微机保护确实都可以实现对所有电量实现同时测量，误差极小。

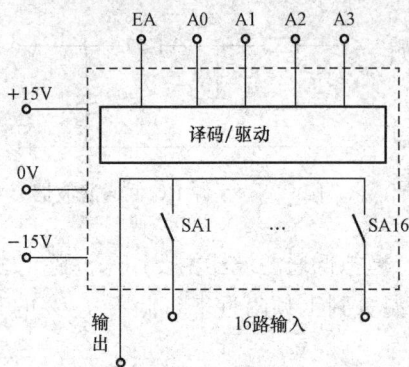

图 1-31　AD7506 内部结构

（4）模拟多路转换开关（MPX）。微机保护装置通常是几路模拟量用一个 A/D 芯片进行模数转换，为了实现对所有通道同时测量，用 S/H 器件对所有通道同时采样并保持，用多路转换开关将各通道保持的信号分时接入 A/D 转换器。多路转换开关是微机外围芯片，有的可以挂在总线上，CPU 通过 MPX 的地址线、数据线和控制线对其控制。以 16 路的多路转换开关芯片 AD7506 为例。如图 1-31 所示，其管脚作用如下：

A0、A1、A2、A3 输入选择，赋予不同二进制值可以选通一个模拟电子开关 SA，因 AD7506 没有输入自保持功能，只能接在具有输出状态保持的并行输出接口上。使能端 EA 低电平时所有模拟电子开关 SA 断开，输出线高阻状态；EA 高电平，可以通过 A0、A1、A2、A3 根据表 1-5 选择接通一个模拟电子开关 SA，AD7506 可以选通 16 个模拟量输入。芯片中的电子模拟开关通常是 CMOS 电路，导通时的导通电阻很低。电源分别接 +15V 和 -15V。

表 1-5　　　　　　　　　　　　　　　　　　　**AD7506 功能表**

EA	A0	A1	A2	A3	选择开关
1	0	0	0	0	SA1
1	0	0	0	1	SA2
...	...	...	...	...	...
1	1	1	1	1	SA16
0	×	×	×	×	无

（5）模数转换器（A/D）。计算机只能对数字量进行运算，因而需要将经过电压形成电路、低通滤波器、采样保持器和多路转换开关的各电气信号经过模数转换成与一次信号成线形关系的数字信号。

逐次逼近型模数转换器的原理如图 1-32 所示。D/A 是数模转换器，D/A 将数字信号转换为模拟信号，U_R 是 D/A 转换器的参考电压。将输入模拟信号 u_i 转换成数字信号的过程如下：

先由置数选择逻辑送出一个仅最高位为 1 的二进制数 D，将此数经 D/A 转换为模拟量 u_o；u_o 加到比较器 A 的负端，如果 $u_i > u_o$，A 输出 1，D 的最高位保持 1 不变；如果 $u_i < u_o$，A 输出 0，置数选择逻辑将暂存器 D 的最高位变为 0。下一步置数选择逻辑将 D 的次高位变为 1，再将 D/A 转换后 u_o 与 u_i 比较，由置数选择逻辑选择此位为 1 或为 0。这个过程反复至最低位比较完成，因此 A/D 转换器的比较次

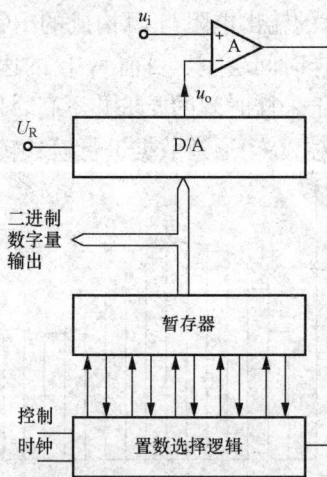

图 1-32　逐次逼近型 A/D 转换器

数等于 A/D 转换器的位数。A/D 转换器的位数和时钟频率决定了 A/D 转换器的速度。D/A 转换器是仅依赖于模拟开关速度的高速电子元件。

逐次逼近型 A/D 转换器的指标为分辨率/转换精度和转换速度，两者相互影响。对于微机保护而言，采样量较多，保护动作速度快。通常要求，转换速度一般不超过 $25\mu s$，数字位数在 10～14 位。

VFC 型模/数转换器的原理是将电压模拟量 u_i 线性地变换为数字脉冲式的频率 f，然后由计数器对数字脉冲计数，供 CPU 读入。其原理框图如图 1-33 所示。

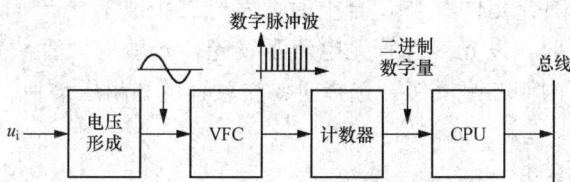

图 1-33 VFC 型模/数转换原理

VFC 型 A/D 转换的优点有：①工作稳定，线性好，精度高，电路十分简单；②抗干扰能力强；③同 CPU 接口简单，VFC 的工作可不需 CPU 控制；④可以很方便地实现多 CPU 共享一套 VFC 变换。

VFC 型数据采集系统示意如图 1-34 所示。VFC 型数据采集系统的特点为：①低通滤波特性（普通 A/D 转换器对瞬时值转换，VFC 型转换器对输入信号连续积分，具有低通滤波效果，大大抑制噪声）；②抗干扰能力强；③位数可调；④与微型机的接口简单；⑤实现多微型机共享；⑥易于实现同时采样；⑦不适用于高频信号的采集。

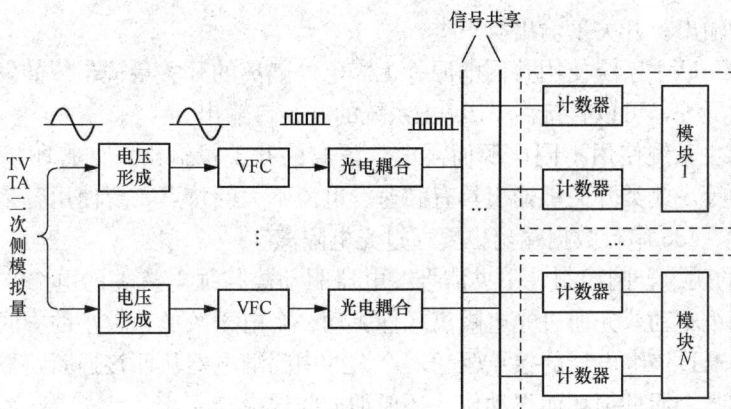

图 1-34 VFC 型数据采集系统示意

6. 输入和输出系统

输入/输出回路是微机保护装置与外部设备的联系电路，因为输入信号、输出信号都是开关量信号（即触点的通、断），所以该回路又称为开关量输入/输出回路。

开关量输入回路的作用是将各种开关量（如保护装置连接片的通断、保护屏上切换开关的位置等）通过光电耦合电路、接口电路输入到微型计算机系统；开关量输出回路的作用是将微型计算机系统的分析处理结果输出，以完成各种保护的出口跳闸或信号告警等任务，开关量输出回路的主要元器件通常是光电耦合芯片和小型中间继电器等。

（1）开关量输入。开关量输入有两类：

1）可以与 CPU 主系统使用共同电源，无需电气隔离的开关量输入。如键盘上的按键、复位按钮、定值切换按钮等。这类开关量可以直接接至微机的并行接口。如图 1-35（a）所示，S 接通时 a 点电位为 0；S 断开时 a 点为 5V。由此可以读得开关状态。

2）与 CPU 主系统使用不同电源，需要电气隔离的开关量输入，如断路器、隔离开关的辅助接点，继电器的触点等。为了 CPU 主系统的安全，必须采用光电隔离措施。如图 1-35（b）所示，VG 是光电耦合元件。当 S 合上时，发光二极管有电流而发光，光敏三极管导通，a 点为 0V；S 断开时，发光二极管无电流不发光，光敏三极管截止，a 点为 5V。R_1 是限流电阻，将直流电流限制在毫安级，选择时要注意容量和耐压水平。

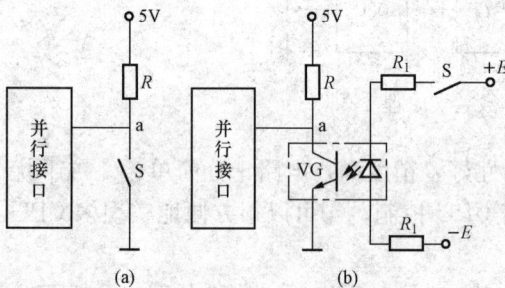

图 1-35　两种开关量输入方式
（a）装置面板上的触点与微机连接图；
（b）装置外部触点与微机接口连接图

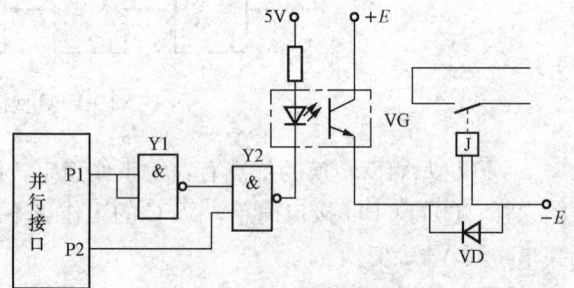

图 1-36　控制类开关量输出

（2）开关量输出。开关量输出有三类：

1）可以与 CPU 主系统使用共同电源，无需电气隔离的开关量输出。如发光二极管的指示灯、液晶显示屏等，可以直接由 CPU 主系统的并行口输出。

2）与 CPU 主系统使用不同电源而需电气隔离的开关量输出，如打印机的数据、信号线、晶闸管驱动等。此类开关量输出具有高速、电流不大的特点，要使用容量较小，高速度的光电隔离元件。485 串行数据输出也要通过光电隔离。

3）断路器的跳、合闸控制、中央信号继电器驱动等与强电有关的电路。这种电路一般要光电隔离和二级驱动，先通过光电隔离元件驱动一个电压较低、较小的中间继电器，一般是干簧继电器；通过该继电器的接点驱动一个大的中间继电器从而接通断路器的跳、合闸回路。为了防止因某个元件损坏而误动作，还要加上防误措施。

如图 1-36 所示，Y1 和 Y2 是与非门，仅当 P1＝0 同时 P2＝1 时 Y2 输出为 0V，光电耦合元件导通，继电器 K 动作；P1 和 P2 的其他状态光电耦合元件均不导通，继电器 K 不能动作。用两个并行口的不同状态驱动继电器是为了防止并行口元件损坏或微机受干扰时误操作而误动。为了可靠，两个并行口最好来自两个芯片。由于继电器的线圈是感性的，二极管 VD 是线圈的续流管，防止光耦 VG 断开时过电压。

（3）开关量输出回路检测。图 1-36 中的并行输出口、与非门、光电耦合器有损坏的可能性，为了检测该驱动电路中的电子元件，采用图 1-37 的检测电路。图中二极管 VD 用于隔离被检的开关量输出回路，因为多个输出回路可以共用一套自检电路。在所有输出回路无输出时，三极管 VG1 截止，a 点电位为 5V；如果此时 a 点电位为 0V，肯定有输出回路损坏。在检测输出回路是否会拒动时，让被检测的输出回路输出一个极窄的负脉冲，该负脉冲的时间宽度应远小于继电器的触点吸合需要的时间（一般为毫秒级），因此继电器不会吸合。在负脉冲（微秒级）存在时间内，三极管 VG1 导通，a 点电压为 0V，根据 P3 读得状态可以判断该输出回路的并行口和与非门及光耦器件都是完好的。要注意的是该过程不能被微机的其他事件中断，如果被微机的其他事件中断使负脉冲时间大于继电器的触点吸合需要的时间会造成继电器误合。

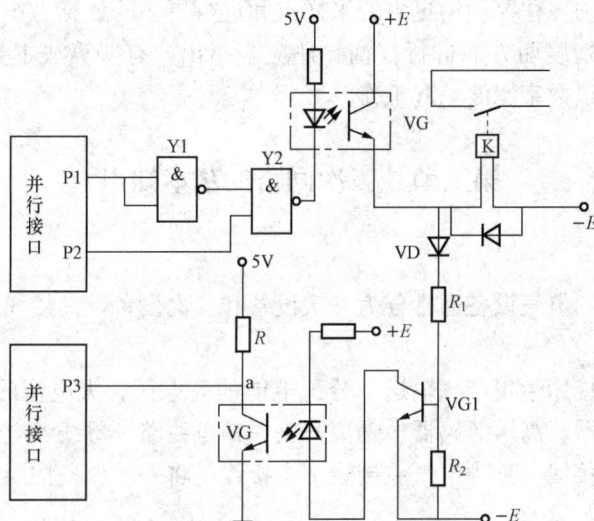

图 1-37　控制类开关量输出自检

六、微机继电保护基本算法

微机继电保护装置根据模数转换器输入电气量的采样数据进行分析、运算和判断，以实现各种继电保护功能的方法称为算法。

按算法的目标可以分成两大类。一类算法是根据输入电气量的若干点采样值通过一定的数学式或方程式计算出保护所反映的量值，然后与定值进行比较。例如实现距离保护，可根据电压和电流的采样值计算出复阻抗的模和幅角，或阻抗的电阻和电抗分量，然后同给定的阻抗动作区进行比较。这一类算法利用了微机能进行数值计算的特点，从而实现许多常规保护无法实现的功能。例如作为距离保护，它的动作特性的形状可以非常灵活，可以是多边形的动作区，不像常规距离保护的动作特性形状由于模拟电路设计的限制，只能决定于在电路上可以实现的一定的动作方程。此外，它还可以根据阻抗计算值中的电抗分量推算出短路点距离，起到测距的作用等。

另一类算法，仍以距离保护为例，它是直接模仿模拟型距离保护的实现方法，根据动作方程来判断是否在动作区内，而不计算出具体的阻抗值。另外，虽然它所依循的原理和常规的模拟型保护同出一宗，但由于运用微型机所特有的数学处理和逻辑运算功能，可以使某些保护的性能有明显提高。如在数字滤波方面具有高度的灵活性，像半周积分滤波，这是模拟电路不能实现的。另外目前广泛应用的提取故障分量的保护，如故障分量的阻抗算法，故障分量的线路纵差算法不用微机的数值计算也是不能实现的。

应该说，微机保护具备的计算、记忆、分析和通信等多种功能，加上成套化的设计方法，不仅可以纵观时间前后的电力系统情况，而且还可以在空间上横向了解本装置的全部模拟量，以及通过通信手段获取其他变电站的信息，使得微机保护比模拟型保护做得更好、更加完善，性能更为优良。

目前已提出的算法有很多种，如半周积分算法、两点乘积算法、导数算法、傅氏算法等。分析和评价各种不同的算法优劣的标准是精度和速度。速度又包括两个方面：一是算法所要求的采样点数（或称数据窗长度）；二是算法的运算工作量。精度和速度又是总是矛盾的，若要计算精确，则往往要利用更多的采样点和进行更多的计算工作量。所以研究算法的实质是如何在速度和精度两方面进行权衡。还应当指出，有些算法本身具有数字滤波的功能，有些算法则需配以数字滤波一起工作。

第三节　二次回路的基本知识

一、概述

发电厂和变电站的电气设备通常分为一次设备和二次设备，其接线可相应分为一次接线和二次接线。

一次设备是指直接用于生产、输送、分配电能的高电压、大电流的设备，又称主设备。它包括发电机、变压器、高压断路器、隔离开关、输电线路、母线、电流互感器、电压互感器和避雷器等。一次接线又称为电气主接线，主接线是将一次设备按照一定的功能要求，互相连接而成的电路。

二次设备是指对一次设备进行监察、控制、测量、调整和保护的低压设备，又称辅助设备，它包括控制、信号、测量监察、同期、继电保护装置、安全自动装置和操作电源等设备。

二次接线又称二次回路，是将二次设备互相连接而成的电路，主要包括电气设备的控制操作回路、测量回路、信号回路、保护回路以及同期回路等。二次回路附属于对应的一次接线或一次设备，它是对一次设备进行控制操作、测量监察和保护的有效手段。发电机、变压器的正常运行，查找、分析有关电气故障和事故，电气设备的定期调试和检测等都要用到二次回路。

表明二次回路的图称为二次回路图。二次回路图以国家规定的通用图形符号和文字符号表示二次设备的互相连接关系（二次回路中常见设备的图形符号见附录A、文字符号见附录B）。二次回路图中所有开关电器、继电器和接触器的触点都按照它们的正常状态来表示。对于继电器，正常状态是指其线圈无电压失磁的状态。常用的二次回路图有三种形式，即原理接线图、展开接线图和安装接线图。

二、原理接线图

原理接线图是用来表示二次回路各元件（继电器、仪表、信号装置、自动装置及控制开关等设备）的电气联系及工作原理的电气回路图。

1. 原理接线图的特点

原理接线图在表示二次回路的工作原理时，主要有以下特点：

（1）原理接线图中的所有继电器、仪表等设备均以集合整体的形式来表示，用直线画出它们之间的相互联系，因而清楚、形象地表明了接线方式和动作原理。在原理图中，各电器触点都是按照它们的正常状态表示的。所谓正常状态，是指开关电器在断开位置和继电器线圈中没有电流时的状态。

（2）原理接线图将交流电流、电压回路与直流电源之间的联系综合地表示在一起，对所有设备具有一个完整的概念。

（3）一次回路的有关部分也画在接线图中，可清晰地表明该回路对一次回路的辅助作用。

阅读原理接线图的顺序是从一次接线看电流的来源，从电流互感器的二次侧看短路电流出现后，能使哪个电流继电器动作，该继电器的触点闭合（或断开）后，又使哪个继电器启动。依次看下去，直至看到使断路器跳闸及发出信号为止。

2. 原理接线图示例

图 1-38 为 6～35kV 线路过电流保护的原理接线，下面对该原理图所表示的过电流保护的动作原理进行分析。

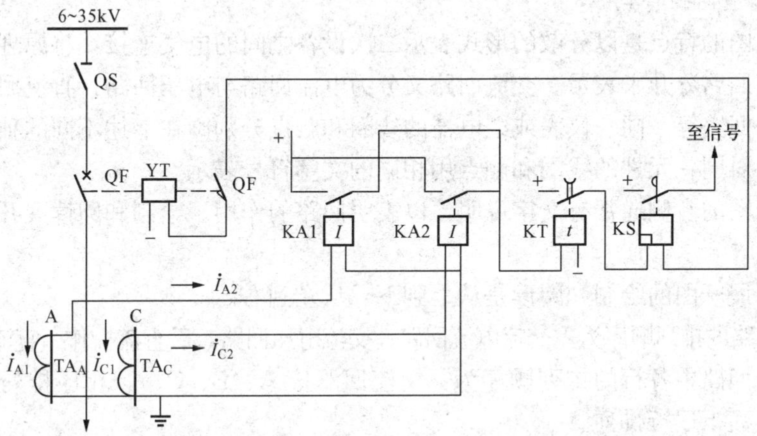

图 1-38　6～35kV 线路过电流保护的原理接线

（1）接线图的组成元件及功能。

1）电流互感器（TA）：电流互感器的一次绕组流过一次系统大电流 I_1，二次绕组中流过变换后的小电流 I_2，I_2 的额定值通常为 5A。

2）电流继电器（KA）：电流继电器线圈中流过电流互感器的二次电流 I_2，当 I_2 大于 KA 的动作电流时，KA 的动合触点闭合。

3）时间继电器（KT）：时间继电器线圈励磁时，经过预定延时，其延时动合触点闭合。

4）信号继电器（KS）：信号继电器线圈励磁时，其动合触点闭合，接通信号回路并掉牌，以便运行人员辨别其是否动作。信号继电器的机械掉牌需手动复归，为下一次动作准备。

5）断路器跳闸线圈（YT）：YT 励磁，断路器将跳闸。

6）断路器（QF）：其主触点用来接通和断开一次系统电路。

7）断路器动合辅助触点（QF）：断路器有与其主触点机械连锁的辅助触点。与主触点位置状态保持一致的辅助触点为动合辅助触点，与主触点位置状态始终相反的辅助触点为动断辅助触点。

（2）装置动作过程。

由图 1-38 可见，电流继电器 KA1、KA2 线圈分别接于 A、C 相电流互感器 TA_A、

TA_c 的二次侧。当线路发生相间短路时，流过线路的短路电流剧增，使 KA1、KA2 线圈流过的电流也增大，若短路电流大于保护装置的整定值时，KA1 或 KA2 动作，其动合触点闭合，将接于直流操作电源正母线来的正电源加在时间继电器 KT 的线圈上，时间继电器 KT 启动，经过预定的延时，KT 延时闭合的动合触点闭合，正电源经过其触点和信号继电器 KS 的线圈以及断路器的辅助动合触点 QF、断路器跳闸线圈 YT 接至负电源。信号继电器 KS 的线圈和跳闸线圈 YT 中都有电流流过，两者同时动作，断路器 QF 跳闸，信号继电器 KS 的动合触点闭合发出信号。

三、展开接线图

展开接线图是将二次设备按线圈和触点回路展开分别画出，组成多个独立回路，作为制造、安装、运行的重要技术图纸，也是绘制安装接线图的主要依据。

1. 展开接线图的特点

展开接线图的特点是以分散的形式表示二次设备之间的电气连接，将原理接线图中的交流回路与直流回路分开来表示。交流回路又分为电流回路与电压回路；直流回路分为直流操作回路与信号回路等。同一仪表或继电器的线圈和触点分别画在上述不同的独立回路内。为了避免混淆，对同一元件的线圈和触点用相同的文字符号表示。

展开接线图的右侧通常有文字说明，以表明回路的作用。绘制和阅读展开接线图的基本原则是：

（1）整个展开图的绘制和阅读是从上到下、从左到右。

（2）各回路的排列顺序为先交流电流回路、交流电压回路，后直流操作、直流信号回路等。

（3）每个回路中各行的排列顺序为：交流回路按 A、B、C、N 相序排列，直流回路按动作顺序自上而下逐行排列。

（4）每一行中继电器的线圈、触点等设备按实际连接顺序绘制。

因此，阅读展开接线图应从右图的文字说明开始，先交流后直流，自上而下、从左到右；对各元件先看启动线圈，再找相应触点。展开接线图中，导线、端子都有统一规定的回路编号和标号，便于分类查找、维修和施工。

2. 展开接线图示例

现以图 1-39 的 6～35kV 线路过电流保护展开接线图为例加以分析：左侧部分是保护回路的展开接线图，按照自上而下、从左到右的顺序依次是交流电流回路、直流操作回路和直流信号回路。右侧部分是主接线示意图，用来表示该二次接线与一次系统之间的联系。

交流电流回路由电流互感器 TA 的二次绕组供电，TA 仅装在 A、C 两相，其二次绕组分别接入电流继电器 KA1、KA2 的线圈，然后用一根公共线引回构成两相不完全星形接线。保护装置的动作顺序如下：当被保护线路发生过电流时，电流继电器 KA1、KA2 动作，其动合触点闭合，接通时间继电器 KT 的线圈回路，其延时闭合的动合触点延时闭合，而此时断路器的辅助动合触点处于闭合状态，因此跳闸回路接通。于是跳闸线圈 YT 中有电流流过，使断路器跳闸。同时，信号继电器 KS 动作并掉牌。

展开接线图接线清晰、易于阅读，又便于了解整套装置的动作程序和工作原理，尤其在复杂电路中优点更突出。

四、安装接线图

安装接线图用来表明二次回路的实际安装情况，是控制屏（台）制造厂生产加工和现场

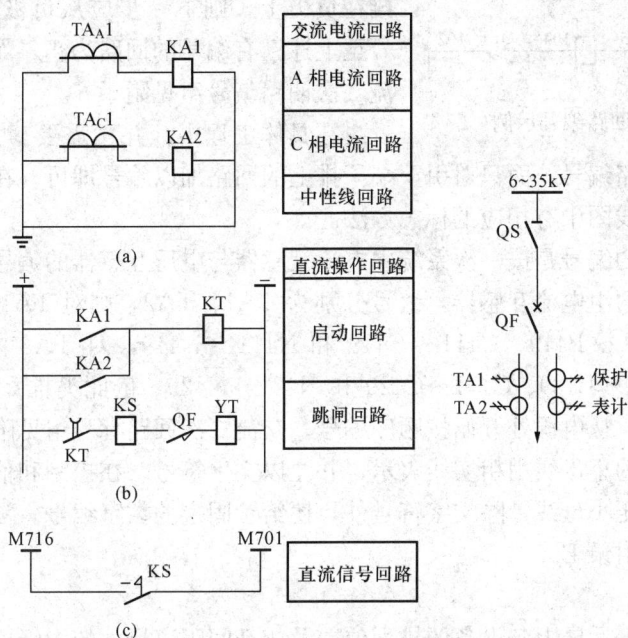

图 1-39　6~35kV 线路过电流保护展开接线图
(a) 交流电流回路；(b) 直流操作回路；(c) 直流信号回路

安装施工用图，是根据展开接线图绘制的。在安装接线图中，各种仪表、电器、继电器及连接导线等，按照它们的实际图形、位置和连接关系绘制。安装接线图包括屏面布置图、屏后接线图和端子排图，有时屏后接线图和端子排图画在一起。

安装接线图是最具体的施工图，除典型的成套装置外，订货单位向制造厂家订购控制屏（台）时，必须提供展开接线图、屏面布置图和端子排图，作为厂家制造产品的依据。通常屏后接线图由制造厂绘制，并随产品一起提供给订货单位。

1. 二次回路编号

（1）一般要求。为了便于安装施工和运行维护，在展开接线图中应对回路进行编号。在安装接线图中除编号外，尚须对设备进行标志。

二次回路的编号，根据等电位的原则进行，就是在回路中连接在一点的全部导线都用同一个数码来表示。当回路经过开关或继电器触点隔开后，因为触点断开时，其两端已不是等电位，故应给予不同的编号。

安装接线图上对二次设备、端子排等进行标志的内容有：

1）与屏面布置图相一致的安装单位编号及设备顺序号。

2）与展开接线图相一致的设备文字符号。

3）与设备表相一致的设备型号。

（2）展开接线图回路编号。根据编号能了解该回路的用途，并且进行正确的接线。

交直流回路在展开图中采用不同方法编号。

直流二次回路编号是从正电源出发，以奇数序号编号，直到最后一个有压降的元件为止。如最后一个有压降的元件后面不是直接接在负极，而是通过连接片、开关或继电器触点

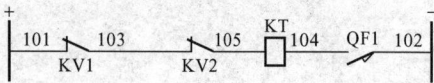

图 1-40 直流回路编号示例

接在负极上，则下一步应从负极开始以偶数顺序编号至上述已有编号的回路为止，如图 1-40 所示。直流二次回路编号组见附录 C。

在具体工程中，并不需要对展开接线图中的每一个节点都进行回路编号，而只对引至端子排上的回路加以编号即可。在同一屏上互相连接的设备，在屏后接线图中有相应的标志方法。

交流二次回路的编号是按一次系统中电流互感器与电压互感器的编号相对来分组的。例如在一条线路上装两组电流互感器，编号分别为 TA1、TA2，则对 TA1 的二次回路编号取 A411～A419、B411～B419、C411～C419 和 N411～N419，对 TA2 的二次回路编号取 A421～A429、B421～B429、C421～C429 和 N421～N429，依此类推。交流二次回路的编号不分奇数与偶数，从电源处开始按顺序编号。交流二次回路标号组见附录 D。

展开接线图中的小母线用粗实线表示，并注以文字符号。在控制和信号回路中的一些辅助小母线和交流电压小母线，除文字符号外，还给予固定的数字编号。常见小母线的文字符号及其回路标号见附录 E。

2. 屏面布置图

屏面布置图是表示屏上各设备的排列位置及相互间距离尺寸的图纸，要求按一定的比例尺绘制，并附有设备表，是正视图。

图 1-41 为 35kV 线路控制屏屏面布置图。一块屏用来控制四条线路，因此屏上有四个安装单位，四个安装单位相同，在图上用罗马数字 Ⅰ～Ⅳ 加以区分。屏上每个设备都给予标号，例如：Ⅰ-11 表示安装单位 Ⅰ 的第 11 号设备；Ⅱ-12 表示安装单位 Ⅱ 的第 12 号设备。因屏上四个安装单位完全一致，所以只对其中一个注明了设备顺序号。根据设备顺序号可以知道该设备的型号和规格。设备表中编号一栏中的数码即为屏面布置图上的编号。因为四个安装单位相同，所以将设备表列在一起，并去掉了前面的罗马数字。设备表中符号一栏所表示的是在展开图中该设备的符号。其中有些设备在屏面布置图中找不到，表示该设备不在屏正面，而是装于屏后，如电阻、熔断器和继电器等，并在设备表的备注中作了说明。

光字牌和标签框内的标注，也在设计图纸中列表标出，如图 1-41 所示。

3. 端子排图

端子排图是用来表示屏上需要装设的端子数目、类型、排列次序以及端子与屏上设备及屏外设备连接情况的图纸，是背视图。

接线端子（简称端子）是二次接线中不可缺少的配件。屏内设备与屏外设备之间的连接是通过端子和电缆来实现的。许多端子组合在一起构成端子排。端子排多采用垂直布置方式，安装在屏后的两侧。

每一安装单位应有独立的端子排，端子排垂直布置时，排列由上而下；水平布置时，排列由左而右。其顺序是交流电流回路、交流电压回路、控制回路、信号回路和其他回路。

每一安装单位的端子排应编有顺序号，在最后留 2～5 个端子作为备用。若端子排长度许可，各组端子之间也可适当地留 1～2 个备用端子。在端子排两端应留有终端端子。

正、负电源之间，经常带电的正电源与合闸、跳闸回路之间的端子应不相邻或用一个空端子隔开，以免在端子排上造成短路或断路器误动作。

图 1-41　35kV 线路控制屏屏面布置图

设　备　表

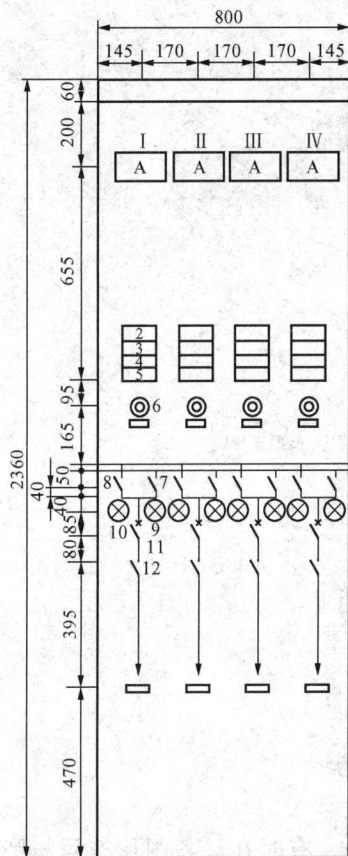

编号	符号	名称	型式	技术特性	数量	备注
安装单位 I（或 II、III、IV）35kV 线路						
1	A	电流表	16T₂-A		1	
2～5	H1～H5	光字牌	XD10	220V、15W	4	
6	SB	按钮	LA18-22	500V/5A	1	
9	HR(RD)	红灯	XD5	220V		
10	HG(GR)	绿灯	XD5	220V		
11	SA	控制开关	LW₂-Z-la,4,6A,40,20,6A/F8		1	
7、8、12		模拟位置指示器		手动	3	
	R	电阻		2000Ω、25W	1	
	FU1,FU2	熔断器	R1-10/1A	250V	2	
	QK1、QK2	刀开关		250V、10A	2	

光字牌上的标字

符号	编号	标号
H1	2	自动重合闸
H2	3	QF 弹簧未拉紧（当用电磁操动机构时改为备用）
H3	4	备用
H4	5	备用

标签框内的标字

编号	
6	接地检查

一个端子的每一端一般只接 1 根导线，导线截面积一般不超过 6mm²。特殊情况下个别端子允许最多接 2 根导线。当一根电缆同时接至屏上两侧端子排时，一般不经过渡端子。端子排的表示方法如图 1-42 所示。实际的端子排图如图 1-46 所示。

4. 屏后接线图

屏后接线图用来表明屏内各设备在屏背面引出端子间以及与端子排间的连接情况，是背视图，应标明各设备的代号、安装单位和型号规格，复杂的设备应绘出设备内部接线图。屏后接线图是制造厂生产屏过程中配线的依据，也是施工和运行的重要参考图纸。

在屏后接线图中，设备的排列与屏面布置图相对应，但屏后接线图为背视图，所以设备的左右方向与屏面布置图相反。

绘制屏后接线图时，不要求按比例尺绘制，但应保证设备间的相对位置正确。各设备的引出端子应按实际排列顺序画出。

（1）屏后设备标志法。屏后设备标志法如图 1-43 所示，在图形符号内部标出接线用的设备端子号，所标端子号必须与制造厂家的编号一致。

在设备图形符号上方画一个小圆，该圆分为上、下两个部分，上部分标出安装单位编号，用罗马字母 I、II、III 等来表示；在安装单位编号右下脚标出设备的顺序号，如 1、2、3、…。小圆下部标出设备的文字符号，如 KA、KT、KS、W、A、var 等和同型设备的顺

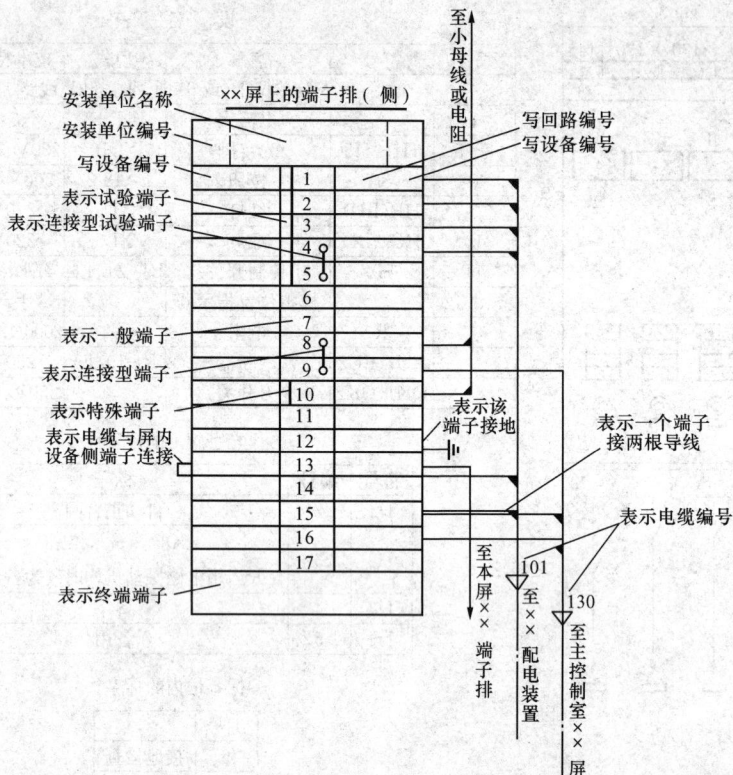

图1-42　端子排的表示方法

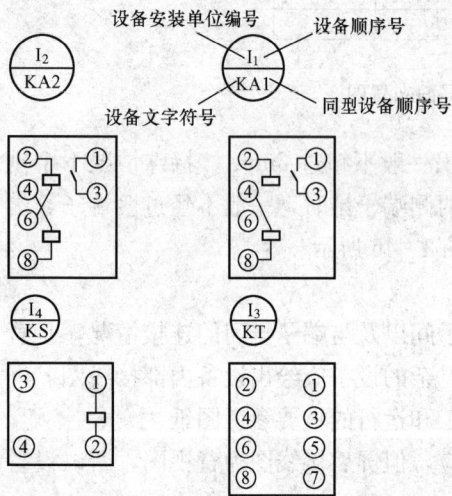

图1-43　屏后设备标志法

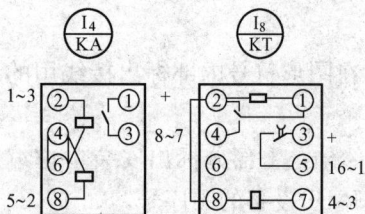

图1-44　相对编号法

序号，如1、2、3、…。有时在设备图形符号与圆之间标注与设备表相一致的该设备型号。

（2）相对编号法。如果甲乙两个设备的接线端子需要连接起来，在甲设备的接线端子上，标出乙设备接线端子的编号，同时，在乙设备该接线端子上标出甲设备接线端子的编号，即两个接线端子的编号相对应，这表明甲乙两设备的相应接线端子应该连接起来。这种编号称为相对编号法，目前在二次回路中已得到广泛应用。

例如图1-44所示，电流继电器KA的编号为4，时间继电器KT的编号为8。KA的3号接线端子与KT的7号接线端子相连，KA的3号接线端子旁标上"8～7"，即与第8号元件的第7个端子相连。而第8号元件正是KT。与之对应，在KT第7号端子旁标上"4～3"，这正是KA的第3个端子，查找起来十分方便。

相对编号法的应用如图1-45所示。

针对图1-38、图1-39的6～35kV线路过电流保护接线图，作出10kV线路过电流保护屏后接线

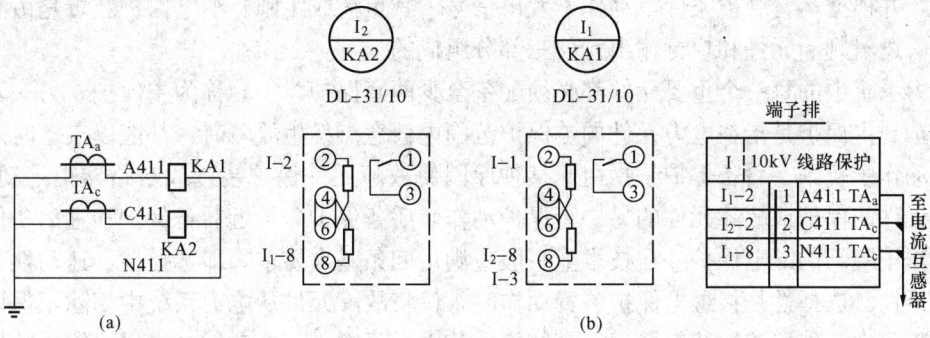

图 1-45 相对编号法的应用

（a）展开图；（b）安装图

图，如图 1-46 所示。

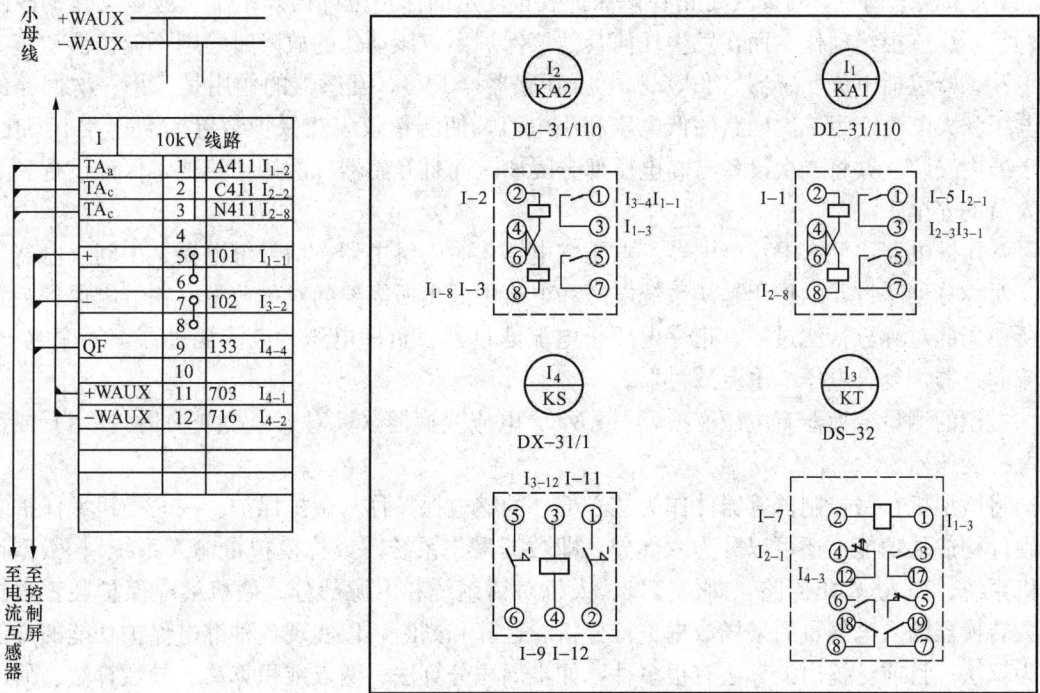

图 1-46 10kV 线路过电流保护屏后接线图

学习指导

电力系统的运行状态可以分为正常工作状态、不正常工作状态和故障状态。最常见同时也是最危险的故障是发生各种类型的短路。短路包括三相短路、两相短路、两相接地短路和单相接地短路。

继电保护装置的基本任务是当电力系统的被保护元件发生故障时，能自动、迅速、有选择地将故障元件从电力系统中切除；当电力系统中被保护元件出现不正常工作状态时，能及时反应，并根据运行维护条件，动作于发出信号、减负荷或跳闸。继电保护装置是由测量比较元件、逻辑判断元件和执行输出元件三部分组成的。

电力系统中的每一个重要元件都必须配备至少两套保护，一套称为主保护，另一套称为后备保护。主保护是指在电力元件的被保护范围内任意点发生故障时，都能以最短时限（如瞬时）动作于跳闸。后备保护是指由于某种原因使故障元件保护装置或断路器拒绝动作时，由相邻元件的保护或故障元件的另一套保护动作。后备保护分为近后备保护和远后备保护。

动作于跳闸的继电保护，在技术上一般应满足四条基本要求，即选择性、速动性、灵敏性和可靠性。选择性是指继电保护装置动作时，仅将故障元件从电力系统中切除，保证系统中非故障元件仍然能够继续安全运行，使停电范围尽量缩小。速动性是指尽可能快地切除故障，以减少设备及用户在大短路电流、低电压下的运行时间，降低设备的损坏程度，提高系统并列运行的稳定性以及自动重合闸和备用电源自动投入装置的动作成功率。灵敏性是指保护装置对其保护范围内发生的故障或不正常工作状态的反应能力。灵敏性通常用灵敏系数 K_{sen} 或灵敏度来衡量。可靠性是指在该保护装置规定的保护范围内发生了它应该动作的故障时，它不应该拒绝动作，而在发生任何其他该保护不应该动作的故障时，则不应该误动作。

互感器包括电流互感器（TA）和电压互感器（TV）。互感器的作用是，将一次回路的高电压和大电流变为二次回路的低电压和小电流，使测量仪表和保护装置标准化、小型化，便于屏内安装。并将二次设备与高电压部分隔离，而且互感器二次侧均接地，保证设备和工作人员的安全。

常用继电器主要有电流继电器、电压继电器、时间继电器、信号继电器、中间继电器。

对称分量滤过器的作用是从系统电压和电流中滤出所需要的对称分量。在继电保护装置中所使用的对称分量滤过器有正序电压、电流滤过器，负序电压、电流滤过器，零序电压、电流滤过器，复合电压、电流滤过器。

常用的测量变换器有电压变换器（UV）、电流变换器（UA）、电抗变换器（UX）或称为电抗变压器。

将微型机、微控制器等器件作为核心部件的继电保护称为微机保护。一套微机型保护装置硬件构成从功能上还可以分为六部分，即数据采集系统（或称模拟量输入系统）、微型计算机系统、输入/输出回路、通信接口、人机对话系统和电源部分。微机继电保护装置根据模数转换器输入电气量的采样数据进行分析、运算和判断，以实现各种继电保护功能的方法称为算法。目前已提出的算法有很多种，如半周积分算法、两点乘积算法、导数算法、傅氏算法等。

一次设备是指直接用于生产、输送、分配电能的高电压、大电流的设备，又称主设备。二次设备是指对一次设备进行监察、控制、测量、调整和保护的低压设备，又称辅助设备。

二次接线又称二次回路，是将二次设备互相连接而成的电路，主要包括电气设备的控制操作回路、测量回路、信号回路、保护回路以及同期回路等。二次回路图以国家规定的通用图形符号和文字符号表示二次设备的互相连接关系，常用的二次回路图有三种形式，即原理接线图、展开接线图和安装接线图。

原理接线图是用来表示二次回路各元件的电气联系及工作原理的电气回路图，主要特点有：所有继电器、仪表等设备均以集合整体的形式来表示；交、直流联系综合地表示在一起；一次回路的有关部分也画在接线图中。

　　展开接线图是将二次设备按线圈和触点回路展开分别画出，组成多个独立回路。展开接线图的特点是以分散的形式表示二次设备之间的电气连接，共分为交流电流、交流电压，直流操作、直流信号回路等。

　　展开接线图的识绘图原则是：整个展开图是从上到下、从左到右；各回路的排列顺序为先交流电流回路、交流电压回路，后直流操作、直流信号回路等；每个回路中各行的排列顺序为：交流回路按 A、B、C、N 相序排列，直流回路按动作顺序自上而下逐行排列；每一行中继电器的线圈、触点等设备按实际连接顺序绘制。

　　安装接线图用来表明二次回路的实际安装情况，包括屏面布置图、屏后接线图和端子排图。

　　屏面布置图表示屏上设备的布置情况，按一定的比例绘出屏上各设备的安装位置、外形尺寸及中心线的尺寸，并附有设备表，图中各设备的排列位置和相互间尺寸应与实际相符，以便制造厂备料和安装加工，是正视图。

　　端子排图用来表明屏内设备与屏顶设备、屏外设备连接关系以及屏上需要装设的端子类型、数目以及排列顺序的图，是背视图。

　　屏后接线图用来表明屏内各设备在屏背面引出端子间以及与端子排间的连接情况，是背视图，应标明各设备的代号、安装单位和型号规格，复杂的设备应绘出设备内部接线图。

习　题

1-1　继电保护装置的基本任务是什么？

1-2　对继电保护的基本要求是什么？

1-3　什么是主保护？什么是后备保护？

1-4　电流互感器和电压互感器的作用是什么？它们的误差怎样表示？

1-5　什么是电流继电器和电压继电器的动作值、返回值、返回系数？

1-6　序分量滤过器的作用是什么？主要有哪几种？

1-7　测量变换器的作用是什么？主要有哪几种？

1-8　简述微机型保护装置硬件电路的基本组成？

1-9　什么是二次设备和二次回路？

1-10　二次接线图常见的形式有哪几种？各有什么特点？

1-11　什么是动合触点？什么是动断触点？

1-12　原理接线图与展开接线图各有何特点？

1-13　展开接线图的识绘图的基本原则是什么？

1-14　二次回路编号的原则是什么？简述直流回路和交流回路的编号方法。

1-15　如何在屏后接线图中表示设备？

1-16　什么是相对编号法？

第二章　电网的电流保护

教学要求

　　掌握三段式电流保护的配合原则、整定计算，会阅读三段式电流保护的原理图；理解方向性电流保护中方向元件的作用，能正确按动作方向分组配合、整定计算；了解方向元件的工作原理、接线方式；理解中性点直接接地系统接地短路时零序分量的特点，与相间短路的三段式保护比较；学习零序电流及方向保护的工作原理；理解中性点非直接接地系统单相接地故障的特点、保护的工作原理，着重掌握绝缘监视装置的工作原理；了解中性点非直接接地系统设置保护的困难和存在的问题。

第一节　单侧电源电网相间短路的电流保护

　　电网正常运行时的电流是负荷电流，当发生短路时电流突然增大，电压降低。利用电流增大作为电网故障的判据而构成的保护，即电流保护。

一、无时限电流速断保护

无时限电流速断保护（又称第Ⅰ段电流保护）是反映电流增大而不带时限动作的保护。

（一）工作原理

图 2-1 所示为一简单的单侧电源电网的无时限电流速断保护动作整定分析图。

1. 短路电流变化曲线

短路电流计算公式如下：

三相短路时

$$I_K = \frac{E_s}{X_s + X_1 l} \tag{2-1}$$

两相短路时

$$I_K = \frac{\sqrt{3}}{2} \frac{E_s}{X_s + X_1 l} \tag{2-2}$$

式中　E_s——相电势；

　　　X_s——系统电源等效电抗；

　　　X_1——线路单位长度正序电抗；

　　　l——故障点到保护安装处的距离，km。

　　由式（2-1）和式（2-2）可知，短路电流与下列因素有关：

　　（1）系统电源等效电抗 X_s。X_s 和系统运行方式有关，X_s 最小时短路电流最大，称为最大运行方式；X_s 最大时短路电流最小，称为最小运行方式。

　　（2）故障点到保护安装处的距离 l。故障点越远 l 越大，短路电流越小。

　　（3）短路故障类型。

由此得到图 2-1 中曲线 1、曲线 2。曲线 1 表示最大运行方式下三相短路电流变化曲线，曲线 2 表示最小运行方式下两相短路电流变化曲线。

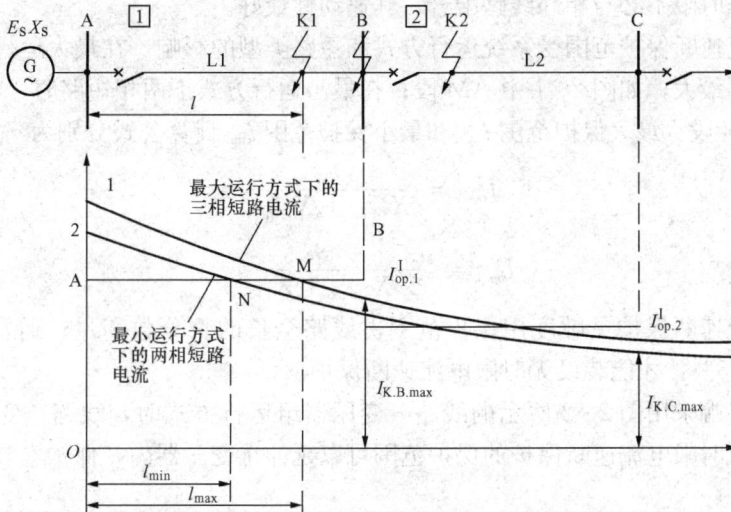

图 2-1　无时限电流速断保护动作整定分析图

2. 动作电流整定

如图 2-1 所示，设在线路 L1 和线路 L2 上分别装设无时限电流速断保护。

（1）首先暂不考虑误差因素。在线路 L2 发生短路时，按选择性的要求，保护 1 不应动作，为此保护 1 的动作电流应比在线路 L2 发生短路时流过保护 1 的短路电流大，可按线路 L1 末端 B 点最大短路电流 $I_{K.B.max}$ 来整定。同理，保护 2 的动作电流按线路 L2 末端 C 点最大短路电流 $I_{K.C.max}$ 来整定。当 K1、K2 点故障时，可分析得出结论：两个保护是有选择性的。

（2）考虑误差因素。线路 L2 的首端和线路 L1 的末端在电气距离上相差无几，在这两点短路时最大短路电流几乎相等，考虑电流互感器、电流继电器均有误差，在线路 L2 的首端短路时，流过保护 1 的短路电流可能大于保护 1 的动作电流，保护 1 将误动作。因此，为保证选择性，必须提高保护 1 无时限电流速断保护的动作电流，应按大于本线路末端短路时的最大短路电流来整定，即

$$I_{op.1}^{I} = K_{rel} I_{K.B.max} \qquad (2-3)$$

K_{rel} 为可靠系数，考虑电流互感器的误差、电流继电器的动作误差、短路电流计算误差、短路电流非周期分量的影响和必要的裕度而引入的大于 1 的系数，一般取 1.2~1.3。

以此类推，保护 2 动作电流应整定为 $I_{op.2}^{I} = K_{rel} I_{K.C.max}$，$I_{op.1}^{I}$、$I_{op.2}^{I}$ 为一次动作电流。继电器的动作电流（即二次动作电流）应为

$$I_{op.1}^{I} = K_{rel} I_{K.B.max} K_{con} / n_{TA}$$

式中　K_{con}——接线系数，见本节电流保护接线方式；

　　　n_{TA}——电流互感器变比。

可见，无时限电流速断保护是依靠动作电流整定保证选择性的。

3. 保护的特点、灵敏度校验

无时限电流速断保护不能保护本线路的全长。如图 2-1 中线路 L1，在 MB 段发生短路

时，短路电流 I_K 小于保护 1 的动作电流 $I_{op.1}^I$，保护不动作。

无时限电流速断保护的优点是可以瞬时动作。正因为无时限电流速断保护只保护本线路的一部分，动作时限不必与相邻线路配合，其速动性最好。

无时限电流速断保护范围受系统运行方式和短路类型的影响。在最大运行方式下三相短路时，保护范围最大，如图 2-1 中 AM 段；在最小运行方式下两相短路时，保护范围最小，如图 2-1 中 AN 段。最大保护范围 l_{max} 和最小保护范围 l_{min} 计算公式分别为

$$I_{op.1}^I = \frac{E_s}{X_{s.min} + X_1 l_{max}} \tag{2-4}$$

$$I_{op.1}^I = \frac{\sqrt{3}}{2} \frac{E_s}{X_{s.max} + X_1 l_{min}} \tag{2-5}$$

无时限电流速断保护灵敏度用保护范围占线路全长的百分数衡量。通常要求 $l_{max}\% \geqslant 50\%$，$l_{min}\% \geqslant 15\%$，才能装设无时限电流速断保护。

当电网的终端采用图 2-2 所示的线路—变压器组运行方式时，线路—变压器组可以看成一个整体，无时限电流速断保护的保护范围可以延伸至变压器内，保护本线路的全长。动作电流整定为

$$I_{op.1}^I = K_{CO} I_{K.C.max} \tag{2-6}$$

式中　K_{CO}——配合系数，一般取 1.3。

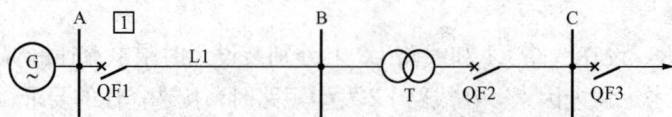

图 2-2　线路—变压器组的无时限电流速断保护

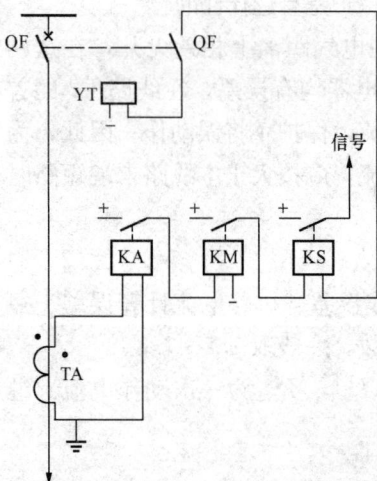

图 2-3　无时限电流速断保护
单相原理接线

（二）原理接线

无时限电流速断保护单相原理接线如图 2-3 所示。正常运行时，流过线路的电流为负荷电流，小于保护的动作电流，保护不动作。当在线路保护范围内发生短路时，短路电流大于保护的动作电流，电流继电器 KA 动合触点闭合，启动中间继电器 KM，KM 动合触点闭合，启动信号继电器 KS（发出保护动作信号），并接通断路器的跳闸线圈 YT，断路器跳闸切除故障线路。

接线图接入中间继电器 KM，一方面是利用 KM 的大容量触点代替 KA 的小容量触点，接通跳闸回路；另一方面是利用 KM 带有 0.06～0.08s 的固有延时，躲过管形避雷器放电时引起的瞬时短路（1～2 周波），防止保护误动作。KS 的作用是指示保护动作，以便运行人员处理和分析故障。断路器辅助触点 QF 用于断开跳闸线圈的电流，防止 KM 触点损坏。

对于微机型的保护装置，一般用程序流程图或逻辑框图来表示其工作原理，图 2-4 为微机型无时限（瞬时）电流速断保护的程序流程示意图。当线路故障，保护装置的启动元件

动作后，保护进入故障处理程序。首先检查无时限（瞬时）电流速断保护的压板是否投入。

各保护的出口连接片一般安装在保护屏的下方，通常称为硬压板。

此外对于微机型的保护装置，一般还可以在计算机上设置保护的投入或退出的控制字，通常称为软压板；如果无时限（瞬时）电流速断保护的软、硬压板均在投入状态，则进行故障判别。当故障相的电流大于无时限（瞬时）电流速断保护的动作电流的整定值，即 $I_\varphi \geqslant I_{set}$ 时，时间元件开始计时，延时时间一到即 $t = t_{set}^{I}$；保护立即发出跳闸指令。当线路上装有避雷器时，为防止因避雷器放电引起无时限（瞬时）电流速断保护误动作，在微机型保护中一般要加 10～20ms 左右的延时。

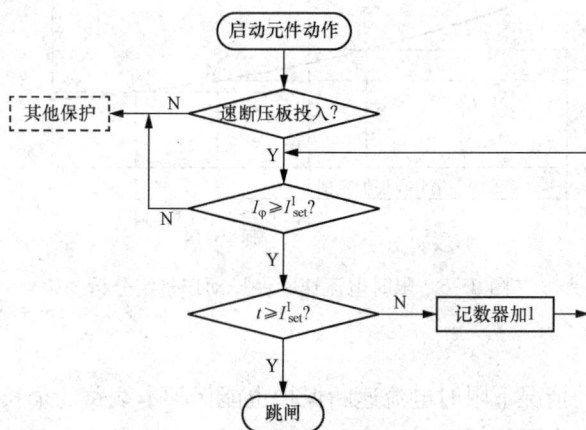

图 2-4 无时限电流速断保护流程

二、限时电流速断保护

无时限电流速断保护虽然能实现快速动作，但不能保护本线路的全长，因此必须装设另一段保护——限时电流速断保护（也称第Ⅱ段电流保护），用于保护无时限电流速断保护不到的后一段线路。

1. 动作电流、动作时限整定

装设限时电流速断保护是为了保护本线路的全长，考虑到误差因素，保护范围应延伸至下一线路；为了尽量缩短保护的动作时限，通常不超出下一线路第Ⅰ段电流保护范围。因此，限时电流速断保护动作电流应按大于下一线路第Ⅰ段电流保护的动作电流来整定。如图2-5所示，线路 L1 第Ⅱ段电流保护的动作电流应为

$$I_{op.1}^{II} = K_{rel} I_{op.2}^{I} \tag{2-7}$$

同时，也不超出相邻变压器速断保护范围，即

$$I_{op.1}^{II} = K_{CO} I_{K.D.max} \tag{2-8}$$

式中 K_{CO}——配合系数，取 1.3；

$I_{K.D.max}$——母线 D 发生短路时，流过保护 1 的最大短路电流。

图2-5中，线路 L2 的 BM 段处于线路 L2 的第Ⅰ段电流保护和线路 L1 的第Ⅱ段电流保护的双重保护范围之内，在 BM 段发生短路时，必然出现这两段保护的同时动作。为了保证选择性，应由 L2 的第Ⅰ段电流保护动作跳开 QF2，L1 的第Ⅱ段电流保护不跳开 QF1。为此，L1 的第Ⅱ段电流保护应带有一定的延时，动作慢于第Ⅰ段电流保护，即

$$t_1^{\mathrm{II}} = t_2^{\mathrm{I}} + \Delta t \approx \Delta t$$

式中　Δt——时间级差，为 0.3～0.6s，一般取 0.5s。

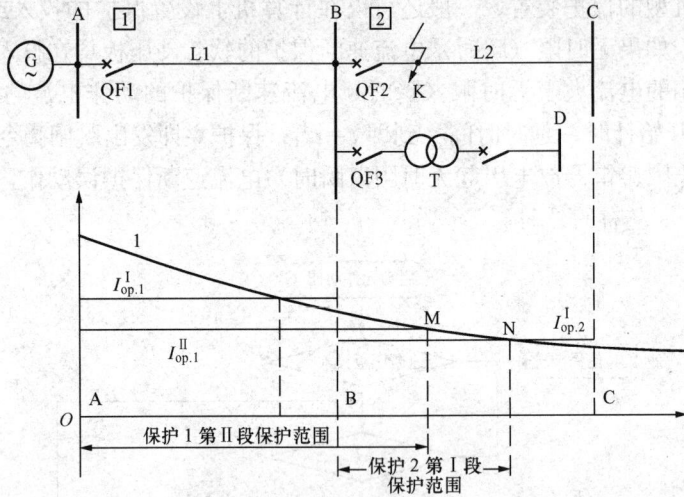

图 2-5　限时电流速断保护动作整定分析

2. 灵敏度校验

为了保证在极端的情况下限时电流速断保护也能保护本线路的全长，应校验在最小运行方式下在本线路末端发生两相短路时，流过保护的短路电流是否大于动作电流，使保护可靠动作，即灵敏系数为

$$K_{\mathrm{sen}} = \frac{I_{\mathrm{K.B.min}}}{I_{\mathrm{op}}^{\mathrm{II}}} \tag{2-9}$$

考虑电流互感器 TA、电流继电器误差，根据 GB 14285—2016《继电保护及安全自动装置技术规程》要求，$K_{\mathrm{sen}} \geqslant 1.3$。当灵敏系数不满足要求时，限时电流速断保护应与下一线路的第 II 段电流保护配合，即动作电流为 $I_{\mathrm{op.1}}^{\mathrm{II}} = K_{\mathrm{rel}} I_{\mathrm{op.2}}^{\mathrm{II}}$，动作时限为 $t_1^{\mathrm{II}} = t_2^{\mathrm{II}} + \Delta t \approx 2\Delta t$。

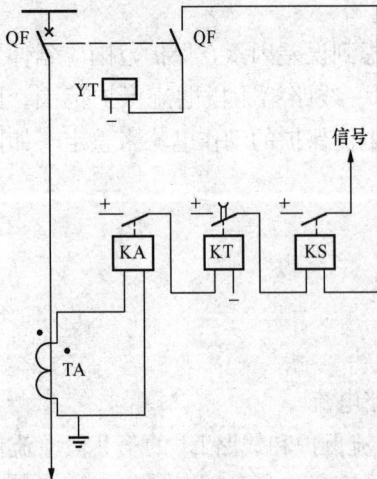

3. 原理接线

限时电流速断保护单相原理接线如图 2-6 所示。与无时限电流速断保护单相原理接线相似，不同的是由时间继电器 KT 代替了中间继电器 KM，时间继电器 KT 的触点容量较大，可以直接接通跳闸回路。

图 2-7 为微机型限时电流速断保护的程序流程示意。当线路故障，保护装置的启动元件动作后，保护进入故障处理程序。如果限时电流速断保护的软、硬压板均在投入状态，则进行故障判别。当故障相的电流大于限时电流速断保护的动作电流的整定值，即 $I_{\varphi} \geqslant I_{\mathrm{set}}^{\mathrm{II}}$ 时，时间元件开始计时，延时时间一到即 $t = t_{\mathrm{set}}^{\mathrm{II}}$；保护立即发出跳闸指令。如果延时时间还没有到，即 $t < t_{\mathrm{set}}^{\mathrm{II}}$，故障已经被无时限（瞬时）电流速断保护切除了，则电流元件返回，时间元件也瞬间返回，保护不再经限时电流

图 2-6　限时电流速断保护
单相原理接线

速断保护出口发跳闸指令。

三、定时限过电流保护

无时限电流速断保护和限时电流速断保护共同构成了线路的主保护。为防止本线路的主保护拒动，以及下一线路的保护或断路器拒动，必须还要给线路装设后备保护——定时限过电流保护（也称第Ⅲ段电流保护），以作为本线路的近后备和下一线路的远后备。

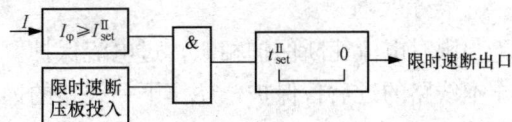

图 2-7 限时电流速断保护的程序流程示意

1. 动作电流整定

通常定时限过电流保护按躲过最大负荷电流来整定。根据可靠性的要求，定时限过电流保护的动作电流应按以下两个条件来确定。

（1）在被保护线路流过最大负荷电流 $I_{\text{loa. max}}$ 时，定时限过电流保护不动作，即

$$I_{\text{op}}^{\text{Ⅲ}} > I_{\text{loa. max}}$$

（2）为保证下一线路上的短路故障切除后，本线路上已启动的定时限过电流保护能可靠返回，返回电流 I_{r} 应大于流过保护的最大自启动电流 $K_{\text{ast}} I_{\text{loa. max}}$，即

$$I_{\text{r}} > K_{\text{ast}} I_{\text{loa. max}}$$

式中　K_{ast}——自启动系数，一般取 1.5～3。

因 $K_{\text{r}} = \dfrac{I_{\text{r}}}{I_{\text{op}}}$，故 $I_{\text{r}} = K_{\text{r}} I_{\text{op}}$，即

$$I_{\text{op}}^{\text{Ⅲ}} > \frac{K_{\text{ast}} I_{\text{loa. max}}}{K_{\text{r}}}$$

为保证两个条件都满足，取以上两个条件中较大者为动作电流整定值，即

$$I_{\text{op}}^{\text{Ⅲ}} = \frac{K_{\text{rel}}}{K_{\text{r}}} K_{\text{ast}} I_{\text{loa. max}} \qquad (2-10)$$

式中　K_{rel}——可靠系数，一般取 1.15～1.25；

　　　K_{r}——电流继电器的返回系数，一般取 0.85～0.95。

2. 动作时限整定

如图 2-8 所示，线路 L1、L2、L3 均装设过电流保护。当 K1 点短路时，短路电流流过 L1 和 L2 保护安装处，因过电流保护按躲过负荷电流来整定，因而动作电流小，可能过电流保护 1、2 均启动。根据选择性的要求，应由保护 2 动作，为此应有 $t_1 > t_2$。

以此类推，当 K2 点短路时，应满足 $t_1 > t_2 > t_3$。

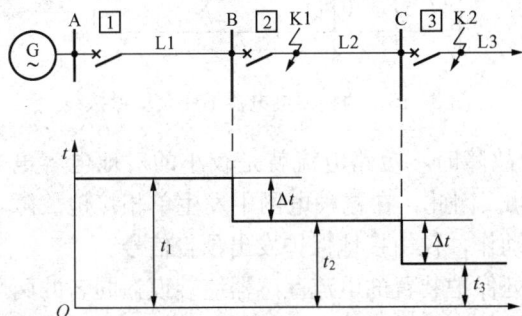

图 2-8　定时限过电流保护的动作时限

由此可见，定时限过电流保护动作时限的配合原则是，各保护装置的动作时限从用户到电源逐级增加一个级差 Δt，如图 2-8 所示，其形状好似一个阶梯，故称为阶梯形时限特性。级差 Δt 一般取 0.5s。在电网终端的过电流保护时限最短，可取 0.5s，可作主保护；其他保护的时限较长，只能作后备保护。

第Ⅰ段电流保护依据动作电流整定保证选择性，第Ⅱ段电流保护依据动作电流和时限整定共同保证选择性，第Ⅲ段电流保护依

据动作时限的"阶梯形时限特性"配合来保证选择性。

3. 灵敏度校验

与限时电流速断保护相似，过电流保护要进行灵敏度校验。所不同的是，过电流保护不仅作本线路的近后备保护，还作下一线路的远后备保护。如图 2-8 所示，L1 的过电流保护作本线路的近后备保护时，应以本线路末端 B 点最小运行方式下两相短路电流校验灵敏度，$K_{sen}=I_{K.B.min}/I_{op}^{Ⅲ}$；作下一线路 L2 的远后备保护时，应以 L2 线路末端 C 点最小运行方式下两相短路电流校验灵敏度，$K_{sen}=I_{K.C.min}/I_{op}^{Ⅲ}$。

作近后备时，要求 $K_{sen} \geqslant 1.5$；作远后备时，要求 $K_{sen} \geqslant 1.2$。

4. 原理接线

定时限过电流保护的原理接线与限时电流速断保护相同，只是动作电流和动作时限不同。

四、电流保护的接线方式

电流保护的接线方式是指电流保护中电流继电器线圈与电流互感器二次绕组之间的连接方式。流入继电器的电流与电流互感器二次侧流出电流的比值称为接线系数 K_{con}。

下面介绍电流保护常用的接线方式。

1. 三相完全星形接线

三相完全星形连接如图 2-9 所示。这种接线方式特点是：能反映三相短路、两相短路、单相接地短路等故障；流入继电器的电流与电流互感器二次侧流出电流相等，接线系数 $K_{con}=1$；可提高保护动作的可靠性和灵敏性，广泛应用于发电机、变压器等贵重设备的保护。

2. 两相两继电器不完全星形接线

两相两继电器不完全星形接线如图 2-10 所示。这种接线方式特点是：能反映三相短路、两相短路等各种相间短路，但对单相接地短路不能全部反映；流入继电器的电流与电流互感器二次侧流出电流相等，接线系数 $K_{con}=1$；接线简单、经济，广泛应用于中性点非直接接地系统，用于反映相间短路。

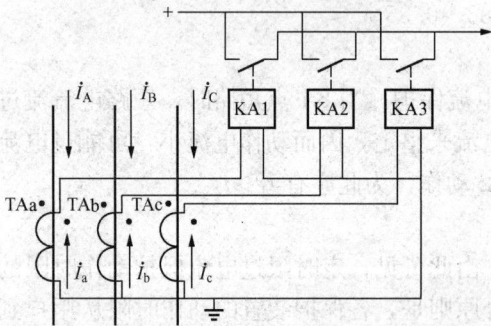

图 2-9　三相完全星形接线　　　　图 2-10　两相两继电器不完全星形接线

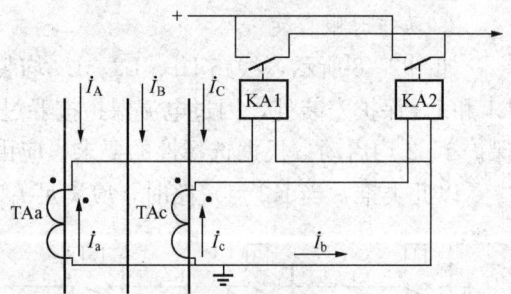

在中性点非直接接地系统中，发生单相接地故障时，短路电流就是较小的对地电容电流，相间电压仍然对称，往往允许继续运行 1～2h。因此，在这种电网中发生单相接地故障时，因短路电流较小，相间短路的电流保护不会动作，仅由接地保护发出预告信号。

小电流接地系统采用不完全星形接线时，各处保护装置的电流互感器应装设在同名的两相上（一般装设于 A、C 两相）。这样，一方面，在不同的线路发生两点接地短路时，可统计出有 2/3 的概率只切除一条线路，另一线路可继续运行，提高供电可靠性，见表2-1；另一方面，防止了不装于同名相时保护拒动，如线路 L1 装于 A、B 两相，L2 装于 B、C 两相，当发生线路 L1 的 C 相和线路 L2 的 A 相两点接地形成相间短路时，保护将会拒动，如图 2-11 所示。

表 2-1 两点接地短路

线路 L1 接地相别	A	A	B	B	C	C
线路 L2 接地相别	B	C	C	A	A	B
L1 保护动作情况	动作	动作	不动作	不动作	动作	动作
L2 保护动作情况	不动作	动作	动作	动作	动作	不动作
停电线路数	1	2	1	1	2	1

两相不完全星形接线方式较简单经济，对中性点非直接接地系统在不同线路的不同相别上发生两点接地短路时，有 2/3 的概率只切除一条线路，这比三相完全星形接线优越。因此在中性点非直接接地系统中，广泛采用两相不完全星形接线。

3. 两相三继电器不完全星形接线

两相三继电器不完全星形接线如图 2-12 所示。第三个继电器流过的是 A、C 两相电流互感器二次电流的和，其数值等于 B 相电流的二次值，从而能反映 B 相的电流，与采用三相完全星形接线相同，常用于 Yd11 接线变压器保护。

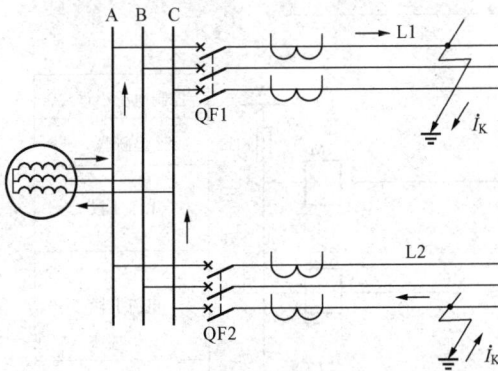

图 2-11 不同地点两点接地时工作分析图

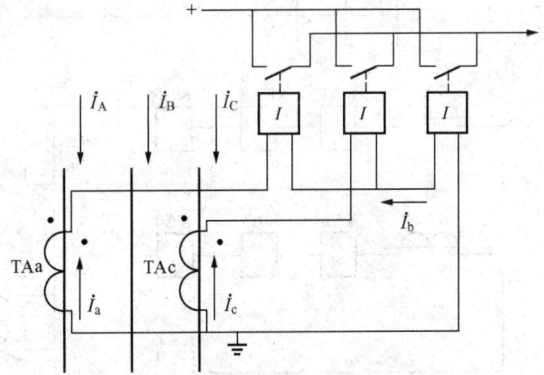

图 2-12 两相三继电器不完全星形接线

如图 2-13 所示，在变压器的△侧发生 AB 两相短路时，反映到 Y 侧的电流中，故障相的滞后相 B 相电流最大，是其他任一相的 2 倍，若采用两相两继电器不完全星形接线，B 相无继电器反应，灵敏系将下降。采用两相三继电器不完全星形接线克服了这一缺点。

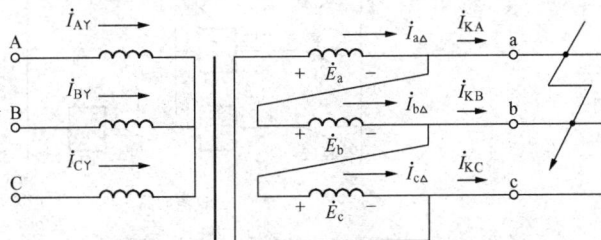

图 2-13 Yd11 变压器△侧发生 AB 两相短路

五、阶段式电流保护

阶段式电流保护由无时限电流速断保护、限时电流速断保护和定时限过电流保护组成，也称三段式电流保护，三段保护为"或"逻辑出口。其中Ⅰ段无时限电流速断保护、Ⅱ段限时电流速断保护构成主保护，Ⅲ段定时限过电流保护是后备保护。三段式电流保护展开接线图如图2-14所示。

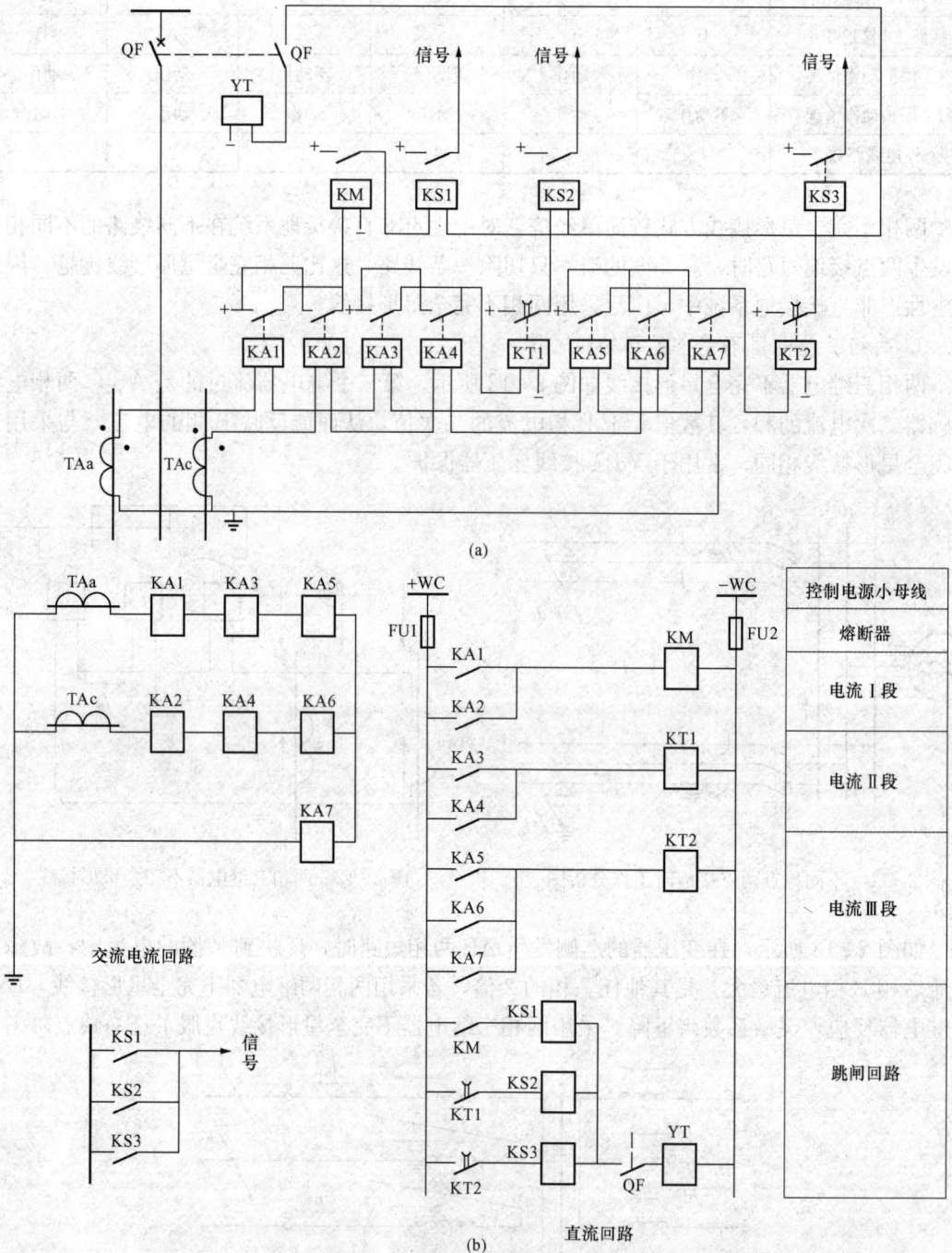

图2-14　三段式电流保护展开接线图

(a) 原理接线图；(b) 展开图

设在线路首端发生 AB 两相短路，短路电流将大于第 Ⅰ 段、第 Ⅱ 段和第 Ⅲ 段动作电流，电流继电器 KA1、KA3、KA5 动作（C 相无短路电流，KA2、KA4、KA6 不动作），KA1、KA3、KA5 动合触点闭合，分别启动继电器 KM、KT1、KT2，KM 动合触点瞬时闭合，接通信号继电器 KS1、跳闸线圈 YT 回路，断路器 QF 跳闸，同时动合触点 KS1 闭合，发出事故信号。

若在线路末端发生 AB 两相短路，短路电流将小于第 Ⅰ 段动作电流，KA1 不动作；但短路电流将大于第 Ⅱ 段和第 Ⅲ 段动作电流，KA3、KA5 动作，KA3、KA5 动合触点闭合，分别启动时间继电器 KT1、KT2，经 0.5s 延时 KT1 动合触点闭合，断路器 QF 跳闸，并发出事故信号。

在线路首端发生 AB 两相短路时，若第 Ⅰ 段拒动，则由第 Ⅱ 段作后备经 0.5s 延时动作；若第 Ⅱ 段也拒动，则由第 Ⅲ 段以较长时限（根据阶梯形时限特性整定）动作，作本线路的近后备保护。与此相似，在线路末端发生 AB 两相短路时，第 Ⅲ 段作第 Ⅱ 段的近后备。

微机型三段式电流保护程序框图如图 2-15 所示。

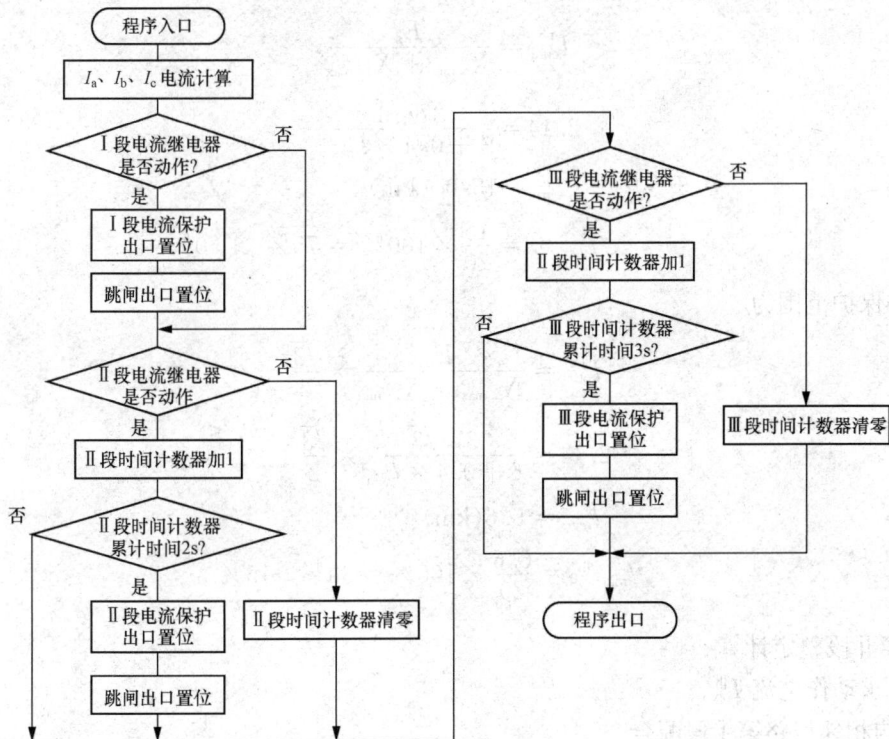

图 2-15　电流保护程序框图

六、阶段式电流保护整定计算举例

【例 2-1】　35kV 三段式电流保护整定计算系统如图 2-16 所示。已知系统电源等值电抗：$X_{s.max} = 6\Omega$，$X_{s.min} = 4\Omega$；线路 AB 的最大传输功率为 7MW，功率因数 0.9，自启动系数 1.5，返回系数 0.85，线路单位长度正序电抗 X_1 为 $0.4\Omega/km$，线路长度和变压器阻抗归算至 37kV 侧的有名值如图 2-16 所示，变压器中装设差动保护。求线路 AB 三段式电流保护动作值及灵敏度。

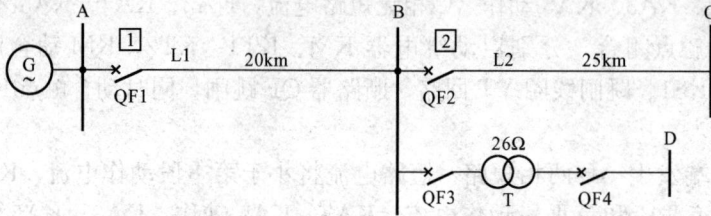

图 2 - 16　35kV 三段式电流保护整定计算系统

解　1. 第 I 段整定计算

（1）求动作电流 $I_{\text{op.1}}^{\text{I}}$。则

$$I_{\text{op.1}}^{\text{I}} = K_{\text{rel}} I_{\text{K.B.max}} = K_{\text{rel}} \frac{E_{\text{s}}}{X_{\text{s.min}} + X_1 l_{\text{AB}}} = 1.2 \times \frac{37/\sqrt{3}}{4 + 0.4 \times 20}$$

$$= 2.14 (\text{kA})$$

（2）灵敏度校验。最大保护范围为

$$I_{\text{op.1}}^{\text{I}} = \frac{E_{\text{s}}}{X_{\text{s.min}} + X_1 l_{\text{max}}}$$

$$2.14 = \frac{37/\sqrt{3}}{4 + 0.4 \times l_{\text{max}}}$$

解得　　　　　　　　　　　$l_{\text{max}} = 15.0 \ (\text{km})$

$$l_{\text{max}} \% = \frac{15}{20} \times 100\% = 75\% > 50\%$$

最小保护范围为

$$I_{\text{op.1}}^{\text{I}} = \frac{E_{\text{s}}}{X_{\text{s.max}} + X_1 l_{\text{min}}} \times \frac{\sqrt{3}}{2}$$

$$2.14 = \frac{37/\sqrt{3}}{6 + 0.4 \times l_{\text{min}}} \times \frac{\sqrt{3}}{2}$$

解得　　　　　　　　　　　$l_{\text{min}} = 6.6 (\text{km})$

$$l_{\text{min}} \% = \frac{6.6}{20} \times 100\% = 33\% > 15\%$$

2. 第 II 段整定计算

（1）求动作电流 $I_{\text{op.1}}^{\text{II}}$。

1）与相邻线路第 I 段配合

$$I_{\text{op.1}}^{\text{II}} = K_{\text{rel}}^{\text{II}} I_{\text{op.2}}^{\text{I}} = K_{\text{rel}}^{\text{II}} K_{\text{rel}}^{\text{I}} I_{\text{K.C.max}}$$

$$= 1.1 \times 1.2 \times \frac{37/\sqrt{3}}{4 + 0.4 \times 20 + 0.4 \times 25} = 1.28 (\text{kA})$$

2）与相邻变压器速断保护配合

$$I_{\text{op.1}}^{\text{II}} = K_{\text{co}} I_{\text{K.D.max}} = 1.3 \times \frac{37/\sqrt{3}}{4 + 0.4 \times 20 + 26} = 0.73 (\text{kA})$$

取以上两个结果的较大值作动作电流，则 $I_{\text{op.1}}^{\text{II}} = 1.28 (\text{kA})$。

（2）灵敏度校验

$$K_{sen} = \frac{I_{K.B.min}}{I_{op}^{II}} = \frac{37/\sqrt{3}}{6+0.4\times20}\times\frac{\sqrt{3}}{2}/1.28 = 1.03 < 1.3$$

灵敏度不满足要求，改与相邻变压器速断保护配合，取0.73kA作动作值。则

$$K_{sen} = \frac{I_{K.B.min}}{I_{op}^{II}} = \frac{37/\sqrt{3}}{6+0.4\times20}\times\frac{\sqrt{3}}{2}/0.73 = 1.8$$

保护范围已超出保护2第Ⅰ段，应与第Ⅱ段配合，动作时限取1s。

3. 第Ⅲ段整定计算

（1）求动作电流 I_{op}^{III}。则

$$I_{op}^{III} = \frac{K_{rel}}{K_r}K_{ast}I_{l.max} = \frac{1.2}{0.85}\times1.5\times\frac{7}{\sqrt{3}\times0.95\times35\times0.9} = 0.286(kA)$$

（2）灵敏度校验。作本线路的近后备时

$$K_{sen} = \frac{I_{K.B.min}}{I_{op}^{III}} = \frac{37/\sqrt{3}}{6+0.4\times20}\times\frac{\sqrt{3}}{2}/0.286 = 4.62 > 1.5$$

作相邻线路BC的远后备时

$$K_{sen} = \frac{I_{K.C.min}}{I_{op}^{III}} = \frac{37/\sqrt{3}}{6+0.4\times20+0.4\times25}\times\frac{\sqrt{3}}{2}/0.286 = 2.695 > 1.2$$

作相邻变压器的远后备时

$$K_{sen} = \frac{I_{K.D.min}}{I_{op}^{III}} = \frac{37/\sqrt{3}}{6+0.4\times20+26}\times\frac{\sqrt{3}}{2}/0.286 = 1.62 > 1.2$$

灵敏度满足要求。

七、电流保护的评价和应用

无时限电流速断保护的选择性依据整定动作电流保证，速动性最好，但灵敏性最差，不能保护线路的全长。

限时电流速断保护的选择性依据整定动作电流和动作时限保证，速动性次之，动作时限为0.5s左右，灵敏性较好，能保护线路的全长。

定时限过电流保护的选择性依据动作时限阶梯形时限特性保证，速动性最差，靠近电源处的动作时间长，灵敏性最好，既能保护本线路，又能保护下一线路。

由上述构成的三段式保护，主要优点是简单、可靠，在一般情况下能满足对继电保护提出的四项基本要求。保护的缺点是直接受电网的接线和电力系统运行方式的影响，灵敏系数往往不能满足要求。

电流保护在35kV及以下的电网中广泛应用。

第二节 多侧电源电网相间短路的方向性电流保护

一、方向性电流保护的工作原理

为了提高供电可靠性，出现了多侧电源电网或环形电网，如图2-17所示。在这样的电网中，为切除故障，线路两侧均装有断路器和保护装置。

1. 电流保护用于多侧电源电网时的问题

假设在多侧电源电网装设前述的电流保护，将出现下列问题：

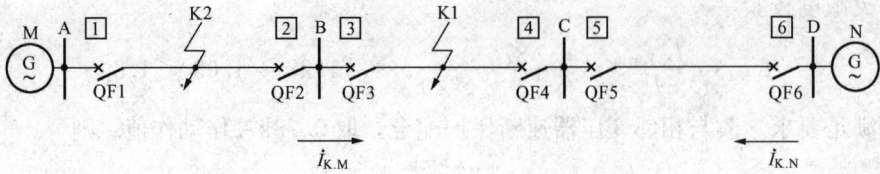

图 2-17　双侧电源辐射形电网

（1）第Ⅰ、Ⅱ段灵敏度下降。以 L2 保护 3 第Ⅰ段为例，动作电流应大于本线路末端 C 母线故障时由电源 M 提供的短路电流，同时还要大于 B 母线故障时由电源 N 提供的短路电流。当电源 N 提供的短路电流比较大，动作电流将增大，缩短保护范围，灵敏度下降。第Ⅱ段也有类似的问题。

（2）第Ⅲ段无法保证选择性。当 K1 点故障时，按阶梯形时限特性原则，应有 $t_2 > t_3$；但如此整定后，当 K2 点故障时，保护 3 先于保护 2 动作，第Ⅲ段电流保护无法保证选择性。

2. 方向性电流保护的工作原理

（1）短路功率方向的规定。当 K1 点故障时，对保护 3 而言，短路功率由母线指向线路，称之为正方向；当 K2 点故障时，对保护 3 而言，短路功率由线路指向母线，称之为负方向。

（2）方向性电流保护的工作原理。保护 3 之所以第Ⅰ、Ⅱ段灵敏度下降、第Ⅲ段无法保证选择性，是因为短路功率反方向时保护也可能动作。如果有一个方向元件，当短路功率反方向时能闭锁电流保护，从而不必考虑反方向的故障，就能解决以上的问题。

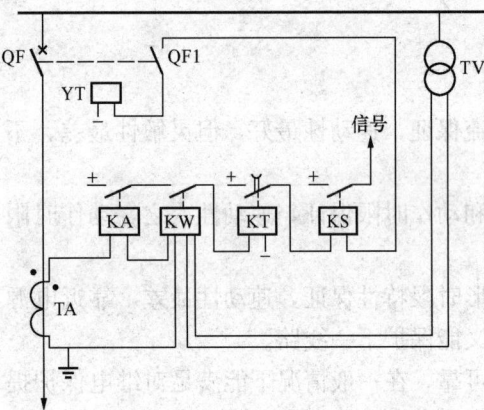

图 2-18　方向性电流保护原理接线

在电流保护的基础上加装方向元件，便构成了方向性电流保护，如图 2-18 所示。加装了方向元件后，反方向故障时保护不会动作，只有正方向故障时保护才可能动作。

在图 2-17 中装设方向性电流保护后，按方向性划分，保护 1、3、5 为一组，第Ⅰ、Ⅱ段动作电流按电源 M 提供的短路电流整定，第Ⅲ段动作时限 $t_1 > t_3 > t_5$；保护 2、4、6 为一组，第Ⅰ、Ⅱ段动作电流按电源 N 提供的短路电流整定，第Ⅲ段动作时限 $t_6 > t_4 > t_2$。

3. 微机型带低电压闭锁的方向性电流保护

图 2-19 所示为微机型带低电压闭锁的方向性电流保护的逻辑框图。由线路电流互感器、母线电压互感器采集到的交流电压、交流电流，经电流、电压转换，送到继电保护装置。低电压元件在三个线电压中任一个低于低电压的定值时动作，开放被闭锁的保护。低电压元件通过低电压控制字进行投退，当低电压控制字整定为 1 时，低电压元件投入，保护经低电压元件闭锁；当低电压控制字整定为 0 时，低电压元件退出，保护不经低电压元件闭锁。

方向元件在短路功率方向为正方向时动作，开放被闭锁的保护。方向元件通过方向控制字投退，当方向控制字整定为 1 时，方向元件投入，保护经方向元件把关；当方向控制字整定为 0 时，方向元件退出，保护不经方向元件把关。过电流元件在三个相电流中任何一个大于过电流保护的动作电流定值时保护动作，在方向元件、低电压元件动作解除闭锁的情况下，驱动时间开始计时；当延时达到过电流保护的动作时限定值时，保护发出出口跳闸指令。阶段式过电流保护投入或退出是通过装置内部的软压板控制字进行控制的，当该段过电流保护的软压板控制字设置为 1 时，该段过电流保护投入；当该段过电流保护的软压板控制字设置为 0 时，该段过电流保护退出。

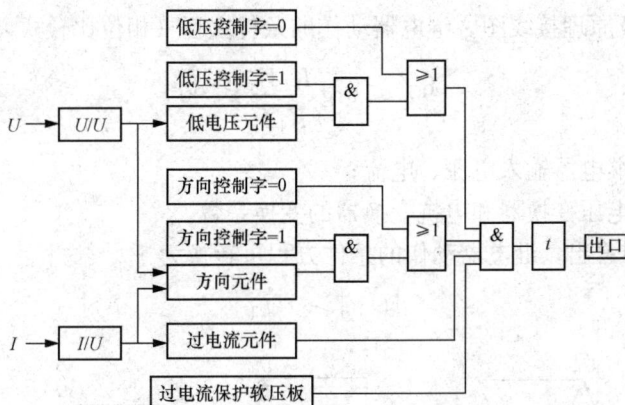

图 2 - 19　微机型带低电压闭锁的方向性电流保护逻辑框图

二、功率方向继电器

1. 工作原理

功率方向继电器的作用是判别功率的方向。正方向故障，功率从母线流向线路时就动作；反方向故障，功率从线路流向母线时不动作。

下面以图 2 - 20 为例进行功率方向继电器的原理分析。

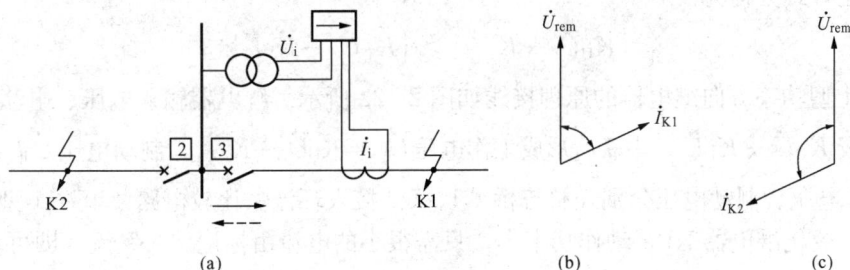

图 2 - 20　功率方向继电器的原理分析

（a）原理图；（b）正向故障相量图；（c）反向故障相量图

如图 2 - 20（a）所示，对保护 3 而言，正向故障即 K1 点短路时，由于短路阻抗呈感性，短路电流 $\dot{I}_{K1}$ 滞后母线残压 $\dot{U}_{rem}$ 为 $0°\sim90°$，$P=UI\cos\varphi>0$，$|\varphi|=\arg\left|\dfrac{\dot{U}_{rem}}{\dot{I}_{K1}}\right|<90°$，相量图如图 2 - 20（b）所示。

反向故障时，由于电流反向，短路电流 $\dot{I}_{K2}$ 超前母线残压 $\dot{U}_{rem}$ 为 $90° \sim 180°$，$P =$

$UI\cos\varphi < 0$，$|\varphi| = \arg\left|\dfrac{\dot{U}_{rem}}{\dot{I}_{K2}}\right| > 90°$，相量图如图 2-20（c）所示。

因此，有功功率的正负，或母线残压与短路电流的相位差的大小可以判断故障的方向，功率方向继电器就是依据此原理做成的。

2. LG-11 型继电器

由于微机保护的广泛使用，功率方向继电器已较少使用，这里仅对少量使用的 LG-11 继电器作简单的介绍。

（1）动作方程及原理接线图。继电器动作的条件方程（相位比较式方程）应为

$$-90° \leqslant \arg\frac{K_{U}\dot{U}_{i}}{K_{I}\dot{I}_{i}} \leqslant 90° \qquad (2-11)$$

式中　$\dot{U}_{i}$、$\dot{I}_{i}$——继电器输入电压、电流；

　　　K_{U}、K_{I}——电压变换器和电抗变换器的变换系数。

由图 2-21 不难看出，继电器动作的条件方程可转换为

$$|\dot{U}_{I}| \geqslant |\dot{U}_{II}|$$

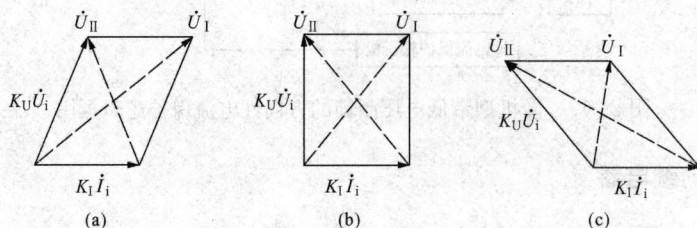

图 2-21　相位比较式与绝对值比较式方程的互换

（a）$\varphi < 90°$；（b）$\varphi = 90°$；（C）$\varphi > 90°$

即绝对值比较式方程为

$$|K_{U}\dot{U}_{i} + K_{I}\dot{I}_{i}| \geqslant |K_{U}\dot{U}_{i} - K_{I}\dot{I}_{i}| \qquad (2-12)$$

LG-11 型功率方向继电器的原理接线如图 2-22 所示。继电器输入电压、电流 $\dot{U}_{i}$、$\dot{I}_{i}$ 经变换器形成 $K_{U}\dot{U}_{i}$、$K_{I}\dot{I}_{i}$，串联后形成工作电压 $\dot{U}_{I} = K_{U}\dot{U}_{i} + K_{I}\dot{I}_{i}$，制动电压 $\dot{U}_{II} = K_{U}\dot{U}_{i} - K_{I}\dot{I}_{i}$。工作电压、制动电压分别经整流桥 U1、U2 接入环流法比较电路。LG-11 型继电器的执行元件为极化继电器 KP，动作功率小，只需很小的电流由标记"·"流入即可动作。

在保护安装正向出口处发生三相短路时，$\dot{U}_{i} \approx 0$，则 $|K_{I}\dot{I}_{i}| = |K_{I}\dot{I}_{i}|$，实际上功率方向继电器将无法动作。使功率方向继电器不能可靠动作的线路范围，称为功率方向继电器的"死区"。为了消除"死区"，在电压输入电路串接电容 C_{1}，形成串联谐振电路，当保护正向出口短路 $\dot{U}_{i} \approx 0$ 时，$K_{U}\dot{U}_{i}$ 不会立即变为 0，在"记忆"的时间里，功率方向继电器仍能正确工作，从而消除"死区"。

（2）动作区和灵敏角。式（2-11）又可以表示为

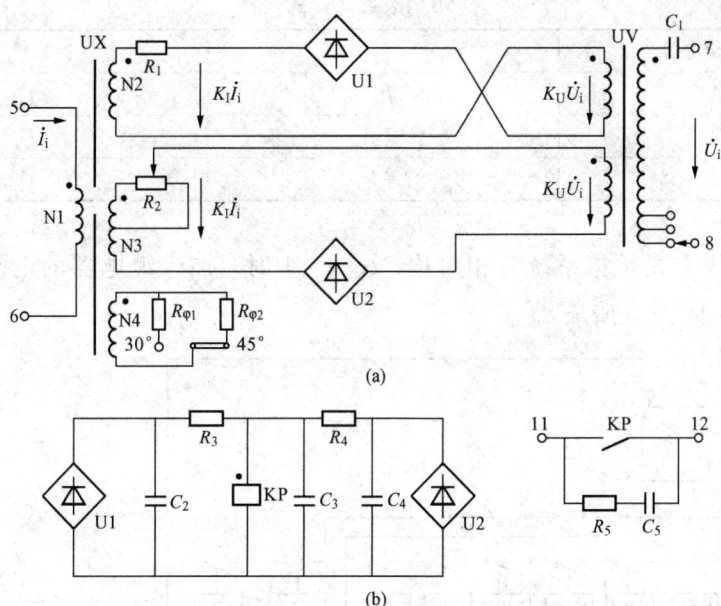

图 2-22　LG-11 型功率方向继电器的原理接线图

(a) 交流回路；(b) 直流回路

$$-90° - \alpha \leqslant \arg \frac{\dot{U}_i}{\dot{I}_i} \leqslant 90° - \alpha \qquad (2-13)$$

式中　α——继电器的内角，$\alpha = \arg \dfrac{K_U}{\dot{K}_I}$，LG-11 型继电器内角有 45°、30° 两挡。

图 2-23 所示为 LG-11 型继电器的动作区。以 $\dot{U}_i$ 为参考相量，由式（2-13）可知，动作区应为阴影部分，当 $\dot{I}_i$ 落在此部分时继电器动作。当 $\varphi_i = \arg \dfrac{\dot{U}_i}{\dot{I}_i} = -\alpha$，$\arg \dfrac{K_U \dot{U}_i}{\dot{K}_I \dot{I}_i} = 0°$，$K_U \dot{U}_i$ 与 $\dot{K}_I \dot{I}_i$ 同相位，此时工作电压 $U_I = |K_U \dot{U}_i + \dot{K}_I \dot{I}_i|$ 最大，制动电压 $U_{II} = |K_U \dot{U}_i - \dot{K}_I \dot{I}_i|$ 最小，继电器动作最灵敏，此时的 φ_i 称为最灵敏角 φ_{sen}，$\varphi_{sen} = -\alpha$。$\dot{I}_i$ 超前 $\dot{U}_i \alpha$ 角度的线称为最灵敏线，继电器的接线方式应尽量使继电器工作在最灵敏线附近。

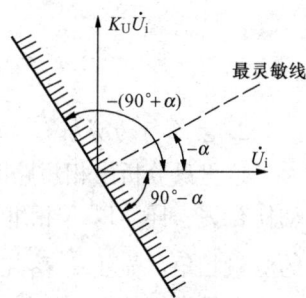

图 2-23　LG-11 型继电器的动作区

三、相间短路功率方向继电器的 90° 接线方式

1. 功率方向继电器的 90° 接线方式

功率方向继电器的接线方式，是指在三相系统中继电器电压及电流的接入方式。对接线方式的要求是：

（1）应能正确反映故障的方向，即正方向短路时，继电器应动作，反方向短路时应不动作。

（2）正方向故障时应使继电器尽量灵敏地工作。

为了满足上述要求，在相间短路保护中，接线方式广泛采用 90° 接线方式，见表 2-2。

表 2 - 2　　　　　　　　　　　　　**90° 接 线 方 式**

功率方向继电器	$\dot{I}_i$	$\dot{U}_i$
KW1	$\dot{I}_A$	$\dot{U}_{BC}$
KW2	$\dot{I}_B$	$\dot{U}_{CA}$
KW3	$\dot{I}_C$	$\dot{U}_{AB}$

所谓 90°接线方式是指系统三相对称，$\cos\varphi = 1$ 时，加入继电器的电流 $\dot{I}_i$ 超前电压 $\dot{U}_i$ 90°，如图 2 - 24（b）所示。

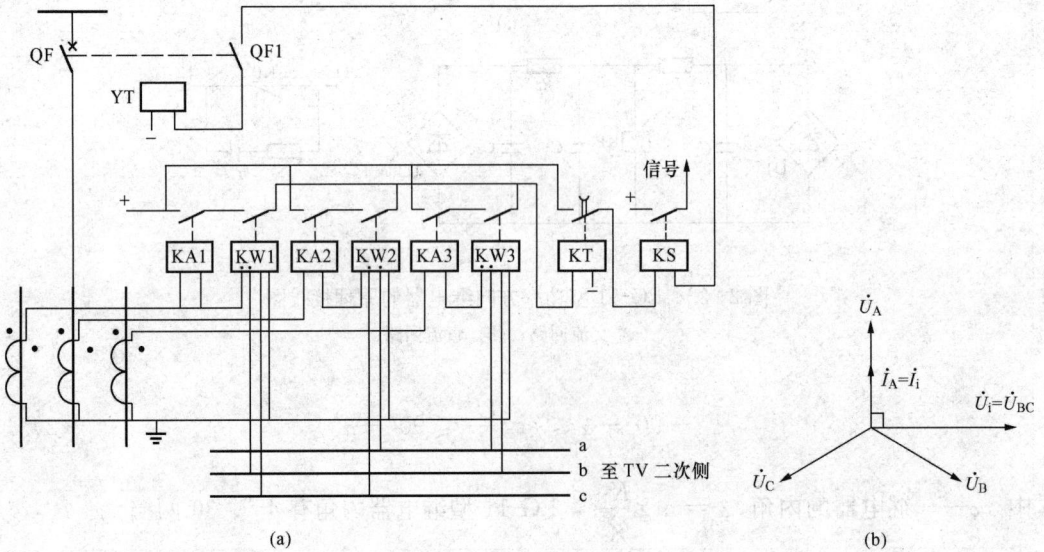

图 2 - 24　功率方向继电器的 90°接线方式

(a) 原理接线图；(b) 90°接线相量图

2. 动作行为分析

这里只分析三相短路时继电器的动作行为。由于是对称性短路，3 个功率方向继电器的动作行为一样，以 A 相继电器为例分析，如图 2 - 25 所示。φ_K 为线路阻抗角，φ_i 为继电器的测量相角，显然 $\dot{I}_i$ 落在动作区内。如果选择 $\alpha = 90° - \varphi_K$，则 $\dot{I}_i$ 落在最灵敏线上，继电器工作在最灵敏状态。

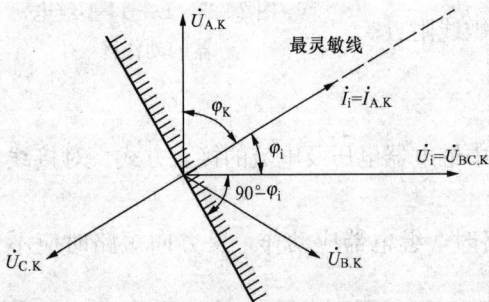

图 2 - 25　三相短路相量图

反方向故障时，$\dot{I}_i$ 落在不动作区内，功率方向继电器不动作。可见，三相短路时，继电器的动作行为满足对继电器提出的要求。

两相短路时随着故障点到保护安装处的远近不同，接入继电器电流和电压的相角差也会发生变化，即 φ_i 会发生变化，要 $\dot{I}_i$ 都落在最灵敏线上，让继电器都灵敏地工作，在运行中是不可能的。实际应用中宜选定 α 为 30°或 45°。

对于传统的相间短路功率方向继电器，采用的接线方式是90°接线。同样，微机保护中方向元件判断方向也是依据电压、电流的接线进行方向判断。在微机保护中方向元件可以通过控制字的选择来进行正方向、反方向的选择动作方式。

3. 功率方向元件的潜动和死区

(1) 潜动。当功率方向元件中只加入了电流，而没有加电压时，因相间为零，无法判断功率方向。在这种情况下，方向元件不应该动作。同理，当功率方向元件中只加入了电压，而没有加电流时，也无法判断功率方向。在这种情况下，方向元件也不该动作。如果在上述情况下，方向元件有误动作的现象，则称方向元件有潜动。

对于只加电流时产生的潜动，一般称为电流潜动；对于只加电压时产生的潜动，一般成为电压潜动。对于微机型功率方向元件，通常采用软件判定或调整零点漂移的方法消除潜动。

(2) 死区。当靠近保护安装处正方向发生相间短路故障时，由于母线电压很低，甚至为零，有可能造成方向元件不动作。一般把有可能造成方向元件拒动的区域，成为方向元件的死区。对于微机型功率方向元件，在判断短路功率的方向时，通常采取故障前的电压与故障后的短路电流进行计算，这样就可以避免上述情况的发生。

四、阶段式方向性电流保护

在阶段式电流保护中增设方向元件，和电流继电器构成"与"逻辑，便形成阶段式方向性电流保护。下面讨论阶段式方向性电流保护的整定计算、非故障相电流的影响等问题。

(一) 方向性电流保护的整定计算

阶段式电流保护中增设了方向元件，反向故障保护不会动作，因此只需考虑正方向动作电流的整定和同方向保护的配合。在多侧电源电网或单电源环形电网中，同方向的阶段式方向性电流保护的第 I、II 段动作电流的整定计算，可按单侧电源电网的第 I、II 段整定原则进行，第 III 段则有所不同，需考虑以下问题。

1. 第 III 段保护动作电流整定

(1) 躲过被保护线路的最大负荷电流。在单侧电源环形电网中，不仅要考虑闭环时线路的最大负荷电流，还应考虑电网开环时负荷电流的增加。

(2) 同方向保护的灵敏度配合。为保证选择性，同方向保护的动作电流，应从离电源最远的保护开始逐级增大。如图 2-26 所示，动作电流的配合关系应为

$$I_{\mathrm{op1}}^{\mathrm{III}} > I_{\mathrm{op3}}^{\mathrm{III}} > I_{\mathrm{op5}}^{\mathrm{III}}$$

$$I_{\mathrm{op6}}^{\mathrm{III}} > I_{\mathrm{op4}}^{\mathrm{III}} > I_{\mathrm{op2}}^{\mathrm{III}}$$

以保护3为例，应有

$$I_{\mathrm{op3}}^{\mathrm{III}} > I_{\mathrm{op5}}^{\mathrm{III}}$$

$$I_{\mathrm{op3}}^{\mathrm{III}} = K_{\mathrm{co}} I_{\mathrm{op5}}^{\mathrm{III}} \tag{2-14}$$

式中 K_{co} ——配合系数，一般取1.1。

取以上两个计算结果中较大者为动作电流。

2. 方向元件的装设

并非所有的保护都要装设方向元件，只有在反方向故障时造成保护误动作，才需要装设方向元件。

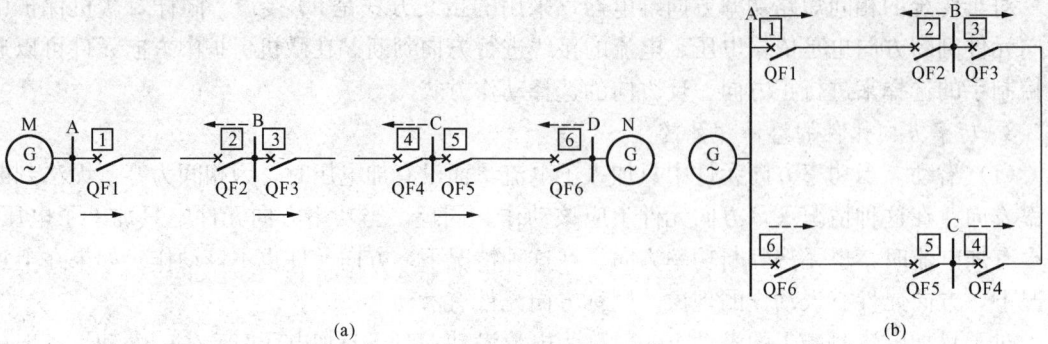

图 2-26 方向电流保护整定计算

(a) 系统一；(b) 系统二

（1）无时限电流速断保护。以图 2-26（a）保护 2 为例，当保护安装处的 B 母线故障时，流过保护 2 的反向短路电流最大，若最大反向短路电流小于保护 2 第 I 段的动作电流，则该 I 段不必装设方向元件。反之，则应装设方向元件。

（2）限时电流速断保护。反向无时限电流速断保护区末端短路故障时，若流过保护的电流小于限时电流速断保护的动作电流，则该 II 段不必装设方向元件。反之，则应装设方向元件。

（3）定时限过电流保护。装设在同一母线上的 III 段保护，动作时限最长的可不必装设方向元件。除此以外，动作时限较短者和相等者必须装设方向元件。动作时限最长的保护，在反向故障时不会"抢动"，因而无需装设方向元件。

（二）非故障相电流的影响及按相启动

按相启动是指同名相的电流元件、方向元件的触点相串联，组成保护的启动电路。如图 2-27 所示。

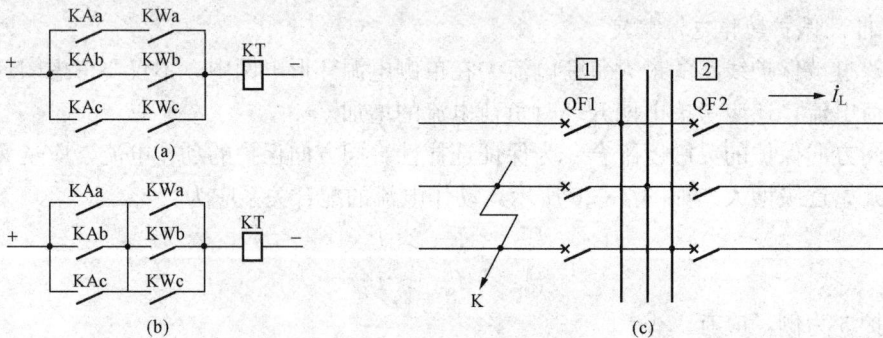

图 2-27 按相启动接线

(a) 按相启动；(b) 非按相启动；(c) 一次系统

非故障相电流是指发生不对称短路时，非故障相仍有的电流。如图 2-27（c）所示，当保护 2 反方向发生 BC 两相短路时，B、C 相电流继电器 KAb、KAc 动作，设非故障相 A 相仍有电流 i_L 从母线流向线路，A 相方向元件 KWa 在 i_L 的作用下动作。若不按相启动，则 KAb、KAc 和 KWa 的触点接通保护的启动回路，保护误动作。若按相启动，保护就不会误动作，因此方向电流保护必须采用按相启动接线。

五、方向性电流保护的评价和应用

方向性电流保护用于多侧电源电网相间短路，能有效保证选择性，这是方向性电流保护的优点。但保护装设了方向元件后，接线复杂，投资增加。此外，在保护安装处发生三相短路时，母线电压降至零，方向元件虽然有"记忆"毫秒级时限的作用，确保第Ⅰ段正确动作，但对第Ⅱ段和Ⅲ段来说"记忆"时限太短，第Ⅱ段和第Ⅲ段时间继电器触点还未闭合，方向元件已拒动，从而引起第Ⅱ段和第Ⅲ段拒动，保护第Ⅰ段没有第Ⅱ、Ⅲ段作近后备。因此，方向电流保护应力求不装设方向元件。同样，在微机方向电流保护中应力求不用方向元件（这与前面提到的能用简单的就绝不用复杂的是完全吻合的）。实际上是否能够取消方向元件而同时又不失掉动作的选择性，将根据电流保护的工作情况和具体的整定计算来确定。按照前面的分析基本可以得出下面的结论：

（1）对电流速断保护，靠近小电源那一侧要加功率方向元件。

（2）对过电流保护，一般很难从电流整定值躲开，而主要决定于动作时限的大小，时限小的那一侧要加功率方向元件。

与一般的电流保护相同，方向性电流保护范围仍受系统运行方式、故障类型影响。

方向性电流保护适用于多侧电源电网和单电源环网线路，广泛应用在 10、35kV 线路。

第三节 中性点直接接地系统接地短路的零序电流及方向保护

在我国，110kV 及以上的电压等级电网采用中性点直接接地运行方式。当发生接地故障时构成短路回路，将出现很大的短路电流，故又称这种系统为大接地电流系统。统计表明，大接地电流系统发生的故障，绝大多数为接地短路。若用三相星形接线的相间短路保护作接地故障的保护，灵敏度低，动作时限长，故中性点直接接地系统通常采用专门的接地保护装置。

一、中性点直接接地系统接地短路零序分量的特点

中性点直接接地系统在正常运行和三相短路及两相短路时，不会出现零序分量，当发生接地短路时，系统中便出现零序分量。利用零序分量构成专门的接地保护，称为零序保护。

下面以单相接地短路为例，讨论零序电流、零序电压及零序功率的特点。图 2-28（b）所示为零序等效网络图，Z_{T10} 和 Z_{T20} 为两侧变压器零序阻抗，Z'_{L0} 和 Z''_{L0} 为故障点两侧线路零序阻抗；零序电流的参考方向仍取从母线流向线路，零序电压的参考方向则取指向大地。

从图 2-28 中可看出，零序电流、零序电压及零序功率具有以下特点：

（1）故障点处的零序电压最高，离故障点越远，零序电压越低，在变压器中性点零序电压降为零。零序电压的分布如图 2-28（c）所示。

（2）零序电流是由故障点零序电压产生的，经变压器接地的中性点构成回路，如图 2-28（b）所示。因而，零序电流的分布，主要取决于输电线路的零序阻抗和中性点接地变压器的零序阻抗，与电源的数目和位置无关。当图 2-28（a）所示的变压器 T2 的中性点不接地时，则 $I''_0 = 0$。零序电流的大小与正序阻抗、负序阻抗有关，因此，受运行方式的间接影响。

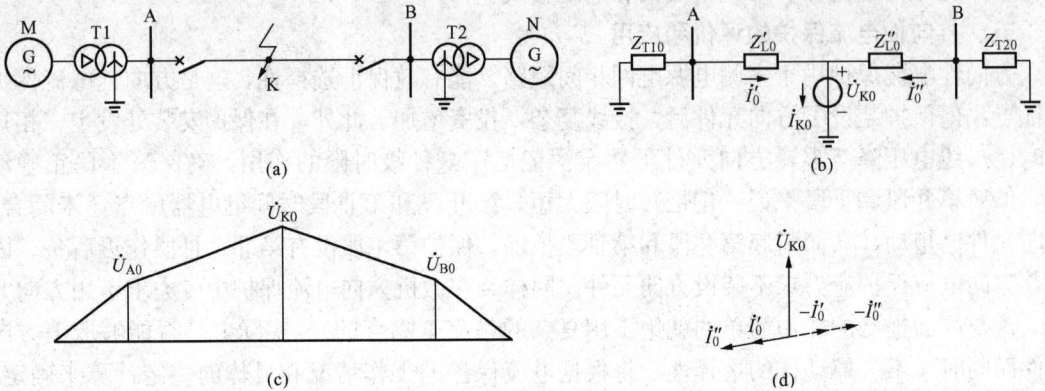

图 2-28　单相接地短路零序分量分析图

(a) 接线图；(b) 零序等效网络图；(c) 零序电压的分布；(d) 零序电流、电压相量图

如计及回路的电阻时，零序电流、零序电压的相量图如图 2-28 (d) 所示。

（3）对发生故障的线路，两端零序功率的方向与正序功率的方向相反，零序功率方向实际上都是从线路流向母线。

（4）保护安装处如 A 母线上的零序电压为

$$\dot{U}_{A0} = -\dot{I}'_0 Z_{T10}$$

因此，正向故障时，保护安装处母线零序电压与零序电流的相位差，取决于母线背后变压器的零序阻抗，通常为 $70°\sim85°$，而与保护线路的零序阻抗及故障点的位置无关。

二、零序功率方向继电器

中性点直接接地系统往往为多侧电源的电网，各个电源处一般至少有一台变压器的中性点接地。当线路发生接地短路时，故障点的零序电流将流向各个变压器的中性点。可见，与多侧电源电网的相间短路保护相类似，接地保护要装设零序功率方向继电器。

接地保护广泛采用 LG-12 型功率方向继电器，其原理接线图如图 2-29 所示。图中，零序功率方向继电器输入零序电压（$-3\dot{U}_0$）和零序电流（$3\dot{I}_0$），反映零序功率的方向而动作。

可以看出，LG-12 型功率方向继电器在零序电压输入回路上没有采用记忆回路。这是因为在保护安装出口处发生接地短路时，保护安装处的零序电压最大，零序功率方向继电器不存在死区问题。

LG-12 型与 LG-11 型功率方向继电器工作原理相似，这里不再分析，只着重强调输入零序电压接线的特点。

根据前述零序分量的特点（4），零序电流 $3\dot{I}_0$ 超前零序电压 $3\dot{U}_0$ $95°\sim110°$[如图 2-28 (d) 所示]。以零序电压 $3\dot{U}_0$ 为参考，功率方向继电器显然应采用最大灵敏角为 $-95°\sim-110°$（按规定电流超前电压相角为负），如图 2-30 (b) 所示。

但接地保护广泛使用的 LG-12 型功率方向继电器，都把最灵敏角做成 $\varphi_{sen}=70°$，即要求输入电流 $3\dot{I}_0$ 在滞后输入电压 70° 时处于最灵敏线。为此，可将输入电压改为 $-3\dot{U}_0$，即

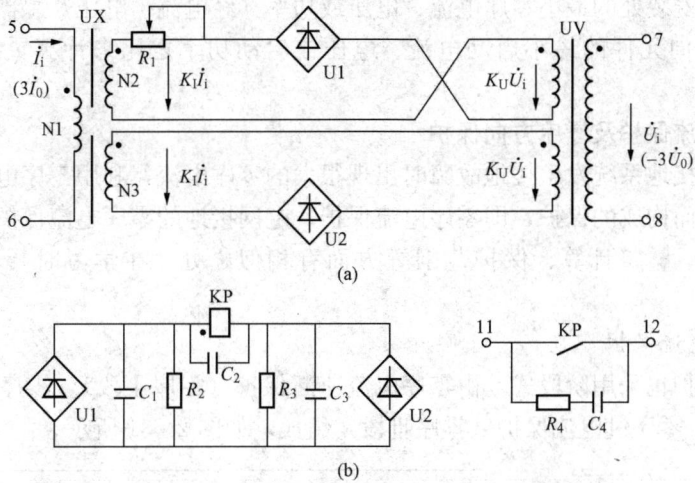

图 2 - 29 LG-12 型功率方向继电器原理接线

(a) 交流回路；(b) 直流回路

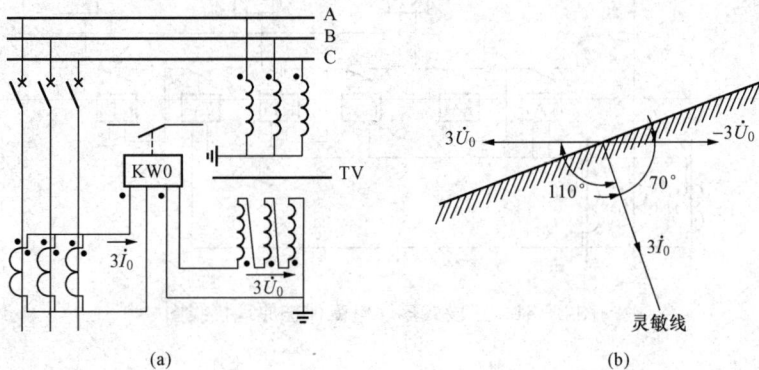

图 2 - 30 零序功率方向继电器的接线方式

(a) 实际采用的接线；(b) 相量图

继电器电流线圈与电流互感器同极性相连，但电压线圈与电压互感器反极性相连，如图 2 - 30（a）所示。这点在实际工作中应特别注意。

微机接地保护广泛采用零序功率方向元件接入零序电压（$-3\dot{U}_0$）和零序电流（$3\dot{I}_0$），反映零序功率的方向而动作。其原理与实现方法同前述的零序功率方向继电器。需要注意的是，当保护范围内部故障时，按规定的电流、电压方向看 $3\dot{I}_0$ 超前与（$3\dot{U}_0$）为 $95°\sim110°$（对应于保护安装地点背后的零序阻抗角为 $85°\sim70°$ 的情况），$\varphi_{sen} = -95°\sim -110°$（以零序电压 $3\dot{U}_0$ 为参考，功率方向元件显然应采用最大灵敏角为 $-95°\sim-110°$）。方向元件此时应正确动作，并应工作在最灵敏的条件下。

由于越靠近故障点的零序电压越高，因此零序方向元件没有电压死区。相反当故障点距保护安装地点越远时，由于保护安装处的零序电压较低，零序电流较小，必须校验方向元件在这种情况下的灵敏系数。例如当零序保护作为相邻元件的后备保护时，即采用相邻元件末端时，在本保护安装处的最小零序电流、电压或功率（经电流、电压互感器转换到二次侧的数值）与功率方向元件的最小启动电流、电压或启动功率之比来计算灵敏系数，并要求 $K_{sen} \geqslant 1.5$。

三、零序电流保护及零序方向保护

中性点直接接地系统发生接地故障时出现很大的零序电流，利用零序电流增大作为电网接地短路的判据而构成的保护，即零序电流保护。电网接地的零序电流保护和相间短路的电流保护，在组成、整定计算、保护范围等方面有相似之处，在学习时要注意比较，融会贯通。

（一）零序电流保护

零序电流保护也采用阶段式，由零序电流速断保护（零序Ⅰ段）、零序限时电流速断保护（零序Ⅱ段）、零序过电流保护（零序Ⅲ段）组成，如图 2 - 31 所示。

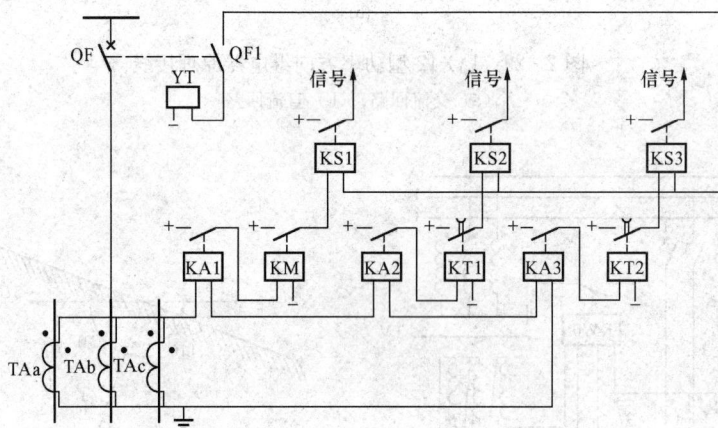

图 2 - 31　三段式零序电流保护原理接线图

微机型阶段式零序电流保护的逻辑框图如图 2 - 32 所示。

（二）零序方向保护

与相间方向电流保护类似，在两侧或多侧变压器中性点接地的电网中，需要装设零序功率方向继电器（在微机型零序方向保护中需要装设零序功率方向元件），构成零序方向保护，从而保证选择性。在零序方向保护中，只需同一方向的保护相互配合。根据图 2 - 31 三段式零序电流保护原理接线，可自行完成三段式零序方向电流保护原理图。

阶段式零序方向电流保护动作逻辑如图 2 - 33 所示。零序保护由自产零序和外接零序共同启动，开放"与"门 M5、M6、M7、M8、M9。零序方向元件经对控制字由"与"门 M5、M6、M7、M8 构成Ⅰ、Ⅱ、Ⅲ、Ⅳ零序方向保护。TV 断线时自动退出零序方向元件，可通过控制字在 TV 断线时将零序Ⅰ段保留。手动及重合闸合闸时通过"与"门 M9 使零序加速段以 100ms 或 200ms 后加速跳闸。

1. 零序电流速断保护（零序Ⅰ段）

发生单相或两相接地短路时，可求出零序电流 $3I_0$ 随故障点远近 l 变化的关系曲线，取两种接地短路中零序电流 $3I_0$ 较大者作整定计算依据，如图 2 - 34 所示。零序Ⅰ段整定原则如下：

(a)

$3I_0$

(b)

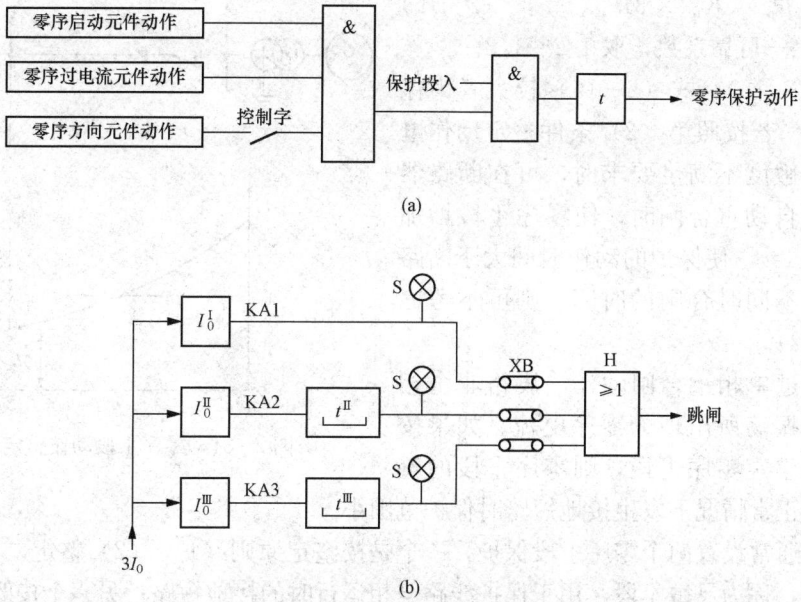

图 2-32　零序电流保护的逻辑框图

（a）零序保护简化逻辑框图；（b）阶段式零序电流保护的逻辑框图

KA1、KA2、KA3—Ⅰ、Ⅱ、Ⅲ段电流保护的测量元件；S—对应各段的信号元件

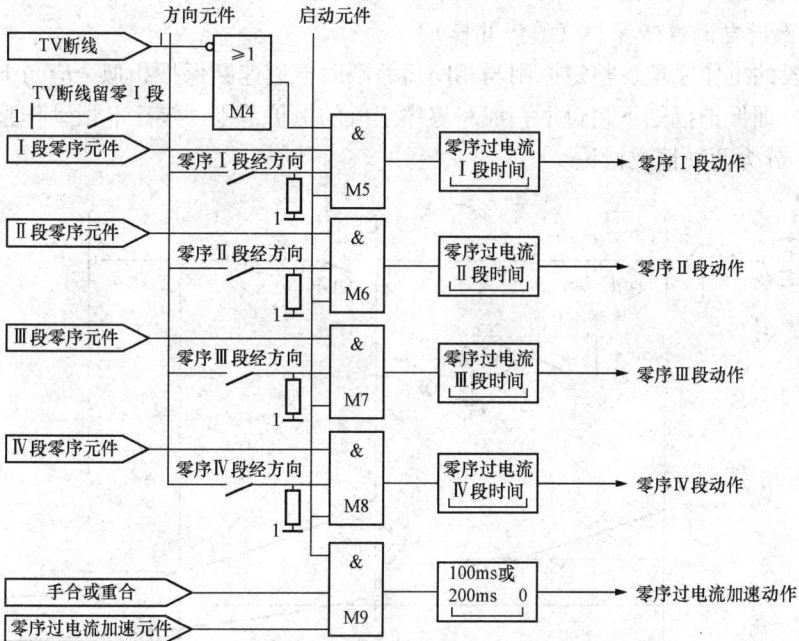

图 2-33　阶段式零序方向电流保护动作逻辑

（1）躲过本线路末端发生接地短路时出现的最大零序电流 $3I_0$，即

$$I_{op}^{I} = K_{rel} \times 3I_{0.max}$$ (2-15)

（2）躲过断路器三相触头不同时合闸所出现的最大零序电流 $3I_{0.unb.max}$，即

$$I_{op}^{I} = K_{rel} \times 3I_{0.unb.max} \qquad (2-16)$$

式中　K_{rel}——可靠系数，取 $1.2\sim1.3$。

　　取式（2-15）、式（2-16）较大者为保护的整定值。若按照第（2）条件整定动作电流过大，灵敏度不满足要求时，可在断路器手动合闸或自动重合闸时，使零序 I 段增加延时（约 0.1s），使保护的动作时间大于断路器三相触头不同时合闸的时间，则可不考虑整定原则（2）。

　　（3）躲过单相重合闸动作，线路非全相运行又发生振荡所出现的零序电流。如果按这个条件来整定零序 I 段，则零序 I 段的整定值高，在正常情况下发生接地短路时保护范围小。

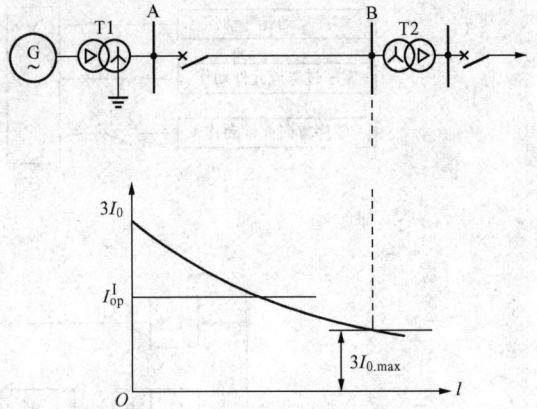

图 2-34　零序 I 段动作整定分析图

　　为此，通常设置两个零序 I 段保护，一个是按整定原则（1）、（2）整定，其整定值小，保护范围大，称为灵敏 I 段，用于保护线路全相运行时的接地短路；另一个按躲过非全相振荡的零序电流整定，整定值大，灵敏度低，称为不灵敏 I 段，用于保护线路非全相运行时的接地短路。单相重合闸启动（将出现非全相运行）时，将灵敏 I 段自动闭锁，同时投入不灵敏 I 段。

　　灵敏 I 段的最小保护范围，要求不小于被保护线路全长的 15%。

　　2. 零序限时电流速断保护（零序 II 段）

　　零序 II 段的工作原理、整定原则与相间短路限时电流速断保护相似，应与下一线路的零序 I 段配合，即保护范围不超过下一线路零序 I 段的保护范围。零序 II 段动作整定分析如图 2-35 所示，分为两种情况讨论。

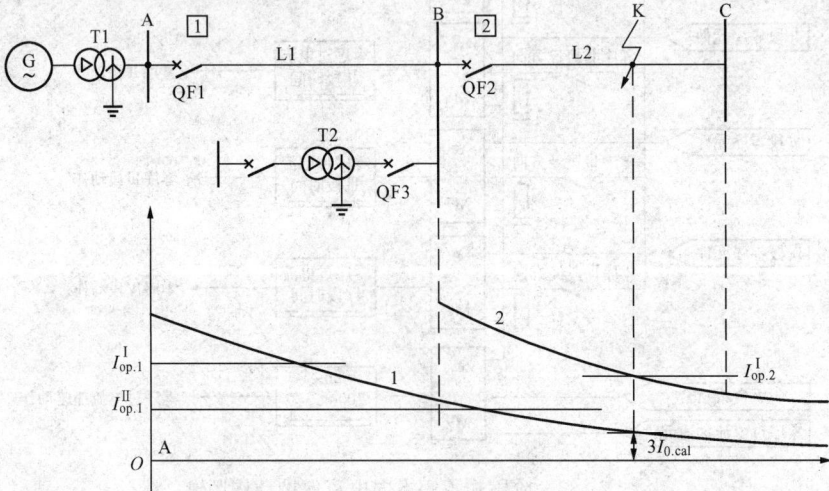

图 2-35　零序 II 段动作整定分析图

　　（1）母线 B 没有接中性点接地的变压器 T2。与电流保护 II 段相似，有

$$I_{op.1}^{II} = K_{rel} I_{op.2}^{I} \qquad (2-17)$$

式中 K_{rel}——可靠系数，一般取 1.1~1.2。

（2）母线 B 接有中性点接地的变压器 T2。零序电流的变化曲线如图 2-35 所示。曲线 1 为发生接地短路时，流过保护 1 的最大零序电流；曲线 2 为在线路 BC 发生接地短路时，流过保护 2 的最大零序电流。

动作电流应躲过保护 2 零序 Ⅰ 段保护范围末端 K 点接地短路时，流过保护 1 的最大零序电流 $3I_{0.cal}$，即

$$I_{op1}^{II} = K_{rel} \times 3I_{0.cal} \tag{2-18}$$

需要指出，当母线 B 没有接中性点接地的变压器 T2，式（2-18）中 $3I_{0.cal}$ 与 I_{op2}^{I} 相等。

动作时限与相间短路限时电流速断相同，一般取 0.5s。

灵敏系数按被保护线路末端接地短路的最小零序电流校验，要求 $K_{sen} \geq 1.3 \sim 1.5$。

当灵敏度不满足要求时，可采取以下措施：

（1）与下一线路的零序 Ⅱ 段配合整定，动作时限取 1s。

（2）从电网全局考虑，改用接地距离保护。

3. 零序过电流保护（零序Ⅲ段）

零序过电流保护与相间短路过电流保护类似，用作接地短路的后备保护。零序过电流保护在正常运行及下一线路相间短路时不应动作，其动作电流应躲过本线路末端（即下一线路始端）相间短路时流过本保护的最大不平衡电流 $3I_{unb.max}$，即

$$I_{op1}^{III} = K_{rel} \times 3I_{unb.max} \tag{2-19}$$

式中 K_{rel}——可靠系数，一般取 1.2~1.3。

根据运行经验，一般取零序过电流保护的二次动作值为 2~4A。

作本线路的近后备保护时，应以本线路末端接地短路时流过本保护的最小零序电流校验灵敏度，要求 $K_{sen} \geq 1.3 \sim 1.5$；作下一线路的远后备保护时，应以下一线路末端接地短路时流过本保护的最小零序电流校验灵敏度，要求 $K_{sen} \geq 1.2$。

动作时限与相间电流保护第Ⅲ段的整定原则相同，但整定起点不同。如图 2-36 所示，相间电流保护第Ⅲ段的动作时限应从离电源最远处开始，逐级按阶梯原则进行配合。

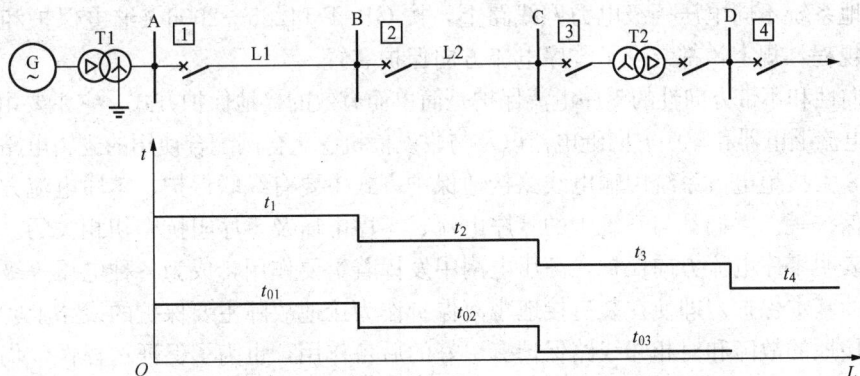

图 2-36 零序过电流保护的时限特性

但零序Ⅲ段则不同，动作时限应从保护 3 开始。因为在变压器 T2 的△侧发生接地短路时，不会在 Y 侧产生零序电流，所以保护 3 无需与保护 4 及更远的保护配合。如图 2-36 所

示，同一线路的保护，零序Ⅲ段的动作时限比相间短路保护短，这是装设零序Ⅲ段的一个优点。

四、中性点直接接地系统接地保护的评价和应用

1. 中性点直接接地系统接地保护的优点

（1）零序过电流保护灵敏度高。相间短路的过电流保护系按照大于负荷电流整定，继电器的二次启动电流一般为5～7A，而零序过电流保护则按照躲开不平衡电流的原则整定，二次动作电流一般只有2～3A，由于发生单相接地短路时，故障相的电流与零序电流$3\dot{I}_0$相等。

（2）零序过电流保护动作时限短。

（3）受系统运行方式影响相对小。相间短路的电流速断和限时电流速断保护直接受系统运行方式变化的影响很大，而零序电流保护受系统运行方式变化的影响要小得多。此外，由于线路零序阻抗远大于正序阻抗，$X_0=(2\sim3.5)X_1$，故线路始端与末端短路时，零序电流变化显著，曲线较陡。如前所述，零序电流的分布与电源的数目和位置无关，零序阻抗也与电源的数目和位置无关，只是零序电流间接受影响。因此零序Ⅰ段的保护范围较大，也较稳定，零序Ⅱ段的灵敏系数也易于满足要求。

（4）受系统振荡影响小。当系统中发生某些不正常运行状态时，例如系统振荡，短时过负荷等，三相是对称的，相间短路的电流保护均将受它们的影响而可能误动作，而零序保护则不受它们的影响。

（5）在110kV及以上的高压和超高压系统中，单相接地故障占全部故障的70%～90%，而且其他的故障也往往是由单相接地发展起来的，因此，采用专门的零序保护就具有显著的优越性。

2. 零序电流方向保护及其作用

在中性点直接接地的高压电网中发生接地短路时，将出现零序电流和零序电压。利用上述的特征电气量可构成保护接地短路故障的零序电流方向保护。

统计资料表明，在中性点直接接地的电网中，接地故障点占总故障次数的90%左右，作为接地保护的零序电流方向保护又是高压线路保护中正确动作率最高的一种。在我国中性点直接接地系统不同电压等级电力网线路上，按GB/T 14285—2006《继电保护和安全自动装置技术规程》规定，都装设了零序电流方向保护装置。

带方向性和不带方向性的零序电流保护是简单而有效的接地保护方式，它主要由零序电流滤过器、电流继电器和零序方向继电器以及与收发信机、重合闸配合使用的逻辑电路所组成。

现今，大接地电流系统中输电线路接地保护方式主要有纵联保护、零序电流方向保护和接地距离保护等。它们都与系统中的零序电流、零序电压及零序阻抗密切相关的。

实践表明零序电流方向保护在高压电网中发挥着重要作用，成为各种电压等级高压电网接地故障的基本保护。即使在装有接地距离保护作为接地故障主要保护的线路上，为了保护经高电阻接地的故障和对相邻线路保护有更好的后备作用，也为了保证选择性，仍然需要装设完整的成套零序电流方向保护作基本保护。

3. 零序电流方向保护的优缺点

带方向性和不带方向性的零序电流保护是简单而有效的接地保护方式，其主要优点是：

（1）经高阻接地故障时，零序电流保护仍可动作。由于本保护反应于零序电流的绝对值，受故障过渡电阻的影响较小。例如，当220kV线路发生对树放电故障，故障点过渡电

阻可能高达 100Ω，此时，其他保护大多数将无法动作，而零序电流保护，即使 $3\dot{I}_0$ 定值高达几百安培尚能可靠动作。

（2）系统振荡时不会误动。零序电流方向保护不怕系统振荡是由于振荡时系统仍是对称的，故没有零序电流，因此零序电流继电器及零序方向继电器都不会误动。

（3）在电网零序网络基本保持稳定的条件下，保护范围比较稳定。由于线路零序阻抗比正序阻抗一般大 3～3.5 倍，故线路始端与末端短路时，零序电流变化显著，零序电流随线路保护接地故障点位置的变化曲线较陡，其瞬时段保护范围较大，对一般长线路和中长线路可以达到全线的 70%～80%，性能与距离保护相近。而且在装用三相重合闸的线路上（这里是指的三跳出口方式），多数情况，其瞬时保护段尚有纵续动作的特性，即使在瞬时段保护范围以外的本线路故障，仍能靠对侧开关三相跳闸后，本侧零序电流突然增大而促使瞬时段启动切除故障。这是一般距离保护所不及的，为零序电流保护所独有的优点。

（4）系统正常运行和发生相间短路时，不会出现零序电流和零序电压，因此零序保护的延时段动作电流可以整定得较小，这有利于提高其灵敏度。并且，零序电流保护之间得配合只决定于零序网络得阻抗分布情况，不受负荷潮流和发电机开停机的影响，只需要零序网络阻抗保持基本稳定，便可以获得良好的保护效果。

（5）结构与工作原理简单。零序电流保护以单一的电流量为动作量，只需要用一个继电器便可以对三相中任一相接地故障作出反应，因而运行维护简便，其正确动作率高于其他复杂保护。同样又因为整套保护中间环节少，动作快捷，有利于减少发展性故障，特别是近处故障的快速切除是很有利的。在 Y/△接线的降压变压器△侧以后的故障不会在 Y 侧反映出零序电流，所以零序电流保护的动作时限可以不必与该种变压器以后的线路保护配合而可取得较短的动作时限。

4. 中性点直接接地系统接地保护的缺点

（1）当系统运行方式变化较大，往往也不能满足系统的要求。

（2）单相重合闸时出现非全相运行，往往产生较大的零序电流，影响零序保护的正确动作，有时要退出运行。

（3）当采用自耦变压器联系两个不同电压等级的网络时（如 110kV 和 220kV 电网），则任一网络的接地短路都将在另一网络中产生零序电流，这将使零序保护的整定配合复杂化，并将增大第Ⅲ段保护的动作时限。

5. 应用范围

零序电流保护简单、经济、可靠，在中性点直接接地系统中获得了广泛的应用。在 110kV 电网，用来构成接地短路的主保护；在 220kV 及以上的电网，用来构成接地短路的后备保护。零序电流主要与电流保护、距离保护配合使用。零序电流方向保护主要应用与多侧电源的线路保护或主变压器保护。

第四节　中性点非直接接地系统单相接地故障的特点及其保护

在我国，3～35kV 电压等级电网采用中性点非直接接地运行方式，当发生单相接地故障时，故障点电流小，线电压仍然对称，可继续运行 1～2h，保护一般只需发出信号，故又称这种系统为小接地电流系统。

一、中性点不接地系统单相接地故障的特点及其保护

（一）中性点不接地系统单相接地故障的特点

中性点不接地系统在正常运行时，电源及负荷基本对称，三相对地电压和对地电容电流也对称，故没有零序电压和零序电流。

当发生单相接地故障时，负荷电流和线电压仍然是对称的，可不予考虑；各相对地电压和各相对地电容电流发生了变化，出现了零序电压和零序电流，如图 2-37 所示。

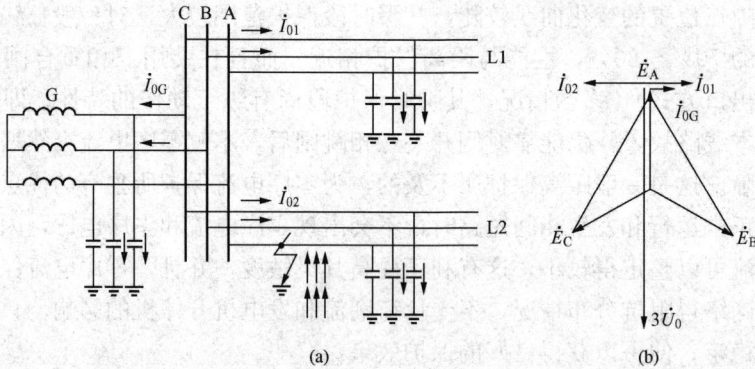

图 2-37　中性点不接地电网单相接地

(a) 零序电流分布图；(b) 相量图

假设线路 L2 发生 A 相接地，各相对地电压为

$$\dot{U}_{KA} = 0, \dot{U}_{KB} = \dot{E}_B - \dot{E}_A, \dot{U}_{KC} = \dot{E}_C - \dot{E}_A$$

则零序电压为

$$3\dot{U}_0 = \dot{U}_{KA} + \dot{U}_{KB} + \dot{U}_{KC} = -3\dot{E}_A \tag{2-20}$$

线路 L1 的零序电流为

$$3\dot{I}_{01} = 3\dot{U}_0 \times j\omega C_{01} \tag{2-21}$$

电源处的零序电流为

$$3\dot{I}_{0G} = 3\dot{U}_0 \times j\omega C_{0G} \tag{2-22}$$

从图 2-37 可知，故障线路 L2 的零序电流为

$$3\dot{I}_{02} = 3\dot{I}_{02} - (3\dot{I}_{01} + 3\dot{I}_{02} + 3\dot{I}_{0G}) = -3\dot{U}_0 \times j\omega(C_{01} + C_{0G})$$

$$= -3\dot{U}_0 \times j\omega(C_{0\Sigma} - C_{02}) \tag{2-23}$$

式中　$C_{0\Sigma}$——系统一相对地总电容。

可见，中性点不接地系统单相接地故障的特点为：

（1）系统各处出现了零序电压，其数值为相电压。

（2）非故障线路上出现了零序电流，其数值等于本线路对地电容电流，其相位超前零序电压 90°，其方向由母线流向线路。

（3）故障线路的零序电流等于非故障线路对地电容电流之和，其相位滞后零序电压 90°，其方向由线路流向母线。

（二）中性点不接地电网接地保护

根据以上特点，可用下列方式构成中性点不接地电网接地保护。

1. 绝缘监视装置

绝缘监视装置利用单相接地时出现零序电压的特点,通过对零序电压的监视,便可判定是否发生了接地故障,如图 2-38 所示。

无论哪条线路发生接地故障,系统各处都出现零序电压,因此绝缘监视装置是没有选择性的。值班人员可依次断开各出线断路器,并随即把断路器投入。当断开某条线路后零序电压消失、三只电压表读数重新相同时,即表明故障在该条线路。

2. 零序电流保护

零序电流保护利用故障线路的零序电流比非故障线路的零序电流大的特点,构成有选择性的保护。

保护的动作电流应按躲过本线路的电容电流(即零序电流)整定,即

$$I_{op} = K_{rel} \times 3U_S\omega C_0 \qquad (2-24)$$

式中　K_{rel}——可靠系数;

　　　U_S——相电压;

　　　C_0——本线路每相对地电容。

灵敏系数为

$$K_{sen} = \frac{3U_S\omega(C_{0\Sigma} - C_0)}{K_{rel} \times 3U_S\omega C_0} = \frac{C_{0\Sigma} - C_0}{K_{rel}C_0} \qquad (2-25)$$

零序电流保护原理接线如图 2-39 所示。

由于电容电流很小,零序电流保护灵敏系数往往不能满足要求,特别是出线少时更难以实现。

3. 零序功率方向保护

零序功率方向保护利用故障线路和非故障线路零序功率方向不同的特点,构成有选择性的保护。

其原理接线如图 2-40 所示。故障线路的零序电流滞后零序电压 90°,若功率方向继电器的最大灵敏角为 90°,此时保护装置动作最灵敏,因此,零序电压输入回路的接线与中性点直接接地电网是不同的。

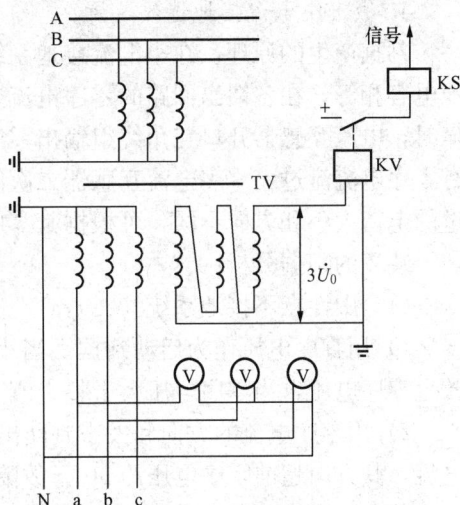

图 2-38　绝缘监视装置原理接线

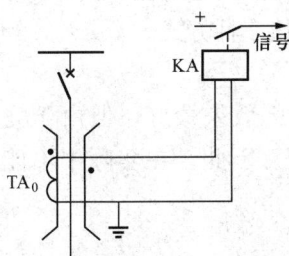

图 2-39　零序电流保护原理接线

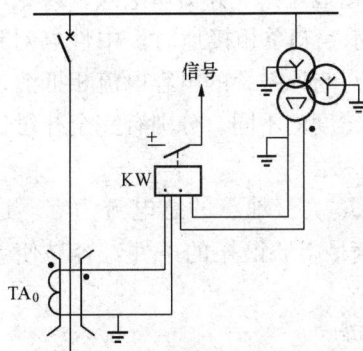

图 2-40　零序功率方向保护原理接线

4. 微机小电流接地选线装置

判据产生的原理：在小电流接地系统中，正常情况下，系统三相电压对称平衡，三相对地电容相等，在各馈出回路的零序电流互感器中无零序电流流过，当某回路发生单相接地故障时，电压互感器开口三角绕组输出零序电压，系统各回路的零序电流互感器中，一次侧均有零序电流流过，零序电流互感器二次侧均输出二次零序电流，但因故障和非故障回路所通过的电流大小和方向不同，可根据其零序电流的大小方向进行故障判断。

装置的判据分析：

（1）中性点不接地系统。

1）用零序电压作为启动判据。当小电流接地系统发生单相接地故障时，TV 开口三角产生零序电压，当零序电压大于整定值（一般为 30V）时装置启动，进行分析判断。

2）用零序电流的方向和大小判断出接地回路。非故障回路的零序电流为本回路的电容电流，其方向超前零序电压约 90°。故障回路的零序电流等于本系统所有回路零序电容电流之和减去本回路的电容电流之差，其值应是最大的，其方向滞后零序电压约 90°，与故障回路的零序电流方向相反，以零序电流的方向和大小可以明确地选出接地回路。

（2）中性点经消弧线圈接地系统。

1）用零序电压作为启动判据。零序电压大于整定值时启动，进行分析判断。

2）用零序电流里的 5 次谐波分量的方向和大小判断接地回路。

经消弧线圈接地系统，经过消弧线圈的补偿，可使流过故障点的接地故障电流小于 5A，减轻故障损失。由于消弧线圈的补偿作用（一般为过补偿 5%～10%），使接地回路的零序电流（为电感电流）与非故障回路的零序电流相位基本相同，相位超前零序电压约 90°，幅值也不一定比非故障回路的零序电流大。因此无法以基波零序电流方向来判断出接地回路。对于零序电流里的 5 次谐波分量则不同，因为对 5 次谐波而言，其感抗比基波感抗扩大了 5 倍，其容抗比基波容抗缩小了 5 倍，此时电感对 5 次谐波相等于开路，电感可忽略，通过消弧线圈的零序电流 5 次谐波分量很小，基本不起补偿作用。接地回路零序电流里的 5 次谐波分量滞后于零序电压里的 5 次谐波分量约 90°，与未接地回路零序电流里的 5 次谐波分量方向，所以采用 5 次谐波电流最大值及相位双重判断选出接地回路故障。

二、中性点经消弧线圈接地系统单相接地故障的特点

中性点不接地系统发生单相接地时，在接地点流过的是全系统的对地电容电流。如果这个电流比较大，会在接地点产生电弧，引起弧光电压，非故障相对地电压进一步升高，可能造成多点的接地短路，并损坏绝缘。为此，可在中性点接入一个电感线圈，即消弧线圈，如图 2-41 所示。当单相接地时，中性点对地电压升高为相电压，消弧线圈产生一个电感电流，在接地点与原系统的电容电流相抵消，从而减小了接地点的总电流，使电弧消除。

根据补偿度的不同，分别有完全补偿、欠补偿和过补偿三种方式。

1. 完全补偿

使 $I_L = I_{C\Sigma}$，接地点的总电流为零。这种补偿方式消弧效果最好，但由于完全补偿时 $X_L = X_C$，满足串联谐振的条件，容易使系统产生过电压。因此，在实际中不能采用这种方式。

2. 欠补偿

使 $I_L < I_{C\Sigma}$，补偿后的接地点总电流仍然是容性的。当某些元件退出运行时，电容电流

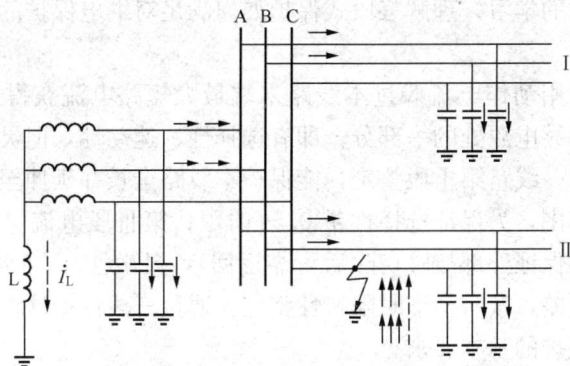

图 2-41　中性点经消弧线圈接地电网单相接地故障

将减小，这时可能又出现 $I_L = I_{C\Sigma}$，又容易引起串联谐振产生过电压。因此，欠补偿的方式一般也不采用。

3. 过补偿

使 $I_L > I_{C\Sigma}$，补偿后的接地点总电流是感性的。这种方式不可能发生串联谐振引起过电压，在实际中获得了广泛的应用。

采用过补偿后，故障线路的零序电流与非故障线路的零序电流相差可能已不大，可能无法采用零序电流保护；功率方向和非故障线路中的一样，因此也无法采用零序功率方向保护。

中性点经消弧线圈接地系统单相接地故障的保护方式有绝缘监视装置、反映 5 次谐波分量的保护、反映暂态零序电流的保护。

三、中性点非直接接地系统单相接地保护的评价和应用

绝缘监视装置利用零序电压的变化而构成单相接地保护，灵敏性好，但没有选择性。由于小接地电流系统发生单相接地后仍可短时间运行，有时间利用其他办法寻找故障点，因此，绝缘监视装置仍是应用较广泛的保护方式。

零序电流保护具有选择性，但灵敏系数往往小。在系统出线多，故障线路与非故障线路零序电流相差较大时，才能采用，而是用在有条件安装零序电流互感器的电缆线路或经电缆引出的架空线路（零序电流滤过器的三个互感器特性不一致，对小接地电流系统的零序电流而言不平衡电流较大）。

零序功率方向保护具有选择性，当零序电流保护灵敏系数不够时，可采用零序功率方向保护。但由于零序电流很小，在实际运行中保护有可能拒动或误动。

绝缘监视装置仍然可以在中性点经消弧线圈接地电网中采用，但零序电流保护和零序功率方向保护实际上不能采用。这种系统还可采用反映 5 次谐波分量和反映暂态零序电流的保护。

现已研发出微机小电流接地选线装置，该装置不仅能选出是哪一条线路发生单相接地，而且还能判断是在什么位置发生故障，这给运行人员提供了很大的方便。

学习指导

三段式电流保护是学习继电保护技术中遇到的第一套完整的保护装置，必须予以重视。

要通过三段式电流保护的学习，理解三段式保护如何满足对继电保护的基本要求，建立完整的继电保护概念。

第 I 段电流保护采用动作电流躲过本线路末端最大短路电流获得选择性，保护瞬时动作，但仅能保护本线路靠电源处的一部分，即有选择性、速动性，但灵敏性差；第 II 段电流保护动作电流按躲过下一线路第 I 段整定，能保护本线路全长并延伸至下一线路，但不超出下一线路第 I 段保护范围，为保证选择性带 0.5s 时限；第 III 段电流保护基本思路是按躲过最大负荷电流整定（并保证外部故障切除后可靠返回），灵敏性高，能作本线路和相邻线路的后备保护，但速动性差，按阶梯形时限特性整定。通过三段保护这样的相互配合，三段式保护装置满足了继电保护的基本要求。

为解决多侧电源电流保护的选择性，引入了方向的概念。方向元件具有正方向故障动作，反方向故障不动作的特性。这样，多侧电源电流保护按同方向分组，同方向的保护按单侧电源三段式电流保护配合的原则整定。要了解功率方向继电器判断方向的工作原理。

阶段式电流保护和阶段式方向电流保护是电网相间短路的保护，对中性点接地方式不同的系统保护方式有所不同。

中性点直接接地系统利用接地时出现零序电流的特点，与相间短路的保护类似也构成阶段式零序电流保护。阶段式零序电流保护灵敏度高，动作时限短，受系统运行方式影响较小。

中性点不接地系统利用单相接地故障时出现零序电压的特点，构成无选择性绝缘监视装置；利用故障线路零序电流比非故障线路大的特点，构成有选择性零序电流保护；利用故障线路零序电流与非故障线路零序电流方向不同的特点，构成有选择性零序功率方向保护。

中性点经消弧线圈接地系统利用单相接地故障时出现零序电压的特点，构成无选择性绝缘监视装置。这种系统还可采用反映 5 次谐波分量和反映暂态零序电流的保护。

习　题

2-1　什么是保护整定的最大运行方式？

2-2　无时限电流速断保护是如何保证选择性的？评价其速动性和灵敏性。为什么在接线图中要装设中间继电器？

2-3　限时电流速断保护是如何保证选择性的？其速动性和灵敏性又如何？为什么在接线图中不用装设中间继电器？

2-4　定时限过电流保护是如何保证选择性的？评价其速动性和灵敏性。

2-5　三段式电流保护在整定计算时如何选择系统运行方式及短路类型？

2-6　中性点不接地系统相间短路的接线方式，为什么采用两相不完全星形接线而不采用完全星形接线？

2-7　多侧电源电网为什么要装设方向元件？LG-11 型功率方向继电器是如何消除死区的？

2-8　中性点直接接地系统的零序电流保护是如何构成的？各保护的动作电流如何

整定？

2-9　中性点直接接地系统的零序方向电流保护中，方向元件 LG-12 型零序方向继电器的电压线圈为什么要反极性接入？在保护安装处附近接地短路时，有没有电压死区？

2-10　中性点不接地系统发生单相接地故障时，零序分量有什么特点？

2-11　为什么不能在中性点经消弧线圈接地系统中使用零序电流保护和零序方向电流保护？

2-12　35kV 电网如图 2-42 所示，各线路均装设三段式电流保护，等值电源和线路有关参数如图 2-42 所示。已知线路正序电抗 $X_1=0.4\Omega/\text{km}$，返回系数 $K_r=0.85$，自启动系数 $K_{\text{ast}}=1.5$，AB 线路最大负荷电流 $I_{\text{L,max}}=250\text{A}$。求线路 AB 三段保护的动作值及灵敏度。

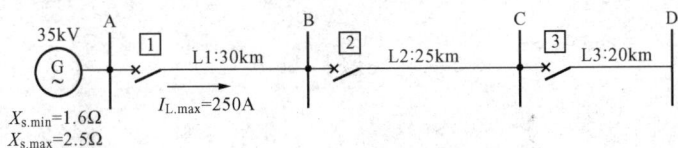

图 2-42　习题 2-12 图

2-13　图 2-43 所示为 35kV 系统图，线路 AB、BC 装设三段式电流保护。已知：

（1）系统电源等值电抗：$X_{\text{s.max}}=5.5\Omega$，$X_{\text{s.min}}=3.5\Omega$；

（2）线路 AB 的最大传输功率为 12MW，功率因素为 0.9，自启动系数为 1.5；

（3）线路单位长度正序电抗 X_1 为 $0.4\Omega/\text{km}$，线路 AB 长 35km，BC 长 30km；

（4）变压器阻抗归算至 37kV 侧的有名值如图 2-43 所示，两个变压器均装设差动保护。

求线路 AB 三段式电流保护动作值并校验灵敏度。

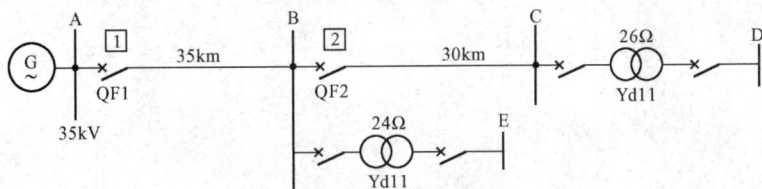

图 2-43　习题 2-13 图

2-14　整定图 2-44 所示各定时限过电流保护的动作时限，并指出哪些保护需要装设方向元件？

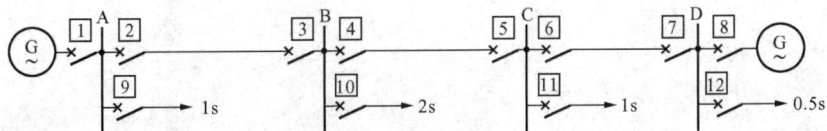

(a)

图 2-44　习题 2-14 图（一）

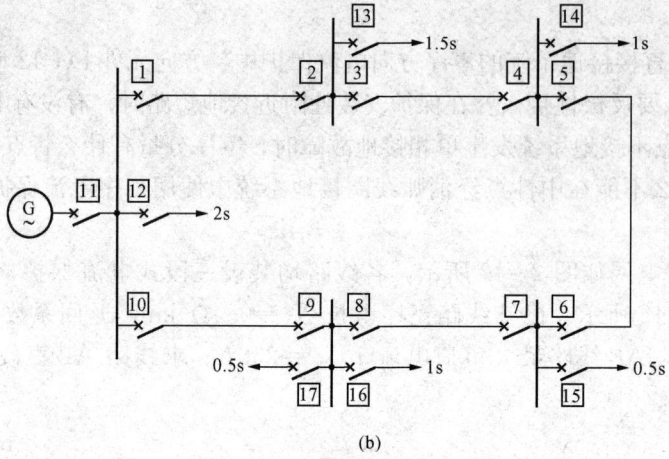

(b)

图 2 - 44　习题 2 - 14 图（二）

第三章 电网的距离保护

教学要求

电网的距离保护是利用测量阻抗的大小来反映故障点到保护安装处之间的距离。因此，本章主要分析了阻抗继电器的动作特性及影响距离保护正确工作的因素。

在本章教学中，重点是阻抗继电器动作特性的分析方法、阻抗继电器的接线方式和影响距离保护正确工作的因素，以及距离保护的整定计算方法。

第一节 距 离 保 护 概 述

一、距离保护的基本工作原理

电流保护具有简单、可靠的优点，但其保护范围或灵敏系数受电网接线方式以及系统运行方式的影响较大，在 35kV 以上电压的复杂网络中很难满足选择性、灵敏性以及快速切除故障的要求。因此，必须采用保护范围比较稳定、灵敏度较高的距离保护。

距离保护是反映被保护线路始端电压和线路电流的比值而工作的一种保护，这个比值称为测量阻抗，即

$$Z_K = \frac{\dot{U}_K}{\dot{I}_K} \tag{3-1}$$

式中　Z_K——测量阻抗；

　　$\dot{U}_K$——被保护线路始端电压；

　　$\dot{I}_K$——被保护线路电流。

在线路正常运行时，测量阻抗为负荷阻抗，其值较大，保护不动作。当线路发生短路时，测量阻抗等于线路始端（即保护安装处）到短路点的短路阻抗，其值较小，当测量阻抗小于预先整定好的整定阻抗 Z_{set} 时，保护动作。使距离保护刚好动作时的测量阻抗称为动作阻抗（或启动阻抗）Z_{op}。距离保护的动作时间，取决于短路点到保护安装处的距离。当短路点距保护安装点较近时，其测量阻抗较小，动作时间就较短；当短路点距保护安装点较远时，其测量阻抗较大，动作时间就较长，这样就保证了距离保护能够有选择地切除故障线路。

由此可见，距离保护就是根据测量阻抗的大小来反映短路点到保护安装处之间的距离，并根据该距离的远近确定动作时间的一种保护装置。由于距离保护是反映短路点到保护安装处之间的距离，而距离一般用阻抗的形式来表示，所以距离保护又称为阻抗保护。

距离保护是反映阻抗降低而动作的保护装置，是一种欠量动作的继电器。

二、距离保护的时限特性

距离保护的动作时间 t 与保护安装处到短路点之间的距离 l 的关系 $t = f(l)$，称为距离保护的时限特性。目前广泛采用具有三段保护范围的阶梯形时限特性，如图 3-1 所示，并分

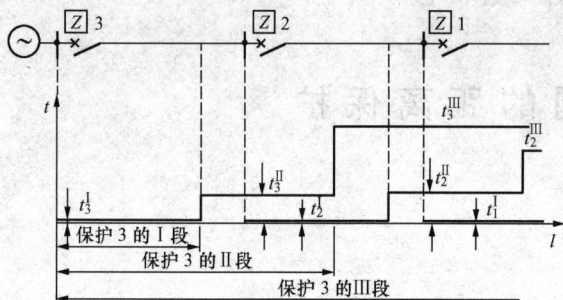

图 3-1　距离保护的阶梯型时限特性

别称为距离保护的Ⅰ段、Ⅱ段和Ⅲ段。

为了保证下一线路出口短路时的选择性，距离保护的第Ⅰ段只能保护线路全长的 80%～85%，动作时限为 0s。距离保护的第Ⅱ段以反映本线路末端 15%～20% 范围内故障为主，同时作为本线路距离Ⅰ段的后备，动作时限一般为 0.5s。距离保护的第Ⅰ段与第Ⅱ段的联合工作构成本线路的主保护。为了作为相邻线路保护装置和断路器拒绝动作的远后备保护，同时也作为本线路距离Ⅰ、Ⅱ段的近后备保护，还应该装设距离保护的第Ⅲ段。距离保护的第Ⅲ段不仅可以保护本线路的全长，而且还可以保护相邻线路的全长，其动作时限按阶梯形时限特性选择。

三、距离保护的主要组成元件

三段式距离保护装置的原理框图如图 3-2 所示，主要由启动元件、测量元件、时间元件和出口元件组成。

1. 启动元件

启动元件的作用是判断系统是否发生故障。在正常运行时，启动元件不动作，整套保护装置不投入工作；当发生故障时，它动作并使整套保护装置投入工作。早期的距离保护装置，启动元件采用的是电流继电器或者阻抗继电器。近年来，为了提高启动元件的灵敏性，多采用反映负序电流，或负序电流与零序电流的复合电流，或其增量的元件作为启动元件。

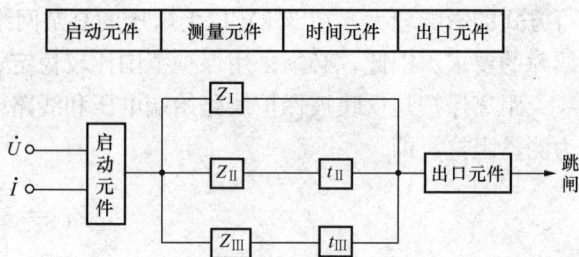

图 3-2　三段式距离保护装置的原理框图

2. 测量元件

测量元件的作用是反映故障点到保护安装处之间的距离。测量元件是距离保护装置中的核心元件，一般距离Ⅰ段和Ⅱ段采用方向阻抗继电器，距离Ⅲ段采用偏移特性阻抗继电器。

3. 时间元件

时间元件的作用是根据预定的时限特性确定动作的时限，以保证保护动作的选择性，一般采用时间继电器。

4. 出口元件

距离保护装置在动作后经由出口元件去跳闸，并且发出信号。

另外，为了防止距离保护装置在系统振荡及电压互感器或其二次回路断线时发生误动作，还装设了振荡闭锁装置和电压回路断线闭锁装置。

由图 3-2 可见，在正常运行时，启动元件不启动，距离保护装置处于被闭锁状态。当正方向发生故障时，启动元件动作，使距离保护装置投入工作。如果故障点位于距离Ⅰ段保护范围内，则 Z_I 动作后直接启动出口元件，瞬时动作于跳闸；如果故障点位于距离Ⅱ段保护范围内，则 Z_{II} 动作后启动距离Ⅱ段的时间元件 t_{II}，以 t_{II} 延时启动出口元件而动作于跳闸；如果故障点位于距离Ⅲ段保护范围内，则 $Z_Ⅲ$ 动作，以 $t_Ⅲ$ 延时启动出口元件而动作于跳闸。

第二节 阻 抗 继 电 器

一、阻抗继电器的作用和分类

阻抗继电器是距离保护装置的核心元件，它的主要作用是测量短路点到保护安装处之间的距离（阻抗），并与整定阻抗进行比较，以确定保护是否应该动作。

阻抗继电器按其动作特性可分为单相式和多相补偿式两种。

1. 单相式阻抗继电器

单相式阻抗继电器是指只加入一个电压量和一个电流量的阻抗继电器。这种阻抗继电器的动作特性不随系统参数、故障类型而变化，并且可以利用复数平面来分析和表示。

2. 多相补偿式阻抗继电器

多相补偿式阻抗继电器是指加入多个电压量和电流量的阻抗继电器。其动作特性必须结合给定的系统参数、故障类型及故障点位置进行分析。

二、阻抗继电器的动作特性

以图 3-3（a）中线路 BC 的保护 1 的距离Ⅰ段为例，将阻抗继电器的测量阻抗画在复数阻抗平面上，如图 3-3（b）所示。线路 BC 的始端 B 位于坐标的原点，正方向线路的测量阻抗在第一象限，反方向线路的测量阻抗则在第三象限，正方向线路测量阻抗与 R 轴之间的角度为线路 BC 的阻抗角 φ_K。距离Ⅰ段的保护范围一般为线路全长的 85%，则保护 1 的距离Ⅰ段的整定阻抗为 $Z_{set.1}^{Ⅰ} = 0.85 Z_{BC}$，阻抗继电器的动作特性就应包括 $0.85 Z_{BC}$ 以内的阻抗，可用图 3-3（b）中阴影线所括的范围表示。只要测量阻抗位于阴影之中，阻抗继电器就动作。

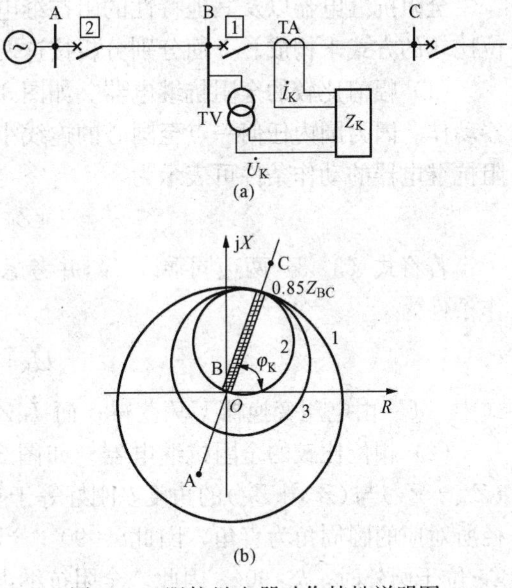

图 3-3 阻抗继电器动作特性说明图
（a）网络图；（b）阻抗继电器动作特性

阻抗继电器的测量阻抗 Z_K 实际上为二次测量阻抗，它与保护安装处的一次测量阻抗的关系为

$$Z_K = \frac{\dot{U}_K}{\dot{I}_K} = \frac{\dot{U}/n_{TV}}{\dot{I}/n_{TA}} = Z \frac{n_{TA}}{n_{TV}} \quad (3-2)$$

式中　$\dot{U}$、$\dot{I}$——保护安装处的电压和电流；

　　n_{TV}、n_{TA}——电压互感器和电流互感器的变比；

　　Z、Z_K——一次测量阻抗和二次测量阻抗。

考虑到互感器的误差以及故障点存在过渡电阻，实际上电力系统发生短路时，阻抗继电器的测量阻抗不可能落在阴影所代表的动作特性内。另外，为了简化阻抗继电器的接线，且便于制造和调试，通常将阻抗继电器的动作特性扩大为一个圆，如图 3-3（b）所示。图中，圆 1 为全阻抗继电器的动作特性，圆 2 为方向阻抗继电器的动作特性，圆 3 为偏移特性阻抗继电器的动作特性。此外，还有动作特性为直线、椭圆、四边形等的阻抗继电器。

1. 全阻抗继电器

全阻抗继电器的动作特性是以坐标原点（继电器安装点）为圆心，以整定阻抗 Z_{set} 为半径所作的一个圆，如图 3-4 所示。当测量阻抗 Z_K 位于圆内时，继电器动作，即圆内为动作区，圆外为不动作区，圆周是动作边界。当测量阻抗 Z_K 正好位于圆周上时，继电器刚好动作，对应此时的测量阻抗就是继电器的动作阻抗 Z_{op}。可见，不论加入继电器的电压和电流之间的角度 φ_K 如何变化，继电器的动作阻抗 Z_{op} 在数值上是不变的，且等于整定阻抗 Z_{set}，即 $|Z_{op}| = |Z_{set}|$。具有这种特性的阻抗继电器

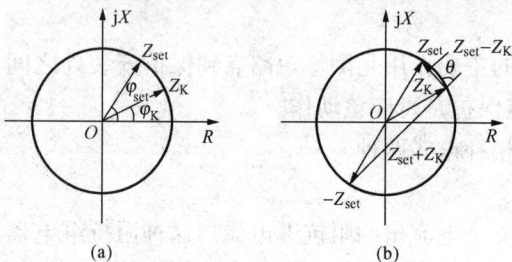

图 3-4　全阻抗继电器的动作特性
（a）幅值比较式；（b）相位比较式

称为全阻抗继电器，并且没有方向性，即在保护正方向和反方向发生短路时都能动作。

全阻抗继电器以及其他特性的阻抗继电器，都可以利用两个电压幅值比较或两个电压相位比较的方式来构成。下面分别分析按这两种比较方式构成的全阻抗继电器及其动作条件。

（1）幅值比较的全阻抗继电器。如图 3-4（a）所示，当测量阻抗 Z_K 位于圆内时，继电器动作。因为圆内任何一点至圆心的连线小于圆的半径，而这一连线就是测量阻抗，所以全阻抗继电器的动作条件可表示为

$$|Z_K| \leqslant |Z_{set}| \qquad (3-3)$$

若将式（3-3）两边同乘以 $\dot{I}_K$，并考虑到 $\dot{I}_K Z_K = \dot{U}_K$，则可得到两个电压幅值比较的动作条件为

$$|\dot{U}_K| \leqslant |\dot{I}_K Z_{set}| \qquad (3-4)$$

式中　$\dot{U}_K$ 由电压变换器 UV 获得；而 $\dot{I}_K Z_{set}$ 由电抗互感器 UX 获得。

（2）相位比较的全阻抗继电器。如图 3-4（b）所示，当测量阻抗 Z_K 位于圆周上时，$(Z_{set} - Z_K)$ 与 $(Z_{set} + Z_K)$ 的角度 θ 刚好等于全阻抗继电器特性圆直径所对应的圆周角，而直径所对应的圆周角为直角，因此 $\theta = 90°$；当测量阻抗 Z_K 位于圆内时，$\theta < 90°$；当测量阻抗 Z_K 位于圆外时，$\theta > 90°$。因此，全阻抗继电器的动作条件可表示为

$$-90° \leqslant \arg \frac{Z_{set} - Z_K}{Z_{set} + Z_K} \leqslant 90° \qquad (3-5)$$

在式（3-5）中，$\theta \geqslant -90°$ 对应于 Z_K 超前于 Z_{set} 时的情况。

若将 $(Z_{set} - Z_K)$ 与 $(Z_{set} + Z_K)$ 均乘以电流 $\dot{I}_K$，并考虑到 $\dot{I}_K Z_K = \dot{U}_K$，则可得到比较相位的两个电压为

$$\begin{cases} \dot{U}' = \dot{I}_K Z_{set} - \dot{U}_K \\ \dot{U}_P = \dot{I}_K Z_{set} + \dot{U}_K \end{cases} \qquad (3-6)$$

则全阻抗继电器的动作条件也可表示为

$$-90° \leqslant \arg \frac{\dot{I}_K Z_{set} - \dot{U}_K}{\dot{I}_K Z_{set} + \dot{U}_K} \leqslant 90° \qquad (3-7)$$

或
$$-90° \leqslant \arg \frac{\dot{U}'}{\dot{U}_P} \leqslant 90° \tag{3-8}$$

此时，继电器能够动作的条件只与 $\dot{U}_P$ 与 $\dot{U}'$ 的相位差有关而与其大小无关。式（3-8）可以看成继电器的作用是以电压 $\dot{U}_P$ 为参考相量，来测定电压 $\dot{U}'$ 的相位。一般称 $\dot{U}_P$ 为极化电压、$\dot{U}'$ 为补偿电压。

2. 方向阻抗继电器

方向阻抗继电器的动作特性是以整定阻抗 Z_{set} 为直径、圆周通过坐标原点的一个圆，如图 3-5 所示。圆内为动作区，圆外为不动作区，圆周是动作边界。

当加入继电器的电压 $\dot{U}_K$ 和电流 $\dot{I}_K$ 之间的相位差 φ_K 为不同数值时，继电器的动作阻抗 Z_{op} 也将随之改变。当 φ_K 等于整定阻抗 Z_{set} 的阻抗角 φ_{set} 时，继电器的动作阻抗 Z_{op} 达到最大，就等于圆的直径，此时阻抗继电器的保护范围最大，工作最灵敏。因此，这个角度称为阻抗继电器的最大灵敏角，以 φ_{sen} 表示。为了使阻抗继电器在保护范围内发生金属性短路时最灵敏，应调整阻抗继电器的最大灵敏角 φ_{sen} 接近或等于线路阻抗角 φ_K。当保护反方向发生短路时，测量阻抗 Z_K 位于第三象限，处于动作特性圆之外，继电器不动作，因此它本身就具有方向性，故称之为方向阻抗继电器。

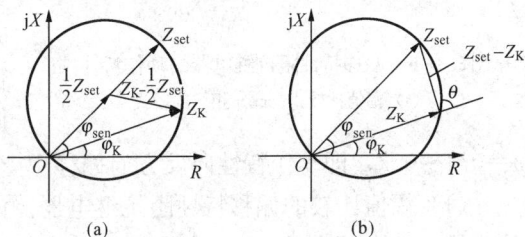

图 3-5 方向阻抗继电器的动作特性
(a) 幅值比较式；(b) 相位比较式

对方向阻抗继电器而言，在出口短路时，继电器是处于动作的临界状态，但考虑到互感器和继电器的误差，实际出口短路时继电器是不动作的，即出现了动作的"死区"。

(1) 幅值比较的方向阻抗继电器。如图 3-5 (a) 所示，根据圆内任何一点至圆心的连线小于圆的半径，因此方向阻抗继电器的动作条件可表示为
$$\left| Z_K - \frac{1}{2} Z_{set} \right| \leqslant \left| \frac{1}{2} Z_{set} \right| \tag{3-9}$$

若式（3-9）两边同乘以电流 $\dot{I}_K$，并考虑到 $\dot{I}_K Z_K = \dot{U}_K$，则可得到两个电压幅值比较的动作条件为
$$\left| \dot{U}_K - \frac{1}{2} \dot{I}_K Z_{set} \right| \leqslant \left| \frac{1}{2} \dot{I}_K Z_{set} \right| \tag{3-10}$$

(2) 相位比较的方向阻抗继电器。如图 3-5 (b) 所示，类似于全阻抗继电器的分析，当测量阻抗 Z_K 位于圆周上时，Z_K 与 $(Z_{set} - Z_K)$ 的角度 $\theta = 90°$；当测量阻抗 Z_K 位于圆内时，$\theta \leqslant 90°$；当测量阻抗 Z_K 位于圆外时，$\theta \geqslant 90°$。因此，方向阻抗继电器的动作条件可表示为
$$-90° \leqslant \arg \frac{Z_{set} - Z_K}{Z_K} \leqslant 90° \tag{3-11}$$

若将 Z_K 与 $(Z_{set} - Z_K)$ 均乘以电流 $\dot{I}_K$，并考虑到 $\dot{I}_K Z_K = \dot{U}_K$，则可得到比较相位的极化电压 $\dot{U}_P$ 和补偿电压 $\dot{U}'$，即
$$\dot{U}_P = \dot{U}_K$$
$$\dot{U}' = \dot{I}_K Z_{set} - \dot{U}_K \tag{3-12}$$

则方向阻抗继电器的动作条件也可表示为

$$-90° \leqslant \arg \frac{\dot{I}_K Z_{set} - \dot{U}_K}{\dot{U}_K} \leqslant 90° \qquad (3-13)$$

3. 偏移特性阻抗继电器

偏移特性阻抗继电器的动作特性如图 3-6 所示。它是以正方向整定阻抗 Z_{set} 与反方向整定阻抗 αZ_{set}（α 为偏移度）的幅值之和 $|Z_{set} + \alpha Z_{set}|$ 为直径所作的一个圆。圆心坐标为 $Z_0 = \frac{1}{2}(Z_{set} - \alpha Z_{set})$，圆的半径为 $\frac{1}{2}|Z_{set} + \alpha Z_{set}|$，圆内是动作区。

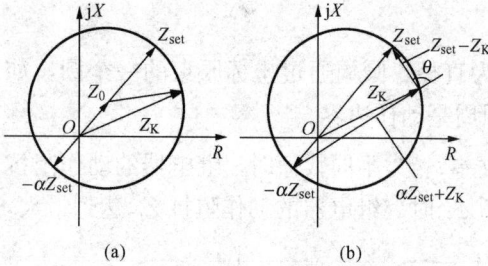

图 3-6 偏移特性阻抗继电器的动作特性
(a) 幅值比较式；(b) 相位比较式

这种继电器的动作特性介于方向阻抗继电器和全阻抗继电器之间，当 $\alpha = 0$ 时，则为方向阻抗继电器；而当 $\alpha = 1$ 时，则为全阻抗继电器。偏移特性阻抗继电器的动作阻抗 Z_{op} 与 φ_K 有关，而为了消除方向阻抗继电器的"死区"，通常取 $\alpha = 0.1 \sim 0.2$，即动作特性向反方向偏移 $10\% \sim 20\%$。

(1) 幅值比较的偏移特性阻抗继电器。如图 3-6 (a) 所示，根据圆内任何一点至圆心的连线小于圆的半径，则可得到偏移特性阻抗继电器的动作条件为

$$|Z_K - Z_0| \leqslant |Z_{set} - Z_0| \qquad (3-14)$$

即

$$\left| Z_K - \frac{1}{2}(1-\alpha)Z_{set} \right| \leqslant \left| \frac{1}{2}(1+\alpha)Z_{set} \right| \qquad (3-15)$$

若将式 (3-15) 两边同乘以电流 $\dot{I}_K$，并考虑到 $\dot{I}_K Z_K = \dot{U}_K$，则可得到两个电压幅值比较的动作条件为

$$\left| \dot{U}_K - \frac{1}{2}\dot{I}_K(1-\alpha)Z_{set} \right| \leqslant \left| \frac{1}{2}\dot{I}_K(1+\alpha)Z_{set} \right| \qquad (3-16)$$

(2) 相位比较的偏移特性阻抗继电器。从图 3-6 (b) 可见，当测量阻抗 Z_K 位于圆周上时，$(\alpha Z_{set} + Z_K)$ 与 $(Z_{set} - Z_K)$ 的角度 $\theta = 90°$；而当测量阻抗 Z_K 位于圆内时，$-90° \leqslant \theta \leqslant 90°$。因此，偏移特性阻抗继电器的动作条件可表示为

$$-90° \leqslant \arg \frac{Z_{set} - Z_K}{\alpha Z_{set} + Z_K} \leqslant 90° \qquad (3-17)$$

若将 $(\alpha Z_{set} + Z_K)$ 与 $(Z_{set} - Z_K)$ 均乘以电流 $\dot{I}_K$，即可得到比较相位的两个电压 $\dot{U}_P$ 和 $\dot{U}'$ 分别为

$$\dot{U}_P = \alpha \dot{I}_K Z_{set} + \dot{U}_K$$
$$\dot{U}' = \dot{I}_K Z_{set} - \dot{U}_K \qquad (3-18)$$

则偏移特性阻抗继电器的动作条件也可表示为

$$-90° \leqslant \arg \frac{\dot{I}_K Z_{set} - \dot{U}_K}{\alpha \dot{I}_K Z_{set} + \dot{U}_K} \leqslant 90° \qquad (3-19)$$

以上三种圆特性阻抗继电器的动作角度范围均为 $180°$。如果使动作角度范围小于 $180°$，如采用 $\theta = 60°$，则变为椭圆形阻抗继电器，如图 3-7 (a) 所示；如果使动作角度范围大于

180°，如采用 $\theta=110°$，则变为苹果形阻抗继电器，如图 3-7（b）所示。

在这里需特别注意测量阻抗、整定阻抗及动作阻抗的意义和区别，现总结如下：

测量阻抗 Z_K 是由加入继电器的电压 $\dot{U}_K$ 与电流 $\dot{I}_K$ 的比值确定，Z_K 的阻抗角就是电压 $\dot{U}_K$ 与电流 $\dot{I}_K$ 之间的夹角 φ_K。

整定阻抗 Z_{set} 一般取继电器安装点到

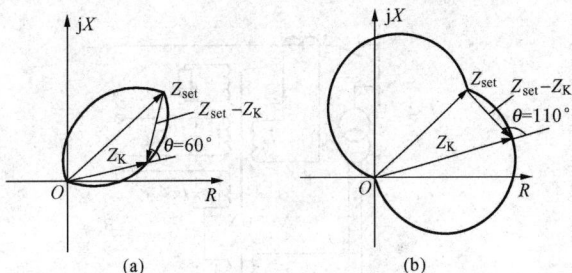

图 3-7 动作角度范围对动作特性的影响
（a）椭圆形；（b）苹果形

保护范围末端的线路阻抗。对全阻抗继电器而言，就是圆的半径；对方向阻抗继电器而言，就是在最大灵敏角方向上圆的直径；而对偏移特性阻抗继电器，则是在最大灵敏角方向上由原点到圆周的长度。

动作阻抗（即启动阻抗）Z_{op} 是当继电器刚好动作时，加入继电器的电压 $\dot{U}_K$ 与电流 $\dot{I}_K$ 的比值。除全阻抗继电器以外，Z_{op} 是随 φ_K 的不同而改变的，当 $\varphi_K=\varphi_{set}$ 时，此时 Z_{op} 的数值最大，就等于 Z_{set}。

三、阻抗继电器的构成方法

阻抗继电器可以利用比较两个电压幅值的方法来构成，也可以利用比较两个电压相位的方法来实现，而每个电压的具体组成，则由阻抗继电器的动作特性决定。所有阻抗继电器都是由电压形成回路和幅值比较回路或相位比较回路组成，其构成原理框图如图 3-8 所示。

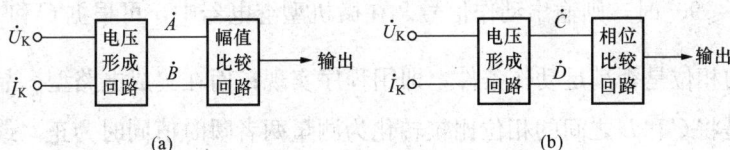

图 3-8 阻抗继电器的构成原理框图
（a）幅值比较式；（b）相位比较式

1. 电压形成回路

电压形成回路的作用是形成幅值比较的两个电压 $\dot{A}$ 和 $\dot{B}$ 或相位比较的两个电压 $\dot{C}$ 和 $\dot{D}$。尽管 $\dot{A}$、$\dot{B}$、$\dot{C}$、$\dot{D}$ 的组成不同，但是基本上都可以归纳为两种形式：一种是加于继电器上的电压 $\dot{U}_K$；另一种是继电器的电流 $\dot{I}_K$ 在某一已知阻抗上的压降，如 $\dot{I}_K Z_{set}$。对于 $\dot{U}_K$ 可以直接从电压互感器二次侧取得，必要时也可以再经过一个小型中间变压器变换；对于 $\dot{I}_K$ 在一已知阻抗上的压降，过去是通过电抗互感器得到，而在微机保护中可以通过移相的算法获得。

在得到 $\dot{U}_K$ 和 $\dot{I}_K$ 在某一已知阻抗上的压降后，可根据阻抗继电器的动作条件将两者相加或者相减地组合在一起，以获得 $\dot{A}$、$\dot{B}$、$\dot{C}$、$\dot{D}$。方向阻抗继电器的电压形成回路如图 3-9 所示。在这里要特别注意绕组间极性的连接，以免出现错误。

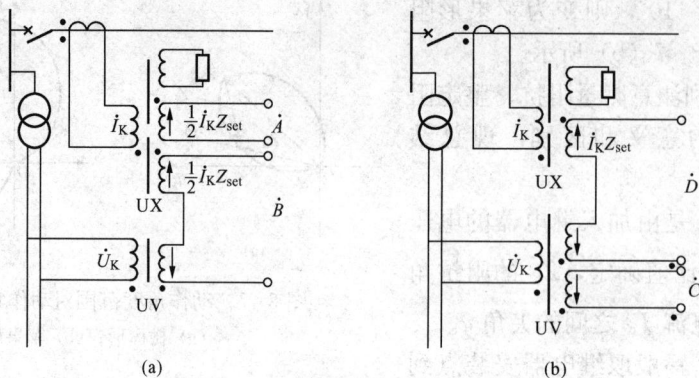

图 3 - 9　方向阻抗继电器的电压形成回路

（a）幅值比较式的 $\dot{A}$ 和 $\dot{B}$；（b）相位比较式 $\dot{C}$ 和 $\dot{D}$

2. 幅值比较回路

幅值比较回路的作用是比较两个电压 $\dot{A}$ 和 $\dot{B}$ 的大小，当 $|\dot{A}| \geqslant |\dot{B}|$ 时，则输出动作信号。在微机型继电器中判断 $\dot{A}$ 和 $\dot{B}$ 是否满足动作条件，是根据 $\dot{A}$、$\dot{B}$ 的计算结果直接比较两者的幅值大小而实现的，即用程序实现；在集成电路型、晶体管型和整流型继电器中，是将 $\dot{A}$ 和 $\dot{B}$ 分别进行整流和滤波后，再实现幅值比较的。

3. 相位比较回路

相位比较回路的作用是比较两个电压 $\dot{C}$ 和 $\dot{D}$ 之间的相位关系，当满足动作条件，即 $-90° \leqslant \arg \dfrac{\dot{D}}{\dot{C}} \leqslant 90°$ 时，则输出动作信号。在微机型继电器中，可根据 $\dot{C}$ 和 $\dot{D}$ 的计算结果，直接判断两者的相位是否满足动作条件，即用程序实现；而在集成电路型、晶体管型和整流型继电器中，是将 $\dot{C}$ 和 $\dot{D}$ 之间的相位比较转化为测量两者瞬时值同时为正（或同时为负）的时间来实现的。

应该说明的是，全阻抗继电器、方向阻抗继电器、偏移特性阻抗继电器以及其他特性阻抗继电器，其比较幅值的两个电压 $\dot{A}$、$\dot{B}$ 与比较相位的两个电压 $\dot{C}$、$\dot{D}$ 在忽略 $\dfrac{1}{2}$ 或 2 倍关系时，它们之间满足

$$\begin{cases} \dot{C} = \dot{A} + \dot{B} \\ \dot{D} = \dot{A} - \dot{B} \end{cases} \tag{3 - 20}$$

或者说，满足

$$\begin{cases} \dot{A} = \dot{C} + \dot{D} \\ \dot{B} = \dot{C} - \dot{D} \end{cases} \tag{3 - 21}$$

另外，$\arg \dfrac{\dot{D}}{\dot{C}}$ 表示两个电气量 $\dot{C}$ 和 $\dot{D}$ 之间的夹角，当以 $\dot{C}$ 为参考相量，$\dot{D}$ 超前 $\dot{C}$ 时角度为正，而进行相位比较的动作条件为 $-90° \leqslant \arg \dfrac{\dot{D}}{\dot{C}} \leqslant 90°$。

四、阻抗继电器的接线方式

阻抗继电器的接线方式是指接入阻抗继电器的一定相别电压和一定相别电流的组合。

1. 对接线方式的基本要求

为了使阻抗继电器能正确测量短路点到保护安装处之间的距离，其接线方式应满足以下基本要求：

（1）继电器的测量阻抗应与短路点到保护安装处之间的距离成正比，而与系统运行方式无关。

（2）继电器的测量阻抗应与短路类型无关，即在同一点发生不同类型短路时，应有相同的测量阻抗。

阻抗继电器常用的四种接线方式见表 3-1。表中"△"表示接入相间电压或两相电流差，"Y"表示接入相电压或相电流。其中，$0°$、$+30°$、$-30°$接线方式的阻抗继电器用于反映各种相间短路故障；而相电压和具有 $K \times 3\dot{I}_0$ 补偿的相电流接线方式的阻抗继电器用于反映各种接地短路故障。

表 3-1　　　　　　　　　阻抗继电器常用的四种接线方式

接线方式 继电器	$\dfrac{\dot{U}_\triangle}{\dot{I}_\triangle}(0°)$		$\dfrac{\dot{U}_\triangle}{\dot{I}_Y}(30°)$		$\dfrac{\dot{U}_\triangle}{-\dot{I}_Y}(-30°)$		$\dfrac{\dot{U}_Y}{\dot{I}_Y+K\times 3\dot{I}_0}$	
	$\dot{U}_K$	$\dot{I}_K$	$\dot{U}_K$	$\dot{I}_K$	$\dot{U}_K$	$\dot{I}_K$	$\dot{U}_K$	$\dot{I}_K$
K1	$\dot{U}_{AB}$	$\dot{I}_A-\dot{I}_B$	$\dot{U}_{AB}$	$\dot{I}_A$	$\dot{U}_{AB}$	$-\dot{I}_B$	$\dot{U}_A$	$\dot{I}_A+K\times 3\dot{I}_0$
K2	$\dot{U}_{BC}$	$\dot{I}_B-\dot{I}_C$	$\dot{U}_{BC}$	$\dot{I}_B$	$\dot{U}_{BC}$	$-\dot{I}_C$	$\dot{U}_B$	$\dot{I}_B+K\times 3\dot{I}_0$
K3	$\dot{U}_{CA}$	$\dot{I}_C-\dot{I}_A$	$\dot{U}_{CA}$	$\dot{I}_C$	$\dot{U}_{CA}$	$-\dot{I}_A$	$\dot{U}_C$	$\dot{I}_C+K\times 3\dot{I}_0$

2. 母线残压的计算公式

在如图 3-10 所示的系统中，设 K 点发生金属性短路。

若忽略负荷电流，按照对称分量法可求得母线各相电压分别为

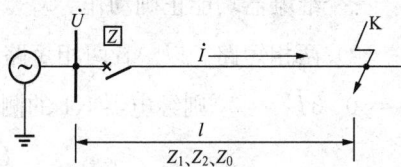

图 3-10　计算母线残压的系统图

$$\dot{U}_A = \dot{U}_{KA} + \dot{I}_{A1}Z_1l + \dot{I}_{A2}Z_2l + \dot{I}_{A0}Z_0l$$

$$= \dot{U}_{KA} + (\dot{I}_{A1} + \dot{I}_{A2} + \dot{I}_{A0})Z_1l + \dot{I}_{A0}(Z_0 - Z_1)l$$

$$= \dot{U}_{KA} + (\dot{I}_A + K \times 3\dot{I}_0)Z_1l \qquad (3-22)$$

$$\dot{U}_B = \dot{U}_{KB} + (\dot{I}_B + K \times 3\dot{I}_0)Z_1l \qquad (3-23)$$

$$\dot{U}_C = \dot{U}_{KC} + (\dot{I}_C + K \times 3\dot{I}_0)Z_1l \qquad (3-24)$$

式中：$\dot{U}_{KA}$、$\dot{U}_{KB}$、$\dot{U}_{KC}$ 是短路点 K 处 A、B、C 相电压；Z_1、Z_2、Z_0 是线路单位长度的正序、负序、零序阻抗，一般情况下可认为正、负阻抗相等；$K = \dfrac{Z_0 - Z_1}{3Z_1}$ 称为零序电流补偿系数。

由式（3-22）～式（3-24），可得到母线相间电压为

$$\dot{U}_{AB} = \dot{U}_{KAB} + (\dot{I}_A - \dot{I}_B)Z_1 l \tag{3-25}$$

$$\dot{U}_{BC} = \dot{U}_{KBC} + (\dot{I}_B - \dot{I}_C)Z_1 l \tag{3-26}$$

$$\dot{U}_{CA} = \dot{U}_{KCA} + (\dot{I}_C - \dot{I}_A)Z_1 l \tag{3-27}$$

式中　$\dot{U}_{KAB}$、$\dot{U}_{KBC}$、$\dot{U}_{KCA}$——短路点 K 处 AB、BC、CA 相间电压。

3. 相间短路阻抗继电器的 0°接线方式

为了反映各种相间短路，在 AB 相、BC 相和 CA 相各接入一个阻抗继电器，加入每个继电器的电压 $\dot{U}_K$ 和电流 $\dot{I}_K$ 为相间电压和两相电流差，如表 3-1 所示的第一种接线方式。这种接线方式的阻抗继电器，在三相对称系统中且当 $\cos\varphi = 1$ 时，加入的 $\dot{U}_K$ 和 $\dot{I}_K$ 是同相位的，因此，称之为"0°接线"。

下面分析采用 0°接线方式的阻抗继电器在各种相间短路时的测量阻抗。为便于分析，测量阻抗用一次侧阻抗表示，并假定电流和电压互感器的变比均为 1。

（1）三相短路。由于三相短路是对称的，三个阻抗继电器的工作情况完全相同。因此，以继电器 K1 为例进行分析。

此时 $\dot{U}_{KAB} = \dot{U}_{KBC} = \dot{U}_{KCA} = 0$、$3\dot{I}_0 = 0$，加入继电器的电压和电流分别为

$$\dot{U}_K = \dot{U}_{AB} = \dot{U}_A - \dot{U}_B = (\dot{I}_A - \dot{I}_B)Z_1 l$$

$$\dot{I}_K = \dot{I}_A - \dot{I}_B$$

则继电器的测量阻抗为

$$Z_{K1}^{(3)} = \frac{\dot{U}_{AB}}{\dot{I}_A - \dot{I}_B} = Z_1 l \tag{3-28}$$

可见，在三相短路时，三个继电器的测量阻抗均等于短路点到保护安装地点之间的阻抗，三个继电器均能正确动作。

（2）两相短路。以 AB 两相短路为例，此时 $\dot{U}_{KAB} = 0$、$\dot{U}_{KBC} \neq 0$、$\dot{U}_{KCA} \neq 0$、$\dot{I}_A = -\dot{I}_B$、$\dot{I}_C = 0$、$3\dot{I}_0 = 0$，则继电器 K1 的测量阻抗为

$$Z_{K1}^{(2)} = \frac{\dot{U}_{AB}}{\dot{I}_A - \dot{I}_B} = \frac{(\dot{I}_A - \dot{I}_B)Z_1 l}{\dot{I}_A - \dot{I}_B} = Z_1 l \tag{3-29}$$

可见，继电器 K1 的测量阻抗与三相短路时相同。因此，继电器 K1 能正确动作。

对继电器 K2 和 K3 而言，有

$$Z_{K2}^{(2)} = \frac{\dot{U}_{BC}}{\dot{I}_B - \dot{I}_C} = \frac{\dot{U}_{KBC} + (\dot{I}_B - \dot{I}_C)Z_1 l}{\dot{I}_B - \dot{I}_C} = Z_1 l + \frac{\dot{U}_{KBC}}{\dot{I}_B} \geqslant Z_1 l \tag{3-30}$$

$$Z_{K3}^{(2)} = \frac{\dot{U}_{CA}}{\dot{I}_C - \dot{I}_A} = \frac{\dot{U}_{KCA} + (\dot{I}_C - \dot{I}_A)Z_1 l}{\dot{I}_C - \dot{I}_A} = Z_1 l + \frac{\dot{U}_{KCA}}{\dot{I}_B} \geqslant Z_1 l \tag{3-31}$$

其测量阻抗大于 $Z_1 l$，即不能正确地测量短路点到保护安装地点之间的阻抗。因此，继电器 K2 和 K3 不能正确动作。但是，由于继电器 K1 能正确动作，故继电器 K2 和 K3 的拒动不会影响整套保护的动作。

同理，在 BC 和 CA 两相短路时，相应地只有 K2 或 K3 能正确动作。这也就是为什么要采用三个阻抗继电器并分别接于不同相别的原因。

（3）中性点直接接地电网中的两相接地短路。以 AB 两相接地短路为例，此时 $\dot{U}_{KAB} = 0$、$\dot{U}_{KBC} \neq 0$、$\dot{U}_{KCA} \neq 0$、$\dot{I}_A \neq -\dot{I}_B$、$\dot{I}_C = 0$、$3\dot{I}_0 \neq 0$，则继电器 K1 的测量阻抗为

$$Z_{K1}^{(1,1)} = \frac{\dot{U}_{AB}}{\dot{I}_A - \dot{I}_B} = \frac{(\dot{I}_A - \dot{I}_B)Z_1 l}{\dot{I}_A - \dot{I}_B} = Z_1 l \qquad (3-32)$$

但对继电器 K2 和 K3，其测量阻抗为

$$Z_{K2}^{(1,1)} = \frac{\dot{U}_{BC}}{\dot{I}_B - \dot{I}_C} = \frac{\dot{U}_{KBC} + (\dot{I}_B - \dot{I}_C)Z_1 l}{\dot{I}_B - \dot{I}_C} = Z_1 l + \frac{\dot{U}_{KBC}}{\dot{I}_B} \geqslant Z_1 l \qquad (3-33)$$

$$Z_{K3}^{(1,1)} = \frac{\dot{U}_{CA}}{\dot{I}_C - \dot{I}_A} = \frac{\dot{U}_{KCA} + (\dot{I}_C - \dot{I}_A)Z_1 l}{\dot{I}_C - \dot{I}_A} = Z_1 l + \frac{\dot{U}_{KCA}}{-\dot{I}_A} \geqslant Z_1 l \qquad (3-34)$$

可见，继电器 K1 的测量阻抗与三相短路时相同。因此，保护能正确动作。

由以上分析可知，0°接线方式能正确反映各种相间短路故障，但不能反映单相接地故障。

4. 接地短路阻抗继电器的接线方式

在单相接地故障时，只有故障相电压降低、电流增大，而任何相间电压都是很高的，因此应将故障相电压和电流加入到继电器中，即采用相电压和具有 $K \times 3\dot{I}_0$ 补偿的相电流接线方式，见表 3-1。

以 A 相接地电路故障为例，此时 $\dot{U}_{KA} = 0$、$\dot{U}_{KB} \neq 0$、$\dot{U}_{KC} \neq 0$、$\dot{I}_B = 0$、$\dot{I}_C = 0$、$3\dot{I}_0 \neq 0$，而加入继电器 K1 的电压和电流分别为

$$\dot{U}_K = \dot{U}_A = \dot{U}_{KA} + (\dot{I}_A + K \times 3\dot{I}_0)Z_1 l = (\dot{I}_A + K \times 3\dot{I}_0)Z_1 l$$

$$\dot{I}_K = \dot{I}_A + K \times 3\dot{I}_0$$

则继电器 K1 的测量阻抗为

$$Z_{K1}^{(1)} = \frac{\dot{U}_A}{\dot{I}_A + K \times 3\dot{I}_0} = \frac{(\dot{I}_A + K \times 3\dot{I}_0)Z_1 l}{\dot{I}_A + K \times 3\dot{I}_0} = Z_1 l \qquad (3-35)$$

即能正确测量短路点到保护安装地点之间的阻抗，因此能动作。

但对继电器 K2 和 K3，其测量阻抗为

$$Z_{K2}^{(1)} = \frac{\dot{U}_B}{\dot{I}_B + K \times 3\dot{I}_0} = \frac{\dot{U}_{KB} + (\dot{I}_B + K \times 3\dot{I}_0)Z_1 l}{\dot{I}_B + K \times 3\dot{I}_0}$$

$$= Z_1 l + \frac{\dot{U}_{KB}}{K \times 3\dot{I}_0} \geqslant Z_1 l \qquad (3-36)$$

$$Z_{K3}^{(1)} = \frac{\dot{U}_C}{\dot{I}_C + K \times 3\dot{I}_0} = \frac{\dot{U}_{KC} + (\dot{I}_C + K \times 3\dot{I}_0)Z_1 l}{\dot{I}_C + K \times 3\dot{I}_0}$$

$$= Z_1 l + \frac{\dot{U}_{KC}}{K \times 3\dot{I}_0} \geqslant Z_1 l \qquad (3-37)$$

为此，必须采用三个阻抗继电器，以反映任一相的接地短路。这种接线方式同样能够正确反映两相接地短路和三相接地短路，此时接于故障相的阻抗继电器的测量阻抗为 $Z_1 l$。

五、阻抗继电器的构成实例

现以幅值比较式整流型方向阻抗继电器为例来分析，其原理接线图如图 3-11 所示。它是

由电抗互感器 UX、电压变换器 UV、极化变压器 TP、幅值比较回路及极化继电器 KP 等组成。

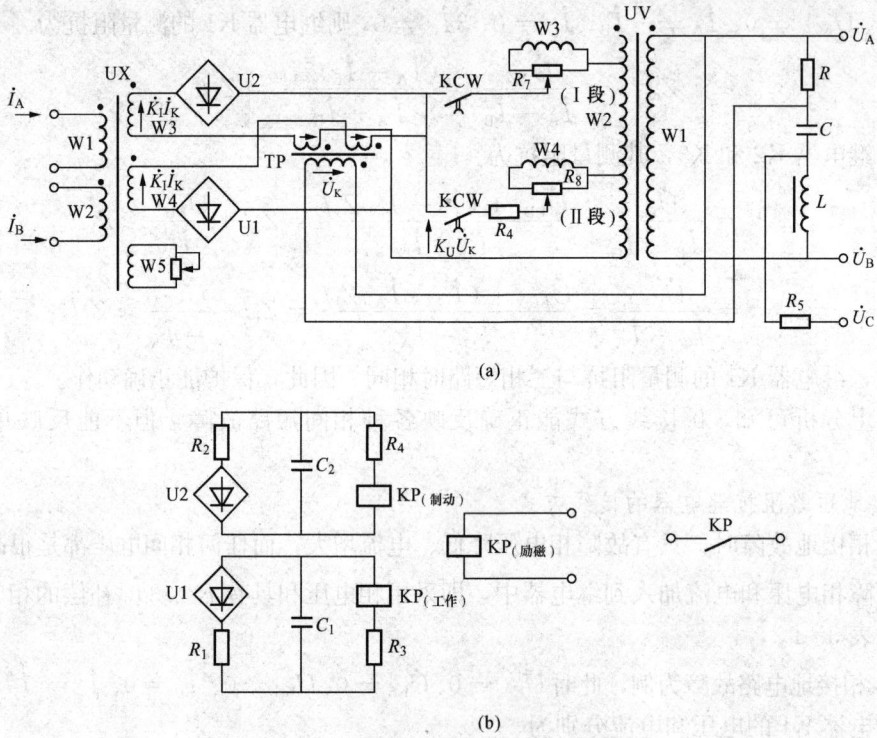

(a)

(b)

图 3-11　整流型方向阻抗继电器

(a) 原理接线图；(b) 幅值比较回路

1. 动作特性分析

从图 3-11 可见，加入继电器的电流为 $\dot{I}_K = \dot{I}_A - \dot{I}_B$、电压为 $\dot{U}_K = \dot{U}_{AB}$，电流 $\dot{I}_K$ 经电抗互感器 UX 得到电压 $K_I\dot{I}_K$，电压 $\dot{U}_K$ 经电压变换器 UV 得到电压 $K_U\dot{U}_K$，由 R、L、C 组成串联谐振回路，在 R 上取得一电压加于极化变压器 TP 的一次侧，而在其二次侧得到极化电压 $\dot{U}_P$。根据图 3-11 中所示的极性关系，可得到比较幅值的两个电压分别为

$$\begin{cases} \dot{A} = K_I\dot{I}_K + \dot{U}_P - K_U\dot{U}_K = K_I\dot{I}_K + (\dot{U}_P - K_U\dot{U}_K) \\ \dot{B} = K_U\dot{U}_K + \dot{U}_P - K_I\dot{I}_K = (2K_U\dot{U}_K - K_I\dot{I}_K) + (\dot{U}_P - K_U\dot{U}_K) \end{cases} \quad (3-38)$$

式中　K_U——电压变换器 UV 的变比（无量纲）；

　　　$\dot{K}_I$——电抗互感器 UX 的变比（具有阻抗量纲）。

根据前面的分析，方向阻抗继电器进行幅值比较的两个电压分别为

$$\begin{cases} \dot{A} = \dfrac{1}{2}\dot{I}_K Z_{set} \\ \dot{B} = \dot{U}_K - \dfrac{1}{2}\dot{I}_K Z_{set} \end{cases} \quad (3-39)$$

考虑到继电器的整定阻抗为

$$Z_{set} = \frac{K_I}{K_U} \quad (3-40)$$

因此，式（3-39）又可写成

$$\begin{cases} \dot{A} = K_\mathrm{I} \dot{I}_\mathrm{K} \\ \dot{B} = 2K_\mathrm{U} \dot{U}_\mathrm{K} - K_\mathrm{I} \dot{I}_\mathrm{K} \end{cases} \tag{3-41}$$

其中，$|\dot{A}|$ 为动作量，$|\dot{B}|$ 为制动量，且当 $|\dot{A}| \geqslant |\dot{B}|$ 时，继电器动作。

比较式（3-38）与式（3-41）可以发现，前者比后者在动作量 $\dot{A}$ 及制动量 $\dot{B}$ 上都增加一项 $(\dot{U}_\mathrm{P} - K_\mathrm{U} \dot{U}_\mathrm{K})$，其中 $K_\mathrm{U} \dot{U}_\mathrm{K}$ 和 $\dot{U}_\mathrm{P}$ 均与加入继电器的电压 $\dot{U}_\mathrm{AB}$ 同相位。

（1）当 $\dot{U}_\mathrm{K} = 0$，即出口短路时。对于由式（3-41）构成的阻抗继电器，$|\dot{A}| = |\dot{B}| = |\dot{K}_\mathrm{I} \dot{I}_\mathrm{K}|$，此时继电器不动作，即出现动作的"死区"；而对于式（3-38）构成的阻抗继电器，$\dot{A} = \dot{U}_\mathrm{P} + K_\mathrm{I} \dot{I}_\mathrm{K}$，$\dot{B} = \dot{U}_\mathrm{P} - K_\mathrm{I} \dot{I}_\mathrm{K}$，则 $|\dot{A}| \geqslant |\dot{B}|$，继电器动作，则不会失去方向性。

（2）当 $\dot{U}_\mathrm{K} \neq 0$ 时。由式（3-38）构成的阻抗继电器，根据幅值比较和相位比较之间的关系，可得到比较相位的两个电压分别为

$$\begin{cases} \dot{C} = \dot{A} + \dot{B} = \dot{U}_\mathrm{P} \\ \dot{D} = \dot{A} - \dot{B} = K_\mathrm{I} \dot{I}_\mathrm{K} - K_\mathrm{U} \dot{U}_\mathrm{K} \end{cases} \tag{3-42}$$

可见，只要 $\dot{U}_\mathrm{P}$ 与 $\dot{U}_\mathrm{K}$ 同相位，则由式（3-38）构成的阻抗继电器仍然是一个方向阻抗继电器，即不影响动作特性。

2. 方向阻抗继电器的死区及消除死区的方法

对于由式（3-39）构成的幅值比较式方向阻抗继电器，在保护安装点正方向出口处发生相间短路时，保护安装处即母线上的故障相间电压降为零，即 $\dot{U}_\mathrm{K} = 0$。此时

$$|\dot{A}| = |\dot{B}| = \left| \frac{1}{2} \dot{I}_\mathrm{K} Z_\mathrm{set} \right|$$

无法进行幅值比较，继电器将不动作，这就是方向阻抗继电器的死区。由于是出口短路，故障电流很大，若不快速切除，将威胁到电力系统的安全，为此应采取措施，设法减小和消除方向阻抗继电器的死区，通常可采用下列两种方法。

（1）"记忆回路"。在图 3-12（a）中，由 R、L、C 构成对 50Hz 工频电流的串联谐振回路，继电器的电压取为该谐振回路中电阻两端的电压 $\dot{U}_\mathrm{R}$，调整 $\omega L = \dfrac{1}{\omega C}$，则 $\dot{U}_\mathrm{R}$ 与外加电压 $\dot{U}_\mathrm{AB}$ 同相位，当外加电压 $\dot{U}_\mathrm{AB}$ 突然降为零时，谐振回路中的电流不是立即消失，而是按 50Hz 振荡频率经几个周波后，逐渐衰减到零，如图 3-12（b）所示。由于此电流与故障前电压 $\dot{U}_\mathrm{AB}$ 同相位，并在衰减过程中保持相位不变，就像"记住"了故障前的电压，所以称之为"记忆回路"。

利用这个电流在电阻 R 上的压降 $\dot{U}_\mathrm{R}$，短时间进行幅值比较或相位比较，对正方向出口短路可消除死区而使继电器能正确动作，对反方向出口短路仍然不会动作而保证继电器动作方向性。因此，采用记忆回路可有效地消除方向阻抗继电器的死区。

（2）引入非故障相电压。如图 3-13（a）所示，在方向阻抗继电器的电压回路中通过高阻值电阻 R_5（约 30kΩ）引入第三相电压 $\dot{U}_\mathrm{C}$。

正常运行时，由于 $\dot{U}_\mathrm{AB}$ 数值较高且 L、C 处于工频谐振状态，而 R_5 值又很大，使作用

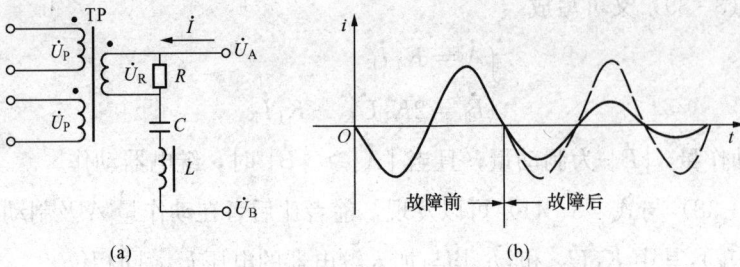

图 3-12 方向阻抗继电器的"记忆回路"
(a) 记忆回路的原理接线；(b) 记忆回路中电流变化的曲线

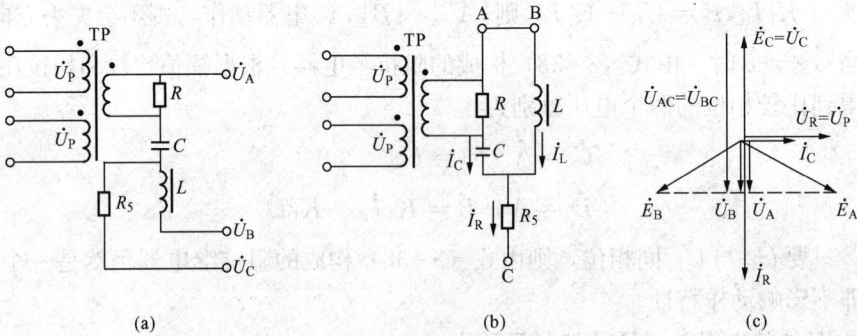

图 3-13 方向阻抗继电器引入第三相电压的作用
(a) 电压回路接线；(b) 短路后的等值电路；(c) 分析第三相电压作用的相量图

在 R 上的电流主要来自 $\dot{U}_{AB}$ 且是电阻性的，第三相电压 $\dot{U}_C$ 基本不起作用。当保护正方向出口处发生 A、B 两相短路时，$\dot{U}_{AB} = 0$，在记忆作用消失后，这时的等值电路如图 3-13 (b) 所示。由于第三相电压是通过高阻值电阻 R_5 接入，并且电阻 R_5 远大于电路的阻抗值，因此可认为 $\dot{I}_R$ 与 $\dot{U}_{AC}$（或 $\dot{U}_{BC}$）同相位，则通过 R、C 支路中的电流 $\dot{I}_C$ 为

$$\dot{I}_C = \frac{jX_L}{(R - jX_C) + jX_L}\dot{I}_R = j\frac{X_L}{R}\dot{I}_R \tag{3-43}$$

$\dot{I}_C$ 在 R 上的电压降为

$$\dot{U}_R = \dot{I}_C R = j\dot{I}_R X_L \tag{3-44}$$

由相量图 3-13 (c) 可见，$\dot{I}_C$ 超前 $\dot{I}_R 90°$，$\dot{U}_R$ 超前 $\dot{U}_{AC} 90°$，即第三相电压提供的极化电压与故障前电压 $\dot{U}_{AB}$ 同相位而且不衰减，从而保证了方向阻抗继电器正确动作，即消除正方向出口处两相短路时的死区。

3. 阻抗继电器的精确工作电流

对理想的阻抗继电器而言，当它的整定阻抗被确定后，其动作特性只与加入继电器的电压和电流的比值（即测量阻抗）有关，而与电流的大小无关。实际的阻抗继电器在动作时都必须消耗一定的功率，例如幅值比较式整流型方向阻抗继电器，其实际的动作条件应为

$$|\dot{U}_P - (K_U\dot{U}_K - K_I\dot{I}_K)| - |\dot{U}_P + (K_U\dot{U}_K - K_I\dot{I}_K)| \geqslant U_0 \tag{3-45}$$

其中，U_0 表示幅值比较回路有输出、$|\dot{U}_P - (K_U\dot{U}_K - K_I\dot{I}_K)|$ 必须比 $|\dot{U}_P + (K_U\dot{U}_K - K_I\dot{I}_K)|$ 高

出的数值。

当发生金属性短路，且 $\varphi_K = \varphi_{sen}$ 时，式（3-45）中各相量同相位，式（3-45）变为代数和，其动作临界条件可简化为

$$K_U U_K = K_I I_K - \frac{U_0}{2} \tag{3-46}$$

式（3-46）两端同除以 $K_U I_K$，考虑到此时测量阻抗 $\frac{U_K}{I_K} = Z_K$ 就是继电器的动作阻抗 Z_{op}，而整定阻抗 $Z_{set} = \frac{K_I}{K_U}$，因此可得

$$Z_{op} = Z_{set} - \frac{U_0}{2K_U I_K} \tag{3-47}$$

由式（3-47）可以看出：

（1）由于 U_0 的存在，使得继电器的动作阻抗 Z_{op} 小于整定阻抗 Z_{set}。

（2）在电流 I_K 较小且其他参数一定时，I_K 越小，$\frac{U_0}{2K_U I_K}$ 越大，则 Z_{op} 越小；只有 I_K 足够大，使得 $\frac{U_0}{2K_U I_K}$ 可忽略时，则 $Z_{op} = Z_{set}$。

（3）当电流 I_K 大到足以使电抗互感器 UX 饱和时，随着 I_K 的增大，UX 饱和程度就越严重，其转移阻抗 K_I 也就越小，从而使 Z_{op} 减小，偏离 Z_{set} 越大。

继电器的动作阻抗 Z_{op} 与电流 I_K 的关系 $Z_{op} = f(I_K)$ 如图 3-14 所示。

由此可见，继电器的动作阻抗 Z_{op} 是随着电流 I_K 的变化而改变，这将直接影响到距离保护之间的配合，从而使保护发生不正确动作。因此对阻抗继电器提出一个最小精确工作电流的要求，以保证阻抗继电器的测量误差不超过 10%。这个误差在整定计算时，已用可靠系数考虑进去了。所谓最小精确工作电流（简称精工电流），是指 $\varphi_K = \varphi_{sen}$ 时，使继电器动作阻抗 $Z_{op} = 0.9 Z_{set}$ 时所对应加入继电器的最小电流 $I_{pw.min}$。若将 $Z_{op} = 0.9 Z_{set}$，$I_K = I_{pw.min}$ 带入式（3-47）可得

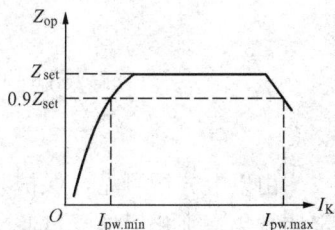

图 3-14　方向阻抗继电器
$Z_{OP} = f(I_K)$ 的曲线

$$I_{pw.min} = \frac{U_0}{0.2 K_I} \tag{3-48}$$

当电流大到使 UX 严重饱和时，继电器动作阻抗 Z_{op} 也会出现误差，使 $Z_{op} = 0.9 Z_{set}$ 时所对应加入继电器的最大电流 $I_{pw.max}$，称为最大精确工作电流。由于短路时很少出现大于或等于 $I_{pw.max}$ 的情况，故通常所指的精确工作电流是最小精确工作电流 $I_{pw.min}$。

影响精确工作电流的因素很多，不同特性和形式的阻抗继电器的精确工作电流各不相同。

第三节　影响距离保护正确工作的因素及防止方法

距离保护是根据测量阻抗决定是否动作的一种保护，因此能使测量阻抗发生变化的因素都会影响距离保护正确工作。如短路点过渡电阻，保护安装处与短路点之间的分支线，电力系统振荡，保护装置电压回路断线，电流互感器和电压互感器的误差，输电线路的串联电容

补偿，输电线路的非全相运行，短路电流中的暂态分量等。以下分析几种主要的影响因素。

一、短路点过渡电阻的影响及防止影响的方法

实际上，电力系统发生短路时，短路点往往存在过渡电阻。由于过渡电阻的存在，使测量阻抗发生变化，会造成保护装置不正确动作。

过渡电阻 R_t 是指短路电流从一相到另一相或从一相导线流入大地的途径中所经过物质的电阻。在相间短路时，过渡电阻 R_t 主要是由电弧电阻构成，其特点是随时间而变化；而在接地短路时，过渡电阻 R_t 主要是铁塔的接地电阻，数值较大。

1. 单侧电源线路上过渡电阻的影响

对于如图 3-15（a）所示的单侧电源供电网络，当线路 BC 出口经过渡电阻 R_t 短路时，保护 1 的测量阻抗 $Z_{K1}=R_t$，保护 2 的测量阻抗 $Z_{K2}=Z_{AB}+R_t$。因此，过渡电阻会使测量阻抗增大，但对不同安装地点保护，测量阻抗增大的数值是不同的。由图 3-15（b）可见，当 R_t 较大时，可能出现 Z_{K1} 已超出保护 1 的 Ⅰ 段保护范围，而 Z_{K2} 仍位于保护 2 的 Ⅱ 段范围内。此时，保护 1 和保护 2 都将以 Ⅱ 段时限动作，造成无选择性动作。

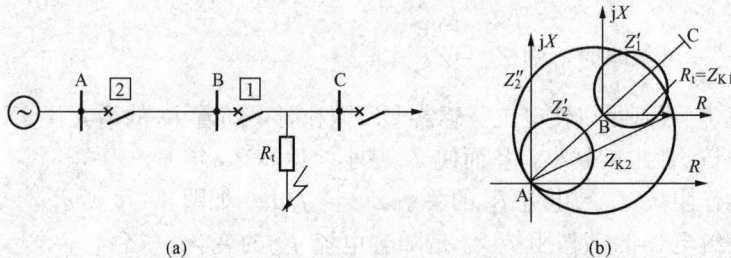

图 3-15　单侧电源线路上过渡电阻对测量阻抗的影响
(a) 网络接线图；(b) 保护范围图

由以上分析可见，保护装置距短路点越近时，受过渡电阻的影响越大；而保护装置的整定值越小，则相对地受过渡电阻的影响也越大。因此，对短线路的距离保护应特别注意过渡电阻的影响。

2. 双侧电源线路上过渡电阻的影响

对于如图 3-16（a）所示的双侧电源供电网络，当线路 BC 出口经过渡电阻 R_t 短路时，保护 1 和保护 2 的测量阻抗分别为

$$Z_{K1} = \frac{\dot{U}_B}{\dot{I}'_K} = \frac{\dot{I}_K R_t}{\dot{I}'_K} = \frac{I_K}{I'_K} R_t e^{j\alpha} \tag{3-49}$$

$$Z_{K2} = \frac{\dot{U}_A}{\dot{I}'_K} = \frac{\dot{I}'_K Z_{AB} + \dot{I}_K R_t}{\dot{I}'_K} = Z_{AB} + \frac{I_K}{I'_K} R_t e^{j\alpha} \tag{3-50}$$

式中　α——$\dot{I}_K$ 超前 $\dot{I}'_K$ 的角度。

当 α 为正时，测量阻抗的电抗部分增大；当 α 为负时，测量阻抗的电抗部分减小，如图 3-16（b）所示。而后一种情况，也可能导致保护无选择性动作。

3. 防止过渡电阻影响的方法

目前，防止过渡电阻影响的方法主要有以下两种：

（1）在具有相同保护范围的前提下，可采用动作特性在复数阻抗平面的+R 轴方向上占

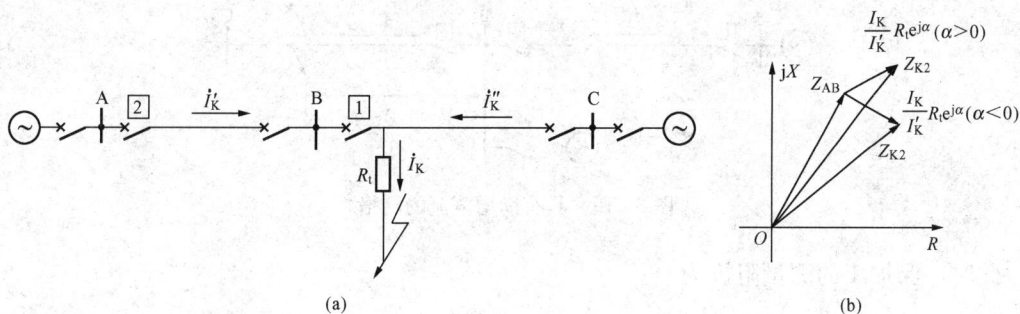

图 3-16　双侧电源线路上过渡电阻对测量阻抗的影响

(a) 网络接线图；(b) 相量图

有较大面积的阻抗继电器，如电抗型继电器、偏移特性阻抗继电器、四边形继电器等。

(2) 采用瞬时测量装置。在相间短路时，过渡电阻主要是电弧电阻，其数值在短路瞬间最小，大约经过 $0.1\sim0.5\mathrm{s}$ 后急剧增大。可见，电弧电阻对距离 I 段影响不大，而对距离 II 段影响较大，即在电弧电阻急剧增大后，距离 II 段可能返回。因此，可在距离 II 段中采用瞬时测量装置，将短路瞬间的测量阻抗固定下来，从而使过渡电阻的影响减至最小。

瞬时测量装置的原理框图如图 3-17 所示，在发生短路瞬间，启动元件与距离 II 段阻抗元件动作，通过"与"门启动时间元件，同时距离 II 段通过"或"门实现自保持。这样，只要启动元件不返回，"与"门就一直有输出；当 II 段的整定时限到达后，就可以去跳闸。在此期间，即使由于电弧电阻增大而使距离 II 段阻抗元件返回，保护也能正确动作。

必须注意，瞬时测量装置只能用于相间短路的阻抗继电器且其使用是有条件的。例如在如图 3-18 所示的网络中，保护 1 就不宜采用瞬时测量装置。因为当线路 BC 始端 K 点发生故障时，保护 3 以 I 段时限跳开 QF3，若保护 1 装设瞬时测量装置，则保护 1 和保护 5 将以相同的 II 段时限分别跳开 QF1、QF5，从而造成无选择性动作。

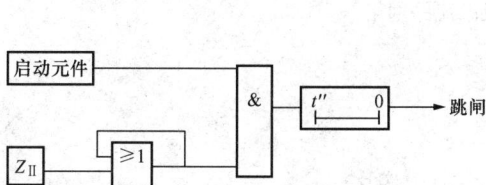

图 3-17　瞬时测量装置的原理框图

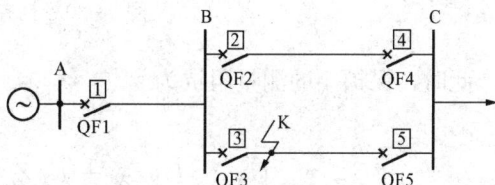

图 3-18　采用瞬时测量装置出现无选择性动作的说明图

二、分支电流的影响及分支系数的考虑

当短路点与保护安装处之间存在分支电路时，就会出现分支电流，使测量阻抗发生变化，从而会造成保护装置不正确动作。

1. 助增电流的影响

在如图 3-19 所示的网络中，当 K 点发生短路时，故障线路中的电流 $\dot{I}_{\mathrm{BC}}=\dot{I}_{\mathrm{AB}}+\dot{I}'_{\mathrm{AB}}$ 大于线路 AB 中的电流 $\dot{I}_{\mathrm{AB}}$。这种使故障线路电流增大的现象，称为助增，而电流 $\dot{I}'_{\mathrm{AB}}$ 称为助增电流。

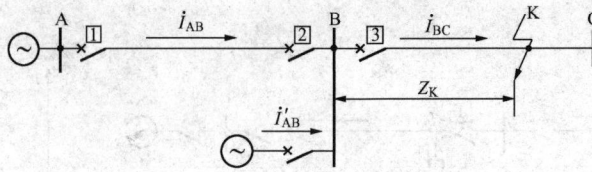

图 3-19　具有助增电流的网络

此时，保护 1 的测量阻抗为

$$Z_{K1} = \frac{\dot{U}_A}{\dot{I}_{AB}} = \frac{\dot{I}_{AB}Z_{AB} + \dot{I}_{BC}Z_K}{\dot{I}_{AB}} = Z_{AB} + \frac{\dot{I}_{BC}}{\dot{I}_{AB}}Z_K = Z_{AB} + K_{br}Z_K \qquad (3-51)$$

式中，K_{br} 为分支系数，$K_{br} = \dfrac{\dot{I}_{BC}}{\dot{I}_{AB}}$，一般按实数考虑，并且在助增电流的影响下，分支系数 $K_{br} > 1$。

由式（3-51）可见，由于助增电流 $\dot{I}'_{AB}$ 的存在，使保护 1 的测量阻抗增大，可能使 Z_{K1} 超出保护 1 的Ⅱ段保护范围，从而导致保护 1 的Ⅱ段保护范围缩小，即保护 1 的Ⅱ段灵敏度降低，但不影响与保护 3 的配合，仍具有选择性。

2. 外汲电流的影响

在如图 3-20 所示的网络中，当 K 点发生短路时，故障线路中的电流 $\dot{I}_{BC} = \dot{I}_{AB} - \dot{I}'_{BC}$ 小于线路 AB 中的电流 $\dot{I}_{AB}$。这种使故障线路电流减小的现象，称为外汲，而电流 $\dot{I}'_{BC}$ 称为外汲电流。

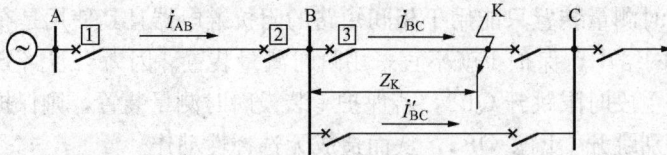

图 3-20　具有外汲电流的网络

此时，保护 1 的测量阻抗为

$$Z_{K1} = \frac{\dot{U}_A}{\dot{I}_{AB}} = \frac{\dot{I}_{AB}Z_{AB} + \dot{I}_{BC}Z_K}{\dot{I}_{AB}} = Z_{AB} + \frac{\dot{I}_{BC}}{\dot{I}_{AB}}Z_K = Z_{AB} + K_{br}Z_K \qquad (3-52)$$

式中，分支系数 $K_{br} < 1$。

由式（3-52）可见，由于外汲电流的存在，分支系数 $K_{br} < 1$，使保护 1 的测量阻抗减小，而保护范围增大，因此可能会造成保护 1 无选择性动作。故在计算保护 1 的Ⅱ段定值时，应取实际可能的最小分支系数 $K_{br.min}$。

根据以上分析可得出结论：分支系数是随着系统运行方式的改变而变化。K_{br} 越大，则保护范围越小，即灵敏度越低；而 K_{br} 越小，则保护范围就越大。为了保证选择性，在计算距离Ⅱ段的定值时，分支系数应取实际可能的最小值 $K_{br.min}$；而为了保证灵敏性，在校验距离Ⅲ段作为远后备保护的灵敏度时，分支系数应取实际可能的最大值 $K_{br.max}$。

三、电力系统振荡对距离保护的影响

并列运行的电力系统或发电厂之间失去同步的现象，在继电保护中称为振荡。当电力系统发生振荡时，各点电压和电流的幅值和相位以及阻抗继电器的测量阻抗都将发生周期性变化。当测量阻抗进入动作区域时，距离保护将会发生误动作。因此，距离保护必须考虑系统振荡对其工作的影响。

1. 系统振荡时电流和电压的变化规律

现以图 3-21 所示的两侧电源系统为例。设 $\dot{E}_M$ 超前于 $\dot{E}_N$ 的角度为 δ，$|\dot{E}_M| = |\dot{E}_N| = E$，且系统中各元件的阻抗角相等。

当系统振荡时，则振荡电流为

$$\dot{I} = \frac{\dot{E}_M - \dot{E}_N}{Z_M + Z_L + Z_N} = \frac{\dot{E}_M - \dot{E}_N}{Z_\Sigma} = \frac{E(1 - e^{-j\delta})}{Z_\Sigma} \tag{3-53}$$

振荡电流 $\dot{I}$ 滞后于电势差 $(\dot{E}_M - \dot{E}_N)$ 的角度为

$$\varphi = \arctan \frac{X_M + X_L + X_N}{R_M + R_L + R_N} = \arctan \frac{X_\Sigma}{R_\Sigma} \tag{3-54}$$

系统 M、N、Z 点的电压分别为

$$\dot{U}_M = \dot{E}_M - \dot{I} Z_M \tag{3-55}$$

$$\dot{U}_N = \dot{E}_N + \dot{I} Z_N \tag{3-56}$$

$$\dot{U}_Z = \dot{E}_M - \dot{I} \frac{1}{2} Z_\Sigma \tag{3-57}$$

其中，Z 点位于 $\frac{1}{2} Z_\Sigma$ 处，即系统总阻抗的中心，因此称该点为振荡中心。

电流和电压的相量图如图 3-22 所示。

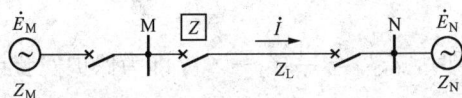

图 3-21　两侧电源系统图

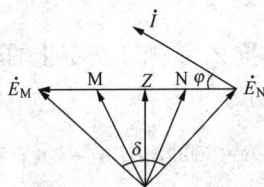

图 3-22　电流和电压的相量图

由图 3-22 所示的相量图可知

$$U_Z = E\cos\frac{\delta}{2} \tag{3-58}$$

当 $\delta = 180°$ 时，振荡电流 $I = \frac{2E}{Z_\Sigma}$ 达到最大值，而电压 $U_Z = 0$，相当于在振荡中心发生三相短路，但系统振荡是属于不正常运行状态而非故障，在此情况下保护不应动作。因此，要求保护必须具备区别三相短路和系统振荡的能力，才能保证在系统振荡情况下的正确工作。

当系统发生振荡时，振荡电流和系统各点电压幅值随 δ 变化的波形如图 3-23 所示。

2. 系统振荡对距离保护的影响

（1）系统振荡时测量阻抗的变化规律。对于图 3-21 所示的系统，当系统振荡时，可根

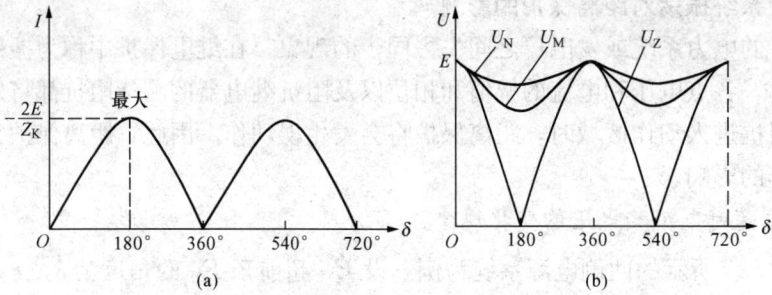

图 3 - 23 系统振荡时，振荡电流和各点电压的变化波形

(a) 振荡电流；(b) 各点电压

据振荡电流和电压求得 M 侧阻抗继电器的测量阻抗为

$$Z_{K.M} = \frac{\dot{U}_M}{\dot{I}} = \frac{\dot{E}_M - \dot{I}Z_M}{\dot{I}} = \frac{\dot{E}_M}{\dot{I}} - Z_M$$

$$= \frac{\dot{E}_M}{\dot{E}_M - \dot{E}_N}Z_\Sigma - Z_M = \frac{1}{1 - e^{-j\delta}}Z_\Sigma - Z_M \qquad (3-59)$$

考虑到

$$1 - e^{-j\delta} = \frac{2}{1 - j\cot\dfrac{\delta}{2}}$$

则式（3-59）可写为

$$Z_{K.M} = \frac{1}{2}\left(1 - j\cot\frac{\delta}{2}\right)Z_\Sigma - Z_M$$

$$= \left(\frac{1}{2}Z_\Sigma - Z_M\right) - j\frac{1}{2}Z_\Sigma\cot\frac{\delta}{2} \qquad (3-60)$$

将测量阻抗 $Z_{K.M}$ 随 δ 而变化的轨迹，画在以保护安装点 M 为原点的复数阻抗平面上，如图 3-24 所示。

显然，当 $\delta=0°$ 时，$Z_{K.M}=\infty$；当 $\delta=180°$ 时，$Z_{K.M}=\dfrac{1}{2}Z_\Sigma - Z_M$，即为保护安装点到振荡中心 Z 点的线路阻抗。由此可见，当 δ 改变时，测量阻抗的数值和阻抗角都将发生变化，即测量阻抗端点的变化轨迹是在 Z_Σ 的垂直平分线 $\overline{OO'}$ 上移动，而垂直平分线 $\overline{OO'}$ 上任一点 K 与 M 点的连线，就是系统振荡角度为 δ 时所对应的测量阻抗。

（2）系统振荡对距离保护的影响。仍以 M 处的保护为例，其距离Ⅰ段的整定阻抗为 $0.85Z_L$，在图 3-25 中以长度 MA 表示，并画出椭圆形阻抗继电器 1、方向阻抗继电器 2 和全阻抗继电器 3 的动作特性。

当测量阻抗进入动作特性内时，阻抗继电器就会误动作。从图 3-25 可见，在整定阻抗相同的情况下，全阻抗继电器受振荡的影响最大，而椭圆形阻抗继电器所受的影响最小。由此说明，阻抗继电器的动作特性在复数阻抗平面上沿 $\overline{OO'}$ 方向所占的面积越大，受振荡的影响就越大。

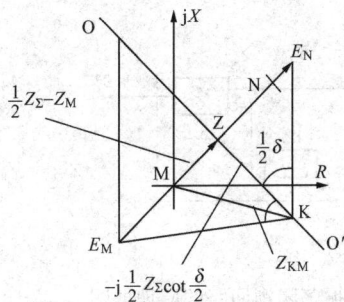

图 3-24　系统振荡时测量阻抗的变化　　　图 3-25　系统振荡对阻抗继电器工作的影响

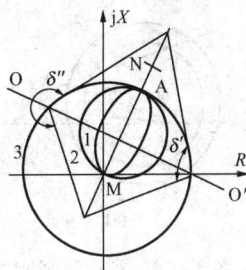

此外，距离保护受振荡的影响还与保护安装地点有关。当保护安装处越靠近振荡中心，受振荡的影响越大，而当振荡中心在保护范围以外或位于保护的反方向时，则在系统振荡时不会误动作。另外，它还与保护的动作时间有关。对于距离Ⅲ段，由于它的动作时间较长，一般大于系统振荡周期（1～1.5s），因此可从时间上躲过系统振荡而不会误动作。但对于距离Ⅰ、Ⅱ段，由于动作时间短，则在系统振荡时有可能误动作。

3. 振荡闭锁回路

对于在振荡过程中可能误动作的距离保护，应设置专门的振荡闭锁回路，以防止系统振荡时误动作。

距离保护的振荡闭锁回路，应能满足以下基本要求：

（1）当系统只发生振荡而没有故障时，应可靠地闭锁保护。

（2）当系统发生各种类型故障时，保护不应被闭锁。

（3）在振荡过程中发生故障时，保护应能正确动作。

（4）先故障而后又发生振荡时，保护不应无选择性地动作。

根据对振荡闭锁回路的要求，振荡闭锁回路的构成原理有以下两种。

（1）振荡时电流和各电压幅值都作周期性的变化，其变化速度较慢；短路时电流是突然增大，电压突然降低，其变化速度很快。因此，可利用电气量的变化速度构成振荡闭锁回路。

利用测量阻抗变化速度构成振荡闭锁回路的原理框图如图 3-26 所示。图中 KZ1 为整定值较高的阻抗元件，KZ2 为整定值较低的阻抗元件。系统发生振荡时，测量阻抗是缓慢地变为保护安装点到振荡中心处的线路阻抗；而在短路时，测量阻抗是突然变为短路阻抗。因此，根据测量阻抗变化速度的不同就可以实现振荡闭锁。

实质是在 KZ1 动作后先开放一个 Δt 的延时，如果在这段时间内 KZ2 动作，去开放保护，直到 KZ1 返回；否则将保护闭锁。当系统振荡时，测量阻抗是先进入特性圆 Z_1，然后再进入特性圆 Z_2，而 KZ1 与 KZ2 的动作时间差大于 Δt，因此保护被闭锁。而当系统发生短路时，测量阻抗同时进入特性圆 Z_1 和特性圆 Z_2，则 KZ1 与 KZ2 动作时间差小于 Δt，故开放保护。

（2）振荡时三相完全对称，电力系统中不会出现负序分量或零序分量；而短路时，总要长期（在不对称短路过程中）或瞬间（在三相短路开始时）出现负序分量或零序分量。因此，可利用负序分量或零序分量构成振荡闭锁回路。

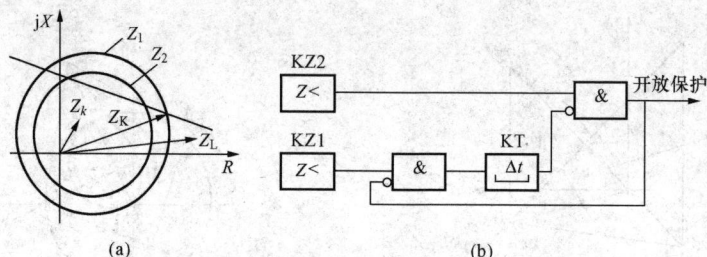

图 3-26　利用测量阻抗变化速度的不同构成振荡闭锁回路的原理框图

（a）原理示意图；（b）原理框图

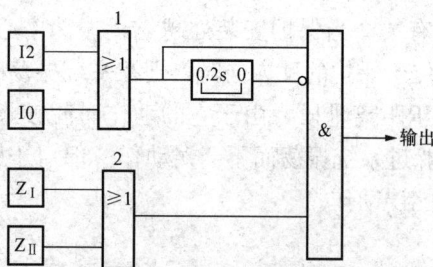

图 3-27　利用负序电流和零序电流构成的
振荡闭锁回路的原理框图

如利用是否出现负序和零序电流构成振荡闭锁回路的原理框图如图 3-27 所示。图中 I2 为负序电流元件，I0 为零序电流元件，Z_{I} 为距离 I 段的阻抗元件，Z_{II} 为距离 II 段的阻抗元件。

当系统振荡时，由于没有负序和零序电流出现，负序电流元件 I2 和零序电流元件 I0 都不会动作，因此"与"门没有输出而将保护闭锁。当系统发生短路时，由于出现负序和零序电流（三相短路开始瞬间会出现短时的负序电流）而使 I2 或 I0 动作，因此"或"门 1 有输出。如果是保护范围内发生短路时，阻抗元件 Z_{I}、Z_{II} 动作，"或"门 2 也有输出，而时间元件的延时（0.2s）还没有到达，则"与"门有输出，故保护动作；如果是保护范围外发生短路时，阻抗元件 Z_{I}、Z_{II} 均不动作，则在 0.2s 后将距离保护的 I 段和 II 段闭锁以防止其在短路后引起的振荡过程中误动作。

四、电压回路断线对距离保护的影响

当电压互感器二次回路断线时，在负荷电流的作用下，这时的测量阻抗为零，因此距离保护将因失电压而误动作。为此，距离保护应装设断线闭锁装置。

图 3-28 为根据零序电压磁平衡原理构成的电压回路断线闭锁装置的原理接线图。零序电压取自两个不同的二次回路，并分别接在断线闭锁继电器 KBL 的两个线圈 W1 和 W2 上。其中，W1 经由三只相同的电容 C_{A}、C_{B}、C_{C} 组成的零序电压滤过器，接于电压互感器 TV 二次侧的三个相电压 $\dot{U}_{\mathrm{a}}$、$\dot{U}_{\mathrm{b}}$、$\dot{U}_{\mathrm{c}}$ 上，W2 接于电压互感器 TV 二次侧开口三角形线圈上。

正常运行时，W1 和 W2 上的零序电压都等于零，KBL 不动作。当一次系统发生单相接地短路时，W1 和 W2 上都有零序电压，若选择参数使 W1 和 W2 上产生的磁势大小相等而方向相反，则 KBL

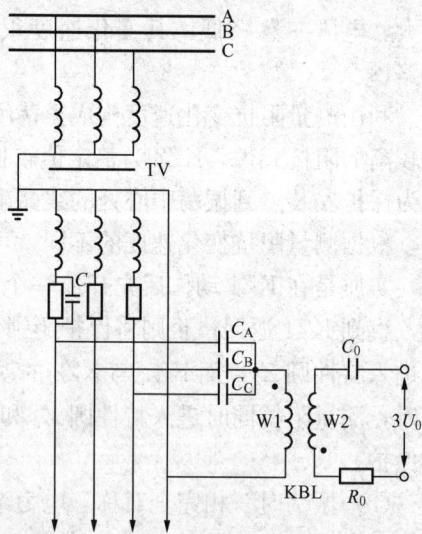

图 3-28　断线闭锁装置的原理接线图

不动作。当 TV 二次侧有一相或两相断线时，W1 上有零序电压而 W2 上没有零序电压，则 KBL 动作，从而将保护闭锁。

当 TV 二次侧发生相间短路而熔断器没有熔断时，W1 上没有零序电压，KBL 不动作，只有熔断器熔断后 KBL 才动作。三相熔断器同时熔断时，KBL 不动作，为此在一相熔断器的两端并联一只电容 C，使此时的零序电压滤过器有一个输出，而使 KBL 能够动作。

断线闭锁继电器 KBL 的触点接于距离保护的总闭锁回路中。

五、距离保护动作逻辑

高压线路保护一般包括三段式相间距离和接地距离保护，四段式零序电流保护，三相一次重合闸，距离、零序后加速保护，低频保护，TV 断线闭锁保护等功能。一般情况下距离Ⅲ段、零序末段保护动作时要闭锁重合闸。三段式距离保护动作逻辑如图 3 - 29 所示。

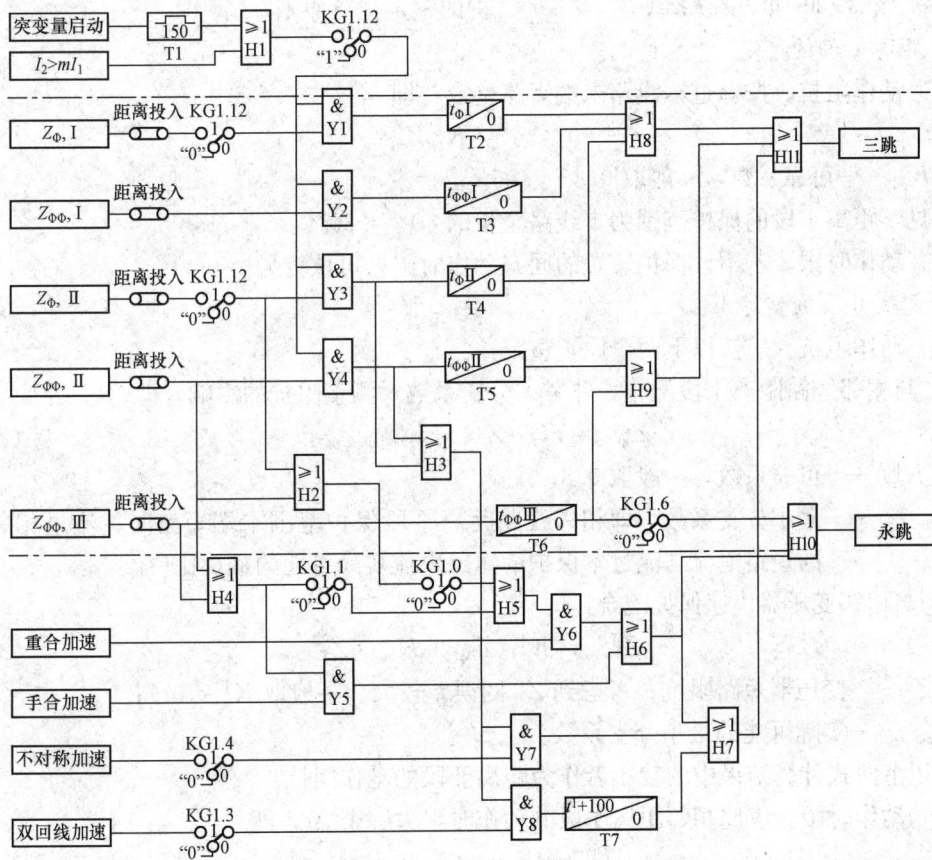

图 3 - 29　三段式距离保护逻辑框图

其中，Z_Φ 为接地距离；$Z_{\Phi\Phi}$ 为相间距离；KG1.0 为重合闸加速Ⅱ段投入；KG1.1 为重合闸Ⅲ段加速投入；KG1.2 为振荡闭锁功能投入；KG1.3 为双线加速投入；KG1.4 为不对称加速投入；KG1.6 为Ⅲ段动作永跳投入；KG1.12 为接地距离投入。

虚线将图 3 - 29 分为三部分。从上至下，第一部分为振荡闭锁逻辑。第二部分为相间距离和接地距离动作逻辑，通过"与"门 Y1、Y2、Y3、Y4 实现振荡闭锁距离Ⅰ、Ⅱ段，距离Ⅲ段不经振荡闭锁。第三部分为重合闸和手动合闸后加速逻辑。重合闸通过"与"门 Y6

加速未经振荡闭锁的Ⅲ段（H2）、Ⅲ段；手动合闸通过"与"门 Y5 加速未经振荡闭锁的相间Ⅱ、Ⅲ段（H4）；不对称和双回线加速未经"与"门 Y7、Y8 加速经振荡闭锁的Ⅱ段（H3）。

第四节　距离保护的整定计算原则及对距离保护的评价

一、距离保护的整定计算原则

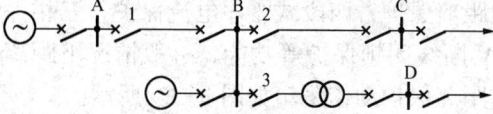

图 3-30　电力系统接线

距离保护的整定计算，就是确定距离保护各段的动作阻抗、动作时限及灵敏度校验。现以图 3-30 中的保护 1 为例，说明三段式距离保护的整定计算原则。

1. 距离Ⅰ段的整定

（1）动作阻抗。按躲过本线路末端短路整定，即

$$Z_{op.1}^{I} = K_{rel}^{I} Z_{AB} \tag{3-61}$$

式中　K_{rel}^{I}——可靠系数，一般取 0.8~0.85。

可见，距离Ⅰ段的保护范围为本线路全长的 80%~85%。

（2）动作时限。若不计保护装置的固有动作时限，可认为 $t_1^{I} = 0\text{s}$。

2. 距离Ⅱ段的整定

（1）动作阻抗。应按以下两个原则整定：

1）与相邻线路距离Ⅰ段配合，并考虑分支系数对测量阻抗的影响，即

$$Z_{op.1}^{II} = K_{rel}^{II}(Z_{AB} + K_{br.min}Z_{op.2}^{I}) \tag{3-62}$$

式中　K_{rel}^{II}——可靠系数，一般取 0.8；

　　　$K_{br.min}$——最小分支系数，即相邻线路距离Ⅰ段保护范围末端短路时，流过相邻线路的短路电流与流过本保护的短路电流实际可能的最小比值。

2）与相邻变压器快速保护配合，即

$$Z_{op.1}^{II} = K_{rel}^{II}(Z_{AB} + K_{br.min}Z_T) \tag{3-63}$$

式中　Z_T——变压器短路阻抗；考虑到 Z_T 的误差较大，一般取 $K_{rel}^{II} = 0.7$；

　　　$K_{br.min}$——实际可能的最小分支系数。

取以上两式计算结果中的较小者作为距离Ⅱ段的动作阻抗。

（2）动作时限。应比相邻距离Ⅰ段的动作时限大一个 Δt，即

$$t_1^{II} = t_2^{I} + \Delta t \approx 0.5(\text{s}) \tag{3-64}$$

（3）灵敏度校验。应按本线路末端金属性短路校验，即

$$K_{sen.1}^{II} = \frac{Z_{op.1}^{II}}{Z_{AB}} \geqslant 1.3 \sim 1.5 \tag{3-65}$$

若灵敏度不满足要求，则与相邻线路距离Ⅱ段配合，此时

$$\begin{cases} Z_{op.1}^{II} = K_{rel}^{II}(Z_{AB} + K_{br.min}Z_{op.2}^{II}) \\ t_1^{II} = t_2^{II} + \Delta t \approx 1.0(\text{s}) \end{cases} \tag{3-66}$$

3. 距离Ⅲ段的整定

（1）动作阻抗。按躲过最小负荷阻抗整定。当距离Ⅲ段采用全阻抗继电器时，则动作阻

抗为

$$Z_{\text{op.}1}^{\text{Ⅲ}} = \frac{1}{K_{\text{rel}}^{\text{Ⅲ}} K_r K_{\text{ast}}} Z_{\text{loa.min}} \tag{3-67}$$

式中 $K_{\text{rel}}^{\text{Ⅲ}}$——可靠系数，一般取 1.2～1.3；

     K_r——返回系数，一般取 1.1～1.15；

     K_{ast}——电动机自启动系数，大于 1；

     $Z_{\text{loa.min}}$——最小负荷阻抗。

$$Z_{\text{loa.min}} = \frac{0.9 U_N / \sqrt{3}}{I_{\text{loa.max}}}$$

式中 U_N——电网额定线电压；

     $I_{\text{loa.max}}$——本线路最大负荷电流。

当距离Ⅲ段采用方向阻抗继电器时，则动作阻抗为

$$Z_{\text{op.}1}^{\text{Ⅲ}} = \frac{1}{K_{\text{rel}}^{\text{Ⅲ}} K_r K_{\text{ast}} \cos(\varphi_{\text{sen}} - \varphi_{\text{loa}})} Z_{\text{loa.min}} \tag{3-68}$$

式中 φ_{sen}——方向阻抗继电器的最灵敏角，一般取为线路阻抗角；

     φ_{loa}——负荷功率因数角。

（2）动作时限。按阶梯原则整定，即

$$t_1^{\text{Ⅲ}} = t_2^{\text{Ⅲ}} + \Delta t \tag{3-69}$$

（3）灵敏度校验。作近后备时，按本线路末端金属性短路校验，即

$$K_{\text{sen.}1}^{\text{Ⅲ}} = \frac{Z_{\text{op.}1}^{\text{Ⅲ}}}{Z_{\text{AB}}} \geqslant 1.5 \tag{3-70}$$

作远后备时，按相邻线路末端金属性短路校验，即

$$K_{\text{sen.}1}^{\text{Ⅲ}} = \frac{Z_{\text{op.}1}^{\text{Ⅲ}}}{Z_{\text{AB}} + K_{\text{br.max}} Z_{\text{BC}}} \geqslant 1.2 \tag{3-71}$$

4. 阻抗继电器的动作阻抗

以上动作阻抗的整定计算，都是一次动作阻抗，当换算到继电器的动作阻抗时，必须计及电压互感器与电流互感器的变比。设电压互感器的变比为 n_{TV}，电流互感器的变比为 n_{TA}，则一、二次动作阻抗之间的关系为

$$Z_{\text{op.K}} = \frac{n_{\text{TA}}}{n_{\text{TV}}} Z_{\text{op}} \tag{3-72}$$

式中 $Z_{\text{op.K}}$——继电器的动作阻抗，即二次动作阻抗；

     Z_{op}——保护的动作阻抗，即一次动作阻抗。

【例 3-1】 在图 3-31 所示的网络接线中，各线路均装有距离保护，试对其中保护 1 的距离Ⅰ、Ⅱ、Ⅲ段进行整定计算。已知线路 AB 的最大负荷电流 $I_{\text{loa.max}} = 350\text{A}$，功率因数 $\cos\varphi_{\text{loa}} = 0.9$，各线路每千米阻抗 $Z_1 = 0.4\Omega/\text{km}$，阻抗角 $\varphi_K = 70°$，电动机的自启动系数 $K_{\text{ast}} = 1$，正常时母线最低工作电压 $U_{\text{loa.min}} = 0.9 U_N (U_N = 110\text{kV})$。

解 1. 有关各元件阻抗值的计算

线路 AB 的正序阻抗为

$$Z_{\text{AB}} = Z_1 l_{\text{AB}} = 0.4 \times 30 = 12(\Omega)$$

线路 BC 的正序阻抗为

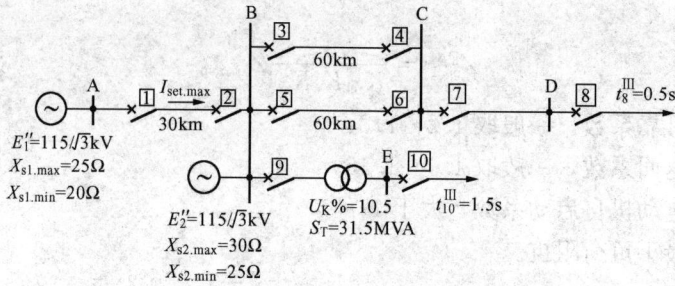

图 3-31　[例 3-1] 网络接线

$$Z_{BC} = Z_1 l_{BC} = 0.4 \times 60 = 24(\Omega)$$

变压器的等值阻抗为

$$Z_T = \frac{U_K\%}{100} \times \frac{U_T^2}{S_T} = \frac{10.5}{100} \times \frac{115^2}{31.5} = 44.1(\Omega)$$

2. 距离 I 段的整定

（1）动作阻抗为

$$Z_{op.1}^I = K_{rel}^I Z_{AB} = 0.85 \times 12 = 10.2(\Omega)$$

（2）动作时限为

$$t_1^I = 0(s)$$

3. 距离 II 段的整定

（1）动作阻抗：按下列两个条件选择。

1）与相邻线路 BC 的保护 3（或保护 5）的距离 I 段配合，即

$$Z_{op.1}^{II} = K_{rel}^{II}(Z_{AB} + K_{br.min} Z_{op.3}^I)$$

其中

$$K_{rel}^{II} = 0.8$$

$$Z_{op.3}^I = K_{rel}^I Z_{BC} = 0.85 \times 24 = 20.4(\Omega)$$

式中　$K_{br.min}$——保护 3 的距离 I 段保护范围短路时实际可能的最小分支系数。

求分支系数 K_{br} 的等值电路如图 3-32 所示。

由图 3-32 可得

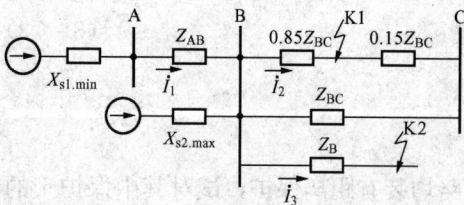

图 3-32　求分支系数的等值电路

$$K_{br} = \frac{I_2}{I_1} = \frac{X_{s1} + Z_{AB} + X_{s2}}{X_{s2}} \times \frac{(1+0.15)Z_{BC}}{2Z_{BC}}$$

$$= \left(\frac{X_{s1} + Z_{AB}}{X_{s2}} + 1\right) \times \frac{1.15}{2}$$

可见，为了求得 $K_{br.min}$，上式中 X_{s1} 应取 $X_{s1.min}$，而 X_{s2} 应取 $X_{s2.max}$，并且相邻双回线均投入，因而

$$K_{br.min} = \left(\frac{20+12}{30} + 1\right) \times \frac{1.15}{2} = 1.19$$

若求 $K_{br.max}$，则 X_{s1} 应取 $X_{s1.max}$，而 X_{s2} 应取 $X_{s2.min}$，并且相邻双回线取单回线运行，则可得

$$K_{br.max} = \frac{I_2}{I_1} = \frac{X_{s1.max} + Z_{AB} + X_{s2.min}}{X_{s2.min}} = \frac{25+12+25}{25} = 2.48$$

于是可得

$$Z_{\text{op.1}}^{\text{II}} = 0.8 \times (12 + 1.19 \times 20.4) = 29.02(\Omega)$$

2) 与相邻变压器快速保护配合（设变压器装有差动保护），即

$$Z_{\text{op.1}}^{\text{II}} = K_{\text{rel}}^{\text{II}}(Z_{\text{AB}} + K_{\text{br.min}}Z_{\text{T}})$$

式中　$K_{\text{rel}}^{\text{II}}$——可靠系数，取 $K_{\text{rel}}^{\text{II}} = 0.7$；

　　$K_{\text{br.min}}$——相邻变压器出口 K2 点短路时实际可能的最小分支系数。

由图 3-31 可得

$$K_{\text{br.min}} = \frac{I_3}{I_1} = \frac{X_{\text{s1.min}} + Z_{\text{AB}} + X_{\text{s2.max}}}{X_{\text{s2.max}}} = \frac{20 + 12 + 30}{30} = 2.07$$

而最大分支系数为

$$K_{\text{br.max}} = \frac{I_3}{I_1} = \frac{X_{\text{s1.max}} + Z_{\text{AB}} + X_{\text{s2.min}}}{X_{\text{s2.min}}} = \frac{25 + 12 + 25}{25} = 2.48$$

于是可得

$$Z_{\text{op.1}}^{\text{II}} = 0.7 \times (12 + 2.07 \times 44.1) = 72.3(\Omega)$$

取以上两个计算结果中较小者为距离 II 段的整定值，即

$$Z_{\text{op.1}}^{\text{II}} = 29.02(\Omega)$$

（2）动作时限：与相邻线路 BC 的距离 I 段配合，即

$$t_1^{\text{II}} = t_2^{\text{I}} + \Delta t = 0.5(\text{s})$$

（3）灵敏度校验：按本线路末端短路求灵敏系数，即

$$K_{\text{sen.1}} = \frac{Z_{\text{op.1}}^{\text{II}}}{Z_{\text{AB}}} = \frac{29.02}{12} = 2.42 > 1.5$$

满足要求。

4. 距离 III 段整定

（1）动作阻抗：按躲过最小负荷阻抗整定。

最小负荷阻抗为

$$Z_{\text{loa.min}} = \frac{0.9U_{\text{N}}/\sqrt{3}}{I_{\text{loa.max}}} = \frac{0.9 \times 110/\sqrt{3}}{0.35} = 163.5(\Omega)$$

当距离 III 段采用方向阻抗继电器时，则有

$$Z_{\text{op.1}}^{\text{III}} = \frac{1}{K_{\text{rel}}K_{\text{r}}K_{\text{ast}}\cos(\varphi_{\text{sen}} - \varphi_{\text{loa}})}Z_{\text{loa.min}}$$

$$= \frac{1}{1.2 \times 1.15 \times 1 \times \cos(70° - 25.8°)} \times 163.5 = 165.3(\Omega)$$

（2）动作时限：按阶梯原则选择。则有

$$t_1^{\text{III}} = t_8^{\text{III}} + 3\Delta t = 0.5 + 3 \times 0.5 = 2.0(\text{s})$$

或　　　　　$$t_1^{\text{III}} = t_{10}^{\text{III}} + 2\Delta t = 1.5 + 2 \times 0.5 = 2.5(\text{s})$$

取其中较长者，即取 $t_1^{\text{III}} = 2.5(\text{s})$。

（3）灵敏度校验。

1）本线路末端短路时的灵敏系数为

$$K_{\text{sen.1}} = \frac{Z_{\text{op.1}}^{\text{III}}}{Z_{\text{AB}}} = \frac{165.3}{12} = 13.78 > 1.5$$

满足要求。

2）相邻线路末端短路时的灵敏系数为

$$K_{\text{sen.1}} = \frac{Z_{\text{op.1}}^{\text{III}}}{Z_{AB} + K_{\text{br.max}}Z_{BC}} = \frac{165.3}{12 + 2.48 \times 24} = 2.31 > 1.2$$

满足要求。

3）相邻变压器出口 K2 点短路时的灵敏系数为

$$K_{\text{sen.1}} = \frac{Z_{\text{op.1}}^{\text{III}}}{Z_{AB} + K_{\text{br.max}}Z_{T}} = \frac{165.3}{12 + 2.48 \times 44.1} = 1.36 > 1.2$$

满足要求。

二、对距离保护的评价及应用范围

从对继电保护的四个基本要求来评价距离保护，可以得出如下结论：

1. 选择性

根据距离保护的工作原理可知，它可以在多电源复杂网络中保证有选择性动作。

2. 快速性

距离 I 段是瞬时动作，但是只能保护线路全长 80%～85%，因而两端加起来有 30%～40% 的线路长度内的故障不能从两端瞬时切除，在一端须经 0.5s 的延时才能切除。这对于 220kV 及以上电网，往往不能满足系统稳定运行的要求，而使距离保护不能作为主保护来应用。

3. 灵敏性

距离保护不但反应短路故障时电流增大，同时还反应故障时电压降低，因此灵敏性比电流、电压保护高。此外，距离 I 段的保护范围不受系统运行方式变化的影响，而其他两段受到的影响也比较小，因此，保护范围比较稳定。

4. 可靠性

距离保护受各种因素的影响，如系统振荡、短路点的过渡电阻和电压回路断线等，需要在保护中采取各种防止或减少这些因素影响的措施，如采用复杂的阻抗继电器和大量的辅助继电器，使得整套保护装置比较复杂。因此，距离保护的可靠性比电流保护低。

距离保护目前应用较多的是保护电网的相间短路。对于大接地电流系统中的接地故障，可由简单的阶段式零序电流保护装置切除，或者采用接地距离保护。通常在 35kV 电网中，距离保护作为复杂网络相间短路的主保护；在 110kV 及以上电网中，相间短路距离保护和接地短路距离保护主要作为全线速动主保护的相间短路和接地短路的后备保护，对于不要求全线速动的高压线路，距离保护可作为线路的主保护。

学习指导

电网的距离保护利用测量阻抗的大小来反映故障点到保护安装处之间的距离。因此，距离保护的灵敏度较高，其保护范围比较稳定，并且在结构复杂的高压电网中得到了广泛应用。

阻抗继电器是距离保护的核心元件。在分析圆特性阻抗继电器时，可以利用复数阻抗平面来分析阻抗继电器的动作特性；并从阻抗继电器的动作特性入手，以建立阻抗继电器的动作条件。另外，还要掌握测量阻抗、动作阻抗、整定阻抗以及精确工作电流等概念。

为了正确反映故障点到保护安装处之间的距离，并且在同一点发生不同类型故障时，测量阻抗应与故障类型无关。但是，阻抗继电器无论采用哪一种接线方式都不能完全满足这一要求。因此，阻抗继电器的接线方式分为两种：一种是反映相间短路故障的接线方式，通常采用 0°接线方式；另一种是反映接地短路故障的接线方式，通常采用相电压和具有 $K \times 3\dot{I}_0$ 补偿的相电流接线方式。

对影响阻抗继电器正确工作因素的分析，关键是明确哪些因素可以导致距离保护的不正确工作。由于影响阻抗继电器正确工作的因素较多，因此重点掌握短路点的过渡电阻、分支电流、系统振荡和电压二次回路断线对距离保护正确工作的影响及其对策。其中，系统振荡对距离保护正确工作的影响及其对策是难点。在学习系统振荡对距离保护影响时，首先要弄清楚系统振荡时测量阻抗的变化轨迹；当测量阻抗的变化轨迹穿越阻抗继电器的动作特性且在阻抗继电器的动作特性内的时间大于保护的动作时限时，则保护将误动作。根据系统振荡和短路时电气量变化的不同，可构成振荡闭锁装置，从而防止系统振荡时距离保护误动作。

此外，还要求掌握距离保护的整定计算原则，并能根据给定的简单电力网络对距离保护进行整定计算。

距离保护一般采用三段式，每一段都与三段式电流保护中的各相应段类似。因此，可运用对比或比较的方法进行学习，以便加深理解和掌握。

习 题

3-1 何谓距离保护？它有什么特点？

3-2 什么是距离保护的时限特性？试画出三段式距离保护的时限特性图。

3-3 距离保护装置一般由哪几部分组成？简述各部分的作用。

3-4 试画出方向阻抗继电器的动作特性圆，并写出其幅值比较和相位比较的动作条件。

3-5 什么是测量阻抗、动作阻抗及整定阻抗？试以方向阻抗继电器为例，说明测量阻抗、动作阻抗及整定阻抗的区别及其相互间的关系。

3-6 有一方向阻抗继电器，其整定阻抗 $Z_{set} = 10\angle 60°\Omega$，若测量阻抗 $Z_K = 8.5\angle 30°\Omega$，试问该继电器能否动作？

3-7 何谓 0°接线方式？为什么相间短路阻抗继电器通常采用 0°接线方式？

3-8 为什么方向阻抗继电器有死区？可采用哪些方法克服死区？

3-9 何谓阻抗继电器的精确工作电流？为什么要求短路时加入继电器的电流要大于精确工作电流？

3-10 过渡电阻对距离 I 段影响大，还是对距离 II 段影响大？

3-11 在单侧电源线路上，过渡电阻对距离保护有什么影响？

3-12 什么是助增电流和外汲电流？它们对阻抗继电器的工作有什么影响？

3-13 在什么情况下分支系数大于 1，小于 1 或等于 1？

3-14 电力系统发生振荡时，测量阻抗变化轨迹有什么特点？

3-15 对于全阻抗继电器、方向阻抗继电器和偏移特性阻抗继电器而言，哪一种阻抗继电器受过渡电阻影响最大？哪一种阻抗继电器受系统振荡影响最大？

3-16 网络及其参数如图 3-33 所示，各线路均装设三段式距离保护作为相间短路保护，各段测量元件均采用方向阻抗继电器，并已知：线路的正序阻抗 $Z_1 = 0.4\Omega/\text{km}$，阻抗角 $\varphi_K = 65°$，线路 AB、BC 的最大负荷电流 $I_{loa.max} = 400A$，负荷的功率因数 $\cos\varphi_{loa} = 0.9$，负荷自启动

系数 $K_{ast}=2$，取 $K_{rel}^{I}=K_{rel}^{II}=0.8$，$K_{rel}^{III}=1.2$，$K_r=1.15$。试对保护 1 进行整定计算。

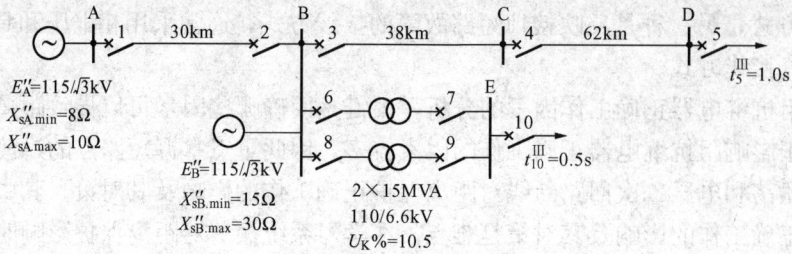

图 3-33　习题 3-16 图

3-17　在图 3-34 所示的网络中，各线路始端均采用 0°接线方式的距离保护为相间短路保护，其网络参数如图中所示，并已知：线路的正序阻抗 $Z_1=0.4\Omega/km$，取 $K_{rel}^{I}=K_{rel}^{II}=0.8$。试求保护 1 的距离 I 段、II 段的动作阻抗和距离 II 段的动作时限并校验距离 II 段的灵敏度。

3-18　在图 3-35 所示的网络中，线路的正序阻抗 $Z_1=0.4\Omega/km$，阻抗角 $\varphi_K=70°$；A、B 变电站均装有反映相间短路的两段式距离保护，其测量元件采用方向阻抗继电器及 0°接线方式。试求保护 1 的距离 I 段和距离 II 段的动作阻抗，并分析在线路 AB 上距 A 侧 65km 处和 75km 处发生金属性相间短路时，保护 1 的距离 I 段和距离 II 段的动作情况。

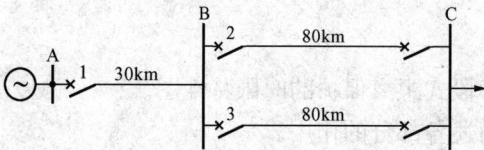

图 3-34　习题 3-17 图

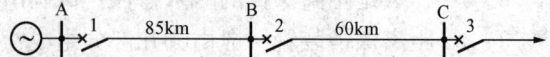

图 3-35　习题 3-18 图

第四章　输电线路全线速动保护

教学要求

掌握高频保护的基本概念和高频通道的构成；熟悉高频闭锁方向保护和相差动高频保护的基本工作原理；熟悉光纤纵联电流差动保护。

第一节　高频保护的基本概念

一、高频保护的作用原理

在 220kV 及以上电网中，为了保证系统并列运行的稳定性，提高输送功率，减少故障损失，往往要求继电保护能无延时地切除线路上任一点故障，即要求继电保护能实现全线速动。由于电流保护和距离保护都是只反映线路一侧电气量的变化，因而无法实现全线速动。为此，提出了高频保护。

高频保护是将线路两端的电气量（电流相位或功率方向）转化为 40～500kHz 的高频信号，然后利用输电线路本身构成高频电流通道，将高频信号传送至对端，再进行两端电气量（电流相位或功率方向）的比较，以决定保护是否应该动作。从原理看，高频保护不反映被保护线路范围以外的故障，在定值选择上也无需与下一条线路相配合，因此可实现全线速动。

高频保护由继电部分、高频收发信机和高频通道三部分构成，其构成框图如图 4-1 所示。

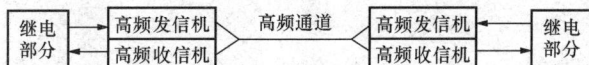

图 4-1　高频保护构成框图

其中，继电部分的作用是根据被保护线路工频电气量的变化来控制高频发信机发出相应的高频信号，同时根据高频收信机所收到的高频信号判断在保护范围内是否发生故障，从而决定保护是否动作。高频收发信机的作用是发送和接收高频信号，即高频发信机将本端工频电气量转化为高频信号传送至对端，高频收信机将接收到的高频信号作用于继电部分。高频通道的作用是传输高频信号。

目前广泛采用的高频保护有高频闭锁方向保护、高频闭锁距离保护、高频闭锁零序方向电流保护和相差动高频保护。高频闭锁方向保护是比较被保护线路两端的短路功率方向。高频闭锁距离保护和高频闭锁零序方向电流保护分别是由距离保护、零序电流保护与高频收发信机结合而构成的保护，也都是属于比较方向的高频保护。相差动高频保护是比较被保护线路两端工频电流的相位。

二、通道类型

纵联保护既然是反映两侧电气量变化的保护，那就一定要把对侧电气量变化的信息告诉本侧，同样也应把本侧电气量变化的信息告诉对侧，以便每侧都能综合比较两侧电气量变化的信息作出是否要发跳闸命令的决定。这必然涉及通信的问题，而通信需要通道。目前使用的通道类型有下列几种：

1. 电力线载波通道

这是目前使用较多的一种通道类型，其使用的信号频率是 $50\sim400$ kHz。这种频率在通信上属于高频频段范围，所以把这种通道也称作高频通道。把利用这种通道的纵联保护称做高频保护。高频频率的信号只能有线传输，所以输电线路也作为高频通道的一部分。

2. 微波通道

使用的信号频率是 $3000\sim30000$ MHz。这种频率在通信上属于微波频段范围，所以把这种纵联保护称作微波保护。微波频率的信号可以无线传输也可以有线传输。无线传输要在可视距离内传输，所以要建高的微波铁塔。当传输距离超过 $40\sim60$ km 时还需加设微波中继站。有时微波站在变电站外，增加了维护困难。虽然微波通道容量很大，不存在通道拥挤问题，但由于上述原因目前利用微波通道传送继电保护信息并没有得到很大应用。

3. 光纤通道

随着光纤通信技术的快速发展，用光纤作为继电保护通道使用得越来越多。用光纤通道做成的纵联保护有时也称做光纤保护。光纤通信容量大又不受电磁干扰，且通道与输电线路有无故障无关。近年来发展的若干根光纤制成光缆直接与架空地线做在一起，在架空线路建设的同时光缆的铺设也一起完成，使用前景十分诱人。在国家电网公司制定的《"防止电力生产重大事故的二十五项重点要求"继电保护实施细则》中明确提出应积极推广使用光纤通道作为纵联保护的通道方式。由于光纤通信容量大因此可以利用它构成输电线路的分相纵联保护，例如分相纵联电流差动保护、分相纵联距离、方向保护等。光纤通信一般采用脉冲编码调制（PCM）方式可以进一步提高通信容量，信号以编码形式传送，其传输速率一般为 64kbit/t，传输距离可以达到 100km。如果用 2Mbit/s 的传输速率，由于衰耗较大传输距离只能在 70km 以下。

4. 导引线通道

在两个变电站之间铺设电缆，用电缆作为通道传送保护信息这就是导引线通道。用导引线为通道构成的纵联保护称作导引线保护。导引线保护一般做成纵联电流差动保护，在电缆中传送的是两侧的电流信息。考虑到雷击以及在大接地电流系统中发生接地故障时地中电流引起的地电位升高的影响，作为导引线的电缆也应有足够的绝缘水平，从而增大了投资。显然从技术经济角度来看用导引线通道只适用于小于 10km 的短线路上。

三、高频通道的构成

以输电线路作为传输高频信号通道，必须在输电线路上装设专用的加工设备。目前广泛应用的"导线—大地"制高频通道，如图 4-2 所示。现将主要组成元件的作用分述如下。

1. 高频阻波器

高频阻波器是由电感线圈和可调电容组成的并联谐振回路，串接在线路两端的工作相中，其谐振频率就是通道所用的载波频率。它对高频载波电流呈现很大的阻抗（约为 1000Ω 以上），从而使高频电流信号被限制在被保护线路以内，而不能穿越到相邻线路中去。对于工频电流，高频阻波器所呈现的阻抗很小（约为 0.04Ω），因而不影响工频电流的传输。

2. 结合电容器

结合电容器是将高频电流耦合到高压输电线路上的连接设备，它的电容量很小，对工频电流呈现很大的阻抗，使高频收/发信机与工频高压输电线路绝缘；而对高频电流呈现很小的阻抗，可使高频信号顺利通过。

3. 连接滤波器

连接滤波器是由一个可调节的空心变压器和连接至高频电缆一侧的电容器组成。它与结合电容器共同构成一个带通滤波器，使所需频带的高频电流能顺利通

图 4 - 2　"导线—大地"制高频通道的示意图
1—高频阻波器；2—结合电容器；3—连接滤波器；
4—高频电缆；5—保护间隙；6—接地开关；
7—高频收/发信机

过。带通滤波器在线路一侧的阻抗与线路的波阻抗相匹配，而在高频电缆一侧的阻抗与高频电缆的波阻抗相匹配。这样，就可以避免高频信号的电磁波在传送过程中发生反射，从而减少高频能量的附加衰耗。

4. 高频电缆

高频电缆是将位于室外的连接滤波器与位于主控制室内的高频收/发信机连接起来。为了减少高频信号的衰耗，一般采用单芯同轴电缆。

5. 保护间隙

保护间隙与连接滤波器的一次绕组并联，用以保护高频电缆和高频收/发信机免受过电压侵袭。

6. 接地开关

接地开关是在检修或调试高频收发信机和连接滤波器时，用于安全接地，以保证人身和设备的安全。

7. 高频收/发信机

高频收/发信机是用以发送和接收高频信号的。高频发信机部分由继电部分控制，通常是在电力系统发生故障时，继电部分启动之后它才发出信号；但有时也可以采用长期发信，故障时停信或改变信号频率的方式。由高频发信机发出的高频信号，通过高频通道输送到对端，被对端的高频收信机所接收，同时也被本端的高频收信机所接收。高频收信机接收到本端和对端所发送的高频信号，再经过比较判断后，从而决定保护是否动作跳闸。

以上所述的高频阻波器、结合电容器、连接滤波器和高频电缆等设备，统称为高压输电线路的高频加工设备，它与高压输电线路构成高频传输通道，用以传输高频信号。

四、高频通道的工作方式

高频通道的工作方式可分为经常无高频电流方式、经常有高频电流方式及移频方式。

1. 经常无高频电流方式

所谓经常无高频电流方式是指在正常运行时，高频通道中无高频电流通过，只在线路故障时才启动发信机发信。因此，也称为故障时发信方式。这种方式的优点是发信机寿命长，对通道中其他信号干扰小。其缺点是要定期启动发信机检查通道的完好性。目前，广泛采用这种方式。

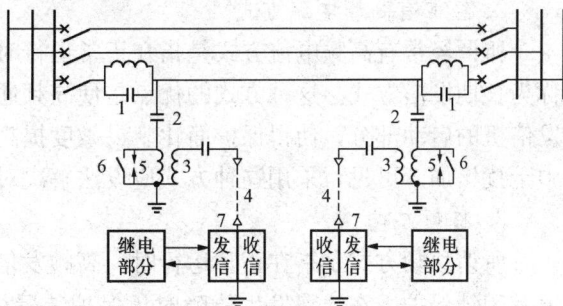

2. 经常有高频电流方式

所谓经常有高频电流方式是指在正常运行时，高频通道中就有高频电流通过。因此，也称为长期发信方式。这种方式的优点是使高频通道经常处于监视状态，可靠性高；也不需要发信机的启动部分，使得保护简化、灵敏度提高。其缺点是收发信机的使用年限减少，通道中干扰增加。可见，采用这种方式应设法解决对通道中其他信号的干扰问题。

3. 移频方式

所谓移频方式是指在正常运行时，高频发信机发出频率为 f_1 的高频电流，用以监视通道及闭锁保护。在线路发生故障时，保护装置控制发信机停止发出频率为 f_1 的高频电流，改为发出频率为 f_2 的高频电流。这种方式的优点是能经常监视通道的工作情况，提高了通道工作的可靠性，加强了保护的抗干扰能力。其缺点是投资较大。

五、高频信号的作用

高频信号与高频电流是两个不同的概念。高频信号是指在故障时用来传送线路两端信息的。对于故障时发信方式，有高频电流，就是有高频信号。对于长期发信方式，无高频电流，就是有高频信号。按高频信号的作用可分为闭锁信号、允许信号和跳闸信号三种。

1. 闭锁信号

闭锁信号是将保护闭锁，禁止保护跳闸的高频信号。当线路内部故障时，两端不发闭锁信号，通道中无闭锁信号，保护作用于跳闸；当线路外部故障时，通道中有闭锁信号，将两端保护闭锁。因此，收不到闭锁信号是保护动作于跳闸的必要条件，其逻辑关系如图4-3（a）所示。从图4-3（a）可见，只有当本端保护动作，同时又收不到闭锁信号时，才动作于跳闸。

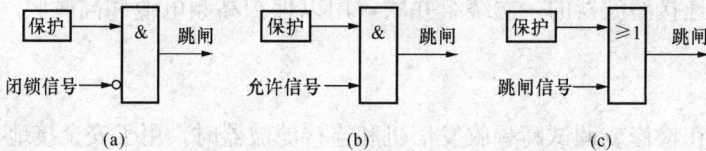

图4-3　高频信号作用的逻辑关系图
（a）闭锁信号；（b）允许信号；（c）跳闸信号

闭锁信号的优点是可靠性高，线路故障对传送闭锁信号无影响，所以在以输电线路作高频通道时，广泛采用这种信号方式。其缺点是要求两端保护的动作时间和灵敏度应很好地配合，因此保护结构复杂、动作速度慢。

2. 允许信号

允许信号是允许保护动作于跳闸的高频信号。只有当本端保护动作，同时又有允许信号时，才动作于跳闸，其逻辑关系如图4-3（b）所示。因此，收到允许信号是保护动作于跳闸的必要条件。

允许信号的主要优点是动作速度快。在主保护双重化的情况下，可以一套用闭锁信号，另一套用允许信号。

3. 跳闸信号

跳闸信号是由线路对端发来的、直接使本端保护动作于跳闸的高频信号。不管本端保护是否启动，只要收到对端发来的跳闸信号，则动作于跳闸，其逻辑关系如图4-3（c）所示。因此，收到跳闸信号是保护动作于跳闸的充分而必要条件。

跳闸信号的优点是能从线路一端判断是否内部故障；其缺点是抗干扰能力差。因此，一般用于线路变压器组上。

第二节　高频闭锁方向保护

一、高频闭锁方向保护的基本原理

高频闭锁方向保护是通过高频通道间接比较被保护线路两端的功率方向，以判别是被保护线路内部故障还是外部故障。目前广泛采用的高频闭锁方向保护，是以高频通道经常无高频电流而在外部故障时发出闭锁信号的方式构成的，该闭锁信号由短路功率方向为负的一端发出，并被两端的收信机所接收，而把保护闭锁，因此称为高频闭锁方向保护。

图 4-4 所示的网络中，被保护线路两端都装有方向元件，并规定功率方向由母线流向线路时为正，反之，则为负。当线路 BC 的 K 点发生短路时，对于线路 BC 是内部故障，两端的功率方向为正，两端都不发闭锁信号，因此保护 3 和 4 瞬时动作于跳闸；而对于线路 AB 和 CD 是外部故障，由于靠近故障点一端的功率方向为负，则该端的保护 2 和 5 发出闭锁信号，此信号一方面被自己的收信机接收，同时经过高频通道被对端的收信机收到，使得保护 1、2 和保护 5、6 都被闭锁，从而保证了线路 AB 和 CD 不会被错误地切除。

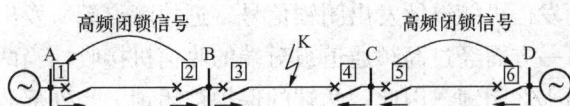

图 4-4　高频闭锁方向保护的作用原理

这种按故障时发出闭锁信号构成的高频保护只在非故障线路上传送高频信号，而在故障线路上并不传送高频信号。因此，在故障线路上，即使由于短路而导致高频通道被破坏，也不会影响保护的正确动作。这是它的主要优点，也是得到广泛应用的主要原因之一。

由于高频闭锁方向保护的发信机采用短时发信方式，即正常运行时，发信机并不发信，只是在线路故障时发信机才短时发信。短时发信方式的高频保护，其继电部分由启动元件和方向元件组成。启动元件用以故障时启动发信机发出闭锁信号；方向元件用以判别功率方向。根据启动元件的不同，高频闭锁方向保护可分为电流元件启动的高频闭锁方向保护、方向元件启动的高频闭锁方向保护和远方启动的高频闭锁方向保护。

二、电流元件启动的高频闭锁方向保护

线路一端的半套电流元件启动的高频闭锁方向保护原理框图如图 4-5 所示，线路另一

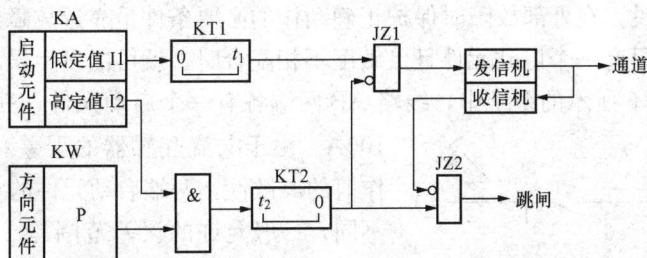

图 4-5　电流元件启动的高频闭锁方向保护原理框图

端的半套保护与此完全相同。从图 4-5 中可见，在线路每一端的半套保护中，装有两个电流启动元件 I1 和 I2，一个方向元件 P，两个时间元件 KT1 和 KT2。

图 4-5 中，I1 的灵敏度较高，用以启动发信机发出闭锁信号；I2 的灵敏度较低，用以启动保护的跳闸回路。P 用以判别短路功率的方向。KT1 为瞬时动作、延时返回的时间元件，其作用是在外部故障切除后，近故障点端的发信机能继续发出闭锁信号 t_1 时间，以保证远故障点端不会由于 I2 和 P 返回慢而引起误跳闸；KT2 为延时动作、瞬时返回的时间元件，其作用是等待对端闭锁信号的到来，以防止外部故障时，远故障点端由于未收到近故障点端的发信机传送来的闭锁信号而造成误跳闸。

1. 保护的工作原理

（1）在正常运行时，两端的启动元件 I1 和 I2 都不动作，发信机不启动，跳闸回路也不开放。因此，两端的保护不动作。

（2）当外部故障时，两端的高灵敏度启动元件 I1 都动作。I1 动作后，经时间元件 KT1、"禁止" 门 JZ1 启动发信机发出闭锁信号。同时，两端的低灵敏度启动元件 I2 也都动作。I2 动作后，经 "与" 门准备好跳闸回路。由于远故障点端的短路功率方向为正，其方向元件 P 也动作，"与" 门开放，则经时间元件 KT2 延时后，将 "禁止" 门 JZ1 闭锁，使本端发信机停止发信；但近故障点端的短路功率方向为负，其方向元件 P 不动作，则 "禁止" 门 JZ1 开放，使该端的发信机能继续发出闭锁信号。近故障点端所发出的闭锁信号一方面被本端的收信机接收，另一方面经过高频通道被对端的收信机接收，当两端的收信机收到闭锁信号后，将 "禁止" 门 JZ2 闭锁。因此，两端的保护被闭锁。当外部故障切除且启动元件返回之后，则整套保护又恢复原状。

（3）当两端供电的线路内部故障时，两端的启动元件 I1 和 I2 都动作。I1 动作后，经时间元件 KT1、"禁止" 门 JZ1 启动发信机发出闭锁信号。I2 动作后，经 "与" 门准备好跳闸回路。同时，两端的方向元件 P 也都动作，"与" 门开放，经 t_2 延时后，将 "禁止" 门 JZ1 闭锁，又使两端的发信机停止发出闭锁信号。由于两端的收信机收不到闭锁信号，则 "禁止" 门 JZ2 开放，故两端的保护动作于跳闸，将故障线路切除。

（4）当单端供电线路内部故障时，受电端的启动元件不动作，也不发闭锁信号；送电端的启动元件和方向元件都动作。因此，送电端的保护动作于跳闸。

（5）若方向元件采用 90°接线方式的功率方向继电器，当系统振荡且振荡中心位于保护范围内时，由于两端的功率方向都为正，则两端的保护将误动作。但采用反应负序或零序的方向元件，则不受系统振荡影响。

2. 采用两个灵敏度不同的启动元件的原因

由上述分析可见，在外部故障时保护正确动作的必要条件是靠近故障点一端的发信机必须启动。如果两端只有一个启动元件且灵敏度不相配合时，就可能发生误动作。

例如，在图 4-6 所示的系统中，线路 AB 两端各有一个启动元件，其动作电流为 $I_{op}=$ 100A。由于电流互感器的误差和电流启动元件动作值的离散性，两端启动元件的实际动作电流可能不同，一般允许的误差范围是 ±5%。因此，A 端的实际动作电流可能为 95A，B 端的实际动作电流可能为 105A。

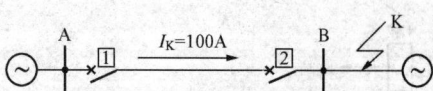

图 4-6　只用一个启动元件且
灵敏度不相配合的情况

当外部 K 点短路且短路电流为 95A≤I_K≤105A 时，则 B 端的保护不启动，也不能发出闭锁信号；而 A 端的保护启动，又收不到闭锁信号，故 A 端的保护将出现误动作。

为了防止这种误动作情况的发生，可采用两个灵敏度不同的启动元件，一般选择

$$I_{op.2} = (1.6 \sim 2)I_{op.1} \tag{4-1}$$

用动作电流较小的启动元件（即高灵敏度的启动元件）I1 启动发信机，而用动作电流较大的启动元件（即低灵敏度的启动元件）I2 启动跳闸回路。这样，在遇到上述情况时，就可以避免误动作情况的发生。

3. 采用两个灵敏度不同的启动元件存在的缺点

(1) 当外部故障时，为了保证远故障点端的保护不会误动作，在跳闸回路中设置了时间元件 KT2，以等待对端发来的闭锁信号。因此，降低了整套保护的动作速度。

(2) 在内部故障时，必须低灵敏度的启动元件 I2 动作后，保护才能动作于跳闸。因此，降低了整套保护的灵敏度并使保护接线复杂。

三、方向元件启动的高频闭锁方向保护

方向元件启动的高频闭锁方向保护原理框图如图 4-7 (a) 所示。图中，P-为反方向短路时动作的方向元件，用以启动发信机；P+为正方向短路时动作的方向元件，用以启动跳闸回路；P_M+、P_M-和 P_N+、P_N-的动作区如图 4-7 (b) 所示。

现将保护的工作原理说明如下：

(1) 在正常运行时，两端的方向元件 P_M+、P_M-和 P_N+、P_N-都不动作，发信机不启动，跳闸回路也不开放。因此，两端的保护不动作。

(2) 当外部（如 K 点）故障时，远故障点端（即 M 端）的正方向元件 P_M+动作，启动跳闸回路。近故障点端（即 N 端）的反方向元件 P_N-动作，经时间元件 KT1、"禁止"门 JZ1 启动发信机。于是，两端的收信机都将收到闭锁信号，使"禁止"门 JZ2 闭锁。故两端的保护被闭锁而不会误动。

(3) 当两端供电线路内部故障时，两

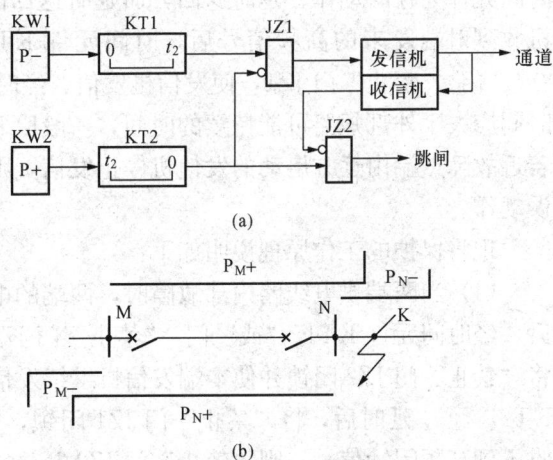

图 4-7　方向元件启动的高频闭锁方向保护
(a) 原理框图；(b) 系统图及方向元件的动作区

端的反方向元件 P_M-和 P_N-都不动作，发信机不启动，于是，两端的收信机都将收不到闭锁信号，使"禁止"门 JZ2 开放。同时，两端的正方向元件 P_M+和 P_N+都动作，经 t_2 延时后，则两端的保护动作于跳闸。

(4) 当单端供电线路内部故障时，由于受电端肯定不会发出闭锁信号，因此不会造成送电端的保护拒动。

方向元件启动的高频闭锁方向保护的主要优点是：构成简单，灵敏度高。目前，方向元件启动的高频闭锁方向保护广泛采用负序功率方向继电器作为方向元件，以使保护的性能更加完善。

四、远方启动的高频闭锁方向保护

远方启动的高频闭锁方向保护原理框图如图 4-8 所示。这种启动方式只有一个电流启动元件 I，发信机既可由电流启动元件 I 启动，也可由收信机收到对端的高频信号后，经延时元件 KT3、"或"门、"禁止"门 JZ1 来启动。这样，在外部故障时，即使只有一端的电流启动元件 I 启动发信机，另一端也可通过高频通道接收到远方传送的高频信号将本端的发信机启动，后者的启动方式称为远方启动。

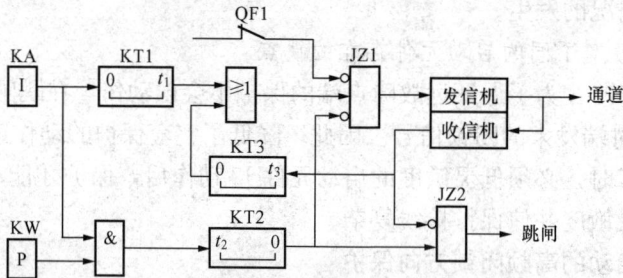

图 4-8　远方启动的高频闭锁方向保护原理框图

在两端相互远方启动后，为了使发信机固定启动一段时间，设置了时间元件 KT3，该时间元件为瞬时动作、延时返回，而延时返回的时间 t_3 就是发信机固定启动时间。在收信机收到对端发来的高频信号后，时间元件 KT3 立即发出一个持续时间为 t_3 的脉冲，经"或"门、"禁止"门 JZ1，使发信机发信。经时间 t_3 后，远方启动回路就自动地断开。t_3 的时间应大于外部短路可能持续的时间，一般取 $t_3 = (5 \sim 8)$s。这是因为在外部故障切除前，若近故障点端由远方启动的发信机停止发信，则远故障点端的保护因收不到闭锁信号而可能误动作。

现将保护的工作原理说明如下：

（1）当两端供电线路内部故障时，两端的电流启动元件 I 和方向元件 P 都动作。I 动作后，经时间元件 KT1、"或"门、"禁止"门 JZ1 启动发信机。本端收信机收到高频信号后，将"禁止"门 JZ2 闭锁并使本端发信机继续发信。两端 P 动作后，经"与"门启动时间元件 KT2，经 t_2 延时后，将"禁止"门 JZ1 闭锁，使发信机停止发出高频信号。两端的收信机收不到高频闭锁信号，则"禁止"门 JZ2 开放，故两端的保护动作于跳闸。

（2）当单端供电线路内部故障时，送电端发信机启动，将高频信号传送到对端并启动发信机，而受电端被远方启动后不能停信，这样就会造成送电端保护拒动。但是，在受电端的断路器已跳开时，利用该端的断路器辅助触点 QF1 将"禁止"门 JZ1 闭锁，使发信机不能被远方启动，则送电端的保护经 t_2 延时后动作于跳闸。

（3）当外部故障时，由于近故障点的电流启动元件 I 动作，而方向元件 P 不会动作，"与"门不开放，"禁止"门 JZ1 不会被闭锁，发信机能够发信，向对端传送高频信号。对端收信机收到高频信号后，将"禁止"门 JZ2 闭锁，故两端的保护不会误动作。

在外部故障时，如果近故障点的电流启动元件 I 不动作，而远故障点的电流启动元件 I 及方向元件 P 动作，在 t_2 延时内若收不到近故障点端发来的高频信号，则经 t_2 延时后，"禁止"门 JZ1 被闭锁，发信机停止发信；"禁止"门 JZ2 开放，于是远故障点端的保护将误动作。为了避免这种误动作情况的发生，在 t_2 延时内，必须收到对端传送的高频信号，以使

"禁止"门 JZ2 能被闭锁。因此，t_2 的延时应大于高频信号在高频通道上往返一次所需的时间，一般取 $t_2 = 20\text{ms}$。

第三节　高频闭锁距离保护

高频闭锁方向保护与三段式距离保护相配合，可构成高频闭锁距离保护。它既具有高频闭锁方向保护全线速动的功能，又具有三段式距离保护的后备功能，并能简化保护的接线。

一、高频闭锁距离保护的组成

高频闭锁距离保护由距离保护和高频闭锁两部分组成，其原理框图如图 4-9 所示。距离保护为三段式，Ⅰ、Ⅱ、Ⅲ段都采用独立的方向阻抗继电器作为测量元件。高频闭锁部分与距离保护部分共用一个负序电流启动元件 I2，方向判别元件与距离保护的第Ⅱ段（也可用第Ⅲ段）共用方向阻抗继电器 $Z_{Ⅱ}$。图 4-9 中的 1 和 2 端子如果与零序方向电流保护的有关部分相连，则可构成高频闭锁零序方向电流保护。

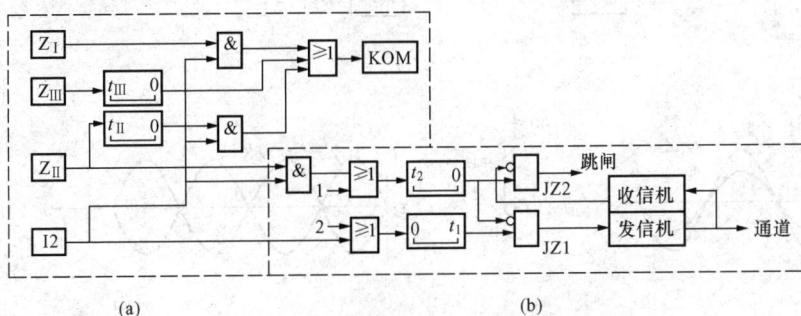

图 4-9　高频闭锁距离保护的原理框图
(a) 距离保护部分；(b) 高频闭锁部分

二、高频闭锁距离保护的工作原理

当内部故障时，两端的负序电流启动元件 I2 和测量元件 $Z_{Ⅱ}$ 都动作，经 t_2 延时后，两端的保护动作于跳闸。其高频闭锁部分的工作情况与前述的高频闭锁方向保护基本相同。如果故障发生在线路中间 $60\% \sim 70\%$ 长度以内时，则线路两端的距离Ⅰ段保护（即 I2、$Z_Ⅰ$、出口继电器 KOM）也可动作于跳闸，但要受振荡闭锁回路的控制。

当外部故障时，近故障点的测量元件 $Z_{Ⅱ}$ 不动作，跳闸回路不会启动。近故障点的负序电流启动元件 I2 动作，启动发信机发信。两端的收信机收到闭锁信号，将跳闸回路闭锁。此时，远故障点端的距离Ⅱ段保护或距离Ⅲ段保护可以经出口继电器 KOM 动作于跳闸，以作为相邻线路的远后备保护。

可见，高频闭锁距离保护是将距离保护和高频保护组合在一起而构成的。当内部故障时，它能自线路两端瞬时切除故障，而当外部故障时，其距离Ⅱ段保护或距离Ⅲ段保护仍然能起到后备保护的作用。因此，高频闭锁距离保护兼有高频保护和距离保护各自的优点。由于这种保护是将高频保护和距离保护的接线互相连接在一起，如果距离保护部分需要检修时，则高频保护部分也必须退出工作，这也是高频闭锁距离保护的主要缺点。

第四节　相差高频保护

一、相差高频保护的基本工作原理

相差高频保护的基本工作原理是比较被保护线路两端电流的相位，即利用高频信号将电流的相位传送到对端去进行比较。

如图 4-10（a）所示的线路 AB，假定电流的正方向由母线流向线路。当内部 K1 点故障时，在理想情况下两端电流相位相同，即相位差为 0°，如图 4-10（b）所示；当外部 K2 点故障时，两端电流相位相反，即相位差为 180°，如图 4-10（c）所示。由此可见，根据线路两端电流之间的相位差，就可以判别是内部故障还是外部故障，从而决定保护是否动作。

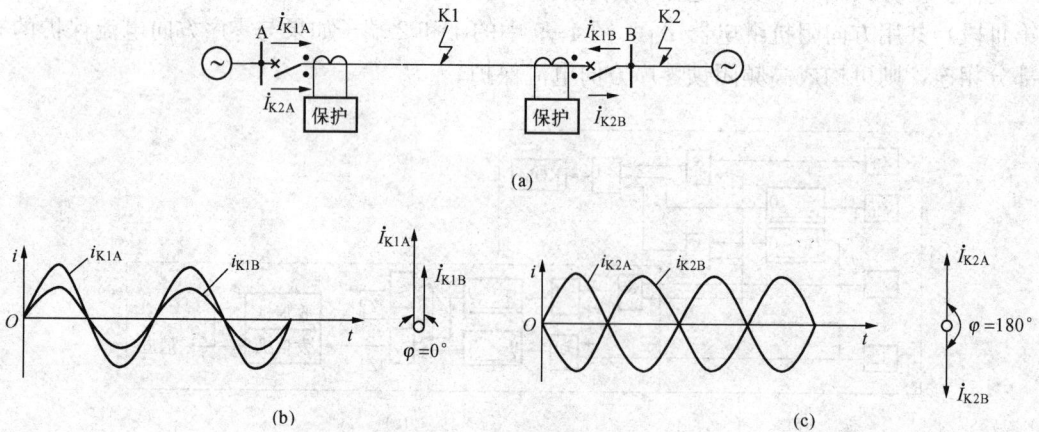

图 4-10　相差高频保护的基本工作原理
（a）系统接线；（b）内部 K1 点故障时的电流相位；（c）外部 K2 点故障时的电流相位

为此，相差高频保护通常采用高频通道经常无电流，而在故障时发出高频信号的方式来构成。即在短路电流为正半周时，操作发信机发出高频信号，而在短路电流为负半周时，则不发出高频信号，如此不断交替进行。

如图 4-11 所示，当内部故障时，由于两端电流相位相同，两端发信机同时发出高频信号也同时停止高频信号，因此两端收信机收到的高频信号是间断的，如图 4-11（a）所示。而当外部故障时，由于两端电流相位相反，两端发信机交替工作，故两端收信机收到的高频信号是连续的，如图 4-11（b）所示。

由以上分析可见，实际上线路两端电流相位的比较是通过收信机所收到的高频信号来进行的。当内部故障时，两端收信机收到的是间断的高频信号，则两端保护立即动作于跳闸。而当外部故障时，收信机收到的是连续的高频信号，于是将两端保护闭锁。

二、相差高频保护的组成

相差高频保护主要由继电部分、高频收发信机和高频通道三部分组成，其基本构成框图如图 4-12 所示。其中，继电部分包括启动元件、操作元件和比相元件。

启动元件是用以判断系统是否发生故障，只有发生故障，启动元件才启动发信机发信

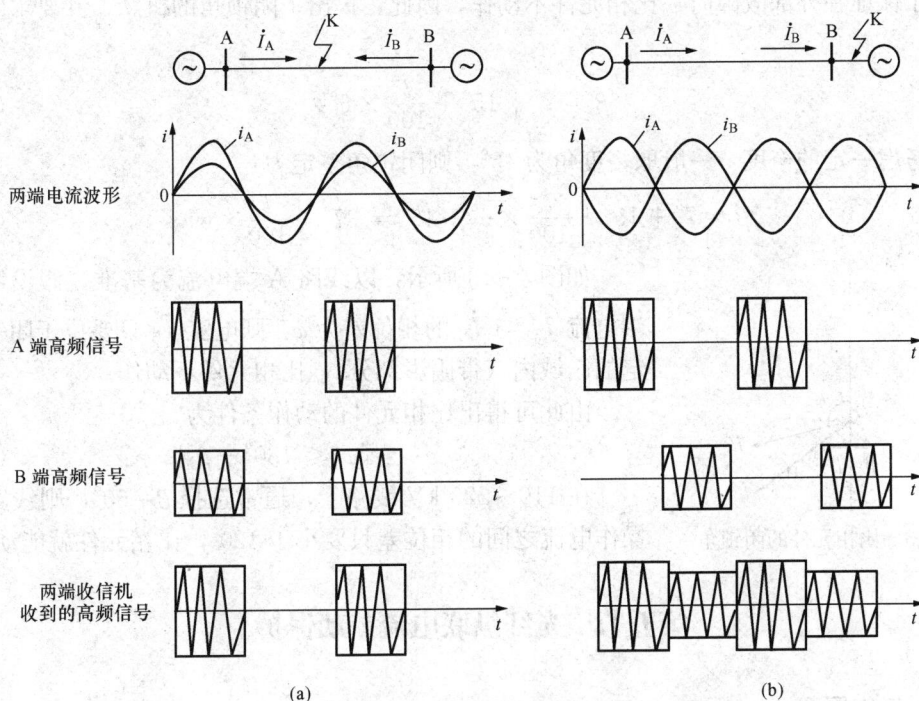

图 4-11　相差高频保护工作原理说明
（a）内部故障；（b）外部故障

并开放比相。操作元件是将被保护线路的工频三相电流变换成单相的操作电压，控制发信机在工频正半周发信、负半周停信，因此发信机发出的高频信号的宽度约为工频电角度 180°，而这种高频信号的宽度变化就代表着工频电流的相位变化。操作元件

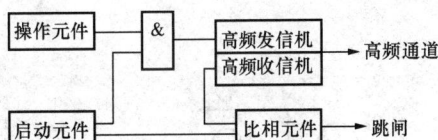

图 4-12　相差高频保护的基本构成框图

对发信机的这种控制，在继电保护技术中称为"操作"，相当于通信技术中的"调制"。两端收信机既能接收到对端发信机发来的高频信号，同时也能接收到本端发信机发出的高频信号，收信机所收到的是两端高频信号的综合。比相元件是用来测量收信机所输出的高频信号的宽度。当被保护线路内部故障时，比相元件动作，使保护跳闸；而当外部故障时比相元件不动作，则保护不跳闸。

三、相差高频保护的闭锁角

在外部故障时，实际上由于各种因素的影响，线路两端操作电流的相位差不是 180°。其影响因素主要有：

（1）电流互感器的角误差，一般为 7°。

（2）保护装置的相位误差，一般为 15°。

（3）高频信号电流沿线路传送的延时角 α 为

$$\alpha = \frac{l}{100} \times 6°$$

式中　　l——线路长度，6°是线路每 100km 的延时角。

为了保证在外部故障时，比相元件不动作，因此，提出了闭锁角的概念，并要求闭锁角 β 为

$$\beta > 7° + 15° + \frac{l}{100} \times 6° \tag{4-2}$$

再考虑一定的裕度，一般取裕度角为 15°，则闭锁角整定为

$$\beta = 7° + 15° + \frac{l}{100} \times 6° + 15° = 37° + \frac{l}{100} \times 6° \tag{4-3}$$

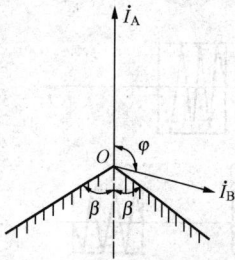

图 4-13　比相元件的闭锁角

如图 4-13 所示，以线路 A 端电流为基准，假设线路两端电流 $\dot{I}_A$ 与 $\dot{I}_B$ 的相位差为 φ，则电流 $\dot{I}_B$ 只要位于闭锁角规定的区域内（带阴影部分），比相元件不动作。

由此可得出比相元件的动作条件为

$$|\varphi| \leqslant 180° - \beta \tag{4-4}$$

在 110～220 kV 线路上，通常选择 $\beta = 60°$，则线路两端操作电流之间的相位差只要小于 120°，比相元件就能动作。

第五节　光纤纵联电流差动保护

一、工作原理

在图 4-14（a）所示的系统图中，设流过两侧的电流为 $\dot{I}_M$、$\dot{I}_N$，其方向如图中箭头所示。以两侧电流的相量和作为继电器的动作电流 $I_d = |\dot{I}_M + \dot{I}_N|$，该电流有时也称作差动

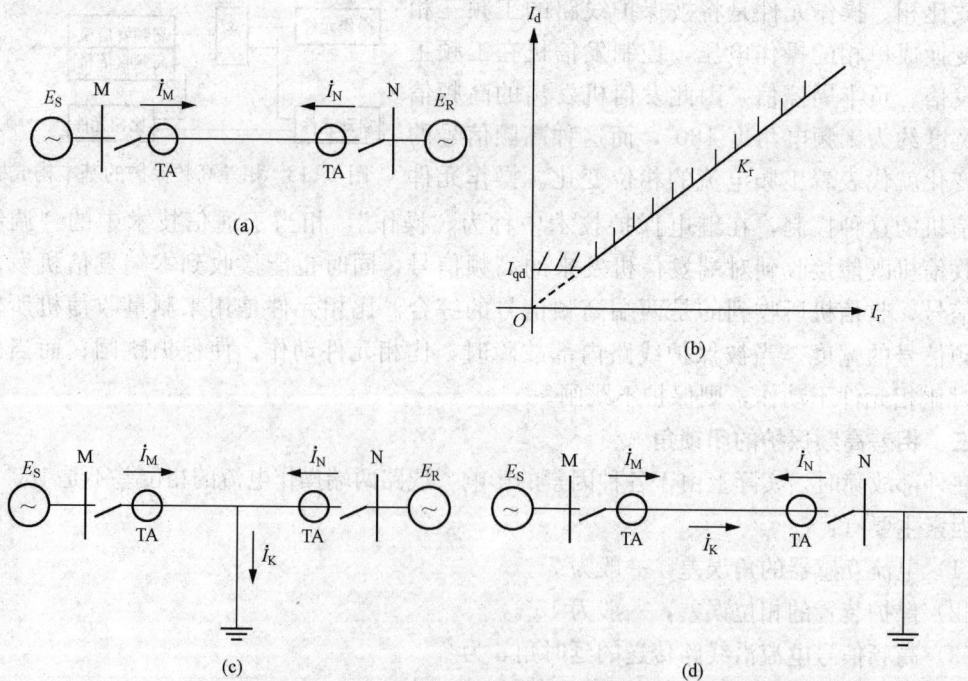

图 4-14　纵联电流差动保护原理
(a) 系统图；(b) 动作特性；(c) 内部短路；(d) 外部短路

电流，另以两侧电流的相量差作为继电器的制动电流 $I_r = |\dot{I}_M - \dot{I}_N|$。

纵联电流差动继电器的动作特性一般如图 4-14（b）所示，阴影区为动作区。这种动作特性称作比率制动特性。图中 I_{qd} 为差动继电器的启动电流，$K_r = I_d/I_r$ 为制动系数。图 4-14（b）的动作特性以数学形式表述为

$$I_d > I_{qd} \tag{4-5}$$

$$I_d > K_r I_r \tag{4-6}$$

当线路内部短路时，如图 4-14（c）所示，两侧电流的方向与规定的正方向相同，根据接点电流定理 $\dot{I}_M + \dot{I}_N = \dot{I}_K$，故

$$I_d = |\dot{I}_M + \dot{I}_N| = I_K$$

此时动作电流等于短路点的电流 I_K，动作电流很大。

$$I_r = |\dot{I}_M - \dot{I}_N| = |\dot{I}_M + \dot{I}_N - 2\dot{I}_N| = |\dot{I}_k - 2\dot{I}_N|$$

制动电流较小，小于短路点的电流 I_K，差动继电器动作。当线路外部短路时，$\dot{I}_M$、$\dot{I}_N$ 中有一个电流相反。如图 4-14（d）中，流过本线路的短路电流 $\dot{I}_K$，则 $\dot{I}_M = \dot{I}_K$、$\dot{I}_N = -\dot{I}_K$。因此动作电流

$$I_d = |\dot{I}_M + \dot{I}_N| = |\dot{I}_K - \dot{I}_K| = 0$$

制动电流 $I_r = |\dot{I}_M - \dot{I}_N| = 2\dot{I}_K$。此时动作电流等于零，制动电流等于 2 倍的短路电流，制动电流很大，因此差动继电器不动作，所以这样的差动继电器可以区分线路外部短路（含正常运行）和线路内部短路。继电器的保护范围是两侧 TA 之间的范围。

输电线路纵联电流差动保护中所用的差动继电器的动作特性如图 4-14（b）所示的比率制动特性。

从上述原理的叙述可以进一步推广得知：只要在线路内部有流出的电流，例如内部短路的短路电流、线路内部的电容电流都会形成动作电流。只要是穿越性的电流，例如外部短路时流过线路的短路电流、负荷电流都只形成制动电流而不会产生动作电流。

二、差动继电器的分类

1. 稳态 I 段相差动继电器

动作方程

$$\begin{cases} I_{CD\Phi} > 0.75 \times I_{R\Phi} \\ I_{CD\Phi} > I_H \end{cases} \tag{4-7}$$

$$\Phi = A, B, C$$

式中　$I_{CD\Phi}$——差动电流，$I_{CD\Phi} = |\dot{I}_{M\Phi} + \dot{I}_{N\Phi}|$ 即为两侧电流矢量和的幅值；

　　$I_{R\Phi}$——制动电流，$I_{R\Phi} = |\dot{I}_{M\Phi} - \dot{I}_{N\Phi}|$ 即为两侧电流矢量差的幅值；

　　I_H——"差动电流高定值"（整定值）、4 倍实测电容电流和 $\dfrac{4U_N}{X_{C1}}$ 的大值；实测电容电流由正常运行时未经补偿的差流获得。

2. 稳态 II 段相差动继电器

动作方程

$$\begin{cases} I_{CD\Phi} > 0.75 \times I_{R\Phi} \\ I_{CD\Phi} > I_M \end{cases} \tag{4-8}$$
$$\Phi = A, B, C$$

式中　I_M——"差动电流低定值"、1.5 倍实测电容电流和 $\dfrac{1.5U_N}{X_{C1}}$ 的大值；

　　$I_{CD\Phi}$、$I_{R\Phi}$、U_N、X_{C1}：定义同上。

稳态Ⅱ段相差动继电器经 40ms 延时动作。

3. 变化量相差动继电器

动作方程

$$\begin{cases} \Delta I_{CD\Phi} > 0.75 \times \Delta I_{R\Phi} \\ \Delta I_{CD\Phi} > I_H \end{cases} \tag{4-9}$$
$$\Phi = A, B, C$$

式中　$\Delta I_{CD\Phi}$——工频变化量差动电流，$\Delta I_{CD\Phi} = |\Delta \dot{I}_{M\Phi} + \Delta \dot{I}_{N\Phi}|$ 即为两侧电流变化量矢量和的幅值；

　　$\Delta I_{R\Phi}$——工频变化量制动电流；$\Delta I_{R\Phi} = |\Delta \dot{I}_{M\Phi} - \Delta \dot{I}_{N\Phi}|$ 即为两侧电流变化量矢量差的幅值；

　　U_N——额定电压。

当用于长线路时，X_{C1} 为线路的实际正序容抗值；当用于短线路时，由于电容电流和 $\dfrac{U_N}{X_{C1}}$ 都较小，差动继电器有较高的灵敏度，此时可通过适当减小 X_{C1} 或抬高"差动电流高定值"来降低灵敏度。

4. 零序Ⅰ段差动继电器

对于经高过渡电阻接地故障，采用零序差动继电器具有较高的灵敏度，由零序差动继电器，通过低比率制动系数的稳态相差动元件选相，构成零序Ⅰ段差动继电器，经 100ms 延时动作。其动作方程

$$\begin{cases} I_{CD0} > 0.75 \times I_{R0} \\ I_{CD0} > I_{QD0} \end{cases} \tag{4-10}$$

由于零序差动保护动作后不确定是哪一相故障，需要有一个选相元件，由于稳态量差动本身有选相功能，稳态量差动动作的一相即为故障相，所以采用一低定值的稳态量差动元件来作为零序差动的选相元件，如下式

$$\begin{cases} I_{CD\Phi} > 0.15 \times I_{R\Phi} \\ I_{CD\Phi} > I_M \end{cases} \tag{4-11}$$

式中　I_{CD0}——零序差动电流，$I_{CD0} = |\dot{I}_{M0} + \dot{I}_{N0}|$ 即为两侧零序电流相量和的幅值；

　　I_{R0}——零序制动电流，$I_{R0} = |\dot{I}_{M0} - \dot{I}_{N0}|$ 即为两侧零序电流矢量差的幅值；

　　I_{QD0}——零序启动电流定值；

　　I_L——I_{QD0}、0.6 倍实测电容电流和 $\dfrac{0.6U_N}{X_{C1}}$ 的大值；

　　$I_{CDBC\Phi}$——经电容电流补偿后的相差动电流，电容电流补偿公式见式（4-12）；

　　$I_{RBC\Phi}$——相制动电流。

5. 零序差动继电器电容电流的补偿

对于较长的输电线路，电容电流较大，为提高经大过渡电阻故障时的灵敏度，需对每相差动电流进行电容电流补偿。电容电流补偿量为

$$I_{C\Phi} = \left(\frac{U_{M\Phi} - U_{M0}}{2X_{C1}} + \frac{U_{M0}}{2X_{C0}}\right) + \left(\frac{U_{N\Phi} - U_{N0}}{2X_{C1}} + \frac{U_{N0}}{2X_{C0}}\right) \qquad (4-12)$$

式中　$U_{M\Phi}$、$U_{N\Phi}$——本侧、对侧的相序电压；

　　　U_{M0}、U_{N0}——本侧、对侧的零序电压；

　　　X_{C1}、X_{C0}——线路全长的正序和零序容抗。

按式（4-12）计算的相电容电流对于正常运行和区外故障都能给予较好的补偿。补偿时，从相差动电流中减去相电容电流 $I_{C\Phi}$ 即可得到 $I_{CDBC\Phi}$。

三、电流差动保护需要解决的问题

1. 电容电流的影响

输电线路，尤其是长输电线路上电容电流的影响不能忽略。表 4-1 列出了各种电压等级下每百公里线路的正序及零序容抗值和额定电压下的工频电容电流值。考虑了输电线路上的电容电流后，在正常运行和外部短路时 $\dot{I}_M \neq -\dot{I}_N$，因而动作电流 I_d 不再为零，该电流就是电容电流。如果纵联电流差动保护没有考虑到电容电流的影响的话在某些情况下会造成保护误动。

表 4-1　各种电压等级下每百公里线路的正序及零序容抗值和额定电压下的工频电容电流值

线路电压（kV）	正序容抗（Ω）	电容电流（A）
220	3700	34
330	2860	66
500	2590	111
750	2240	193

注　零序容抗约为正序容抗的 1.5 倍。

图 4-15 是线路空载状态运行电路图，在输电线路的 T 型等值电路中，线路的分布电容作为一个集中电容放在线路的中点。输电线路两侧的电流都以从母线流向被保护线路作为正方向。

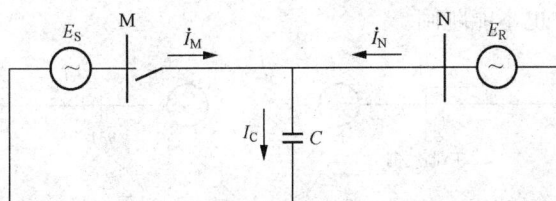

图 4-15　线路空载状态电容电流的影响

此时差动电流为　　　　　　　　$I_d = |I_M + I_N| = I_C$

制动电流为　　　　　　　　　　$I_r = |I_M - I_N|$

此时差动电流即为电容电流，如果输电线路比较长，电压等级比较高，则电容电流比较

大，而制动电流比较小，很容易引起差动保护误动。

针对电容电流的影响采取的措施：

（1）提高差动电流启动值，如稳态量Ⅰ段和工频变化量差动启动值为I_H，稳态Ⅱ段为I_M，都大于电容电流，所以可以躲过电容电流，保护不会误动。

（2）电容电流的补偿，如零序差动的选相元件，采用电容电流的补偿方式，即保护在正常运行时根据式（4-12）估算出电容电流的大小，再从实测的差动电流中减去电容电流后，得到的电流即为补偿后的差动电流。

2. TA断线的影响

如图4-16所示，N侧发生TA断线，则差动电流和制动电流分别为

$$I_d = |I_M + I_N| = I_M$$
$$I_r = |I_M - I_N| = I_M$$

此时满足差动方程

$$\begin{cases} I_d > 0.75 \times I_r \\ I_d > I_H \end{cases}$$

如果不采取措施，差动保护会误动。

（1）防止TA断线保护误动的措施：

为了防止TA断线差动保护误动，差动保护要发跳闸命令必须满足如下条件：

1）本侧启动元件启动（$\Delta I_{\Phi\Phi max} > 1.25 \Delta I_T + \Delta I_{ZD}$ 或 $I_0 > I_{0ZD}$）。

2）本侧差动继电器动作。

3）收到对侧"差动动作"的允许信号。

（2）保护向对侧发允许信号条件：

1）保护启动动作。

2）差流元件动作。

这样当一侧TA断线，由于电流有突变或者有"零序电流"，启动元件可能启动，差动继电器也可能动作。但对侧没有断线，启动元件没有启动，不能向本侧发"差动动作"的允许信号，所以本侧不误动。

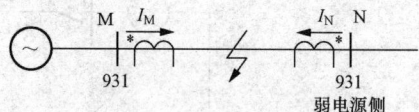

3. 一侧为弱电源的线路内部故障，防止电流差动保护拒动的措施

如图4-17所示，假设N侧是纯负荷侧，且变压器中性点不接地，则故障前后I_N都是0，N侧差动保护不启动，则N侧保护不能跳闸。同时由于N侧保护不启动，不能向M侧发允许信号，M侧保护也不能跳闸。

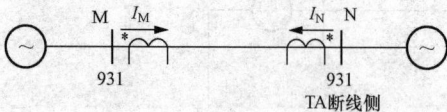

图4-16　线路N侧TA断线　　　　图4-17　一侧为弱电源的线路内部故障

解决措施：

除两相电流差突变量启动元件、零序电流启动元件和不对应启动元件外，931保护再增加一个低压差流启动元件：

（1）差流元件动作。

（2）差流元件的动作相或动作相间电压 U_ϕ、$U_{\phi\phi}<0.6U_N$。

（3）收到对侧的允许信号。

这样弱电源侧保护依靠此启动元件启动，两侧保护都可以跳闸。

4. 收到三相跳闸位置继电器（TWJ）动作信号后的工作

图 4-18 所示，向空负荷线路充电，而线路上有故障时，因为断路器三相都断开的一侧突变量电流启动元件和零序电流启动元件均未启动，低压差流启动元件由于母线电压未降低（用母线 TV）也

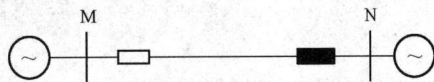

图 4-18 空充于故障线路

不启动。由于启动元件均未启动，所以该侧不能向对侧发允许信号，造成另一侧纵联差动保护拒动的问题。

装置后端子有跳闸位置继电器（TWJ）的开入量端子。当保护装置检测到三相的 TWJ 都已动作的信号并且差流元件也动作后立即发"差动动作"允许信号。加了本措施后断路器三相都断开的一侧由于三相的 TWJ 都已动作并且差流元件也动作，所以可以一直向对侧提供允许信号，对侧的纵联差动保护可以跳闸。

5. 差动保护的远跳和远传

（1）差动保护的远跳：如图 4-19 所示故障发生在 TA 和断路器之间，这时对 931 来说是区外故障，差动保护不动作，母差保护 915 动作跳本侧断路器，同时母差保护 915 发远跳信号给 M 侧 931，M 侧 931 将此信号通过光纤传送到 N 侧 931，N 侧 931 接收到该信号后根据"远跳受启动控制"控制字的整定再经（或不经）启动元件动作发三相跳闸去跳 N 侧断路器。

（2）差动保护的远传：如图 4-20 所示，M 侧过电压保护装置 925 判断出本侧过电压，保护动作跳本侧断路器，同时发远传信号给本侧 931，本侧 931 通过光纤把信号传到对侧 931，对侧 931 收到信号后再通过硬触点把此信号传到对侧 925，对侧 925 再结合就地判据，跳 N 侧断路器。

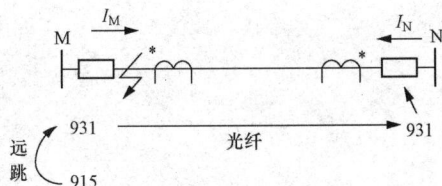

图 4-19 差动保护的远跳

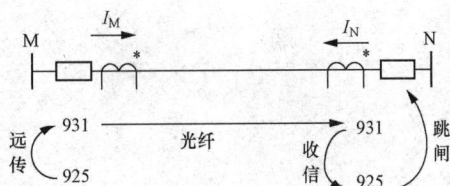

图 4-20 差动保护的远传

学习指导

高频保护是利用输电线路本身作为传送高频信号的通道。高频闭锁方向保护是比较被保护线路两端的功率方向，当线路两端的功率方向都为正时保护动作；若有一端为负时，则保护闭锁。相差高频保护是比较被保护线路两端电流的相位，当线路两端电流相位相同时保护动作；而当两端电流相位相反时，则保护不动作。

光纤纵联电流差动保护是利用光纤作为传送两侧电流信号的通道。以两侧电流的相量和

作为继电器的动作电流，以两侧电流的相量差作为继电器的制动电流。当线路内部短路时，动作电流等于短路点的电流，动作电流很大，制动电流较小，差动继电器动作。当线路外部短路时，动作电流等于零，制动电流很大，因此差动继电器不动作。

习　题

4-1　什么是高频保护？

4-2　试说明"相—地"制高频通道的构成及其各元件作用。

4-3　什么是高频通道的经常无高频电流方式和经常有高频电流方式？

4-4　什么是闭锁信号、允许信号和跳闸信号？并画出这三种高频信号与继电保护部分的逻辑关系图。

4-5　试说明高频闭锁方向保护的基本工作原理。

4-6　试画出电流元件启动的高频闭锁方向保护原理框图；并说明为什么要用两个灵敏度不同的电流启动元件。

4-7　试分析在两端供电线路内部故障时，方向元件启动的高频闭锁方向保护的工作情况。

4-8　什么叫远方启动？它有什么作用？

4-9　何谓高频闭锁距离保护？

4-10　试说明相差高频保护的基本工作原理。

4-11　什么叫相差高频保护的闭锁角？如何选择闭锁角？

4-12　试说明光纤纵联电流差动保护的基本工作原理。

第五章 电力变压器保护

教学要求

熟悉电力变压器的故障、不正常工作状态及其保护方式；掌握变压器气体保护的原理和接线；掌握变压器差动保护的原理、其不平衡电流产生的原因和消除其影响的方法；了解变压器电流速断保护；熟悉变压器的后备保护和零序保护；了解变压器的过负荷保护。

第一节 电力变压器的故障、不正常工作状态及其保护方式

为升高或降低电压，电力系统中广泛使用电力变压器。它的故障将对供电可靠性和系统安全运行带来严重影响。它的不正常工作状态将会威胁变压器绝缘或造成变压器过热，从而缩短变压器的使用寿命。因此，应根据变压器的容量和重要程度装设性能优良、动作可靠的继电保护装置。

一、变压器故障

变压器故障分为油箱内故障和油箱外故障。油箱内故障，主要有绕组的相间短路、接地短路和匝间短路等。油箱内故障产生的高温电弧，不仅会损坏绝缘、烧毁铁芯，而且由于绝缘材料和变压器油受热分解产生大量气体，有可能引起变压器油箱爆炸。油箱外故障，主要有套管和引出线上的相间短路及接地短路。

二、变压器不正常工作状态

变压器不正常工作状态，主要有外部短路引起的过电流、过负荷、油箱漏油引起的油位下降、冷却系统故障、变压器油温升高、外部接地短路引起中性点过电压、绕组过电压或频率降低引起过励磁等。

三、变压器保护方式

变压器保护分为电量保护和非电量保护。反映变压器故障的保护动作于跳闸，反映变压器不正常工作状态的保护动作于信号。

对于上述故障和不正常工作状态，变压器应装设如下保护：

（1）气体保护。反映油箱内故障和油面降低。

（2）纵差保护或电流速断保护。反映变压器绕组和引出线的相间短路、中性点直接接地侧绕组和引出线的接地短路。

（3）相间短路后备保护。反映外部相间短路引起的过电流和作为气体保护、纵差保护或电流速断保护的后备保护。例如：过电流保护、低电压启动的过电流保护、复合电压启动的过电流保护、负序过电流保护等。

（4）零序保护。用于反映变压器高压侧（或中压侧），以及外部元件的接地短路。变压器中性点直接接地运行，应装设零序电流保护；变压器中性点可能接地或不接地运行时，应装设零序电流、电压保护。

（5）过负荷保护。反映变压器过负荷。

（6）过励磁保护。反映 500kV 及以上变压器过励磁。

第二节　变压器非电量保护

利用变压器的油、气、温度等非电气量构成的变压器保护称为非电量保护。变压器非电量保护主要有：气体保护、压力保护、温度保护、油位保护及冷却器全停保护等。非电量保护根据现场需要动作于跳闸或发信。

一、气体保护

油浸式变压器是利用变压器油作为绝缘和冷却介质的，变压器油箱内部故障产生的电弧或内部某些部件发热时，使绝缘材料和变压器油分解产生气体（含有瓦斯成分）。利用气体上升、油面下降和气体压力构成的保护装置，称为气体保护。气体保护包括本体气体保护、有载调压开关气体保护。

气体保护分为轻瓦斯和重瓦斯。轻瓦斯主要反映变压器内部轻微故障和变压器漏油，动作于信号。重瓦斯主要反映变压器内部严重故障，动作于跳闸。

气体保护在变压器油箱内部故障时，有着其他保护所不具备的优点。如变压器绕组匝间短路所产生的电流值可能不足以使其他保护动作，而气体保护能够灵敏动作发出信号或跳闸。气体保护动作迅速，灵敏度高。但它不能反映油箱外的引出线和套管上的任何故障，因此必须与变压器纵差保护（或电流速断保护）配合，共同作为变压器的主保护。

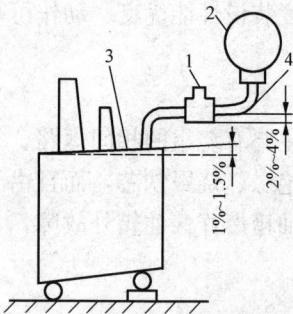

图 5-1　气体继电器安装示意
1—气体继电器；2—储油柜；
3—变压器顶盖；4—连接管道

气体保护的主要元件是气体继电器。气体继电器安装在变压器油箱与储油柜之间的连通管道中，如图 5-1 所示。为了保证变压器油箱内故障时产生的气体顺利进入气体继电器和储油柜，防止气泡存积在变压器顶盖下面，变压器安装时应有一些倾斜，变压器顶盖与水平面之间应有 1%～1.5% 的坡度，连接管道与水平面之间应有 2%～4% 的坡度。

气体保护动作原理如图 5-2 所示。气体继电器的上触点为轻瓦斯保护，动作后发轻瓦斯信号；气体继电器的下触点为重瓦斯保护，动作后发重瓦斯信号并根据保护压板投退情况进行出口跳闸，切除变压器。

气体保护的原理接线如图 5-3 所示。气体继电器 KG 的上触点为轻瓦斯保护，动作后经信号继电器 KS1 发出信号；继电器的下触点为重瓦斯保护，动作后经信号继电器 KS2 接通出口中间继电器 KCO，作用于断路

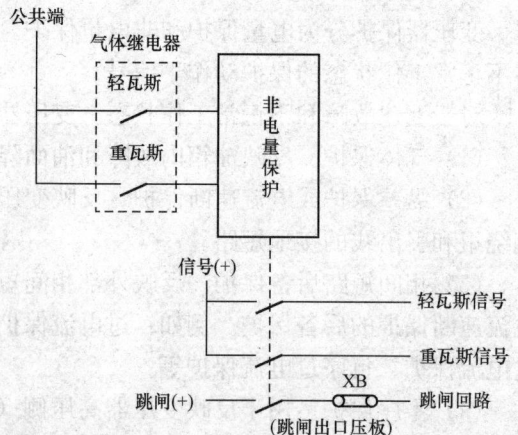

图 5-2　气体保护动作原理

器跳闸，切除变压器。

由于油流的流速在故障过程中很不稳定，所以重瓦斯动作后必须有自保持回路，以保证断路器能可靠跳闸。为防止变压器在换油或进行气体继电器试验时气体保护误动作，可通过连接片 XB2 将重瓦斯保护暂时切换到信号回路运行。

气体保护动作后，应从气体继电器上部排气口收集气体。根据气体数量、颜色、化学成分、可燃性等，判断保护动作的原因和故障的性质。

二、压力保护

压力保护也是变压器油箱内部故障的

图 5-3　气体保护的原理接线

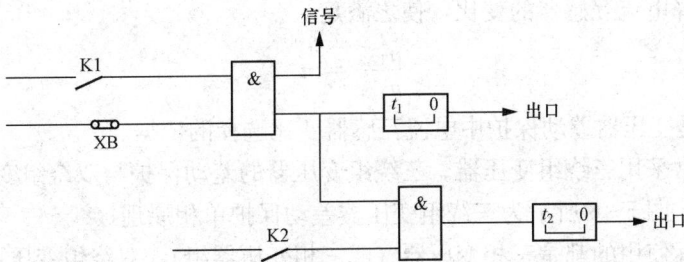

主保护，含压力释放和压力突变保护。其作用原理与重瓦斯保护基本相同，但它是反映变压器油压力的。

压力继电器又称压力开关，由弹簧和触点构成，置于变压器本体油箱上部。当变压器内部故障时，温度升高，油膨胀压力增高，弹簧动作带动继电器动触点，使触点闭合，切除变压器。

对于压力保护应防误动，可按相关反措条例执行。

三、温度及油位保护

当变压器温度升高时，温度保护动作发出告警信号并投入启动变压器的备用冷却器。包括油温和绕组温度保护。

油位保护是反映油箱内油位异常的保护。运行时，因变压器漏油或其他原因使油位降低时动作，发出告警信号。油位保护包括本体油位异常和有载油位异常，每组油位异常又包括油位高和油位低两组信号触点，任一组油位异常触点导通时均发出告警信号。

四、冷却器全停保护

为提高传输能力，对于大型变压器均配置有各种的冷却系统。在运行中，若冷却系统全停，变压器的温度将升高。若不及时处理，可能导致变压器绕组绝缘损坏。

冷却器全停保护，是在变压器运行中冷却器全停时动作。其动作后应立即发出告警信号，并经长延时切除变压器。冷却器全停保护的逻辑框图如图 5-4 所示。

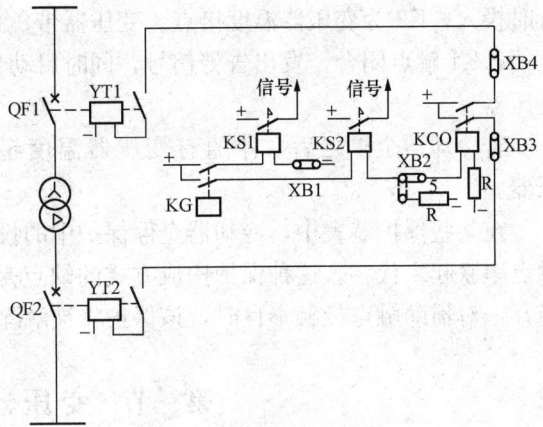

图 5-4　冷却器全停保护逻辑框图

K1 为冷却器全停触点，冷却器全停后闭合；XB 为保护投入压板，当变压器带负荷运行时投入；K2 为变压器温度接点。变压器带负荷运行时，压板由运行人员投入。若冷却器全停，K1 触点闭合，发出告警信号，同时启动 t_1 延时元件开始计时，经长延时 t_1 后去切除变压器。

若冷却器全停之后，伴随有变压器温度超温，K2 触点闭合，经短延时 t_2 去切除变压器。

在某些保护装置中，冷却器全停保护中的投入压板 XB，用变压器各侧隔离开关的辅助触点串联起来代替。这种保护构成方式的缺点是：回路复杂，动作可靠性降低。其原因是：当某一对辅助触点接触不良时，该保护将被解除。

第三节 变压器差动保护

对于容量较大的变压器，纵差保护是必不可少的主保护，它可以反映变压器绕组、套管及引出线的各种故障，与气体保护相配合作为变压器的主保护。

一、变压器差动保护原理

变压器差动保护原理是通过比较变压器各侧电流的大小和相位而构成的保护。图 5-5 所示为双绕组变压器差动保护原理接线，两侧电流互感器 TA1 和 TA2 之间的区域为差动保护的保护范围。$\dot{I}_1$、$\dot{I}_2$ 分别为变压器一次侧和二次侧的一次电流，$\dot{I}_1'$、$\dot{I}_2'$ 为相应的电流互感器二次电流。正常运行和区外故障时，如图 5-5(a) 所示，流入差动继电器 KD 的差动电流为 $\dot{I}_r = \dot{I}_1' - \dot{I}_2'$，适当选择两侧电流互感器的变比和接线方式，可使 $\dot{I}_1' = \dot{I}_2'$，即 $\dot{I}_r = 0$，差动继电器不动作。区内故障时，如图 5-5(b) 所示，流入差动继电器 KD 的差动电流为 $\dot{I}_r = \dot{I}_1' + \dot{I}_2'$，此时 $\dot{I}_r$ 较大，可以使差动保护动作，切除故障变压器。差动保护的动作判据为 $I_r \geqslant I_{set}$，I_{set} 为差动保护的动作电流；I_r 为差动电流的有效值。

设变压器的变比为 $n_T = U_1/U_2$，则区内故障时 $\dot{I}_r = \dot{I}_1' + \dot{I}_2'$，即

$$\dot{I}_r = \frac{\dot{I}_2}{n_{TA2}} + \frac{\dot{I}_1}{n_{TA1}}$$

变形为

$$\dot{I}_r = \frac{n_T \dot{I}_1 + \dot{I}_2}{n_{TA2}} + \left(1 - \frac{n_{TA1} n_T}{n_{TA2}}\right) \frac{\dot{I}_1}{n_{TA1}} \tag{5-1}$$

式中　n_{TA1}、n_{TA2}——两侧电流互感器的变比。

可见，应选择电流互感器的变比，使之满足

$$\frac{n_{TA2}}{n_{TA1}} = n_T \tag{5-2}$$

式（5-2）是变压器差动保护中电流互感器变比选择的依据。

电力系统中常采用三绕组变压器。三绕组变压器的差动保护与双绕组变压器的差动保护的原理是相同的。图 5-6 所示为三绕组变压器差动保护单相原理接线。

电力系统实际使用的都是三相变压器（或三相变压器组），双绕组变压器通常采用 Yd11 的接线方式，三绕组变压器通常采用 Yyd11 接线方式。这样的接线方式造成变压器△侧的线电流比 Y 侧的线电流在相位上超前 30°，如果两侧电流互感器采用相同接线方式，即使 $\dot{I}_1'$

和 $\dot{I}'_2$ 的数值相等，也会在差动继电器中产生很大的差动电流。可以采用相位补偿法消除这个电流，即将变压器 Y 侧的电流互感器的二次侧接成△接线方式，而将变压器△侧的电流互感器的二次侧接成 Y 接线方式，这样可以使两侧电流互感器二次连接臂上的电流 $\dot{I}_{AB2}$ 和 $\dot{I}_{ab2}$ 相位一致。Yd11 接线的变压器两侧互感器的接线及电流相量图，如图 5 - 7 所示。

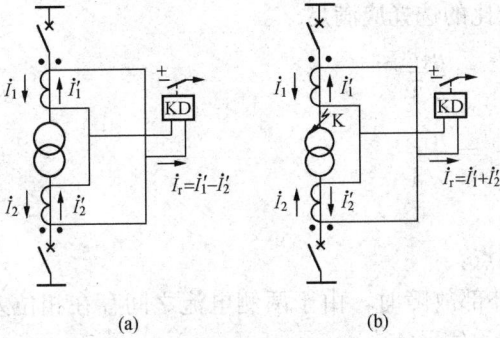

图 5 - 5　双绕组变压器差动保护原理接线
（a）正常运行和区外故障；（b）区内故障

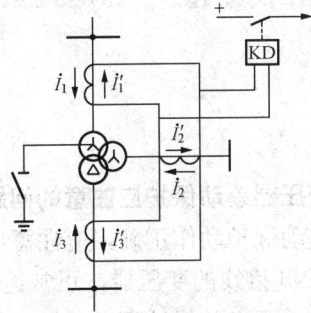

图 5 - 6　三绕组变压器差动
保护单相原理接线

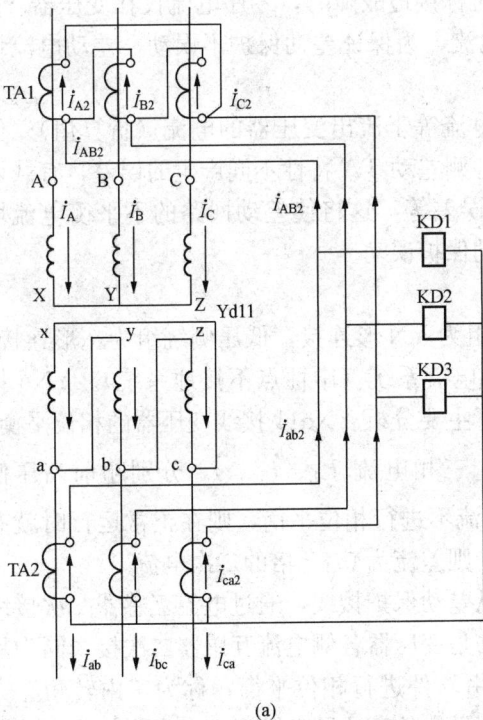

图 5 - 7　Yd11 接线的变压器两侧互感器的接线及电流相量图
（a）接线图；（b）电流相量图

项目	高压侧		低压侧	
	记号	相量图	记号	相量图
变压器绕组电流	$\dot{I}_A$ $\dot{I}_B$ $\dot{I}_C$		$\dot{I}_a$ $\dot{I}_b$ $\dot{I}_c$	
变压器线路电流	$\dot{I}_A$ $\dot{I}_B$ $\dot{I}_C$		$\dot{I}_{ab}$ $\dot{I}_{bc}$ $\dot{I}_{ca}$	
电流互感器二次侧电流	$\dot{I}_{A2}$ $\dot{I}_{B2}$ $\dot{I}_{C2}$		$\dot{I}_{ab2}$ $\dot{I}_{bc2}$ $\dot{I}_{ca2}$	
差动回路继电器中的电流	$\dot{I}_{AB2}$ $\dot{I}_{BC2}$ $\dot{I}_{CA2}$		$\dot{I}_{ab2}$ $\dot{I}_{bc2}$ $\dot{I}_{ca2}$	

　　由于变压器 Y 侧采用了两相电流差，该侧流入差动继电器的电流增加了 $\sqrt{3}$ 倍。为了保证正常运行及区外故障时差动回路没有电流，该侧电流互感器的变比也要增大 $\sqrt{3}$ 倍。

对双绕组变压器两侧电流互感器变比的选择应满足

$$\frac{n_{TA2}}{n_{TA1}} = \frac{n_T}{\sqrt{3}} \tag{5-3}$$

对 Yyd11 接线方式的三绕组变压器各侧电流互感器的接线方式和变比的选择也要参照 Yd11 双绕组变压器的方式进行调整，即△侧电流互感器用 Y 接线方式；两个 Y 侧的电流互感器则采用△接线方式。三侧电流互感器变比的选择应满足

$$\frac{n_{TA3}}{n_{TA1}} = \frac{n_{T13}}{\sqrt{3}} \tag{5-4}$$

$$\frac{n_{TA3}}{n_{TA2}} = \frac{n_{T23}}{\sqrt{3}} \tag{5-5}$$

二、变压器差动保护应注意的问题

为使差动保护动作正确，应注意以下几点：

（1）YNd 接线的变压器，正常运行及外部故障时，由于两侧电流之间存在相位差而产生差流。为保证纵差保护不误动，必须进行相位平衡。

（2）由于变压器各侧额定电流不等，选择各侧差动 TA 变比不等，还必须对各侧差动计算电流进行幅值平衡。

（3）YNd 接线的变压器，YN 侧区外发生不对称接地故障时，零序电流仅在变压器 YN 侧流通，YN 侧差动 TA 零序二次电流即为差动电流，为保证差动保护不误动，差动电流计算值中应扣除相应的零序电流分量。

（4）从理论上讲，正常运行时流入变压器的电流等于流出变压器的电流（折算值）。但由于变压器各侧额定电压不等、一次电流不同、各侧差动 TA 特性不同产生的误差，有载调压变比变化产生的误差，变压器励磁电流产生的误差等，这将使差动回路的不平衡电流增加，一般在整定计算时留有适当的裕度，以免差动保护误动。

三、差动保护的相位平衡

在电力系统中，YNd 接线的变压器高压侧绕组为 YN 形连接，低压侧绕组为△形连接，前者接大电流系统（中性点接地系统），后者接小电流系统（中性点不接地系统）。YNd 接线的变压器在电力系统应用最为普遍，所以，以下主要分析 YNd11 接线变压器的相位平衡。

对于 YNd11 接线的变压器，低压侧（△侧）三相电流 $\dot{I}_{a1}$、$\dot{I}_{b1}$、$\dot{I}_{c1}$ 分别超前高压侧（YN 侧）三相电流 $\dot{I}_{A1}$、$\dot{I}_{B1}$、$\dot{I}_{C1}$ 30°；若二次侧电流不进行相位平衡，则在正常运行时就有较大的不平衡电流，假定两侧二次电流大小相等，则差流为 0.52 倍的二次电流。

对于微机型纵差动保护，一种方法是按常规纵差动保护接线，通过电流互感器二次接线进行相位平衡，称为"外转角"方式；另一种方法是变压器各侧电流互感器二次接线同为星形接法，利用微机保护软件计算的灵活性，直接由软件进行相位平衡，称为"内转角"方式。内转角的计算方法又可分为星形侧向三角形侧平衡的算法及三角形侧向星形侧平衡的算法两种。

1. 通过电流互感器二次接线进行相位平衡（外转角）

变压器两侧电流的相位平衡可以通过 TA 二次接线实现。即在 YN 侧 TA 二次接成△接线，△侧 TA 二次接成 Y 接线。如图 5-8 所示。

由图可见，△侧一次电流在相位上超前 YN 侧一次电流 30°，YN 侧二次电流 $\dot{I}_{A2}$、$\dot{I}_{B2}$、

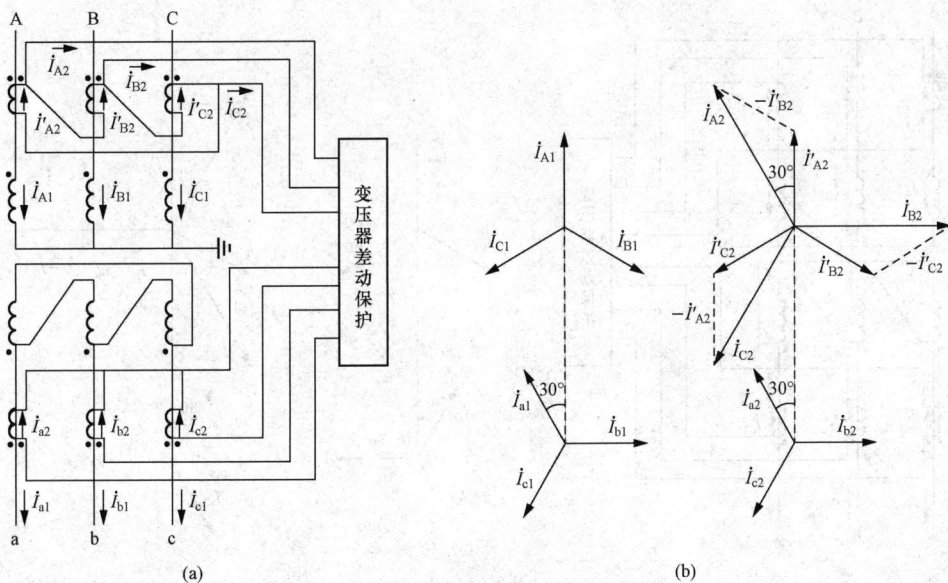

图 5 - 8　YNd11 接线变压器外转角相位平衡
(a) 接线图；(b) 相量图

$\dot{I}_{C2}$ 在相位上超前一次电流 $\dot{I}_{A1}$、$\dot{I}_{B1}$、$\dot{I}_{C1}$ 30°，d 侧二次电流 $\dot{I}_{a2}$、$\dot{I}_{b2}$、$\dot{I}_{c2}$ 与一次电流 $\dot{I}_{a1}$、$\dot{I}_{b1}$、$\dot{I}_{c1}$ 相位一致，这样使得 YN 侧和△侧二次电流均超前于 YN 侧一次电流 30°。由于二次电流在送入差动继电器前相位已经得到平衡，因此称为外转角。需要注意的是 YN 侧的二次电流大小幅值增大了 $\sqrt{3}$ 倍。

2. 用保护内部算法进行相位平衡（内转角）

微机型变压器保护各侧的 TA 二次均接成 Y 形，利用软件进行相位平衡，由于相位平衡在装置内部进行，因此称为内转角。

（1）星形侧向三角形侧相位平衡（YN 侧内转角）。YN 侧内转角原理接线图及相量图如图 5 - 9 所示。以△侧二次电流为基准，YN 侧内转角相位平衡算法如下：

YN 侧

$$
\begin{cases}
\dot{I}'_{A2} = (\dot{I}_{A2} - \dot{I}_{B2})/\sqrt{3} \\
\dot{I}'_{B2} = (\dot{I}_{B2} - \dot{I}_{C2})/\sqrt{3} \\
\dot{I}'_{C2} = (\dot{I}_{C2} - \dot{I}_{A2})/\sqrt{3}
\end{cases}
\tag{5 - 6}
$$

△侧

$$
\begin{cases}
\dot{I}'_{a2} = \dot{I}_{a2} \\
\dot{I}'_{b2} = \dot{I}_{b2} \\
\dot{I}'_{c2} = \dot{I}_{c2}
\end{cases}
\tag{5 - 7}
$$

式中　$\dot{I}_{A2}$、$\dot{I}_{B2}$、$\dot{I}_{C2}$ ——YN 侧 TA 二次电流；

　　　　$\dot{I}'_{A2}$、$\dot{I}'_{B2}$、$\dot{I}'_{C2}$ ——YN 侧平衡后的各相电流；

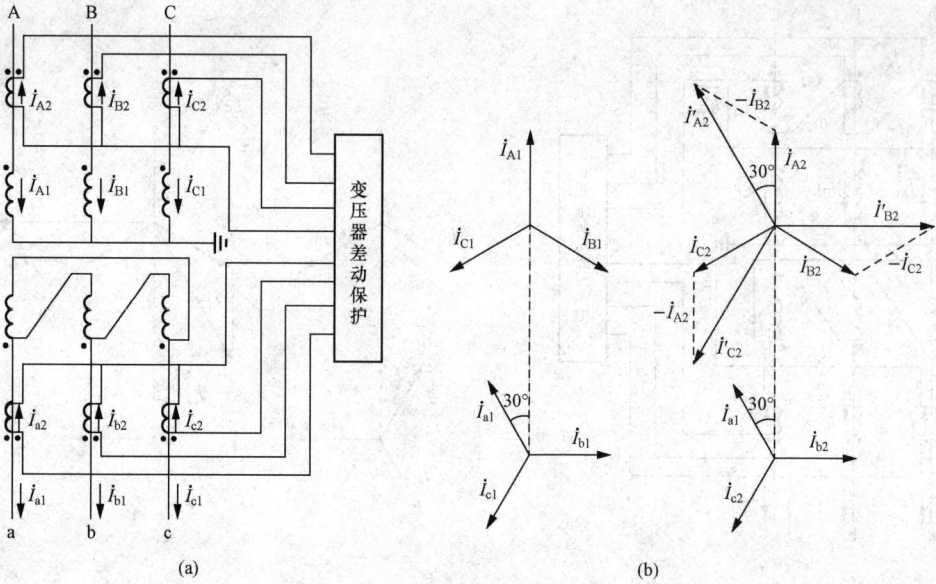

图 5 - 9　YNd11 接线变压器 Y 侧内转角相位平衡

(a) 接线图；(b) 相量图

$\dot{I}_{a2}$、$\dot{I}_{b2}$、$\dot{I}_{c2}$——△侧 TA 二次电流；

$\dot{I}'_{a2}$、$\dot{I}'_{b2}$、$\dot{I}'_{c2}$——△侧平衡后的各相电流。

经过软件平衡后，差动回路两侧电流之间的相位一致。同理，对于三绕组变压器，若采用 YNynd11 接线方式，YN 及 yn 侧的相位平衡方法都是相同的。

需要指出的是，YN 侧进行内转角与采用改变 TA 接线进行移相的方式是完全等效的。同 YN 侧外转角一样，采用二相电流差之后已经滤掉了 YN 侧不对称接地时的零序电流，△侧出线（线电流）中也无零序电流，不会造成 YN 侧区外不对称接地故障时因零序电流引起的差动保护误动。

若是其他联结组别的变压器其相位平衡的方法类似，只是选取不同相别电流的相量差而已。

（2）三角形侧向星形侧相位平衡（△侧内转角）。原理接线如图 5-9（a）所示。△侧内转角相量图如图 5-10 所示。以 YN 侧二次电流为基准，△侧内转角相位平衡算法如下：

△侧

$$\begin{cases} \dot{I}'_{a2} = (\dot{I}_{a2} - \dot{I}_{c2})/\sqrt{3} \\ \dot{I}'_{b2} = (\dot{I}_{b2} - \dot{I}_{a2})/\sqrt{3} \\ \dot{I}'_{c2} = (\dot{I}_{c2} - \dot{I}_{b2})/\sqrt{3} \end{cases} \tag{5-8}$$

YN 侧

$$\begin{cases} \dot{I}'_{A2} = \dot{I}_{A2} - \dot{I}_0 \\ \dot{I}'_{B2} = \dot{I}_{B2} - \dot{I}_0 \\ \dot{I}'_{C2} = \dot{I}_{C2} - \dot{I}_0 \end{cases} \tag{5-9}$$

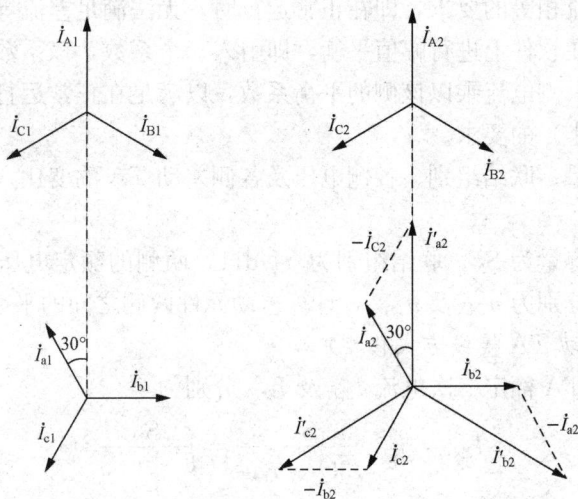

图 5-10　YNd11 接线变压器△侧内转角相位平衡相量图

式中　$\dot{I}_{a2}$、$\dot{I}_{b2}$、$\dot{I}_{c2}$——△侧 TA 二次电流；

$\dot{I}'_{a2}$、$\dot{I}'_{b2}$、$\dot{I}'_{c2}$——△侧平衡后的各相电流；

$\dot{I}_{A2}$、$\dot{I}_{B2}$、$\dot{I}_{C2}$——YN 侧 TA 二次电流；

$\dot{I}'_{A2}$、$\dot{I}'_{B2}$、$\dot{I}'_{C2}$——YN 侧平衡后的各相电流；

$\dot{I}_0$——星形侧零序二次电流。

　　经过软件平衡后，差动回路两侧电流之间的相位一致。同理，对于三绕组变压器，若采用 YNynd11 接线方式，△侧二次电流的软件算法都是相同的。

　　对于 YNd 接线的变压器，当 YN 侧线路上发生不对称接地故障（对变压器纵差保护而言是区外故障）时，YN 侧二次有零序电流，而低压侧绕组为△连接，△侧二次无零序电流。若不采取相应的措施，在变压器 YN 侧系统发生不对称接地故障时，可能使纵差保护动作而误切除变压器。所以 YN 侧平衡后的各相电流必须减去零序电流。零序电流可采用自产零序电流，即

$$\dot{I}_0 = \frac{1}{3}(\dot{I}_{A2} + \dot{I}_{B2} + \dot{I}_{C2})$$

　　应当指出，对于其他接线为 YNd 的变压器，在其纵差保护装置中，应采取虑去高压侧零序电流的措施，以防高压侧系统中接地短路时差动保护误动。其他 YNd 或 Dyn 联结组别的变压器平衡方法类似，只是在△侧选择相别不同的两个二次电流，同时 YN 或 yn 侧也必须去掉零序电流。

　　在△侧进行相位平衡，可以构成励磁涌流判据的分相制动。在变压器空投于故障时，故障相涌流很小，故障相的电流表现为故障特征，非故障相电流表现为励磁涌流特征。如果保护装置的励磁涌流闭锁判据采用分相制动，非故障相不会延误故障相差动保护的动作，当变压器空投于故障时快速跳开各侧断路器。

　　四、差动保护的幅值平衡

　　差动保护进行了相位平衡后，由于变压器各侧一次电流不等，实际选用的 TA 变比不能

完全满足各侧二次电流相等的要求，即在正常运行时，无法满足差流等于零的要求。微机型变压器保护装置采用在软件上进行幅值平衡，即引入一个系数，该系数称为平衡系数。将一侧电流作为基准，另一侧电流乘以该侧的平衡系数，以满足在正常运行和外部故障时差流等于零（实际为尽可能小）的要求。

根据变压器的容量、联结组别、各侧电压及各侧差动 TA 的变比，可以计算出差动两侧之间的平衡系数。

设变压器的额定容量为 S_N，联结组别为 YNd11，两侧的额定电压分别为 U_{1NY} 及 $U_{1N\triangle}$，两侧差动 TA 的变比分别为 n_{TAY} 及 $n_{TA\triangle}$，计算差动元件两侧之间的平衡系数 K。

1. 外转角（由差动 TA 接线方式移相）

变压器两侧差动 TA 额定二次电流 I_{2NY} 及 $I_{2N\triangle}$ 分别为

$$I_{2NY} = \sqrt{3}\,\frac{S_N}{\sqrt{3}U_{1NY}n_{TAY}} = \frac{S_N}{U_{1NY}n_{TAY}} \tag{5-10}$$

$$I_{2N\triangle} = \frac{S_N}{\sqrt{3}U_{1N\triangle}n_{TA\triangle}} \tag{5-11}$$

若以变压器低压侧（△侧）为基准侧，使 $K_h I_{2NY} = I_{2N\triangle}$，则高压侧（Y 侧）平衡系数 K_h 为

$$K_h = \frac{I_{2N\triangle}}{I_{2NY}} = \frac{U_{1NY}n_{TAY}}{\sqrt{3}U_{1N\triangle}n_{TA\triangle}} \tag{5-12}$$

2. 内转角（由软件算法移相）

变压器两侧差动 TA 额定二次电流 I_{2NY} 及 $I_{2N\triangle}$ 分别为

$$I_{2NY} = \frac{S_N}{\sqrt{3}U_{1NY}n_{TAY}} \tag{5-13}$$

$$I_{2N\triangle} = \frac{S_N}{\sqrt{3}U_{1N\triangle}n_{TA\triangle}} \tag{5-14}$$

每相差动元件两侧的计算电流为：高压侧 $I'_{2NY} = I_{2NY}$，低压侧 $I'_{2N\triangle} = I_{2N\triangle}$。若以变压器低压侧（△侧）为基准侧，使 $K_h I'_{2NY} = I'_{2N\triangle}$，则高压侧（△侧）平衡系数 K_h 为

$$K_h = \frac{U_{1NY}n_{TAY}}{U_{1N\triangle}n_{TA\triangle}} \tag{5-15}$$

若以变压器低压侧（Y 侧）为基准侧，使 $K_l I'_{2N\triangle} = I'_{2NY}$，则低压侧（△侧）平衡系数 K_l 为

$$K_l = \frac{U_{1N\triangle}n_{TA\triangle}}{U_{1NY}n_{TAY}} \tag{5-16}$$

不同厂家的保护装置平衡系数计算方法有所差异，但基本原理相同。一般需要选择一个基准侧，然后计算各侧的一次额定电流，根据实际变比计算二次电流，然后将各侧折算到基准侧，计算出相对于基准侧的平衡系数。微机型差动保护的平衡系数均由装置自动进行计算，并进行幅值平衡。尽管如此，在差动保护装置调试时，还必须掌握其计算方法，才能正确检验和判断装置动作是否正确。

以 PST-1200 和 RCS-978E 为例介绍各侧平衡系数的计算。计算结果见表 5-1。

表 5 - 1 平衡系数的计算

项目名称	各侧平衡系数计算		
	高压侧 (h)	中压侧 (m)	低压侧 (l)
额定容量 S_N (MVA)	150	150	150
额定电压 U_N (kV)	220	121	35
绕组连接方式	YN	y	△
TA 变比 n_{TA}	$600/5=120$	$1600/5=320$	$3000/5=600$
TA 接线方式	Y	Y	Y
TA 二次电流 (A)	$\dfrac{S_e}{\sqrt{3}U_h n_h}=3.28$	$\dfrac{S_e}{\sqrt{3}U_m n_m}=2.237$	$\dfrac{S_e}{\sqrt{3}U_l n_l}=4.124$
PST - 1200 平衡系数 (高压侧为基准)	1	$K_m=\dfrac{3.28}{2.237}=1.466$	$K_l=\dfrac{3.28}{4.124}=0.795$
RCS - 978E 平衡系数 (二次电流最小侧为基准)	$K_h=\dfrac{2.237}{3.28}\times1.843=1.257$	$K_b=\dfrac{4.124}{2.237}=1.843$ $K_m=K_b=1.843$	$K_l=\dfrac{2.237}{4.124}\times1.843=1$
PST - 1200 平衡后 二次额定电流 (A)	$I_{2Nh}=1\times3.28=3.28$	$I_{2Nm}=2.237\times1.466=3.279$	$I_{2Nl}=4.124\times0.795=3.278$
RCS - 978E 平衡后 二次额定电流 (A)	$I_{2Nh}=3.28\times1.257=4.123$	$I_{2Nm}=2.237\times1.843=4.123$	$I_{2Nl}=4.124\times1=4.124$

RCS 系列的变压器保护装置各侧平衡系数计算公式为

$$K=\frac{I_{2Nmin}}{I_{2N}}K_b \tag{5-17}$$

式中　I_{2N}——变压器计算侧二次额定电流；

　　　I_{2Nmin}——变压器各侧二次额定电流值中最小值；

　　　K_b——最大二次额定电流与最小二次额定电流的比值，即 $K_b=\dfrac{I_{2Nmax}}{I_{2Nmin}}$；

　　　I_{2Nmax}——变压器各侧二次额定电流值中最大值。

若最大二次额定电流与最小二次额定电流的比值小于 4，则取放大倍数最小的一侧的平衡系数为 1，其他侧依次放大；若最大二次额定电流与最小二次额定电流的比值大于 4，则取放大倍数最大的一侧的平衡系数为 4，其他侧依次减小。

从表 5 - 1 可以看出经过幅值平衡后所有各侧的二次电流均相同了。表中平衡系数的计算考虑了采用两相电流差进行相位平衡时已除以 $\sqrt{3}$。

五、变压器差动保护比率制动特性

1. 比率制动式差动保护的概念

若差动保护动作电流是固定值，就必须按躲过区外故障差动回路最大不平衡电流来整定，定值就高，图 5 - 11 中需大于 I_{cd2}，差动保护不能灵敏动作。反之若考虑区内故障差动保护能

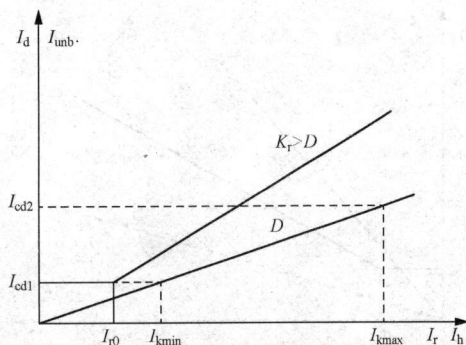

图 5 - 11　比率制动特性

灵敏动作，就必须降低差动保护定值 I_{cd1}，D 为外部短路时差动回路的最大不平衡电流，但此时区外故障时差动保护就可能误动。

所谓比率制动式差动保护，其动作电流是随外部短路电流按比例增大，即能保证外部短路不误动，又能保证内部故障有较高的灵敏度。

2. 和差式比率制动的差动保护原理

在图 5-12 中，如果以流入变压器的电流方向作为参考正方向，即流入为正，流出为负。那么差动电流 I_d 为

$$I_d = | \dot{I}_h + \dot{I}_l | \tag{5-18}$$

为了使区外故障时获得最大制动作用，区内故障时制动作用最小，则制动电流 I_r 为

$$I_r = \frac{| \dot{I}_h - \dot{I}_l |}{2} \tag{5-19}$$

式中　　$\dot{I}_h$、$\dot{I}_l$——分别为高、低压二次电流。

由以上两式可见（不计差动回路中的不平衡电流）：

区外故障（k_1）点时，$\dot{I}_h = -\dot{I}_l$，$I_d = 0$ 最小，$I_r = I_h = I_l$ 最大，差动保护可靠不误动。

区内故障（k_2）点时，$\dot{I}_h = \dot{I}_l$，$I_d = 2I_h = 2I_l$ 最大，$I_r = 0$ 最小，差动保护灵敏动作。

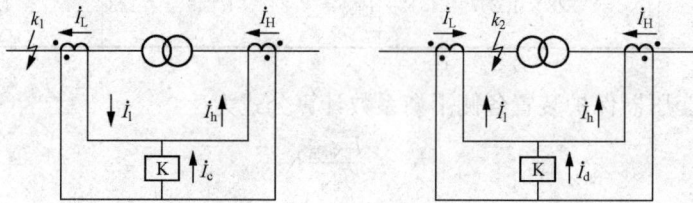

图 5-12　和差式比率制动的差动保护原理

在微机型变压器保护装置中，差流的计算方法基本相同，而制动电流的计算方法有所不同，例如采用高低压侧 TA 二次电流的最大值作为制动电流，即 $I_r = \max\{| \dot{I}_h |, | \dot{I}_l |\}$。

3. 比率制动特性

由于电流互感器特性存在差异（尤其电流互感器饱和时），以及有载调压使变压器变比发生变化等产生不平衡电流 I_{unb}，另外内部电流补偿计算存在一定误差，在正常运行时差动回路中仍有少量的不平衡电流。其值等于这两部分之和。区内故障时 I_d 最大，I_r 为最小，一般不为零，也就是区内故障时仍带有一定的制动量，即使这样差动保护的灵敏度仍然很高。

以差动电流 I_d 为纵轴，制动电流 I_r 为横轴，微机型差动保护的二折线比率制动特性曲线如图 5-13 所示，a、b 线表示差动保护动作值，也就是 a、b 线上方为动作区，下方为制动区。a、b 线的交点称为拐点，该点的制动电流称为拐点电流。c 线表示区内故障时的差动电流，d 线表示区外故障时的差动电流（不平衡电流

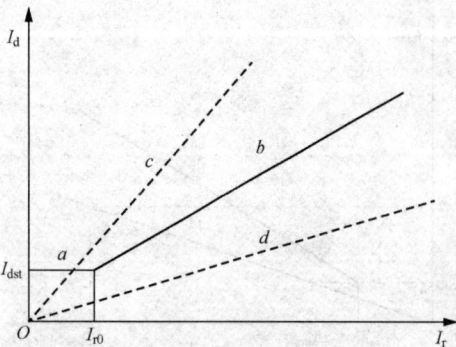

图 5-13　比率制动特性曲线

I_{unb}），由于正常运行时差动回路存在不平衡电流，为防止误动，所以差动保护的动作电流的整定值必须大于正常运行时的最大不平衡电流。I_{dst}为差动元件最小动作电流，也称差动门槛值；I_{r0}为拐点电流，即开始有制动作用时的最小制动电流。

由图 5 - 13 可见，差动元件的比率制动特性为

$$\begin{cases} I_d \geqslant I_{dst} & (I_r \leqslant I_{r0}) \\ I_d \geqslant I_{dst} + K(I_r - I_{r0}) & (I_r > I_{r0}) \end{cases} \qquad (5 - 20)$$

式中　K——比率制动系数。

影响比率制动动作特性的因素有三个，即差动门槛值、拐点电流和比率制动系数。

（1）差动门槛值提高。使差动保护动作区域缩小，降低了保护的灵敏度，但使缓冲区域增加，躲区外故障不平衡电流的能力增加，保护误动可能性降低。反之，若降低差动门槛值，躲区外故障不平衡电流的能力降低，但增加了保护的灵敏度。

（2）拐点电流增加。使差动保护动作区域增加，增加了保护的灵敏度，但使缓冲区域减少，躲区外故障不平衡电流的能力减弱，保护误动可能性增大。反之，若降低拐点电流，降低了保护的灵敏度，但躲区外故障不平衡电流的能力增加。

（3）比率制动系数 K 值增加。使差动保护动作区域减少，降低了保护的灵敏度，但使缓冲区域增加，躲区外故障不平衡电流的能力相应增加，保护误动可能性降低。反之，若降低 K 值，躲区外故障不平衡电流的能力降低，保护误动的可能性加大，但增加了保护的灵敏度。

4. 三折线比率制动特性

微机型差动保护广泛采用的三折线比率制动特性，如图 5 - 14 所示。

特性曲线有 2 个拐点，拐点电流分别为 I_{r0}、I_{r1}，其大小由保护装置软件设定。如 CSC - 326G 保护装置中，I_{r0} 设定为 $0.6I_e$（二次额定电流）；I_{r1} 设定为 $4I_e$。比率制动系数设定为 $K_1 = 0.2$，$K_2 = 0.5$，$K_3 = 0.7$。

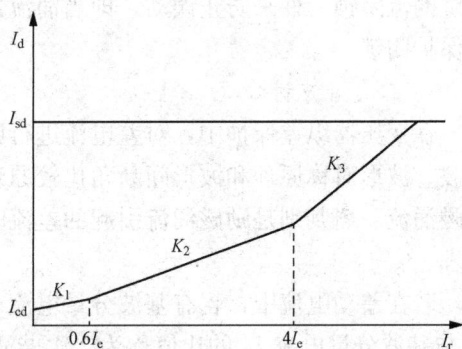

图 5 - 14　三折线比率制动特性

在图 5 - 14 中，当装置计算得到差动电流 I_d 和制动电流 I_r 所对应的工作点位于三折线的上方（动作区），差动元件动作。

其动作方程为

$$\begin{cases} I_d > K_1 I_r + I_{cd} & (I_r \leqslant 0.6I_e) \\ I_d > K_2(I_r - 0.6I_e) + 0.12I_e + I_{cd} & (0.6I_e \leqslant I_r \leqslant 4I_e) \\ I_d > K_3(I_r - 4I_e) + K_2 \times 3.4I_e + 0.12I_e + I_{cd} & (I_r > 4I_e) \end{cases} \qquad (5 - 21)$$

$$\begin{cases} I_r = \dfrac{1}{2} \sum_{i=1}^{m} |\dot{I}_i| \\ I_d = \left| \sum_{i=1}^{m} \dot{I}_i \right| \end{cases} \qquad (5 - 22)$$

式中　$\dot{I}_i$——变压器各侧二次电流（$i = 1, \cdots, m$）；

　　　I_{cd}——稳态比率差动启动定值。

六、励磁涌流闭锁元件

1. 励磁涌流及对保护的影响

正常运行时变压器的励磁电流很小，通常只有（3％～6％）I_N（变压器额定电流）或更小，所以差动回路中的不平衡电流也很小。外部短路时，由于系统电压降低，励磁电流也不大，差动回路中的不平衡电流也较小。但在变压器进行空载合闸或外部短路故障切除电压突然增加时，就会出现很大的励磁电流，这种暂态过程中的变压器励磁电流就称为励磁涌流。励磁涌流的最大值可达额定电流的 4～10 倍。

励磁涌流具有如下特点：

（1）包含有很大成分的非周期分量，约占基波的 60％～80％，涌流偏向时间轴的一侧。

（2）包含有大量的高次谐波，以二次谐波为主，约占基波 30％～40％以上。

（3）波形具有间断角，且间断角很大，通常大于 60°。

（4）在一个周期内正半波与负半波不对称。

（5）在同一时刻三相涌流之和近似等于零。

（6）励磁涌流幅值大且是衰减的。衰减的速度与合闸回路电阻、变压器绕组中的等效电阻及电感有关。对于中、小型变压器的励磁涌流最大可达额定电流的 10 倍以上，且衰减较快；对于大型变压器一般不超过额定电流的 4.5 倍，但衰减慢，时间较长。

励磁涌流对变压器本身没有多大影响，但因励磁涌流仅在变压器一侧流通，进入差动回路形成了很大的不平衡电流，如不采取措施将会使差动保护误动。在微机差动保护装置中，通过涌流闭锁元件来防止误动，即当涌流判别元件识别出差动电流是励磁涌流产生时，将差动保护闭锁。

2. 二次谐波制动

在变压器纵差保护中，对差电流进行励磁涌流特征的判别。在工程中得到应用的有二次谐波、波形对称原理和波形间断角比较原理，目前主要应用二次谐波、波形对称原理来判别励磁涌流。当判别是励磁涌流引起的差流时，将差动保护闭锁。下面主要讨论二次谐波制动原理。

若在差动电流中，含有基波分量电流 $I_{1\omega}$ 和二次谐波分量电流 $I_{2\omega}$，将二次谐波分量电流 $I_{2\omega}$ 与基波分量电流 $I_{1\omega}$ 的比值称为二次谐波制动比 $K_{2\omega}$，即

$$K_{2\omega} = \frac{I_{2\omega}}{I_{1\omega}} \tag{5-23}$$

当二次谐波制动比 $K_{2\omega}$ 大于整定值 $K_{2\omega \cdot set}$ 时闭锁差动保护，反之小于整定值 $K_{2\omega \cdot set}$ 时开放差动保护，即

$$K_{2\omega} > K_{2\omega \cdot set}$$

或

$$I_{2\omega} > K_{2\omega \cdot set} I_{1\omega}$$

式中　$K_{2\omega \cdot set}$——二次谐波制动比的整定值，通常取 15％。

七、差动速断元件

由于变压器纵差保护设置了涌流闭锁元件，采用二次谐波及波形对称原理判据，若判断为励磁涌流引起的差流时，会将差动保护闭锁。一般情况下，比率制动的差动保护作为变压器的主保护已满足要求了。但当变压器内部发生严重短路故障时，由于短路电流很大，TA严重饱和使交流暂态传变严重恶化，TA二次电流的波形将发生畸变，含有大量的高次谐波

分量。若采用涌流判据来判断此时差流产生的原因，一是需要时间，使差动保护延缓动作而不能迅速切除故障。二是若涌流判别元件误判成差流是励磁涌流产生的，闭锁差动保护，将造成变压器严重损坏的后果。

为克服上述缺点，差动保护都配置了差动速断元件。差动速断没有制动量，差动速断元件只反映差流的有效值，不管差流的波形是否畸变及谐波分量的大小，只要差流的有效值超过整定值，将迅速动作，跳开变压器各侧断路器，把变压器从电网上切除。差动速断动作一般在半个周期内实现。而决定动作的测量过程在四分之一周期内完成，此时 TA 还未严重饱和，能实现快速正确切除故障。

差动速断动作判据
$$I_d > I_{sd} \tag{5-24}$$
式中　I_{sd}——差动速断整定值。

差动速断元件的整定值应按躲过变压器励磁涌流来确定，即
$$I_{sd} = K I_n \tag{5-25}$$
式中　K——系数，一般取 2～8；

I_n——变压器差动 TA 二次额定电流。

八、差流越限告警

正常情况下，监视各相差流异常，延时 5s 发出告警信号。差流越限告警判据为
$$I_{d\Phi} > K_{yx} I_{cd} \tag{5-26}$$
式中　$I_{d\Phi}$——各相差动电流；

K_{yx}——装置内部固定的系数（取 0.3）；

I_{cd}——差动保护启动电流定值。

九、TA 断线闭锁元件

为确保差动保护的动作灵敏度，采用比率制动特性的差动元件的启动电流很小。当差动元件某侧 TA 二次的一相或两相断线时，差动电流就是断线相上的负荷电流，差动保护可能误动。所以在微机型变压器差动保护中，均设置有 TA 断线闭锁元件。在变压器运行时，一旦出现差动 TA 二次回路断线，立即发出信号并根据需要将差动保护闭锁。

1. TA 断线闭锁元件的原理

正常运行时，判断 TA 断线，是通过检查所有相别的电流中有一相或两相无流且存在差流，即判为 TA 断线。

在变压器正常运行时，理想情况下，TA 二次三相电流之和应等于零。即
$$3\dot{I}_0 = \dot{I}_a + \dot{I}_b + \dot{I}_c = 0 \tag{5-27}$$
若 TA 二次回路中一相断线时，如 C 相断线，则
$$3\dot{I}_0 = \dot{I}_a + \dot{I}_b \neq 0 \tag{5-28}$$
根据以上原理提出以下 TA 二次回路断线闭锁判据
$$\begin{cases} |\dot{I}_a + \dot{I}_b + \dot{I}_c + 3\dot{I}_0| > \varepsilon_1 \\ |3\dot{I}_0| \leqslant \varepsilon_2 \end{cases} \tag{5-29}$$
式中　ε_1、ε_2——门槛值，可根据不平衡差流的大小确定；

$3\dot{I}_0$——零序电流，TA 二次值；

$\dot{I}_a$、$\dot{I}_b$、$\dot{I}_c$——分别为 TA 二次 a、b、c 三相电流。

满足式（5-29）判断为 TA 断线，发告警信号，同时根据需要将差动保护闭锁。显然当差动保护用的 TA 发生一相或两相断线时，都可以满足式（5-29）。如果在变压器内部或外部发生短路故障时，不可能同时满足以上两个条件。

这种判别 TA 断线的方法的缺点是还需要引入另一个 TA 的 $3\dot{I}_0$。

目前，在微机型保护装置中，也可以根据电流变化情况、变化趋势及电流值大小来判断 TA 断线。当测量出只有变压器一侧的电流发生了变化，且变化趋势是电流由大向小变化、而电流值小于额定电流时，被判为电流变化侧的 TA 断线。当变压器各侧电流均发生变化，且电流变化趋势是由小向大变化，而变化后电流的幅值又大于额定电流，则说明电流的变化是由故障引起的。

在有电流突变时，判据如下：

（1）发生突变后电流减小（发生短路故障时电流增大）。

（2）本侧三相电流中有一相或两相无流，且另一侧三相电流无变化。

满足以上条件时判为 TA 二次回路断线。TA 二次断线后，发出告警信号，并可选择闭锁或不闭锁差动保护出口。

2. TA 断线闭锁还采用差动保护是否启动来区别对待 TA 回路异常

如果启动元件未启动，当任一相差流大于 TA 报警差流定值，经长延时发出差流异常报警信号，此时不闭锁差动保护。如果启动元件已经启动，若出现任一侧任一相间电压有变化量；或任一侧出现负序分量；或任一侧任一相电流比启动前增加三种情况，说明系统中有故障，开放差动保护。如果启动元件已经启动，但没出现以上三种情况经延时发报警信号并根据需要闭锁差动保护。

3. 关于 TA 断线闭锁元件的说明

众所周知，运行中的 TA 二次回路不能开路。如果 TA 二次回路开路，将在开路点的两侧产生很高的电压，危及人身及二次设备的安全。另外，在开路点可能产生电弧，烧坏接线及端子，甚至引起火灾。

因此 GB/T 14285—2006《继电保护和安全自动装置技术规程》规定在 TA 断线时允许差动保护跳闸，在 TA 断线时为保证人身及设备安全可不闭锁差动保护。即使设置 TA 断线闭锁差动保护，在 TA 回路异常信号出现时应及时处理，因为在轻负荷下 TA 断线差流较小，保护往往也未启动，差动保护不会动作，但在负荷增大或外部故障时将引起误动，所以务必重视 TA 回路异常信号的处理和检验。

运行实践表明，变压器的容量越大、TA 变比越大，TA 二次回路开路的危害越严重。因此，对于大容量的变压器，由于 TA 的变比很大，TA 断线闭锁元件只发报警信号而不闭锁差动保护。当差动保护 TA 二次开路时，差动保护动作切除变压器，以防止人身伤害及设备损坏的事故。

同时需要提醒的是，在检修中误将差动保护的 TA 二次回路短接或误碰，造成差动的 TA 二次回路分流，可能造成差动保护误动，需要做好相关的安全措施。

十、过励磁闭锁元件

运行中的变压器，当电网电压升高或频率下降时，将引起励磁电流的增加，即变压器过励磁。由于励磁电流增加，使变压器纵差保护中的不平衡电流增加，将导致纵差保护误动。

造成变压器过励磁的原因，由变压器的运行原理可知，运行中的变压器，如不计漏阻抗

上电压降时，铁芯中的磁感应强度 B_m 与外加电压 U 的大小成正比，与电网频率 f 成反比。即

$$U = 4.44fNB_mS \tag{5-30}$$

式中　N——变压器一次绕组匝数；

　　　S——铁芯截面积。

由式（5-30）可得，变压器铁芯中的磁感应强度 B_m 为

$$B_m = \frac{U}{4.44fNS} = K(U/f) \tag{5-31}$$

式中　K——变压器的结构系数，对已制造好的变压器为一常数 $K=1/4.44NS$。

由上式可见，变压器铁芯中的磁感应强度 B_m 决定于 U/f。当电网电压升高或频率下降时，将引起磁感应强度 B_m 增加。

电力变压器铁芯一般采用冷轧硅钢片叠成，其饱和磁感应强度为 $1.9 \sim 2.0T$。变压器额定运行时，铁芯中的额定磁感应强度 $B_N = 1.7 \sim 1.8T$，两者已很接近。所以当电压与频率比值 U/f 增加时，工作磁感应强度 B 增加，铁芯中主磁通 $\varPhi_m$ 增加。而主磁通 $\varPhi_m$ 是由励磁电流 i_μ 产生的，由磁化曲线可知，励磁电流 i_μ 增大。特别是铁芯饱和后，将导致励磁电流急剧增加，这就是变压器过励磁的原因。

由于变压器过励磁时，励磁电流 i_μ 是非正弦波形，而呈尖顶波形，除基波分量外，还有高次谐波分量，虽然过励磁电流波形严重非正弦，但波形对称不含有非周期分量和偶次谐波分量，可见过励磁时励磁电流与空负荷合闸时的励磁涌流有着本质的区别，因此励磁涌流的判据（二次谐波、波形对称原理）不能用来作为过励磁的判据。

由于过励磁时谐波分量主要以三次谐波电流 $i_{\mu3}$ 和五次谐波电流 $i_{\mu5}$ 为主。但因变压器内部短路故障 TA 饱和时同样会出现三次谐波，因此不宜用三次谐波电流 $i_{\mu3}$ 来判别过励磁，应采用五次谐波电流 $i_{\mu5}$ 来判别过励磁，以克服过励磁对纵差保护的影响。

通常采用五次谐波制动比 $K_{5\omega}$ 来衡量五次谐波电流的制动能力。所谓五次谐波制动比 $K_{5\omega}$ 是指差动电流中的五次谐波分量 $I_{5\omega}$ 与基波分量 $I_{1\omega}$ 的比值，即

$$K_{5\omega} = \frac{I_{5\omega}}{I_{1\omega}} \tag{5-32}$$

当五次谐波制动比 $K_{5\omega}$ 大于整定值 K_5 时闭锁差动保护，反之小于整定值 K_5 时开放差动保护。即满足下式时，将差动保护闭锁。

$$K_{5\omega} > K_5$$

或

$$I_{5\omega} > K_5 I_{1\omega}$$

与二次谐波制动比 K_2 相似，五次谐波制动比的定值 K_5 越大，差动保护躲变压器过励磁的能力越差；反之，五次谐波制动比 K_5 越小，差动保护躲变压器过励磁的能力越强。通常取五次谐波制动比 K_5 为 0.3。

过励磁倍数过高，不再闭锁差动保护。因为此时正比于 B_m^2（B_m 为磁感应强度）的铁损耗和正比于 I^2（I 为电流）的铜损耗及漏磁通在油箱壁及金属构架中产生的涡流损耗大大增加。这些损耗转变成热量，使变压器温度迅速升高，造成变压器严重过热。此时开放差动保护，把变压器从电网上切除。

十一、TA 饱和识别元件

由于 TA 的容量、测量范围、负荷性质及价格等多种原因，变压器差动保护各侧（尤其

是低压侧）的差动 TA 不易选择到合适的变比与特性，这样可能会造成在变压器发生区外短路时 TA 饱和及暂态特性不一致，引起差动保护误动。这种情况在低压侧短路时最易出现。因此比率制动的差动保护应设置 TA 饱和识别元件。

TA 饱和识别元件可利用二次电流中的二次和三次谐波分量来判别 TA 是否饱和，其表达式为

$$\begin{cases} I_{\phi 2} > K_{\phi 2} I_{\phi 1} \\ I_{\phi 3} > K_{\phi 3} I_{\phi 1} \end{cases} \tag{5-33}$$

式中　$I_{\phi 2}$、$I_{\phi 3}$——TA 二次电流中的二次、三次谐波分量；

　　　　$I_{\phi 1}$——TA 二次电流中的基波谐波分量；

　　$K_{\phi 2}$、$K_{\phi 3}$——二次、三次谐波系数。

运行中某相出现差流，当满足式（5-33）时，则认为该相差流是 TA 饱和引起的，闭锁差动保护。

十二、变压器差动保护逻辑框图

变压器的比率差动保护，由分相差动元件、涌流闭锁元件、差动速断元件、过励磁闭锁元件及 TA 断线判别元件等构成。涌流闭锁方式可采用二次谐波比最大相（"或"门）闭锁方式或采用分相闭锁。逻辑框图如图 5-15～图 5-17 所示。

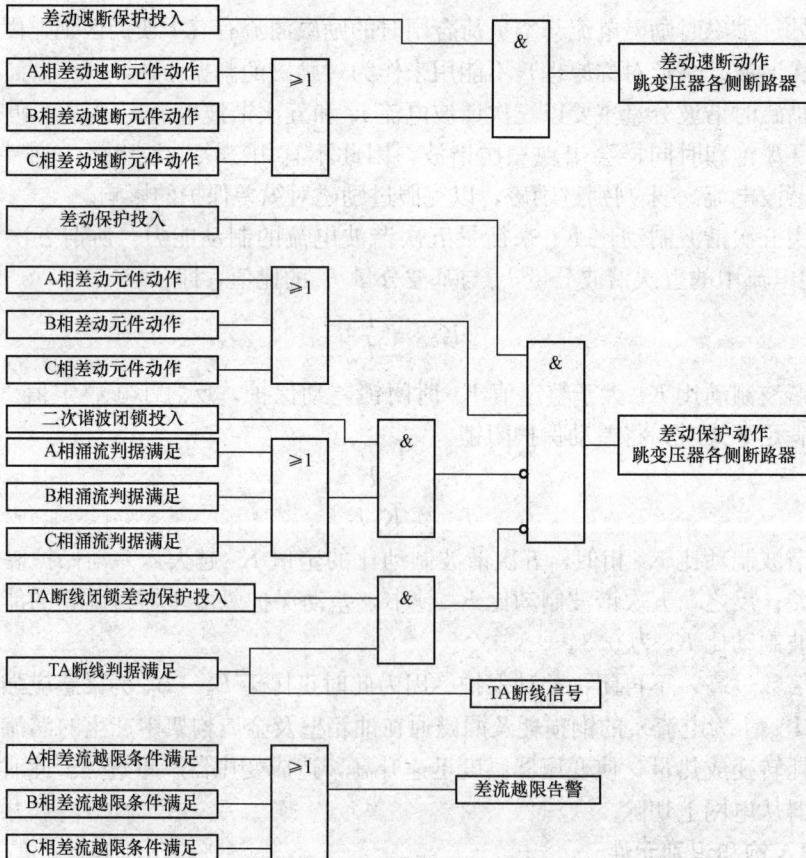

图 5-15　（"或"门）闭锁方式差动保护逻辑框图

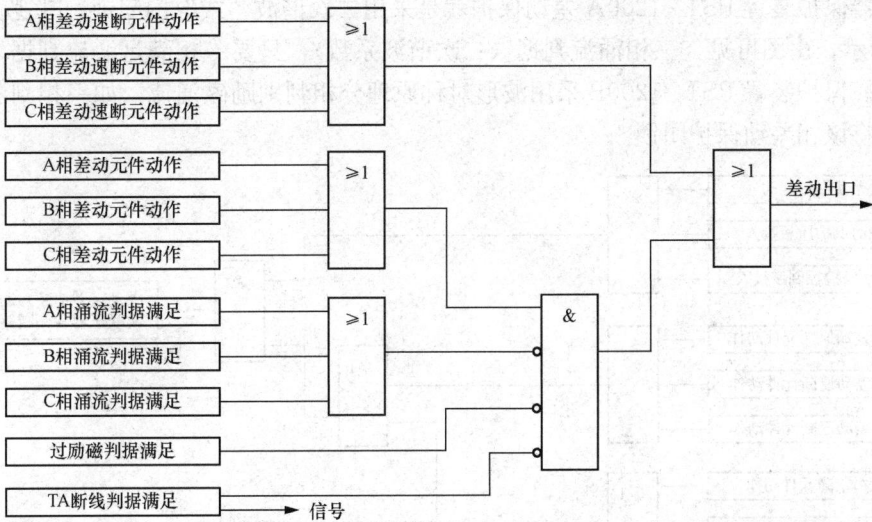

图 5-16   ("或"门) 闭锁方式差动保护逻辑框图

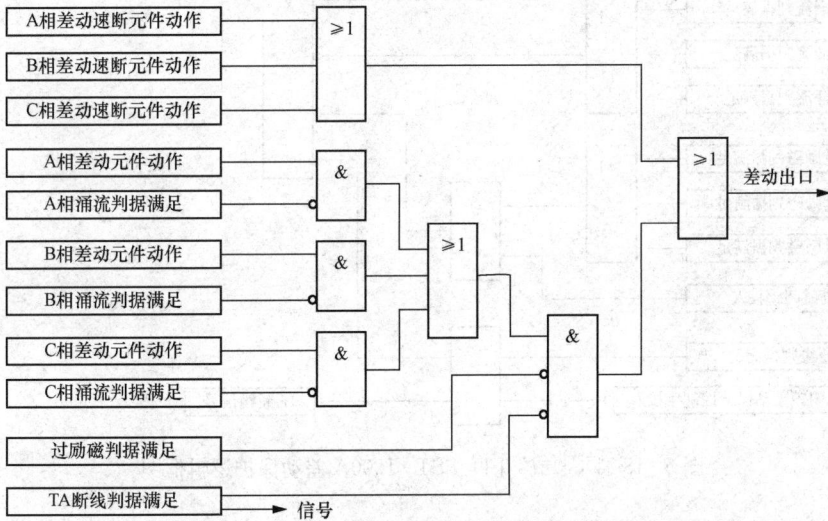

图 5-17   ("或"门) 分相闭锁式差动保护逻辑框图

涌流或门闭锁方式，是指在三相涌流闭锁元件中，只要有一相满足闭锁条件，立即将三相差动元件全部闭锁。而涌流分相闭锁方式，是指某相的涌流闭锁元件只对本相的差动元件有闭锁作用，而对其他相无闭锁作用。分相闭锁方式的优点是：如果空投变压器时发生内部故障，保护能迅速而可靠动作并切除变压器，而或门闭锁方式的差动保护，则有可能拒动或延缓动作。

由于变压器空投时，三相励磁涌流是不相同的，即各相励磁涌流的波形、幅值及二次谐波的含量是不相同的。变压器空负荷合闸时的录波表明，在某些条件下，三相涌流之中的某一相可能不满足闭锁条件。此时，若采用或门闭锁的纵差保护，空投变压器时不易误动。而采用分相闭锁方式的差动保护，空投变压器时容易误动。

变压器保护装置 PST-1200A 差动保护就是采用二次谐波"或"门闭锁，其逻辑框图如图5-18所示。由图可见，三相涌流判据（二次谐波系数），只要一相满足涌流判据，就闭锁差动保护。保护装置 PST-1200B 采用波形对称原理分相判别励磁涌流，如一相判断波形不对称，就将该相差动保护闭锁。

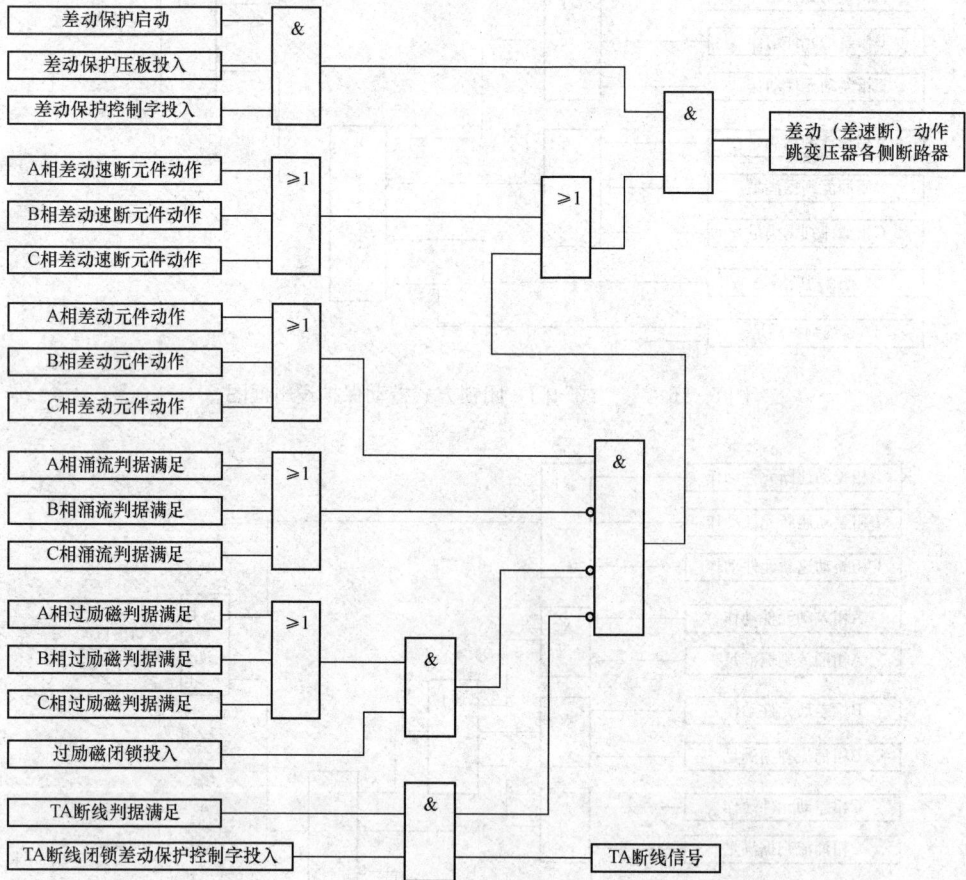

图5-18　（"或"门）PST-1200A 差动保护逻辑框图

十三、其他差动保护

1. 工频变化量比率制动特性的差动保护

由于变压器的负荷电流是穿越性的，因此当发生内部短路故障时负荷电流总起制动作用。为提高灵敏度，特别是匝间短路故障时的灵敏度，应将负荷电流从制动电流中去除。因而可采用故障分量的比率制动特性，即工频变化量比率制动特性，如图5-19所示，其中 $\Delta I_{dst} = 0.2 I_n$ 称为固定门槛值，$K_1 = 0.6$、$K_2 = 0.75$ 为固定值，由软件设定。工频变化量比率制动特性可表示为

$$\begin{cases} \Delta I_d > 1.25 \Delta I_{dh} + 0.2 I_n \\ \Delta I_d > 0.6 \Delta I_r & (\Delta I_r \leqslant 2 I_n) \\ \Delta I_d > 0.75 \Delta I_r - 0.3 I_n & (\Delta I_r > 2 I_n) \end{cases} \tag{5-34}$$

式中　ΔI_{dh}——浮动门槛，随着工频变化量动作电流的增加而自动提高，取1.25倍可以使

门槛值始终高于不平衡输出，保证在系统振荡或频率偏移时保护不误动；

ΔI_d——工频变化量动作电流，是变压器各侧相电流故障分量的相量和 $\Delta I_d = |\Delta \dot{I}_1 + \Delta \dot{I}_2 + \Delta \dot{I}_3 + \cdots + \Delta \dot{I}_n|$；

ΔI_r——工频变化量制动电流，是变压器各侧相电流故障分量的标量和（绝对值和）的最大值，取最大相制动电流有利于防止非故障相误动 $\Delta I_r = \max\{|\Delta \dot{I}_1| + |\Delta \dot{I}_2| + |\Delta \dot{I}_3| + \cdots + |\Delta \dot{I}_n|\}$。

工频变化量比率制动的差动保护按相叛别，当满足式（5-34）时，工频变化量比率制动的差动保护动作，经过涌流判别元件、过励磁元件后出口。由于工频变化量比率制动系数可取较高数值，其本身的特性就决定了区外故障时，抗 TA 暂态和稳态饱和的能力较强。

2. 分侧差动保护

（1）构成原理及特点。分侧差动保护是将变压器 Y 侧绕组作为被保护对象，在每相绕组两端（自耦变压器用三端）设置电流互感器而实现分相的分侧差动保护。其原理接线如图 5-20 所示。显然分相的差动保护要求每相绕组的中性点引出到箱体外，以便装设差动 TA。目前大容量的自耦变压器都是单相式的，高、中及公共绕组都是引出到箱体外，便于构成分相差动保护。

该分侧差动保护所用的电流是同一支路的电流，它们之间没有电磁耦合关系。因此这种保护的最大优点是不受变压器励磁电流、励磁涌流、带负荷调压及过励磁的影响。与变压器纵差保护相比，其构成简单，不需要涌流闭锁元件、差动速断元件及过励磁闭锁元件。

分侧差动保护的另一个优点是由于带负荷调压在差动回路中不产生不平衡电流；且由于两端 TA 中流过同一电流，可取同型号及同变比的 TA，不平衡电流较小，因此动作电流可以整定较低，所以对于 Y 侧的各种故障（除匝间短路外）比纵差保护灵敏度高。

对于变压器发生匝间短路（不接地）故障时，无论发生在 Y 侧还是 △ 侧，Y 侧电源都会提供短路电流。如果 Y 侧中性点接地，还会出现零序电流。但对于只差接变压器一侧同相绕组的分侧差动保护来说，上述短路电流或零序电流是一个穿越性电流，所以分侧差动保护不能保护匝间短路，这是它的一个缺点。但对发生匝间短路并接地的故障时，分侧差动保护仍有保护作用。

在三相自耦变压器上，分别在高压输出端、中压输

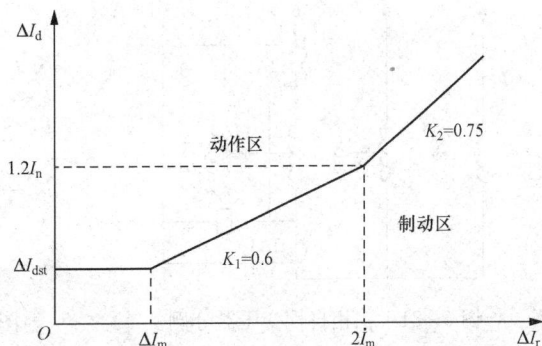

图 5-19　工频变化量比率制动特性

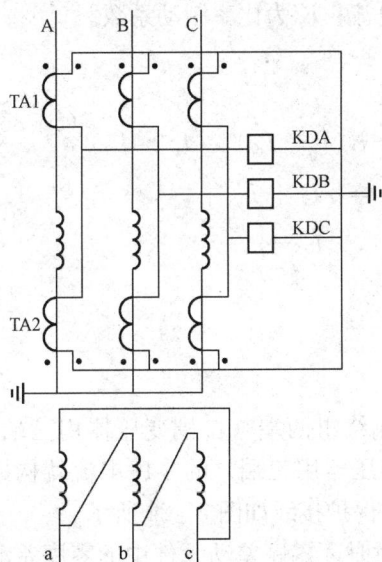

图 5-20　分侧差动保护原理接线
TA1、TA2—分侧差动两侧 TA；
KDA、KDB、KDC—差动元件

出端及公共绕组侧设置 TA。可构成分相的分侧差动保护，作为 Y 侧（除匝间短路外）各种短路故障的保护。以一相（C 相）差动为例，其原理接线如图 5‑21 所示。

（2）逻辑框图。以图 5‑20 所示的分侧差动保护为例，其逻辑框图如图 5‑22 所示。$\dot{I}_A$、$\dot{I}_B$、$\dot{I}_C$ 分别为变压器绕组首端侧差动 TA1 二次 A、B、C 三相电流；$\dot{I}_{AN}$、$\dot{I}_{BN}$、$\dot{I}_{CN}$ 分别为变压器绕组末端侧差动 TA2 二次 A、B、C 三相电流。由图可见，三相分相差动元件中，只要有一相动作，便立即将变压器从电网上切除。

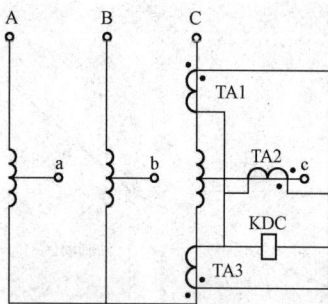

图 5‑21　三相自耦变压器分侧
差动保护原理接线

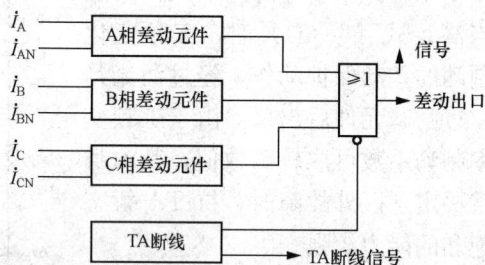

图 5‑22　变压器分侧差动保护逻辑框图

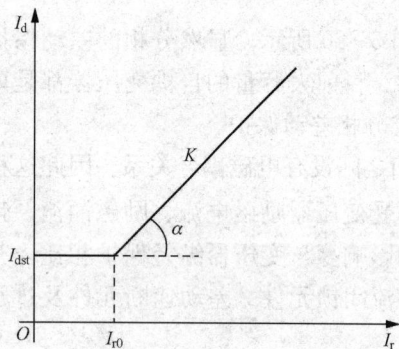

图 5‑23　分侧差动元件的动作特性

（3）分侧差动元件的动作特性。变压器分侧差动元件的动作特性与纵差元件的动作特性相似。不同的是整定值。以差动电流 I_d 为纵轴，制动电流 I_r 为横轴，分侧差动保护的二折线比率制动特性曲线如图 5‑23 所示。I_{dst} 为差动元件最小动作电流，也称差动门槛值；I_{r0} 为拐点电流；K 为比率制动系数。

其动作方程为

$$\begin{cases} I_d \geqslant I_{dst} & (I_r \leqslant I_{r0}) \\ I_d \geqslant I_{dst} + K(I_r - I_{r0}) & (I_r > I_{r0}) \end{cases} \quad (5-35)$$

其中　　　　　$I_d = |\dot{I}_\phi + \dot{I}_{\phi N}|$

$$I_r = |\dot{I}_\phi - \dot{I}_{\phi N}| \text{ 或 } I_r = \max\{|\dot{I}_\phi|, |\dot{I}_{\phi N}|\}$$

式中　　$\dot{I}_\phi$——变压器绕组首端侧 TA 二次 a、b、c 相电流；

$\dot{I}_{\phi N}$——变压器绕组末端侧 TA 二次 a、b、c 相电流。

3. 零序差动保护

（1）构成原理及特点。分侧差动保护是用变压器 Y 侧绕组两端（自耦变压器用三端）的相电流构成差动保护的。如果用 Y 侧绕组两端（自耦变压器用三端）的零序电流就构成了零序纵差保护。联结组别为 YNd11 的变压器，零序纵差保护接线如图 5‑24 所示。

保护区外故障，如图 5‑24（a）中 K1 点发生短路故障时，零序差动元件中的零序差动电流 $\dot{I}_{0d} = \dot{I}_{01} + \dot{I}_{03} = 0$，于是零序差动元件 KDZ 不会动作。

事实上由于 TA1 与 TA3 变比不等，会存在不平衡零序差流，故应进行电流平衡调整，令电流平衡系数 K_{ph0} 为

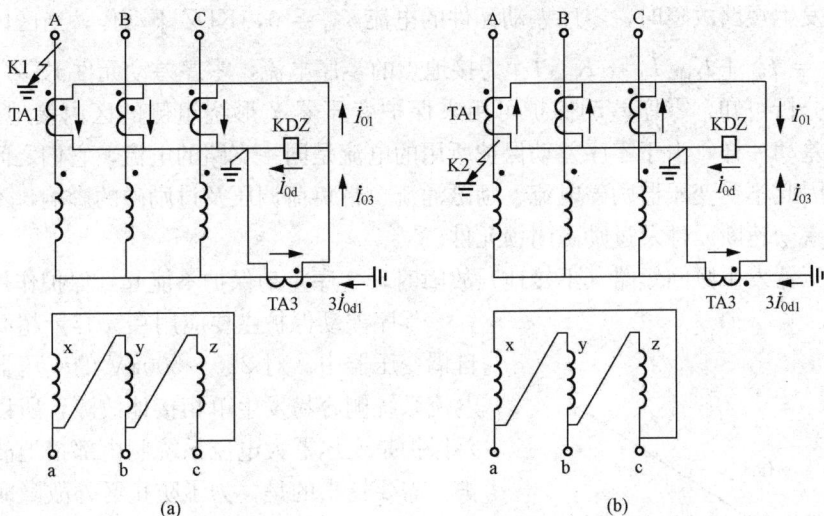

图 5 - 24 YNd11 变压器零序纵差保护接线及工作原理
(a) 区外 K1 点接地；(b) 区内 K2 点接地

$$K_{\mathrm{ph0}} = \frac{n_{\mathrm{TA3}}}{n_{\mathrm{TA1}}} \tag{5 - 36}$$

于是进入差动元件的电流 $\dot{I}_{\mathrm{0d}}$ 为

$$\dot{I}_{\mathrm{0d}} = \dot{I}_{01} + K_{\mathrm{ph0}} \dot{I}_{03} = 0 \tag{5 - 37}$$

可见，进行电流平衡后零序差动元件中的零序差动电流 $\dot{I}_{\mathrm{0d}}$ 为零，在区外发生不对称接地故障时，零序差动元件 KDZ 不会动作。

保护区内故障，如图 5 - 24 (b) 中 K2 点发生短路故障时，零序差动元件中的零序差动电流 $\dot{I}_{\mathrm{0d}} = \dot{I}_{01} + K_{\mathrm{ph0}} \dot{I}_{03}$ 为接地点的零序电流，零序差动元件 KDZ 可靠动作。需要指出的是，中性点侧的零序电流，微机保护装置一般采用自产零序电流。

图 5 - 25 为自耦变压器零序差动保护接线及原理。高、中侧零序电流都由自产得到。公共绕组侧也采用自产零序电流，而不是采用接地中性线上 TA 的零序电流，这样可以避免该零序 TA 极性不易校验的问题。若中压侧、公共绕组侧的电流平衡系数为

$$K_{\mathrm{ph02}} = \frac{n_{\mathrm{TA2}}}{n_{\mathrm{TA1}}}; \quad K_{\mathrm{ph03}} = \frac{n_{\mathrm{TA3}}}{n_{\mathrm{TA1}}}$$

式中　n_{TA1}、n_{TA2}、n_{TA3}——TA1、TA2、TA3 的变比。

由此可得进入零序差动元件的电流 $\dot{I}_{\mathrm{0d}}$ 为

$$\dot{I}_{\mathrm{0d}} = \dot{I}_{01} + K_{\mathrm{ph2}} \dot{I}_{02} + K_{\mathrm{ph3}} \dot{I}_{03}$$

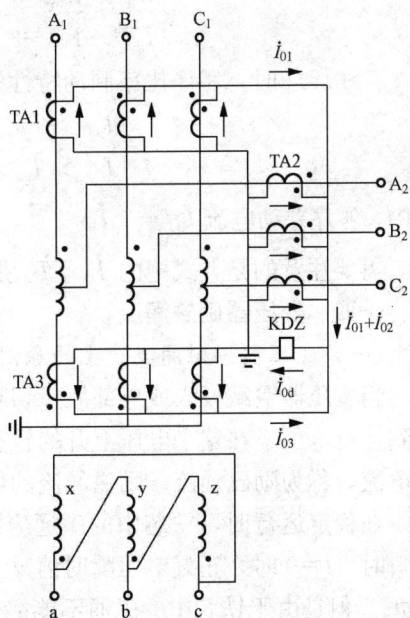

图 5 - 25 自耦变压器零序差动保护接线及原理

当区外发生短路故障时，零序差动元件的电流 $\dot{I}_{0d} = 0$，KDZ 不动作；当区内发生短路故障时，$\dot{I}_{0d} = \dot{I}_{01} + K_{ph2}\dot{I}_{02} + K_{ph3}\dot{I}_{03}$ 为接地点的零序电流，零序差动元件 KDZ 可靠动作。

由以上分析可知，零序差动保护可用来保护变压器 Y 形绕组侧的区内接地短路故障。同样与分侧差动一样，由于零序差动保护所用的电流是同一支路的电流，它们之间没有电磁耦合关系，因此不受变压器励磁电流、励磁涌流、带负荷调压及过励磁的影响，不需要涌流闭锁元件、差动速断元件及过励磁闭锁元件。

对于变压器发生匝间短路（不接地）故障时，零序差动保护不能起到保护作用。

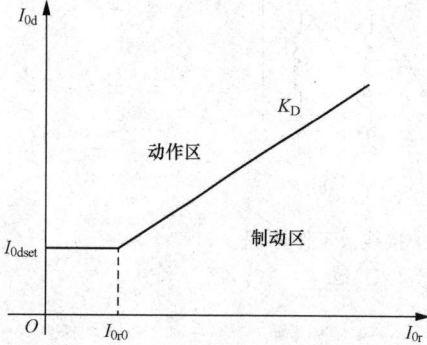

图 5 - 26　零序差动比率制动特性

零序差动保护主要应用在大容量超高压三绕组自耦变压器中。对 220～500kV 的变压器而言，大电流系统侧容易发生单相接地故障，所以变压器零差保护是变压器大电流系统侧内部接地故障的主保护。需要指出的是，为了防止区外故障时零差保护误动，中性点零差 TA 的变比不宜过小，以防故障时该 TA 饱和。同时各侧零差 TA 最好取同型号及同变比的。

（2）零序差动元件的动作特性。图 5 - 26 为零序差动比率制动特性，其中 I_{0d} 为零序差动电流；I_{0dset} 为零序差动元件的最小动作电流；I_{0r} 为零序差动元件的制动电流；I_{0r0} 为零序差动比率制动特性的拐点电流，当 $I_{0d} < 0.5I_n$ 时，I_{0r0} 为 $0.5I_n$；当 $I_{0d} > 0.5I_n$ 时，I_{0r0} 自动由 $0.5I_n$ 变为 I_n，I_n 为本侧二次电流的额定值；K_0 为比率制动系数，一般可取 0.5。当 $I_{0d} < 0.5I_n$ 时，零序比率制动特性的表达式为

$$\begin{cases} I_{0d} > I_{0dset} & (I_{0r} < 0.5I_n) \\ I_{0d} > I_{0dset} + K_0(I_{0r} - 0.5I_n) & (I_{0r} \geqslant 0.5I_n) \end{cases} \quad (5 - 38)$$

当 $I_{0d} > 0.5I_n$ 时，零序比率制动特性的表达式为

$$\begin{cases} I_{0d} > I_{0dset} & (I_{0r} < I_n) \\ I_{0d} > I_{0dset} + K_0(I_{0r} - I_n) & (I_{0r} \geqslant I_n) \end{cases} \quad (5 - 39)$$

式中，零序差动电流 $I_{0d} = |\dot{I}_{01} + \dot{I}_{02} + \dot{I}_{03}|$，制动电流 $I_{0r} = \max\{|\dot{I}_{01}|, |\dot{I}_{02}|, |\dot{I}_{03}|\}$。

需要注意的是，式中的 $\dot{I}_{02}$、$\dot{I}_{03}$ 是经平衡调整后流入零序差动元件的零序电流。

十四、变压器励磁涌流

（一）变压器励磁涌流产生的原因

当变压器空载投入或外部故障切除后电压恢复时，变压器电压从零或很小的数值突然上升到运行电压。在这个电压上升的暂态过程中，变压器可能会严重饱和，产生很大的暂态励磁电流，称为励磁涌流。励磁涌流的最大值可达额定电流的 4～8 倍。

在稳定运行时，铁芯中的磁通应滞后于电压 90°，如图 5 - 27 所示。如果在空负荷合闸初瞬时（$t = 0$ 时）正好电压瞬时值 $u = 0$，初相角 $\alpha = 0$，此时，铁芯中的磁通应为负最大值 $-\Phi_m$。但是由于铁芯中的磁通不能突变，因此将出现一个非周期分量的磁通 ϕ_{np}，其幅值为 $+\Phi_m$。这样经过半个周期以后，铁芯中的磁通就达到 $2\Phi_m$，如果铁芯中原来还存在剩余磁通 ϕ_{res}，则总磁通 $\phi_{com} = 2\Phi_m + \phi_{res}$，如图 5 - 27（b）所示。这时变压器铁芯严重饱和，励磁

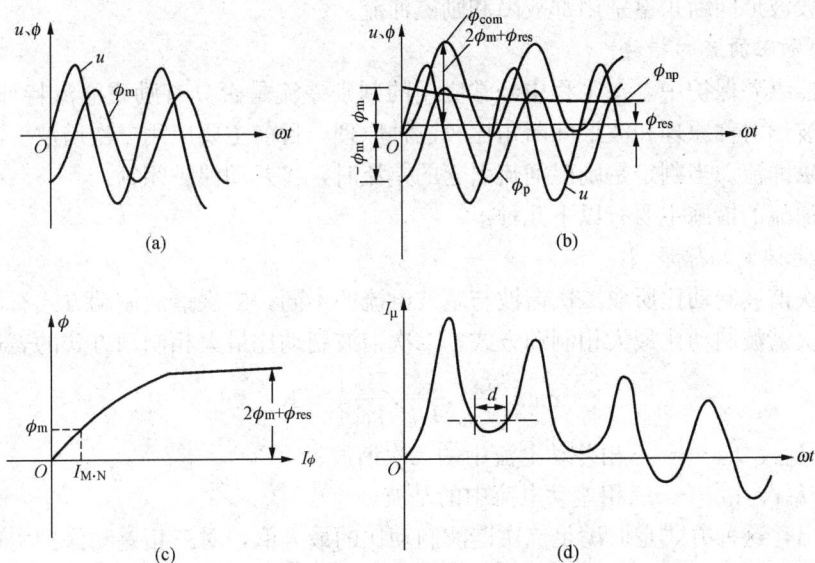

图 5-27　变压器励磁涌流的产生及电流变化曲线
（a）稳态时电压与磁通关系；（b）$t=0$，在 $u=0$ 瞬间空载合闸时电压与磁通关系；
（c）变压器铁芯的磁化曲线；（d）励磁涌流 I_μ 电流波形

电流 I_μ 将剧烈增大。I_μ 中包含有大量的非周期分量和高次谐波分量，如图 5-27（d）所示。显然，若正好在电压瞬时值为最大时合闸就不会出现励磁涌流，对三相变压器而言，无论何时瞬间合闸，至少有两相要出现程度不同的励磁涌流。励磁涌流的大小和衰减时间与外加电压的相位、铁芯中剩磁的大小与方向、电源容量的大小、回路阻抗以及变压器容量有关。大型变压器励磁涌流的倍数较中、小型变压器的励磁涌流倍数小。表 5-2 为励磁涌流中的谐波分量，由此可知励磁涌流具有如下特点：

表 5-2　　　　　　　　　　　　励磁涌流中谐波分量

励磁涌流（%）	例1	例2	例3	例4
基波	100	100	100	100
二次谐波	36	31	50	23
三次谐波	7	6.9	9.4	10
四次谐波	9	6.2	5.4	—
五次谐波	5	—	—	—
直流	66	80	62	73

（1）包含有很大成分的非周期分量，约占基波的 60%～80%，涌流偏向时间轴的一侧。
（2）包含有大量的高次谐波，以二次谐波为主，约占基波 30%～40% 以上。
（3）波形具有间断角。
可以采取下列措施防止励磁涌流的影响：
（1）采用具有速饱和铁芯的差动继电器。
（2）利用二次谐波制动。

（3）比较波形间断角鉴别内部故障和励磁涌流。

（二）躲励磁涌流的措施

在变压器纵差保护中，在工程中经常应用的判别差流是否具有励磁涌流特征的方法有：二次谐波、波形对称原理和波形间断角比较三种原理，目前主要应用二次谐波、波形对称原理来判别励磁涌流。当判定是励磁涌流引起的差流时，将差动保护闭锁。

躲励磁涌流的措施主要有以下几种：

1. 二次谐波制动原理

根据二次谐波制动比所取二次谐波与基波电流的不同，二次谐波制动方式有以下几种。

（1）二次谐波制动比最大相制动方式。二次谐波制动比最大相制动方式的表达式为

$$\max\left\{\frac{I_{da2}}{I_{da1}},\frac{I_{db2}}{I_{db1}},\frac{I_{dc2}}{I_{dc1}}\right\} > K_2 \tag{5-40}$$

式中　I_{da2}、I_{db2}、I_{dc2}——三相差动电流中的二次谐波；

I_{da1}、I_{db1}、I_{dc1}——三相差动电流中的基波。

可以看出，这种方式是取满足二次谐波制动比的最大值，对三相差动保护实现制动。由于在三相励磁涌流中，总有一相满足$\frac{I_{d\phi2}}{I_{d\phi1}} > K_2$，对励磁涌流的识别比较可靠。不足的是带有故障的变压器合闸时，尽管故障相二次谐波制动比较小，但非故障相的二次谐波比对故障相也实现制动，导致纵差保护延迟动作，大型变压器因励磁涌流衰减慢，此缺点尤为明显。

（2）基波差流I_{d1}最大相二次谐波制动方式。基波差流I_{d1}最大相二次谐波制动方式的表达式为

$$\frac{I_{d2}}{\max\{I_{da1},I_{db1},I_{dc1}\}} > K_2 \tag{5-41}$$

即用基波差流I_{d1}，最大相差动电流中的二次谐波I_{d2}与基波I_{d1}的比值构成二次谐波制动。由于利用了三相差流中基波的大小对二次谐波制动比的影响，改善了基波差流I_{d1}，最大相在变压器带故障合闸时，差动保护动作延时的不足。但在变压器三相励磁涌流中，可能出现其他两相励磁涌流中二次谐波较低，并且基波电流最大相不能反映该相二次谐波制动比$\frac{I_{d\phi2}}{I_{d\phi1}}$最大，因此有时不能正确识别励磁涌流，空投变压器易造成纵差保护误动。

（3）综合相制动方式。综合相制动方式是采用三相差流中二次谐波的最大值与基波最大值之比构成二次谐波制动。其表达式为

$$\frac{\max\{I_{da2},I_{db2},I_{dc2}\}}{\max\{I_{da1},I_{db1},I_{dc1}\}} > K_2 \tag{5-42}$$

综合相制动方式在识别励磁涌流时，既考虑了三相差动电流中最大基波电流对二次谐波制动比的影响，又考虑了三相差动电流中最大二次谐波电流对二次谐波制动比的影响，因此可较好识别励磁涌流；同时，当带有故障的变压器合闸时，能迅速切除。

综合相制动方式较好地结合了二次谐波制动比最大相制动方式和基波差流最大相二次谐波制动方式的优点，同时也弥补了两者的不足。

（4）分相制动方式。分相制动方式是指本相二次谐波制动比对本相差动保护实现制动，取三相差流中二次谐波的最大值与该相基波之比构成制动。其表达式为

$$\frac{\max\{I_{da2},I_{db2},I_{dc2}\}}{I_{d\phi1}} > K_2 \tag{5-43}$$

分相制动方式由于取三相差流中二次谐波的最大值来计算制动比，所以识别励磁涌流性能较好，当带有故障变压器合闸时，故障相差流基波 $I_{d\phi1}$ 增大，二次谐波制动比减小，开放本相差动保护将故障切除。但应注意，当故障并不十分严重，$I_{d\phi1}$ 较小且非故障相差流中二次谐波含量较大时，故障相差动保护不开放，从而不能将带有故障的变压器从电网上切除。

2. 间断角识别原理

变压器内部故障时，故障电流波形无间断或间断角很小；而变压器空投时，励磁涌流的波形是间断的，具有很大的间断角。按间断角原理构成的纵差保护，就是根据差动电流波形间断角的大小来区分差动电流是由内部故障还是励磁涌流引起的。

图 5-28 所示为短路电流和励磁涌流波形，由 5-28（a）可见，短路电流的波形是连续的，正、负半周波宽 θ_w 为 $180°$，波形间断角 θ_j 为 $0°$。由图 5-28（b）可见，对称性涌流波形出现不连续间断，在最严重情况下，波宽 $\theta_{w.max}$ 为 $120°$，波形间断角 $\theta_{j.min}$ 为 $50°$。由图 5-28（c）可见，非对称性涌流波形同样出现不连续间断，且波形偏向时间轴一侧，在最严重情况下，波宽 $\theta_{w.max}$ 为 $155.4°$，波形间断角 $\theta_{j.min}$ 为 $80°$。

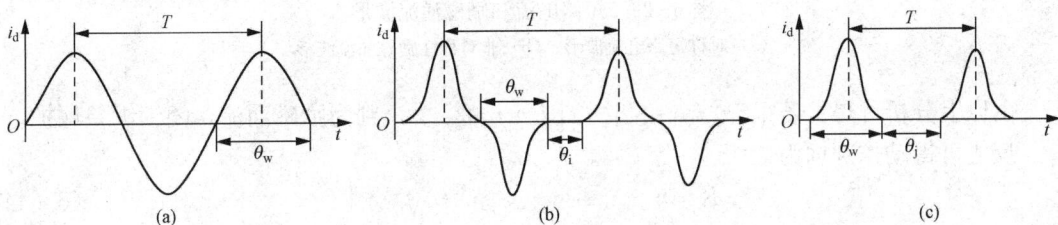

图 5-28 短路电流和励磁涌流波形
(a) 短路电流波形；(b) 对称性涌流波形；(c) 非对称性涌流波形

显然，检测差动回路电流波形的 θ_w 和 θ_j 可判别出是短路电流还是励磁涌流。当差动元件的启动电流 $I_{d.set}$ 为定值时，整定的闭锁角 $\theta_{j.set}$ 越小，空投变压器时，差动元件越不容易误动。反之，闭锁角整定值 $\theta_{j.set}$ 越大，躲励磁涌流的能力越小。通常整定值取 $\theta_{w.set}=140°$、$\theta_{j.set}=65°$，即 $\theta_j>65°$、$\theta_w<140°$。有一个条件满足时，判为励磁涌流，闭锁纵差保护；当 $\theta_j\leqslant65°$、$\theta_w\geqslant140°$ 两个条件同时满足时，判为内部故障时的短路电流，开放纵差保护。

可见，根据以上两个励磁涌流判据，对于非对称性励磁涌流，能够可靠闭锁纵差保护。对于对称性励磁涌流，虽然 $\theta_{j.min}=50.8°<65°$，但 $\theta_w=120°<140°$，同样能够可靠闭锁纵差保护。

3. 波形对称原理

在微机型变压器纵差保护中，采用波形对称算法，判断差流波形是否对称，将励磁涌流与故障电流区分开来。如图 5-29 所示为短路电流和励磁涌流波形。图 5-29 中，i_t 为某一时刻 t 的电流，$i_{(t+T/2)}$ 为某一时刻 t 起延时半个周期的电流。首先分析在波形对称与不对称情况下，i_t 与 $i_{(t+T/2)}$ 的大小关系。

由图 5-29（a）可见，内部短路时波形对称。如果在某一时刻 t 的电流 $i_t>0$，则经过半周 $(T/2)$ 的电流 $i_{(t+T/2)}<0$，计算 $|i_t-i_{(t+T/2)}|$ 数值较大，而 $|i_t+i_{(t+T/2)}|$ 较小。即：$|i_t-i_{(t+T/2)}|>|i_t+i_{(t+t/2)}|$。

由图 5-29（b）可见，空负荷合闸时非对称性励磁涌流，如果在某一时刻 t 的电流 $i_t>0$，

则经过半周（$T/2$）的电流 $i_{(t+T/2)} > 0$，计算 $|i_t - i_{(t+T/2)}|$ 数值较小，而 $|i_t + i_{(t+T/2)}|$ 较大。即：$|i_t - i_{(t+T/2)}| < |i_t + i_{(t+t/2)}|$。

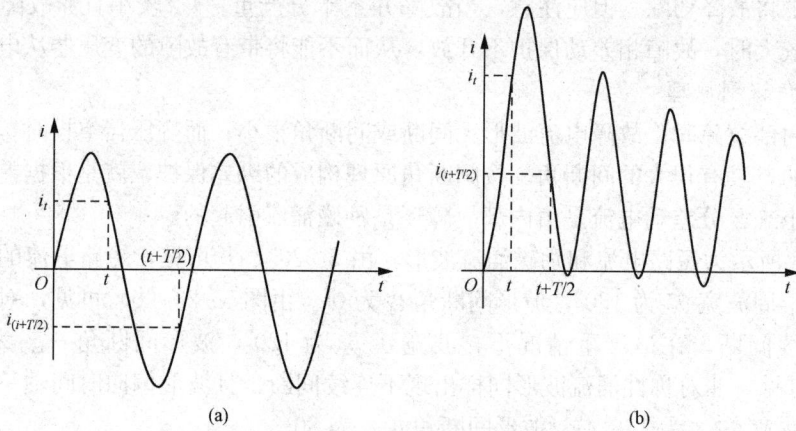

图 5-29　短路电流和励磁涌流波形
(a) 对称短路电流波形；(b) 非对称性励磁涌流波形

由以上分析可得：若 $|i_t - i_{(t+T/2)}| < |i_t + i_{(t+t/2)}|$，判为励磁涌流，闭锁纵差保护。反之可得动作判据为

$$K|i_t - i_{(t+T/2)}| > |i_t + i_{(t+t/2)}|\tag{5-44}$$

式中　K——设定常数，也称波形不对称系数，一般可取 $K=0.5$。

第四节　变压器电流速断保护

对 6.3MVA 以下厂用工作变压器和并列运行的变压器，以及 10MVA 以下厂用备用变压器和单独运行的变压器，当后备保护动作时限大于 0.5s 时，应装设电流速断保护。它与气体保护配合，可以保护变压器内部和电源侧套管及引出线上全部故障。

电流速断保护装设在变压器电源侧，电源侧为直接接地系统时，保护采用完全星形接线；电源侧为非直接接地系统时，保护采用两相不完全星形接线，保护动作于跳开两侧断路器。其单相原理接线如图 5-30 所示。

保护的动作电流取下列两条件的较大者作为整定值：

（1）按躲过变压器负荷侧母线上 K2 点短路时流过保护的最大短路电流计算，即

$$I_{op} = K_{rel} I_{k2.max}\tag{5-45}$$

式中　K_{rel}——可靠系数，对电磁型电流继电器，取 1.3～1.4；

　　　$I_{k2.max}$——最大运行方式下，变压器负荷侧母线上 K2 点短路时流过保护的最大短路电流。

（2）按躲过变压器空负荷投入时的励磁涌流计算，通常取动作电流 I_{op} 大于 3～5 倍的变压器额定电流

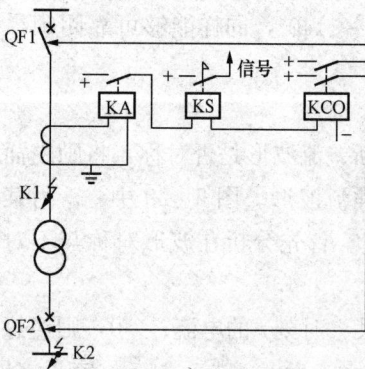

图 5-30　变压器电流速断保护单相原理接线图

$I_{T.N}$，即

$$I_{op} = (3 \sim 5)I_{T.N} \tag{5-46}$$

保护的灵敏系数按保护安装处 K1 点最小两相短路电流校验，即

$$K_{sen} = I_{k1.min}/I_{op} \geqslant 2 \tag{5-47}$$

电流速断保护具有接线简单、动作迅速等优点，能瞬时切除变压器电源侧引出线和套管，以及变压器内部部分线圈的故障。它的缺点是不能保护电力变压器的整个范围，当系统容量较小时，保护范围较小，灵敏度较难满足要求；在无电源的一侧，套管到断路器一段故障不能反映，要靠相间短路的后备保护，切除故障的时间较长，对系统安全运行不利；但变压器的电流速断保护与气体保护、相间短路的后备保护配合较好，因此广泛应用于小容量变压器的保护中。

第五节　变压器相间短路的后备保护及过负荷保护

为反映变压器外部故障而引起的变压器绕组过电流，以及在变压器内部故障时，作为差动保护和气体保护的后备，变压器应装设过电流保护。过电流保护既作为变压器内部短路时的近后备保护，又作为外部短路时下一级保护或断路器失灵的后备保护；当变压器所接母线无专用母线保护时，也作为该母线的主要保护。根据变压器容量、地位及性能和系统短路电流水平的不同，实现保护的方式有过电流保护、低电压启动的过电流保护、复合电压启动的过电流保护、负序过电流保护以及阻抗保护等。

一、过电流保护

变压器过电流保护单相原理接线如图 5-31 所示。其工作原理与线路定时限过电流保护相同。在大电流接地系统采用三相三继电器接线。在小电流接地系统，根据变压器容量的大小，可采用三相三继电器式、二相三继电器式、二相二继电器式和相电流之差的二相一继电器式接线。对于 Yd 接线的变压器不能采用相电流之差的接线。

1. 动作电流整定

保护的动作电流 I_{op} 应按躲过变压器可能出现的最大负荷电流 $I_{L.max}$ 来整定，即

$$I_{op} = \frac{K_{rel}}{K_r}I_{L.max} \tag{5-48}$$

式中　K_{rel}——可靠系数，一般取 1.2～1.3；

$\quad\quad K_r$——返回系数，取 0.85～0.95。

确定 $I_{L.max}$ 时，应考虑下述两种情况：

（1）对并列运行的变压器，应考虑切除一台变压器以后所产生的过负荷。

若各变压器容量相等，则计算式为

$$I_{L.max} = \frac{m}{m-1}I_{T.N} \tag{5-49}$$

式中　m——并列运行变压器的台数；

$\quad\quad I_{T.N}$——变压器的额定电流。

对不同容量的变压器并列运行，按其中最大

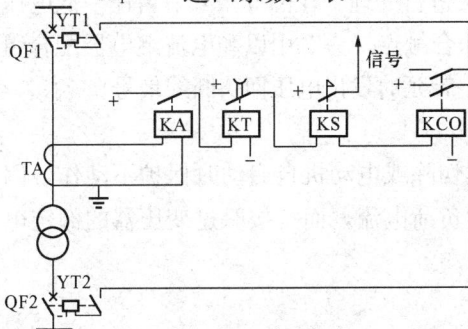

图 5-31　变压器过电流保护单相原理接线

容量的一台切除，再按变压器阻抗分配其总的负荷电流。

（2）对降压变压器，应考虑负荷中电动机自启动时的最大电流，即

$$I_{L.max} = K_{ast} I_{T.N} \tag{5-50}$$

式中 K_{ast}——自启动系数，对 35kV 负荷取 1.5～2；对 6～10kV 负荷取 1.5～2.5。

2. 动作时限整定

保护的动作时限应与下级保护时限配合，即比下级保护中最大动作时限大一个阶梯时限 Δt。

3. 灵敏度校验

$$K_{sen} = \frac{I_{k.min}}{I_{op}} \tag{5-51}$$

式中，$I_{k.min}$ 为最小运行方式下，在灵敏度校验点发生两相短路时，流过保护装置的最小短路电流。在被保护变压器受电侧母线上短路时，要求 $K_{sen} \geq 1.5$；在后备保护范围末端短路时，要求 $K_{sen} \geq 1.2$。

二、低电压启动的过电流保护

过电流保护按躲过可能出现的最大负荷电流整定，启动电流比较大，对于升压变压器或容量较大的降压变压器，灵敏度往往不能满足要求。为此可以采用低电压启动的过电流保护，其原理接线如图 5-32 所示。只有在电流元件和电压元件同时动作后，才能启动时间继电器，经过预定的延时后动作于跳闸。

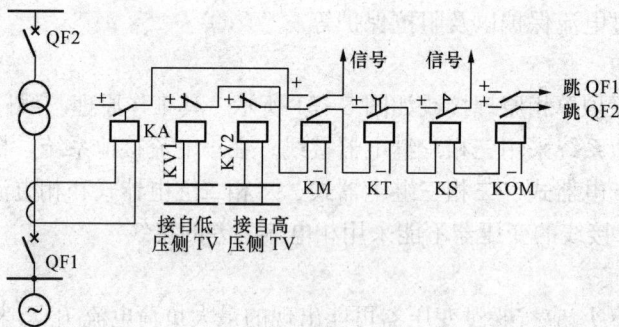

图 5-32   低电压启动的过电流保护原理接线

当电压互感器回路发生断线时，低电压继电器将误动作。因此，在低电压保护中应装设电压回路断线信号装置，以便及时发出信号，由运行人员进行处理。在图 5-32 中当任一低电压继电器动作后，即启动中间继电器 KM，它闭合两对动合触点，一对用以和电流继电器配合组成低电压启动的过电流保护，另一对去中央信号装置，带延时发出电压回路断线信号。

1. 动作电流整定

低电压元件的作用是保证在上述一台变压器突然切除或电动机自启动时保护不动作，因此，电流元件的动作值可以不再考虑可能出现的最大负荷电流，而是按躲过变压器的额定电流整定，即

$$I_{op} = \frac{K_{rel}}{K_r} I_{T.N} \tag{5-52}$$

可见，其动作电流比过电流保护动作电流小，提高了保护的灵敏度。

2. 动作电压整定

低电压元件的动作值应小于正常运行情况下母线可能出现的最低工作电压；同时，外部故障切除后，电动机自启动的过程中，它必须返回。根据经验，通常采用

$$U_{op} = 0.7U_{T.N} \tag{5-53}$$

式中 $U_{T.N}$——变压器的额定线电压。

3. 灵敏度校验

电流元件灵敏度校验，应为

$$K_{sen} = \frac{I_{k.min}}{I_{op}} \tag{5-54}$$

低电压元件灵敏度校验，应为

$$K_{sen} = \frac{U_{op}}{U_{k.max}} \tag{5-55}$$

式中，$U_{k.max}$ 为最大运行方式下，灵敏度校验点三相金属性短路时，保护安装处的最大线电压，要求 $K_{sen} \geq 1.25$。

对升压变压器，如果低电压元件只接于某一侧的电压互感器上，则当另一侧故障时，往往不能满足灵敏系数的要求。此时可考虑采用两套低电压元件分别接在变压器两侧的电压互感器上，其触点采用并联的连接方式。

三、复合电压启动的过电流保护

若低电压启动的过电流保护的低电压继电器灵敏系数不满足要求，可采用复合电压启动的过电流保护。

这种保护是低电压启动过电流保护的一个发展，其原理接线如图 5-33 所示。它将原来的三个低电压继电器改由一个负序电压继电器 KVN（由过电压继电器接于负序电压过滤器构成）和一个接于线电压上的低电压继电器 KV 组成。

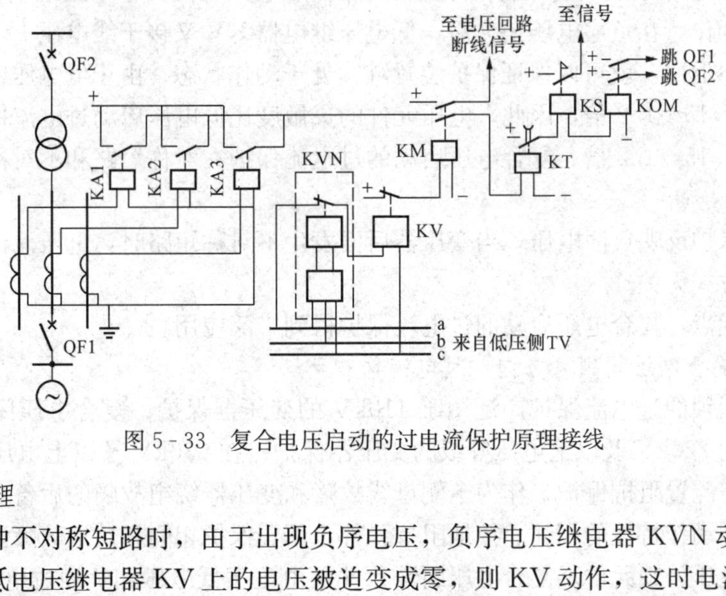

图 5-33 复合电压启动的过电流保护原理接线

1. 工作原理

当发生各种不对称短路时，由于出现负序电压，负序电压继电器 KVN 动作，其动断触点打开，加于低电压继电器 KV 上的电压被迫变成零，则 KV 动作，这时电流继电器 KA1、KA2、KA3 中至少有两个动作，于是就可以启动时间继电器 KT，经过预定的时间后动作于跳闸。

当发生三相短路时，在短路开始瞬间一般会短时出现负序电压，使负序电压继电器 KVN 动作，低电压继电器 KV 也随之动作，待负序电压消失后，负序电压继电器 KVN 返回，则低电压继电器 KV 又接于线电压上。由于三相短路时，三相电压均降低，故低电压继电器 KV 仍将处于动作状态，此时，保护装置的工作情况就相当于一个低电压启动的过电流保护。

2. 整定原则

（1）电流元件和相间电压元件的整定原则与低电压启动过电流保护相同。

（2）负序电压元件的动作电压按躲开正常运行方式下负序滤过器出现的最大不平衡电压来整定，根据经验有

$$U_{op2} = (0.06 \sim 0.12)U_{T.N} \tag{5-56}$$

（3）电流元件灵敏度为

$$K_{sen} = \frac{I_{k.min}}{I_{op}} \tag{5-57}$$

相间电压元件灵敏度为

$$K_{sen} = \frac{U_{op}}{U_{k.max}} \tag{5-58}$$

负序电压元件灵敏度为

$$K_{sen} = \frac{U_{k.min2}}{U_{op2}} \tag{5-59}$$

式中　$U_{k.min2}$——灵敏度校验点两相金属性短路时，保护安装处的最小负序电压。

3. 保护特点

与低电压启动过电流保护相比，复合电压启动过电流保护具有以下优点：

（1）由于负序电压元件的整定值小，因此，在不对称短路时，电压元件的灵敏度高。

（2）在三相短路时，如果由于短路瞬间出现负序电压，使负序电压继电器 KVN 和低电压继电器 KV 动作，在负序电压消失后，低电压继电器 KV 又接于线电压上，这时只要低电压继电器 KV 不返回，就可以保证保护装置继续处于动作状态。由于低电压继电器返回电压为动作电压的 1.15~1.2 倍，因此，电压元件的灵敏度比低电压启动过电流保护电压元件的灵敏度提高了 1.15~1.2 倍。复合电压启动的过电流保护在对称短路和不对称短路时都有较高的灵敏度。

（3）由于保护反映负序电压，当变压器后面发生不对称短路时，电压元件的工作情况与变压器的接线方式无关。

由于上述优点，复合电压启动的过电流保护得到广泛应用。

4. 微机型复合电压闭锁（方向）过电流保护

复合电压闭锁的过电流保护广泛用于 110kV 的变压器保护；复合电压闭锁的方向过电流保护广泛应用 220kV 及以上电压等级的变压器保护；在 330kV 及以上电压等级的变压器高（中）压侧需配置阻抗保护，作为本侧母线故障和变压器绕组故障的后备保护，阻抗元件采用具有偏移圆动作特性的相间、接地阻抗元件，用于保护相间和接地故障。

（1）复合电压闭锁元件。复合电压闭锁元件是由正序低电压和负序过电压元件按"或"逻辑构成。在微机保护中，由接入装置的三个相电压（线电压）来获得低电压元件，并由算法获得自产负序电压元件。为提高保护的灵敏度，三相电压可以取自负荷侧。

系统发生不对称短路时，将出现较大的负序电压，负序过电压元件将动作，一方面开放过电流保护，过电流元件动作后经设定的时限动作于跳闸；另一方面使低电压元件数据清零，低电压元件动作。在特殊的对称性三相短路情况下，短路瞬间不出现负序电压或出现负序电压但小于负序电压元件动作值，这时只能等电压降低到低电压元件的动作值，复合电压闭锁元件动作，开放过电流保护。复合电压元件动作条件如下：

1）任一个相间电压满足

$$\min(U_{ab},U_{bc},U_{ca})<U_{\phi\phi set} \tag{5-60}$$

式中　$U_{\phi\phi set}$——低电压（线电压）定值。

2）负序电压 U_2 满足

$$U_2>U_{2set} \tag{5-61}$$

式中　U_{2set}——负序电压定值。

（2）过电流元件。由接入装置的三相电流来获得过电流元件，三相电流一般取自电源侧。过电流元件的动作条件为

$$I_\phi>I_{set} \tag{5-62}$$

式中　I_ϕ——I_A，I_B，I_C 任一电流；

　　　I_{set}——电流元件整定值。

（3）功率方向判别元件。首先介绍传统的功率方向继电器基本原理：

功率方向继电器的作用是判别功率的方向。正方向故障，功率从母线流向线路时就动作；反方向故障，功率从线路流向母线时不动作。

下面以图 5-34 为例说明功率方向继电器的原理。

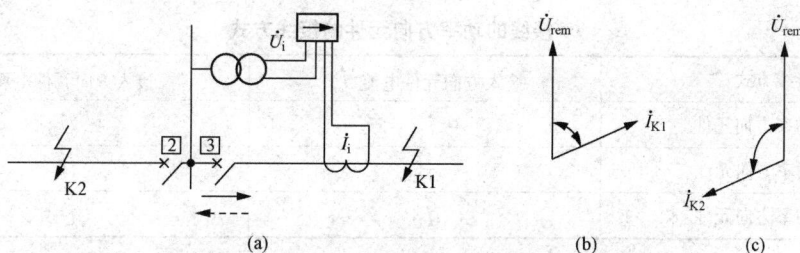

图 5-34　功率方向继电器的原理分析
（a）原理图；（b）正向故障；（c）反向故障

如图 5-34（a）所示。对保护 3 而言，正向故障即 K1 点短路时，由于短路阻抗呈感性，短路电流 $\dot{I}_{K1}$ 滞后母线残压 $\dot{U}_{rem}$ 为 $0°\sim90°$，$P=UI\cos\varphi>0$，$|\varphi|=\arg\left|\dfrac{\dot{U}_{rem}}{\dot{I}_{K1}}\right|<90°$，相量如图 5-34（b）所示。

反向故障时，由于电流反向，短路电流 $\dot{I}_{K2}$ 超前母线残压 $\dot{U}_{rem}$ 为 $90°\sim180°$，$P=UI\cos\varphi<0$，$|\varphi|=\arg\left|\dfrac{\dot{U}_{rem}}{\dot{I}_{K2}}\right|>90°$，相量如图 5-34（c）所示。

因此，有功功率的正负，或母线残压与短路电流的相位差的大小可以判断故障的方向，功率方向继电器就是依据此原理做成的。

功率方向继电器的接线方式，是指在三相系统中继电器电压及电流的接入方式。对接线

方式的要求是：

1）应能正确反映故障的方向。即正方向短路时，继电器应动作，反方向短路时应不动作。

2）正方向故障时应使继电器尽量灵敏地工作。

为了满足上述要求，在相间短路保护中，接线方式广泛采用90°接线方式见表5-3。

表5-3　　　　　　　　　　　功率方向继电器的90°接线方式

功率方向继电器	$\dot{I}_g$	$\dot{U}_g$
KW1	$\dot{I}_A$	$\dot{U}_{BC}$
KW2	$\dot{I}_B$	$\dot{U}_{CA}$
KW3	$\dot{I}_C$	$\dot{U}_{AB}$

所谓90°接线方式是指系统三相对称，$\cos\varphi=1$时，加入继电器的电流$\dot{I}_g$超前电压$\dot{U}_g$90°。

其次介绍90°接线的功率方向元件的基本原理：

功率方向元件的电压、电流取自本侧的电压和电流。对于传统的相间短路功率方向继电器，采用的是90°接线方式。同样微机保护中方向元件所接入的电压、电流也称为接线方式。为保证各种相间短路故障时方向元件能可靠灵敏动作，通常也采用90°接线方式。微机保护中方向元件可由控制字（软压板）选择正方向或反方向动作。90°接线方式的功率方向元件接线方式见表5-4。

表5-4　　　　　　　　　90°接线的功率方向元件的接线方式

接线方式	接入方向元件电流 $\dot{I}_g$	接入方向元件电压 $\dot{U}_g$
A相功率方向元件	$\dot{I}_A$	$\dot{U}_{BC}$
B相功率方向元件	$\dot{I}_B$	$\dot{U}_{CA}$
C相功率方向元件	$\dot{I}_C$	$\dot{U}_{AB}$

在图5-35中，先在水平方向作出$\dot{U}_g$相量，超前α角度方向再作$\dot{U}_ge^{j\alpha}$相量，垂直于$\dot{U}_ge^{j\alpha}$相量的直线ab的阴影线侧为正方向短路时$\dot{I}_g$的动作区，即$\dot{I}_g$落在这一区域功率方向元件动作，当$\dot{I}_g$与$\dot{U}_ge^{j\alpha}$方向一致时，功率方向元件最灵敏。

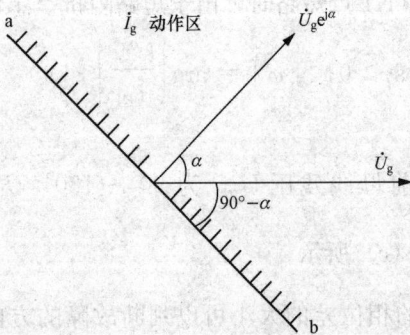

正方向功率方向元件的动作方程为

$$-90° < \arg\frac{\dot{I}_g}{\dot{U}_ge^{j\alpha}} < 90°（正方向元件）$$

通常称α为90°接线的功率方向元件的内角，一般为30°或45°。显然当$\dot{I}_g$超前$\dot{U}_g$的角度正好为α时，正方向元件动作最灵敏。如设$\dot{I}_g$滞后$\dot{U}_g$的角度$\alpha>0$，$\dot{I}_g$超前$\dot{U}_g$的角度$\alpha<0$，则最大灵敏角

图5-35　90°接线功率方向元件的动作特性

$\varphi_{\text{sen}} = -\alpha$。在 $\dot{I}_g$ 超前 $\dot{U}_g$ 的角度为 30°或 45°，正方向元件动作最灵敏。

在分析短路后功率方向元件动作行为时，只要画出加在功率方向元件上的电压、电流的相量，就可确定电流的动作区域。若最大灵敏角为 $-30°$，在 $\dot{U}_g$ 相量滞后 60°（即 90°$-$30°=60°）的方向上画出一条如图 5-35 所示直线 ab，就是动作的边界线，ab 线靠 $\dot{U}_g$ 一侧就是电流的动作区（阴影区），即 $\dot{I}_g$ 在滞后 $\dot{U}_g$60° 致 $\dot{I}_g$ 超前 $\dot{U}_g$120° 区域内，正方向元件动作。

反方向功率方向元件实现反方向保护，动作区域与正方向元件相反。反方向功率方向元件的动作方程为

$$90° < \arg \frac{\dot{I}_g}{\dot{U}_g e^{j\alpha}} < 270°（反方向元件）$$

如果内角 α 仍取 30°或 45°，反方向元件的最大灵敏角为 150°或 135°，即电流 $\dot{I}_g$ 滞后电压 $\dot{U}_g$ 150°或 135°时，反方向元件动作最灵敏。若最大灵敏角为 150°，则 $\dot{I}_g$ 滞后 $\dot{U}_g$ 的角度 φ_k 在（60°$<\varphi_k<$240°）区域内反方向元件动作。

在保护装置中，由控制字来设定过流保护的方向。接入保护的 TA 极性，将正极性端设定在母线侧。当控制字为"1"时，表示方向指向系统（母线），最大灵敏角为 150°或 135°；当控制字为"0"时，表示方向指向变压器，最大灵敏角为 $-30°$或 $-45°$。

最后介绍 0°接线的功率方向元件的基本原理：

在微机型复合电压闭锁的方向过电流保护中，方向元件也有采用以同名相的正序电压与相电流作相位比较，即 0°接线方式。用于保护正方向短路故障的方向元件，其最大灵敏角取 45°。动作方程为

$$-90° < \arg \frac{\dot{I}_\phi e^{j45°}}{\dot{U}_{\phi 1}} < 90°（正方向元件）$$

或

$$-135° < \arg \frac{\dot{I}_\phi}{\dot{U}_{\phi 1}} < 45°（正方向元件）$$

当 $\dot{U}_{\phi 1}$ 超前于 $\dot{I}_\phi$45° 时，分子与分母同相，方向元件动作最灵敏，所以最大灵敏角为 45°。

设系统内的正、负序阻抗角相等为 75°，在不计负荷电流时，正方向 BC 两相金属性短路，相量如图 5-36（a）所示。图中 $\dot{E}_A$、$\dot{E}_B$、$\dot{E}_C$ 为三相电动势。

直线 1 超前于相量 $\dot{U}_{B1}$ 45°（即 90°$-$45°=45°），为 B 相方向元件电流的动作边界线，直线的下侧（向着 $\dot{U}_{B1}$ 的一侧）是电流的动作区（阴影区）。从图中可见保护安装处的 $\dot{U}_{B1}$ 超前 $\dot{I}_B$ 45°，所以 B 相方向元件最灵敏。

直线 2 超前于相量 $\dot{U}_{C1}$ 45°（即 90°$-$45°=45°），为 C 相方向元件电流的动作边界线，直线的左侧（向着 $\dot{U}_{C1}$ 的一侧）是电流的动作区（阴影区）。从图中可见保护安装处的 $\dot{U}_{C1}$ 超前 $\dot{I}_C$ 105°，尽管不在最大灵敏角的方向上，C 相方向元件也能动作。

如果是经电阻短路，$\dot{U}_{B1}$ 超前 $\dot{I}_B$ 的角度虽略有减少，虽然 $\dot{I}_B$ 不在最大灵敏角方向上，

但 B 相方向元件仍能较灵敏动作。$\dot{U}_{C1}$ 超前 $\dot{I}_C$ 的角度也略有减少且靠近最大灵敏角方向，所以 C 相方向元件趋向于更灵敏动作。

正方向三相短路时，三个方向元件动作行为相同。以 A 相方向元件为例，其正方向三相金属性短路的相量如图 5-36（b）所示。超前于 $\dot{U}_{A1}$ 相量 45°（即 90°−45°=45°）的直线 1 为 A 相方向元件的电流动作边界线，直线右上方（向着 $\dot{U}_{A1}$ 的一侧），是 A 相方向元件的电流动作区（阴影区）。从图中可见保护安装处的 $\dot{U}_{A1}$ 超前 $\dot{I}_A$ 75°，A 相方向元件虽不在最大灵敏角的方向上，但也能较灵敏地动作。

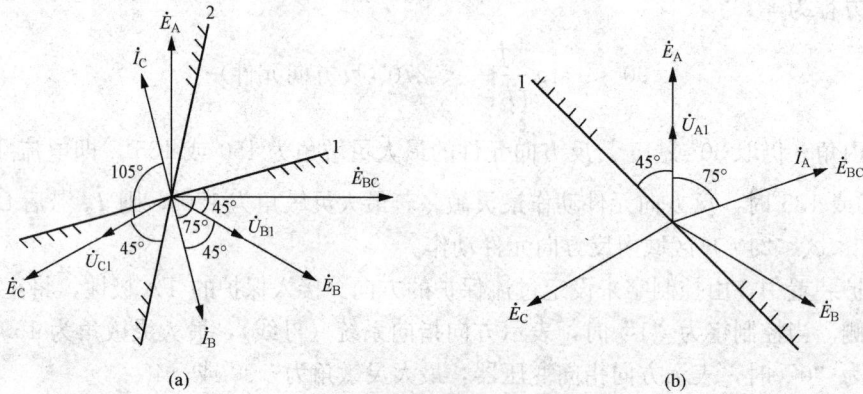

图 5-36　相间短路故障时的相量关系
(a) 正方向 BC 相间短路；(b) 正方向三相短路

反方向短路时，图 5-36 中电流方向相反，短路电流落在不动作区，方向元件不会动作。

反方向的方向元件用于反方向的短路保护。其动作区是正方向元件的不动作区，动作方程为

$$90° < \arg \frac{\dot{I}_\phi e^{j45°}}{\dot{U}_{\phi1}} < 270° （正方向元件）$$

或

$$45° < \arg \frac{\dot{I}_\phi}{\dot{U}_{\phi1}} < 225° （正方向元件）$$

可见，当 $\dot{I}_\phi$ 超前 $\dot{U}_{\phi1}$ 135°时，反方向元件动作最灵敏。或者说当 $\dot{U}_{\phi1}$ 超前于 $\dot{I}_\phi$ 225°时反方向元件动作最灵敏，所以最大灵敏角为 225°。

需要注意的是，在正、反方向出口发生三相金属性短路故障时，由于 $\dot{U}_{\phi1}$ 为零，方向元件将无法进行相位比较，造成在正方向出口三相短路时可能拒动，出现死区；反方向出口三相短路时可能误动。因此对电压 $\dot{U}_{\phi1}$ 应具备"记忆"功能，从而保证功率方向元件能正确判断故障方向，消除功率方向元件死区。

在保护装置中，由控制字来设定过电流保护的方向。接入保护装置的 TA 极性，将正极性端设定在母线侧。当控制字设定为"1"时，表示方向指向系统（母线），最大灵敏角为 225°；当控制字设定为"0"时，表示方向指向变压器，最大灵敏角为 45°。

（4）TV 断线和电压退出对复合电压闭锁（方向）过电流保护的影响。

由于功率方向元件、复合电压元件都要用到电压量，所以 TV 断线将对该保护产生影响。因此复压闭锁（方向）过流保护应采取如下措施：

对 110kV 及以下的变压器以 CSC326 保护装置为例，介绍 TV 断线和电压退出对复合电压闭锁（方向）过电流保护的影响。

保护装置控制字提供两种选择，控制字设定为"1"时表示"TV 断线后方向和复压不满足"；当控制字设定为"0"时表示"TV 断线后方向和复压满足"。

1）当方向元件所取侧发生 TV 断线时，如果控制字为"0"，则认为是正方向；如果控制字为"1"，则认为是反方向。

2）当某侧 TV 断线时，则退出本侧保护的复压元件，复压闭锁过电流保护仍然可以通过其他侧的复合电压来启动。因此某侧 TV 断线不会影响其他侧的复合电压来启动过电流保护。

3）装置还设有"电压投入压板"，当某侧 TV 检修时退出该压板，此时退出该侧的复压元件和方向元件，该侧复压闭锁（方向）过流保护变成复压闭锁过电流保护（复压取自其他侧）。

4）如果各侧电压压板都退出或者通过控制字不选取任一侧的复压，侧复压条件自动满足，复压闭锁（方向）过电流保护变为纯过电流保护。

对 220kV 及以上的变压器低压侧固定不带方向，复合电压元件正常时取自本侧的复合电压。若判断出低压侧 TV 断线时，在发 TV 断线告警信号，同时将复合电压元件退出，保护不经复压元件闭锁。高、中压侧正常时功率方向元件采用本侧的电压，复合电压元件由各侧复合电压"或"逻辑构成。若判断出高、中压侧 TV 断线时，在发 TV 断线告警信号，同时该侧复压元件采用其他侧复合电压，并将方向元件退出。

关于 TV 断线的判别可用以下两个判据：

1）判定 TV 三相断线。启动元件未启动，正序电压小于 30V，且任一相电流大于 $0.04I_N$（断路器合位），延时 10s 报该侧母线 TV 异常。

2）判定 TV 一相或二相断线。启动元件未启动，负序电压大于 8V，延时 10s 报该侧母线 TV 异常。

（5）复合电压闭锁（方向）过电流保护动作逻辑框图。

复合电压闭锁过电流保护动作逻辑框图如图 5-37 所示。

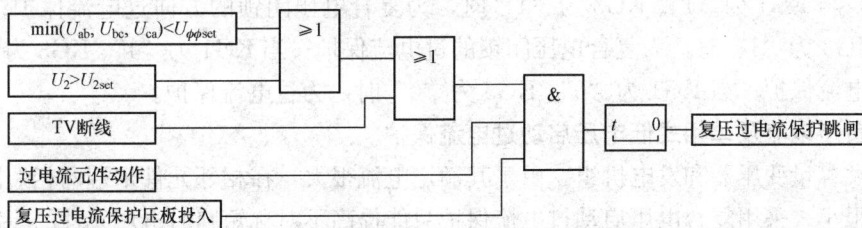

图 5-37　复合电压闭锁过电流保护动作逻辑框图（控制字为 0 时）

由图 5-37 可见，当复压过电流压板投入、过电流元件动作、低电压或负序电压任一条件满足时，经整定时限 t 复压过电流保护动作出口跳开设定的断路器。在控制字为 0 时表示"TV 断线后方向和复压满足"，只要复压过电流压板投入、过电流元件动作、复压过电流保护动作出口跳开设定的断路器。

复合电压方向过电流保护动作逻辑框图如图 5-38 所示。

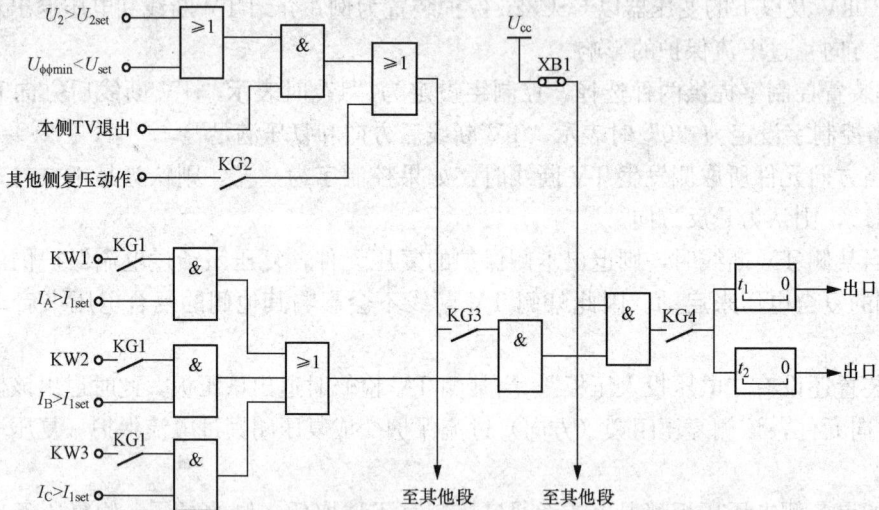

图 5-38　复合电压（方向）过电流保护动作逻辑框图（Ⅰ段）

图 5-38 中只画出Ⅰ段，其他段类似，最后一段不设方向元件。U_2 为保护安装侧母线上负序电压，U_{2set} 为负序整定电压，$U_{\phi\phi min}$ 为母线上最低相间电压，KW1、KW2、KW3 保护安装侧 A、B、C 相的功率方向元件，I_A、I_B、I_C 为保护安装侧变压器三相电流，I_{1set} 为Ⅰ段电流定值，由图 5-38 可以看出，负序电压 U_2 与相间低电压 $U_{\phi\phi min}$ 构成"或"关系，各相的电流元件和该相的方向元件构成"与"关系。

KG1 为控制字，KG1 设为"1"时方向元件投入，KG1 设为"0"时方向元件退出。

KG2 为其他侧复合电压的控制字，KG2 设为"1"时，其他侧复合电压闭锁该侧方向电流保护，KG2 设为"0"时其他侧复合电压闭锁退出。引入其他侧复合电压的作用是提高复合电压元件的灵敏度 KG3 为复合电压的控制字，KG3 设为"1"时，复合电压起闭锁作用，KG3 设为"0"时，复合电压不起闭锁作用。KG4 为保护段投、退的控制字，KG4 设为"1"时，该段保护投入，KG4 设为"0"时，该段保护退出。XB1 为保护段投、退压板。

可见，当 KG1 为"1"、KG3 为"1"时，为复合电压闭锁的方向过电流保护；当 KG1 为"0"、KG3 为"1"时，为复合电压闭锁的过电流保护；当 KG1 为"1"、KG3 为"0"时，为方向过电流保护；当 KG1 为"0"、KG3 为"0"时，为过电流保护。

四、负序电流及单相式低电压启动过电流保护

对于大容量变压器和发电机组，由于其额定电流很大，在相邻元件末端两相短路时短路电流可能很小，采用复合电压启动过电流保护只能提高不对称短路时电压元件的灵敏度，但电流元件往往不能满足作为相邻元件后备保护对灵敏度的要求。这时可以采用负序过电流保护，以提高不对称短路时的灵敏度。负序电流及单相式低电压启动的过电流保护原理接线如图 5-39 所示。

负序电流及单相式低电压启动过电流保护由负序电流继电器 KAN（由负序电流滤过器 ZAN 和过电流继电器 KA 构成）作为不对称短路的保护。由于它不能反映对称短路，所以必须加装单相式低电压启动过电流保护。两套保护均经时间继电器 KT 延时接通跳闸回路。变压器负序电流及单相式低电压启动过电流保护与相邻元件保护配合较复杂，运行经验证明，在外部故障时保护的误动作较多，故仅用于发电机－变压器组。

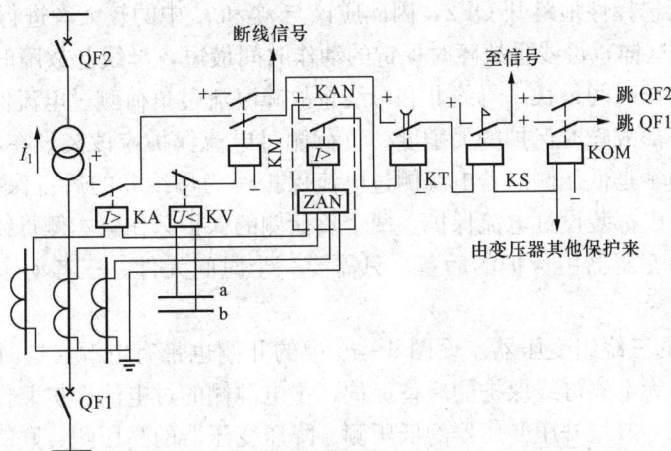

图 5－39　负序电流及单相式低电压启动的过电流保护原理接线

五、变压器相间短路后备保护的配置原则

1. 变压器相间短路后备保护的配置原则

变压器相间短路后备保护的配置与被保护变压器电气主接线方式及各侧电源情况有关，当外部短路时应只跳开近故障点的变压器断路器，使变压器其余侧继续运行。

（1）对于双绕组变压器，相间短路后备保护应装于主电源侧，根据主接线情况可以带一段或两段时限，以较短时限跳开母联或者分段断路器，以便缩小故障影响范围，以较长时限跳开各侧断路器。

（2）对于三绕组变压器一侧断路器跳开后，另外两侧还能够继续运行。所以三绕组变压器的相间短路后备保护在作为相邻元件的后备时，应该有选择地只跳开近故障点一侧的断路器，保证另外两侧继续运行，尽可能地缩小故障影响范围；而作为变压器内部故障的后备时，应该跳开三侧断路器，使变压器退出运行。例如，图 5－40 中的 K1 点故障时，应只跳开断路器 QF3；K2 点故障时，则将 QF1、QF2、QF3 全部跳开。为此，通常需要在变压器的两侧或三侧都装设过电流保护（或复合电压启动过电流保护等），各侧保护之间要相互配合。保护的配置与变压器主接线方式及其各侧电源情况等因素有关。现结合图 5－40，以下面两种情况为例说明其配置原则。图中 t_1'、t_2'、t_3' 分别表示各侧母线后备保护的动作时限。定义 t_T 作为跳开变压器三侧断路器 QF1、QF2、QF3 的时限。

1）单侧电源的三绕组变压器。可以只装设两套过电流保护，一套装在电源侧，另一套装在负荷侧（如图中的Ⅲ侧）。负荷侧的过电流保护只作为母线Ⅲ保护的后备，动作后只跳开断路器 QF3，动作时限应该与母线Ⅲ保护的动作时限相配合，即 $t_3 = t_3' + \Delta t$，其中 Δt 为一个时限级差。电源侧的过电流保护作

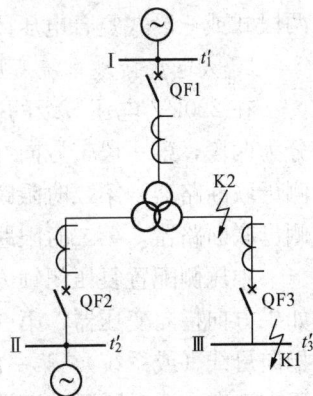

图 5－40　三绕组变压器
过电流保护配置说明图

为变压器主保护和母线Ⅱ保护的后备。为了满足外部故障时尽可能缩小故障影响范围的要求，电源侧的过电流保护采用两个时间元件，以较小的时限 t_1 跳开断路器 QF2，以较长的时限 t_T 跳开三侧断路器 QF1、QF2、QF3。对于 t_1，若 $t_1 < t_3$，在母线Ⅲ故障时，电源侧的过电流保护仍会无选择性地跳开 QF2，因此应该与 t_2' 和 t_3 中的较大者进行配合，即取 $t_1 = \max(t_2', t_3) + \Delta t$。这样，母线Ⅲ故障时保护的动作时间最短，母线Ⅱ故障时其次，变压器内部故障时保护的动作时间最长。母线Ⅱ和母线Ⅲ故障时流过负荷侧过电流保护的电流是不一样的。为了提高外部故障时保护的灵敏度，负荷侧过电流保护应该装设在容量较小的一侧，对于降压变压器通常是低压侧。若电源侧过电流保护作为母线Ⅱ的后备保护灵敏度不够时，则应该在三侧绕组中都装设过电流保护。两个负荷侧的保护只作为本侧母线保护的后备。电源侧保护则兼作为变压器主保护的后备，只需要一个时间元件。三者动作时间的配合原则相同。

2）多侧电源的三绕组变压器。设图 5 - 40 中的Ⅱ侧也带有电源，这时应该在三侧分别装设过电流保护作为本侧母线保护的后备保护，主电源侧的过电流保护兼作变压器主保护的后备保护。主电源一般指升压变压器的低压侧、降压变压器的高压侧、联络变压器的大电源侧。假设Ⅰ侧为主电源侧。Ⅱ侧和Ⅲ侧过电流保护的动作时限分别取 $t_2 = t_2' + \Delta t$、$t_3 = t_3' + \Delta t$，Ⅱ侧的过电流保护还增设一个方向元件，方向指向母线Ⅱ。Ⅰ侧的过电流保护也增设一个方向指向母线的方向元件，并设置两个动作时限，短时限取 $t_1 = t_1' + \Delta t$，过电流元件和方向元件同时启动时，经短时限跳断路器 QF1；长时限取 $t_T = \max(t_1, t_2, t_3) + \Delta t$，过电流元件启动，但方向元件不启动时经长时限跳开变压器三侧断路器。

下面说明各种故障情况下保护的动作情况：母线Ⅲ故障时，虽然三侧保护的电流元件都启动，但Ⅰ侧和Ⅱ侧的方向元件不会启动，又因 $t_3 < t_T$，Ⅲ侧过电流保护先动作跳开 QF3，使Ⅰ侧和Ⅱ侧继续运行；母线Ⅱ故障时，Ⅰ侧和Ⅱ侧过电流保护都启动，但Ⅰ侧的方向元件不启动，因 $t_2 < t_T$，Ⅱ侧过电流保护先动作跳开 QF2，变压器仍能运行；同理，母线Ⅰ故障时只跳开 QF1，变压器也能运行。变压器内部故障时则Ⅰ侧过电流保护经时限 t_T 跳开三侧断路器。

2. 小电流接地系统变压器后备保护的配置

配置两段或三段式复合电压闭锁过电流保护，如果变压器两侧及以上接有电源，则采用两段式或三段式复合电压闭锁过电流保护。

3. 大电流接地系统变压器后备保护的配置

在 220kV 电压等级的变压器后备保护中，高压侧配置复压闭锁方向过电流保护。保护分为两段，第一段带方向（可设定），设两个时限。如果方向指向变压器，第一时限跳中压侧母联断路器，第二时限跳中压侧断路器；如果方向指向母线（或系统），第一时限跳高压侧母联断路器，第二时限跳高压侧断路器。第二段不带方向，延时跳开各侧断路器。

中压侧配置复压闭锁方向过电流保护，设三时限。第一、二时限带方向，方向可整定。如果方向指向变压器，第一时限跳高压侧母联断路器，第二时限跳高压侧断路器；如果方向指向母线（或系统），第一时限跳中压侧母联断路器，第二时限跳中压侧断路器，第三时限不带方向，延时跳开变压器各侧断路器。中压侧还配置了限时速断过电流保护，延时跳开本侧断路器。

低压侧各分支上配置有过电流保护，设二时限，第一时限跳开本侧分支分段断路器，第二时限跳开本侧分支断路器。低压侧各分支上还配置有复压过电流保护，不带方向，设三时限，第一时限跳开本侧分支分段断路器，第二时限跳开本侧分支断路器，第三时限跳开变压器各侧断路器。

六、变压器的过负荷保护

变压器过负荷在多数情况下是三相对称的，因此，过负荷保护只用一个电流继电器接于任意一相电流，经延时作用于信号。

过负荷保护的安装侧，应根据保护能反映变压器各绕组可能过负荷的情况来选择。

1. 双绕组变压器

对双绕组升压变压器应装在发电机电压侧，对双绕组降压变压器应装设在高压侧。

2. 三绕组变压器

对一侧无电源的三绕组升压变压器应装于发电机电压侧和无电源侧。对三侧有电源的三绕组升压变压器，三侧均应装设。对仅一侧有电源的三绕组降压变压器，若三侧绕组容量相等，只装于电源侧；若三侧绕组的容量不等，则装于电源侧及绕组容量较小侧。对两侧都有电源的三绕组降压变压器，三侧均应装设过负荷保护。

装于各侧的过负荷保护，均应经过同一时间继电器作用于信号。过负荷保护动作电流按躲开变压器的额定电流整定，即

$$I_{op} = \frac{K_{rel}}{K_r} I_{T.N} \tag{5-63}$$

式中　　K_{rel}——可靠系数，取 1.05；

　　　　K_r——返回系数，取 0.85。

为了防止过负荷保护在外部短路时误动作，其动作时限应比变压器后备保护动作时限长一个 Δt，一般取 9～10s。

第六节　变压器接地短路的零序后备保护

在电力系统中，接地短路是最常见的故障形式。中性点直接接地系统变压器，一般要求在变压器上装设接地短路保护，作为变压器主保护和相邻元件接地短路保护的后备保护。

系统接地短路时，母线将出现零序电压，零序电流的大小和分布与系统中变压器中性点接地的数目和位置有关。变压器接地短路的后备保护通常就是反映这些电气量构成的。

通常对只有一台变压器的升压变电站，变压器都采用中性点接地运行方式。对有多台变压器并联运行的变电站，则采用一部分变压器中性点接地运行，另一部分变压器中性点不接地运行的方式。这样可以保证电网在各种运行方式下，变压器中性点接地的数目和位置尽量不变，保持零序保护的动作范围稳定，且有足够的灵敏度。

中性点直接接地系统变压器中性点绝缘水平都是分级绝缘的。对 500kV 变压器，中性点绝缘水平较低，为 38kV，其中性点必须接地运行。对 500kV 以下的分级绝缘变压器，其中性点可以直接接地运行，也可以在系统中不失去中性点接地的条件下不接地运行。

一、中性点直接接地变压器的零序电流保护

图 5-41 所示为中性点直接接地运行的变压器零序电流保护原理接线图。

保护用零序电流互感器 TAN，接在变压器中性点引出线上。为缩小接地故障的影响范

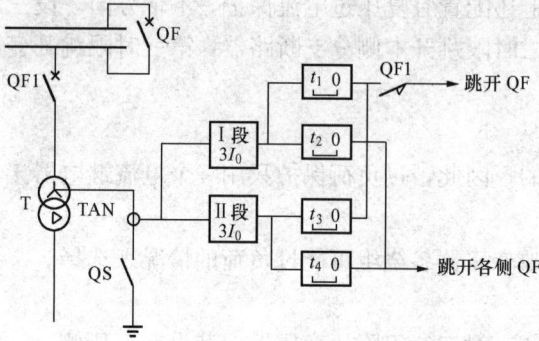

图 5-41　中性点直接接地运行的变压器
零序电流保护原理接线

围及提高后备保护的快速性，零序过电流保护通常采用两段式，每段可设两个时限。零序电流保护Ⅰ段与相邻元件零序电流保护Ⅰ段相配合，即作为变压器及母线接地故障的后备保护，其动作电流与引出线零序电流保护Ⅰ段在灵敏系数上配合整定，以较短时限 t_1 作用于跳开母联断路器 QF（或分段断路器）；以较长时限 t_2 作用于跳开变压器。零序电流保护Ⅱ段与相邻元件零序电流保护后备段相配合，即作为引出线接地故障的后备保护，其动作电流和时限与相邻元件零序电流保护的后备段相配合，以较短时限 t_3 作用于跳开母联断路器 QF（或分段断路器）；以较长时限 t_4 作用于跳开变压器。一般 $t_1 = 0.5 \sim 1s$，$t_2 = t_1 + \Delta t$，t_3 应比相邻元件零序电流保护后备段最大时限长一个 Δt，$t_4 = t_3 + \Delta t$。

为防止断路器 QF1 在断开状态下，在变压器高压侧发生接地短路时误将母联断路器 QF 跳闸，故在 t_1 和 t_3 出口回路中串接 QF1 动合辅助触点将保护闭锁。

对于一般变压器，零序电流保护接于变压器中性点电流互感器回路中，虽然也可接于各侧零序电流滤过器回路，但其保护范围不如接于中性点处的电流互感器上好；对于自耦变压器，零序电流保护必须接于各侧的零序电流滤过器回路中。

对于双绕组变压器，只在高压侧装设接地保护；对于两个中性点接地的三绕组变压器和有三个电压等级的自耦变压器，应在两侧分别装设接地保护。

对单侧中性点接地变压器（包括兼有两侧系统为中性点接地系统，但变压器为一侧中性点接地）的零序电流保护，其零序Ⅰ段动作后跳母联断路器；其零序Ⅱ段动作后跳变压器两侧断路器；对三绕组变压器，若不是双母线运行，零序Ⅱ段保护还可有两个时限，以较短时限跳本侧断路器，以较长时限跳主变压器三侧断路器。若是双母线运行，也需要有选择性地跳开母联断路器、变压器本侧断路器和各侧断路器。

对有两侧中性点直接接地的三个电压等级的变压器，其零序Ⅰ段一般可与线路零序电流保护的躲非全相一段相配合（必要时可带有方向），动作后以较短时限跳母联断路器，以较长时限跳本侧断路器；其零序Ⅱ段（根据配合需要可带方向或不带方向）可与线路零序电流保护最后一段相配合，有选择性地跳开母联断路器、变压器本侧断路器和各侧断路器。

二、中性点可能接地或不接地变压器的零序保护

当变电站部分变压器中性点接地运行时，如图 5-42 所示两台变压器并列运行，其中变压器 T1 中性点接地运行，变压器 T2 中性点不接地运行。当线路上 K 点发生单相接地时，有零序电流流过 QF1、QF3、QF4 和 QF5 的四套零序过电流保护。按选择性要求应满足 $t_1 > t_3$，即应由 QF3 和 QF4 的两套保护动作于 QF3 和 QF4 跳闸。

若因某种原因造成 QF3 拒绝跳闸，则应由 QF1 的保护动作于 QF1 跳闸。当 QF1 和 QF4 跳闸后，系统成为中性点不接地系统，而且 T2 仍带着接地故障继续运行。T2 的中性点对地电压将升高为相电压，两非接地相的对地电压将升高 $\sqrt{3}$ 倍，如果在接地故障点处出现间歇性电弧过电压，则对变压器 T2 的绝缘危害更大。如果 T2 为全绝缘变压器，可利用在其中性点不接

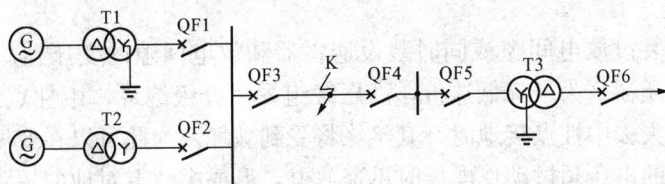

图 5-42 两台升压变压器并列运行，T1 中性点接地运行的系统图

地运行时出现的零序电压，实现零序过电压保护，作用于断开 QF2。如果 T2 是分级绝缘变压器，则不允许上述情况出现，必须在切除变压器 T1 之前，先将变压器 T2 切除。

因此，对于中性点有两种运行方式的变压器，需要装设两套相互配合的接地保护装置：零序过电流保护——用于中性点接地运行方式；零序过电压保护——用于中性点不接地运行方式。并且还要按下列原则构成保护：对于分级绝缘变压器，当中性点不装设放电间隙时，应先切除中性点不接地运行的变压器，后切除中性点接地运行的变压器；对于全绝缘变压器，应先切除中性点接地运行的变压器，后切除中性点不接地运行的变压器。

1. 全绝缘变压器

如图 5-43 所示，全绝缘变压器应装设零序过电流保护作为变压器中性点直接接地运行时的接地保护。当系统发生单相接地故障时，中性点直接接地运行的变压器在其零序过电流保护的作用下跳闸后，系统失去中性点变为中性点不接地系统带单相接地故障运行，对于全绝缘变压器，其绝缘不会受到影响，但此时产生的零序过电压对中性点直接接地系统的其他电力设备的绝缘将构成威胁，因此，需装设零序电压保护将中性点不接地的变压器切除。

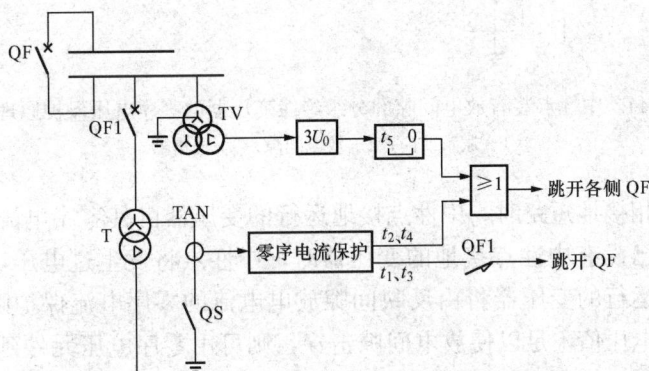

图 5-43 全绝缘变压器零序电流保护原理框图

当系统发生单相接地且失去接地中性点时，零序过电压保护经 $0.3\sim0.5s$ 时限动作于断开变压器各侧断路器。其延时作用是避免在部分变压器中性点接地的情况下，系统中发生单相接地时暂态过程的影响。保护的动作电压要躲过在部分中性点接地的系统中发生单相接地时，保护安装处可能出现的最大零序电压；同时要在发生单相接地且失去接地中性点时有足够的灵敏度。因此，零序过电压保护仅在系统中发生单相接地短路，且中性点接地的变压器已全部断开之后才可能动作。这样，保护的动作时限不需要与系统中其他接地保护的动作时限相配合，因而动作时限可以整定得很小。

2. 分级绝缘变压器

（1）中性点只装设放电间隙或同时装设避雷器和放电间隙的变压器。220kV及其以上电压等级的大型变压器，为了降低造价，高压绕组采用分级绝缘，中性点绝缘水平比较低，在单相接地故障且失去中性点接地时，其绝缘将受到破坏。为此可以在变压器中性点装设放电间隙，当间隙上的电压超过动作电压时迅速放电，形成中性点对地的短路，从而保护了变压器中性点的绝缘。

这种情况按规定应装设零序电流保护作为变压器中性点直接接地运行时的保护，并增设一套反映间隙放电电流的零序电流保护和一套零序电压保护作为变压器不接地运行的保护。因为放电间隙是一种比较粗糙的设施，气象条件、连续放电的次数都可能出现该动作而不能动作的情况，零序电压保护就是作为间隙不能放电时的后备保护。中性点装有放电间隙的分级绝缘变压器的零序保护原理框图如图5-44所示。

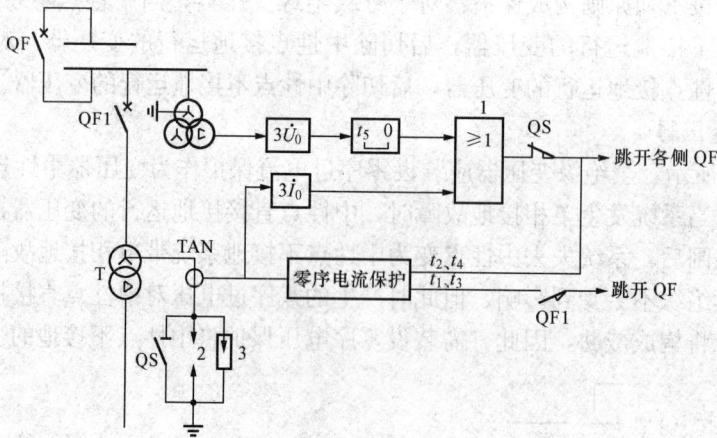

图5-44　中性点装有放电间隙的分级绝缘变压器的零序电压保护原理框图
1—逻辑或门；2—放电间隙；3—避雷器

当系统发生单相接地短路时，中性点接地运行的变压器由其零序电流保护动作于切除。若此时高压母线上已没有中性点接地的变压器时，中性点将发生过电压，导致放电间隙击穿。中性点不接地运行的变压器将由反映间隙放电电流的零序电流保护瞬时动作切除变压器，如果中性点过电压值不足以使放电间隙击穿，则可由零序电压元件延时 $t_5 = 0.3 \sim 0.5\text{s}$ 将中性点不接地运行的变压器切除。

（2）中性点不装设放电间隙的变压器。分级绝缘变压器，其中性点绝缘的耐压强度较低，中性点不装设放电间隙时，对冲击过电压，用避雷器保护变压器中性点绝缘；当单相接地且系统中失去中性点时，在弧光接地引起的工频过电压作用下，避雷器有可能损坏，故仍不能保证变压器中性点绝缘的安全。为防止中性点绝缘在工频过电压下损坏，不允许在无接地中性点的情况下带接地故障点运行。因此，当发生接地故障时，应先切除中性点不接地运行的变压器，然后切除中性点接地运行的变压器。图5-45所示为具有三级延时的零序电流和零序电压保护原理框图。

图5-45中仅画出变压器T1的接地保护，变压器T2的接地保护与变压器T1相同。保护由零序电流元件 $3\dot{I}_0$ 和零序电压元件 $3\dot{U}_0$ 构成保护的启动元件。保护具有三级延时 t_1、t_2、

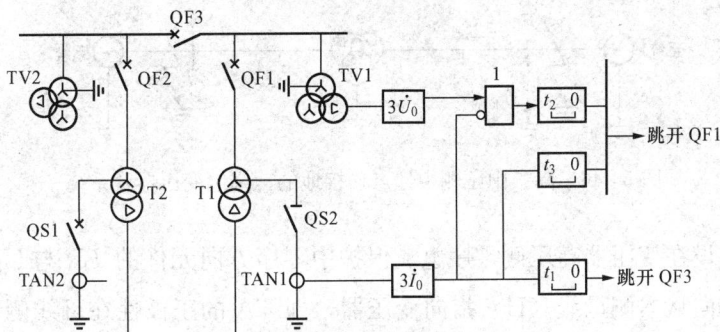

图 5-45　具有三级延时的零序电流和零序电压保护原理框图
1—禁止门；$3\dot{U}_0$—零序电压启动元件；$3\dot{I}_0$—零序电流启动元件

t_3。延时 t_1 应按比相邻线路零序电流保护后备段最长时限长一个阶梯时限 Δt，作用于跳开分段断路器或母联断路器；$t_2 = t_1 + \Delta t$，作用于跳开中性点不接地变压器；$t_3 = t_2 + \Delta t$，作用于跳开中性点接地的变压器。

对于中性点接地的变压器，当系统发生接地故障时，零序电流元件 $3\dot{I}_0$ 启动，经 t_1 延时跳开 QF3（分段断路器或母联断路器），同时"禁止"门 1 将零序电压元件 $3\dot{U}_0$ 启动回路断开。若中性点不接地变压器以 t_2 延时切除后，故障仍然存在，则保护经 t_3 延时跳开本变压器。

对于中性点不接地的变压器，当系统发生接地故障时，零序电流元件 $3\dot{I}_0$ 不启动，"禁止"门 1 开放。零序电压元件 $3\dot{U}_0$ 启动，经"禁止"门 1 启动时间元件 KT2，延时 t_2 跳开本变压器，由于 $t_2 < t_3$，故先跳开中性点不接地变压器。

三、零序方向元件

对于中性点直接接地电网中的变压器，应装设零序电流（方向）保护，作为变压器主保护的后备保护及相邻元件的（包括母线）接地故障的后备保护。

普通三绕组变压器高、中压侧同时接地运行时，任一侧发生接地故障时，在高、中压侧都会有零序电流流通，要使变压器两侧的零序电流保护配合，就需要零序方向元件。对于三绕组自耦变压器，高、中压侧除电的直接联系外，两侧共用一个接地，在任一侧发生接地故障时，高、中压侧都会有零序电流流通。同样需要零序方向元件使变压器两侧的零序电流保护配合。但是，对于普通三绕组变压器，由于低压绕组通常为三角形连接，在零序等值电路中相当于短路，如果变压器低压绕组的等值电抗等于零，则高压侧（中压侧）发生接地故障时，中压侧（高压侧）就没有零序电流流通，变压器两侧的零序电流保护就不存在配合问题无需设零序方向元件。显然，只要三绕组变压器低压绕组的等值电抗不为零，就需要设零序方向元件。

因此，只有在低压绕组等值电抗不等于零且高、中压侧中性点均接地的三绕组变压器及自耦变压器的零序电流保护中，才设置零序方向元件。当然，YNd 接线的双绕组变压器的零序电流保护就不需要零序方向元件。

高、中压侧中性点均接地的三绕组变压器及系统如图 5-46 所示。设高压侧系统 1 的零序等值电抗为 Z_{H0}，中压侧系统 2 的零序等值电抗为 Z_{M0}。

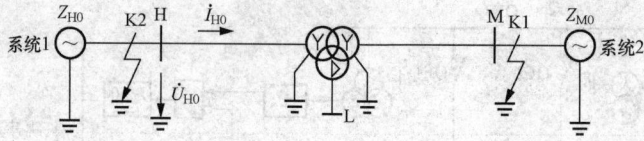

图 5-46　高、中压侧中性点均接地的三绕组变压器及系统

下面讨论装设在变压器高压侧零序电流保护中零序方向元件的 $\dot{I}_{H0}$ 与 $\dot{U}_{H0}$ 的相位关系。其中 $\dot{I}_{H0}$ 的正方向从本侧母线（H）指向变压器，即 TA 的正极性在母线侧，$\dot{U}_{H0}$ 的正方向由母线（H）对地。

如图 5-47 所示为高、中压侧接地短路时的零序网络图。图 5-47（a）为中压侧母线 M 处 K1 点发生接地短路故障时的零序网络图，由图可见，$\dot{U}_{H0}$ 与 $\dot{I}_{H0}$ 的关系为

$$\dot{U}_{H0} = - \dot{I}_{H0} Z_{H0} \tag{5-64}$$

如果零序方向元件正方向（动作方向）指向变压器，此时就相当于在保护正方向上发生了接地故障，式（5-64）表明了该零序方向元件的相位关系。应当指出，在变压器内部接地短路时，$\dot{U}_{H0}$ 与 $\dot{I}_{H0}$ 的相位关系相同。

正方向指向变压器时的零序方向元件的动作方程为

$$-90° < \arg \frac{3\dot{U}_0}{3\dot{I}_0 e^{j(\varphi_{M0}+180°)}} < 90° \text{（动作方向指向变压器）}$$

如果零序阻抗角 φ_{M0} 为 75°，由上式可得最大灵敏角为 255°，也就是 -105°。

图 5-47（b）为高压侧母线 H 处 K2 点发生接地短路故障时的零序网络图，如果 $\dot{I}_{H0}$ 的正方向仍是母线流向变压器，则由图可见 $\dot{U}_{H0}$ 与 $\dot{I}_{H0}$ 的关系为

$$\dot{U}_{H0} = \dot{I}_{H0} \left[Z_{T1} + \frac{(Z_{T2} + Z_{M0})Z_{T3}}{Z_{T2} + Z_{M0} + Z_{T3}} \right] \tag{5-65}$$

如果零序方向元件正方向（动作方向）指向本侧系统，此时就相当于在保护正方向上发生了接地故障，式（5-65）表明了该零序方向元件的相位关系。

正方向指向本侧系统（母线）时的零序方向元件的动作方程为

$$-90° < \arg \frac{3\dot{U}_0}{3\dot{I}_0 e^{j\varphi_{M0}}} < 90° \text{（动作方向指向本侧系统）}$$

如果零序阻抗角 φ_{M0} 为 75°，由上式可得最大灵敏角为 75°。

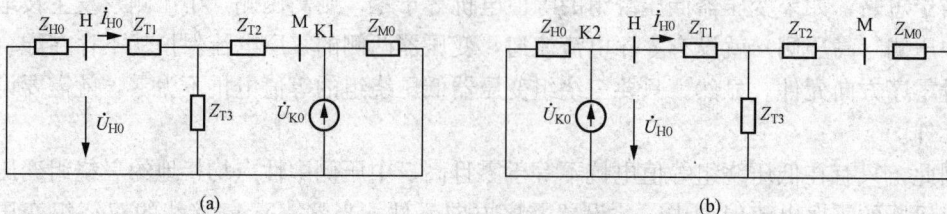

图 5-47　高、中压侧接地短路时的零序网络图
(a) 中压侧母线 M 处 K1 点接地时；(b) 高压侧母线 H 处 K2 点接地时

在微机变压器保护装置中，是由控制字来设定零序方向元件的指向的。当控制字为"1"时，方向指向系统（母线），最大灵敏角为75°。当控制字为"0"时，方向指向变压器，最大灵敏角为-105°。还需要注意的是，方向元件所用的零序电压为自产零序电压，若采用自产零序电流时，TA 的正极性端在母线侧；若采用中性点零序电流时，TA 的正极性端在变压器侧。

四、变压器高、中压侧零序电流方向和零序电压保护的配置

330kV 及以上电压等级变压器高压侧的零序方向保护为二段式，第一段带方向，方向固定指向系统（本侧母线），经延时跳开本侧断路器；第二段不带方向，经延时跳开变压器各侧断路器。高压侧有"零序过电流Ⅰ段"、"零序过电流Ⅱ段"两个控制字选择投退，当控制字为"1"时相应保护投入，当控制字为"0"时相应保护退出。

中压侧的零序方向保护为两段式，第一段带方向，方向固定指向系统（本侧母线）。设有三个时限，第一时限跳开分段断路器，第二时限跳开母联断路器，第三时限跳开本侧断路器。第二段不带方向，经延时跳开变压器各侧断路器。中压侧有"零序过电流Ⅰ段1时限"、"零序过电流Ⅰ段2时限"、"零序过电流Ⅰ段3时限"及"零序过电流Ⅱ段"四个控制字选择投退，当控制字为"1"时相应保护投入，当控制字为"0"时相应保护退出。

220kV 电压等级变压器高压侧的零序方向保护为二段式，第一段带方向，方向可整定，设有两个时限。如果方向指向变压器，第一时限跳开中压侧母联断路器，第二时限跳开中压侧断路器；如果方向指向系统（本侧母线），第一时限跳开高压侧母联断路器，第二时限跳开高压侧断路器。第二段不带方向，经延时跳开变压器各侧断路器。高压侧设有"零序过电流Ⅰ段方向指向母线"控制字，当控制字为"1"时方向指向系统（母线），当控制字为"0"时方向指向变压器。高压侧还设有"零序过电流Ⅰ段1时限"、"零序过电流Ⅰ段2时限"及"零序过电流Ⅱ段"三个控制字选择投退，当控制字为"1"时相应保护投入，当控制字为"0"时相应保护退出。

中压侧的零序方向保护为二段式，第一段带方向，方向可整定，设有两个时限。如果方向指向变压器，第一时限跳开高压侧母联断路器，第二时限跳开高压侧断路器；如果方向指向系统（本侧母线），第一时限跳开中压侧母联断路器，第二时限跳开中压侧断路器。第二段不带方向，经延时跳开变压器各侧断路器。中压侧设有"零序过电流Ⅰ段方向指向母线"控制字，当控制字为"1"时方向指向系统（母线），当控制字为"0"时方向指向变压器。中压侧还设有"零序过电流Ⅰ段1时限"、"零序过电流Ⅰ段2时限"及"零序过电流Ⅱ段"三个控制字选择投退，当控制字为"1"时相应保护投入，当控制字为"0"时相应保护退出。

五、TV 断线、本侧电压退出对零序电流方向保护的影响

TV 断线将影响零序电流方向元件动作的正确性，因此当判断出 TV 断线后，在发告警信号的同时，本侧的零序电流方向保护退出零序方向元件，此时为零序电流保护。在这种情况下发生反方向接地故障时保护动作是允许的。这样保护装置不需要再设置"TV 断线保护投退原则"控制字来选择零序方向元件的投退。

当本侧 TV 检修或旁路代路为切换 TV 时，为保证本侧零序电流方向元件动作的正确性，需将本侧的"电压投/退"置于退出位置，此时零序电流方向保护退出零序方向元件，成为零序电流保护。

六、零序（接地）保护逻辑框图

变压器零序（接地）保护是分侧装设的，应装设在变压器中性点接地一侧，所以对于YNd 接线的双绕组变压器，装设在 YN 侧；对于 YNynd 接线的三绕组变压器，YN 及 yn侧均应装设；对于自耦变压器，在高压侧和中压侧均应装设。

图 5-48 所示为变压器零序（接地）保护逻辑框图。KAZ1、KAZ2 为Ⅰ段、Ⅱ段零序电流元件，用于测量零序电流。KWZ 为零序方向元件，为了避免 $3\dot{U}_0$、$3\dot{I}_0$ 引入时的极性错误，采用自产 $3\dot{U}_0$ 及自产 $3\dot{I}_0$ 作为零序方向元件的输入量。KVZ 为零序电压闭锁元件，采用 TV 开口三角形的零序电压作为输入量，由图 5-48 可见，KAZ1、KAZ2、KWZ、KVZ构成了变压器中性点接地运行时的零序电流方向保护。作为零序电流测量元件，输入的零序电流可通过控制字选择自产或外接的 $3\dot{I}_0$。

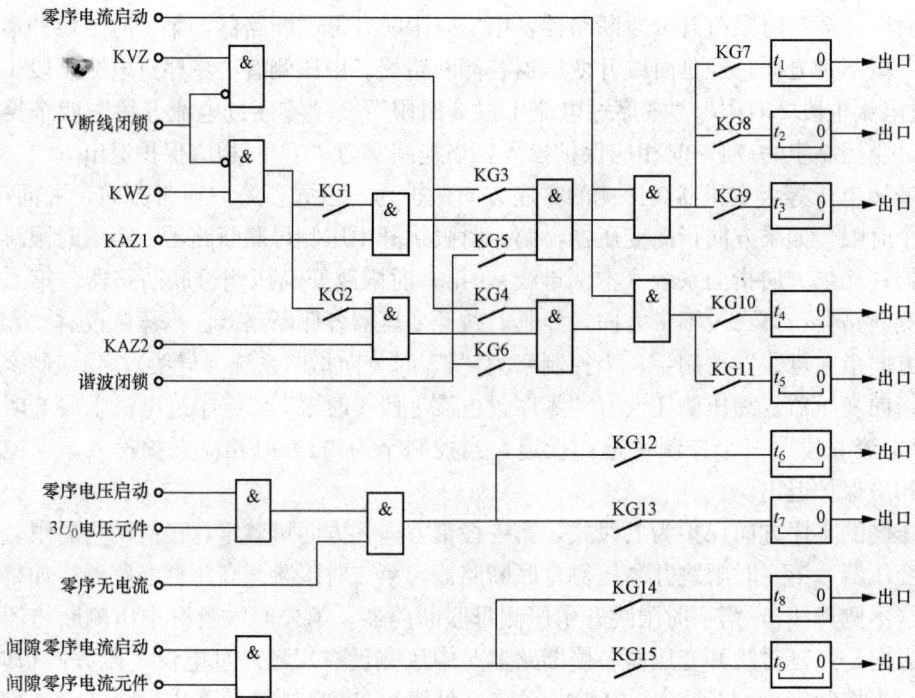

图 5-48　变压器零序（接地）保护逻辑框图

KG1、KG2 方向元件控制字，当控制字为"1"时方向元件投入，当控制字为"0"时方向元件退出。KG3、KG4 为零序电流Ⅰ段、Ⅱ段是否经零序电压闭锁的控制字，KG5、KG6 为零序电流Ⅰ段、Ⅱ段是否经谐波闭锁的控制字，KG7~KG11 为零序电流Ⅰ段、Ⅱ段带动作时限的控制字。由图 5-48 可见，通过控制字可构成零序电流保护，也可构成零序电流方向保护，并且各段可以获得不同的动作时限。

零序电流启动可采用变压器中性点回路的零序电流，启动值应躲过正常运行时的最大不平衡电流。零序电压闭锁元件的动作电压应躲过正常运行时开口三角形的最大不平衡电压，一般取 3~5V。为防止变压器励磁涌流对零序电流保护的影响，采用谐波闭锁措施，利用励磁涌流中的二次谐波及其偶次谐波来实现制动闭锁，当谐波含量超过一定比例时，闭锁零序电流方向保护。

当变压器中性点不接地运行时，采用零序过电压元件（$3\dot{U}_0$）和间隙零序电流元件来构成变压器的零序保护。图 5-48 中，KG12～KG15 为零序过电压、间隙零序电流带动作时限的控制字。考虑到变压器中性点的保护间隙击穿放电过程中，会出现间隙零序电流和零序过电压交替出现，带一定的时限 t 返回可保证间隙零序电流和零序电压保护的可靠性。

学习指导

变压器故障分为油箱内故障和油箱外故障。油箱内故障，主要有绕组的相间短路、接地短路和匝间短路等。油箱外故障，主要有套管和引出线上的相间短路及接地短路。

变压器不正常工作状态，主要有外部短路引起的过电流、过负荷、油箱漏油引起的油位下降、冷却系统故障、变压器油温升高、外部接地短路引起中性点过电压、绕组过电压或频率降低引起过励磁等。

变压器保护分为电量保护和非电量保护。反映变压器故障的保护动作于跳闸，反映变压器不正常工作状态的保护动作于信号。变压器的保护主要有气体保护、差动保护、电流速断保护、相间短路的后备保护、零序保护、过负荷保护等。

气体保护主要反映油箱内故障，分为轻瓦斯和重瓦斯。轻瓦斯主要反映变压器内部轻微故障和变压器漏油，动作于信号。重瓦斯主要反映变压器内部严重故障，动作于跳闸。

变压器差动保护可以反映变压器绕组、套管及引出线的各种故障，与气体保护相配合作为变压器的主保护。变压器差动保护的原理与线路差动保护和发电机差动保护的原理是相同的，但其产生不平衡电流的原因比线路差动保护和发电机差动保护的不平衡电流要多，主要有变压器两侧绕组接线方式不同产生的不平衡电流（可以采用相位补偿法消除）、电流互感器计算变比与实际变比不同产生的不平衡电流（对于数字式变压器差动保护装置，可以通过计算实现补偿。对于电磁式变压器差动保护装置，可以采用中间变流器进行补偿）、变压器调压产生的不平衡电流（可以在整定计算时考虑躲过）、电流互感器传变误差产生的不平衡电流（应选用高饱和倍数差动保护专用的 D 级电流互感器，尽可能使两侧电流互感器的型号、性能和磁化曲线相同；在外部短路最大短路电流下按 10% 误差曲线校验互感器二次负荷）、变压器正常运行时励磁电流产生的不平衡电流（正常运行时励磁电流一般不会超过额定电流的 2%～5%，对差动保护的影响可以忽略不计）、变压器励磁涌流产生的不平衡电流（可以采用具有速饱和铁芯的差动继电器，或利用二次谐波制动的方法，也可以采用比较波形间断角鉴别内部故障和励磁涌流的方法来减小励磁涌流的影响）。

变压器电流速断保护具有接线简单、动作迅速等优点，能瞬时切除变压器电源侧引出线和套管，以及变压器内部部分线圈的故障。它的缺点是不能保护电力变压器的整个范围，当系统容量较小时，保护范围较小，灵敏度较难满足要求；在无电源的一侧，套管到断路器一段故障不能反映，要靠相间短路的后备保护，切除故障的时间较长，对系统安全运行不利；但变压器的电流速断保护与气体保护、相间短路的后备保护配合较好，因此广泛应用于小容量变压器的保护中。

为反映变压器外部故障而引起的变压器绕组过电流，以及在变压器内部故障时，作为差动保护和气体保护的后备，变压器应装设过电流保护。过电流保护既作为变压器内部短路时的近后备保护，又作为外部短路时下一级保护或断路器失灵的后备保护。当变压器所接母线无专用母线保护时，也作为该母线的主要保护。根据变压器容量、地位及性能和系统短路电流水平的不同，实现保护的方式有过电流保护、低电压启动的过电流保护、复合电压启动的过电流保护、负序过电流保护以及阻抗保护等。

在电力系统中，接地短路是最常见的故障形式。中性点直接接地系统变压器，一般要求在变压器上装设接地短路保护，作为变压器主保护和相邻元件接地短路保护的后备保护。系统接地短路时，母线将出现零序电压，零序电流的大小和分布与系统中变压器中性点接地的数目和位置有关。变压器接地短路的后备保护通常就是反映这些电气量构成的。对于中性点直接接地变压器主要装设零序电流保护；对于中性点有两种运行方式的变压器，需要装设两套相互配合的接地保护装置：零序过电流保护——用于中性点接地运行方式；零序过电压保护——用于中性点不接地运行方式。并且还要按下列原则构成保护：对于分级绝缘变压器，其中性点绝缘的耐压强度较低，中性点不装设放电间隙时，对冲击过电压，用避雷器保护变压器中性点绝缘；当单相接地且系统中失去中性点时，在弧光接地引起的工频过电压作用下，避雷器有可能损坏，故仍不能保证变压器中性点绝缘的安全。为防止中性点绝缘在工频过电压下损坏，不允许在无接地中性点的情况下带接地故障点运行。因此，当发生接地故障时，应先切除中性点不接地运行的变压器，然后切除中性点接地运行的变压器。当中性点只装设放电间隙或同时装设避雷器和放电间隙的变压器，当系统发生单相接地短路时，中性点接地运行的变压器由其零序电流保护动作于切除。若此时高压母线上已没有中性点接地的变压器时，中性点将发生过电压，导致放电间隙击穿。中性点不接地运行的变压器将由反映间隙放电电流的零序电流保护瞬时动作切除变压器，如果中性点过电压值不足以使放电间隙击穿，则可由零序电压元件延时 $t_5 = 0.3 \sim 0.5s$ 将中性点不接地运行的变压器切除。对于全绝缘变压器，应先切除中性点接地运行的变压器，后切除中性点不接地运行的变压器。

习　题

5-1　变压器主要有哪些故障、不正常运行状态？变压器主要装设哪些保护？

5-2　试述变压器气体保护的基本原理。在安装气体继电器时应注意哪些问题？

5-3　在变压器差动保护中，产生不平衡电流的原因有哪些？减小不平衡电流的措施有哪些？

5-4　什么是变压器的励磁涌流？它有哪些特点？

5-5　试述 BCH-2 型、BCH-1 型差动继电器的工作原理，比较它们的异同点，并说明它们各适用于什么场合。

5-6　变压器相间短路后备保护可采取哪些方案？各有哪些特点？

5-7　与低电压启动的过电流保护相比，复合电压启动的过电流保护为什么能够提高灵敏度？

5-8　三绕组变压器相间短路后备保护的配置原则是什么？

5-9　多台变压器并列运行时，全绝缘变压器和分级绝缘变压器对接地保护的要求有何不同？

第六章 发电机保护

教学要求

熟悉发电机可能发生的故障及不正常工作状态，并能分析切除故障和不正常工作状态的保护措施；掌握发电机纵差保护的原理及整定；熟悉反映基波零序电压和三次谐波电压的发电机定子绕组双频式100％接地保护的原理；熟悉发电机定子绕组匝间短路保护的种类及基本原理；了解励磁回路一点接地、两点接地保护的基本原理；了解发电机的负序电流保护和过负荷保护；了解发电机的其他保护。

第一节 发电机的故障和不正常工作状态及其保护

发电机是电力系统中十分重要和贵重的设备，发电机的安全运行直接影响电力系统的安全。发电机由于结构复杂，在运行中可能发生故障和不正常工作状态，会对发电机造成危害。同时系统故障也可能损坏发电机，特别是现代的大中型发电机的单机容量大，对系统影响大，损坏后的修复工作复杂且工期长，所以对继电保护提出了更高的要求。针对发电机的故障和不正常工作状态，应装设性能完善的继电保护装置。

一、发电机可能发生的故障及其相应的保护

（一）发电机定子绕组相间短路

定子绕组相间短路会产生很大的短路电流，严重烧坏发电机，甚至引起火灾，应装设纵差保护。

（二）定子绕组匝间短路

定子绕组匝间短路会产生很大的环流，引起故障处温度升高，使绝缘老化，甚至击穿绝缘发展为单相接地或相间短路，扩大发电机损坏范围，应装设匝间短路保护。

（三）发电机定子绕组单相接地

定子绕组单相接地是发电机易发生的一种故障。单相接地后，其电容电流流过故障点的定子铁芯，当此电流较大或持续时间较长时，会使铁芯局部熔化，给修复工作带来很大困难。因此，应装设灵敏的反映全部绕组任一点接地故障的100％定子绕组单相接地保护。

（四）发电机转子绕组一点接地和两点接地

转子绕组一点接地，由于没有构成通路，对发电机没有直接危害，但若再发生另一点接地，就造成两点接地，则转子绕组一部分被短接，不但会烧毁转子绕组，而且由于部分绕组短接会破坏磁路的对称性，造成磁势不平衡而引起机组剧烈振动，产生严重后果。因此，应装设转子绕组一点接地保护和两点接地保护。

（五）发电机失磁

由于转子绕组断线、励磁回路故障或灭磁开关误动等原因，将造成转子失磁。失磁故障不仅对发电机造成危害，而且对电力系统安全也会造成严重影响，因此，应装设失磁保护。

二、发电机的不正常工作状态及其相应的保护

（1）由于外部短路等原因引起的过电流，应装设过电流保护，作为外部短路和内部短路的后备保护。对于 50MW 及以上的发电机，应装设负序过电流保护。

（2）由于负荷超过发电机额定值，或负序电流超过发电机长期允许值所造成的对称或不对称过负荷。针对对称过负荷，应装设只接于一相的过负荷信号保护；针对不对称过负荷，一般在 50MW 及以上发电机应装设负序过负荷保护。

（3）发电机突然甩负荷引起过电压，特别是水轮发电机，因其调速系统惯性大和中间再热式大型汽轮发电机功频调节器的调节过程比较缓慢，在突然甩负荷时，转速急剧上升从而引起过电压。因此，在水轮发电机和大型汽轮发电机上应装设过电压保护。

（4）当汽轮发电机主汽门突然关闭而发电机断路器未断开时，发电机变为从系统吸收有功而过渡到电动机运行状态，汽轮发电机叶片特别是尾叶可能过热而损坏。因此，应装设逆功率保护。

为了消除发电机故障，其保护动作跳开发电机断路器的同时，还应作用于自动灭磁开关，断开发电机励磁电流，以使定子回路不再产生电势供给短路电流。

第二节 发电机的纵差保护

发电机的纵差保护，反映发电机定子绕组及其引出线的相间短路，是发电机的主要保护。其应能快速而灵敏地切除保护范围内部所发生的发电机内部相间短路故障，同时在正常运行以及外部故障时，又应保证动作的选择性和可靠性。

保护装置的测量元件如能同时反映被保护设备两端的电量，就能正确判断保护范围区内和区外的故障。因此用比较被保护设备各端电流大小和相位差的方法而构成的纵联差动保护，获得广泛应用。它的特点是灵敏度高、动作时间短、可靠性高。目前发电机纵差保护广泛采用比率制动式和标积制动式两种原理。

一、比率制动式发电机纵差动保护原理

所谓比率制动特性，即使保护的动作电流随着外部故障穿越性电流的增大而自动增大，因而保证内部故障时保护具有足够的灵敏度。

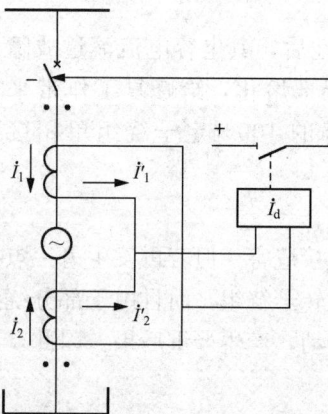

图 6-1 发电机纵差保护原理

图 6-1 所示为整流型比率制动式纵差保护的单相原理接线。图中以一相为例，规定一次电流 $\dot{I}_1$、$\dot{I}_2$ 以流入发电机为正方向。当正常运行以及发电机保护区外发生短路故障时，$\dot{I}_1$ 与 $\dot{I}_2$ 反相，即有 $\dot{I}_1 + \dot{I}_2 = 0$，流入差动元件的差动电流 $I_d = |\dot{I}_1 + \dot{I}_2| \approx 0$（实际不为 0，称为不平衡电流 $I_d = |\dot{I}_1' + \dot{I}_2'| \approx 0$），差动元件不会动作。当发生发电机内部短路故障时，$\dot{I}_1$ 与 $\dot{I}_2$ 同相，即有 $\dot{I}_1 + \dot{I}_2 = \dot{I}_K$，流入差动元件的差动电流较大，当该差动电流超过整定值时，差动元件判断为发生了发电机内部故障而作用于跳闸。

发电机正常运行时，不平衡电流很小，当发生区外短路时，由于短路电流的作用，电流互感器的误差增大，再加上短路电流中非周期分量的影响，不平衡电流增大。为防止差动保护在区外短路时误动，差动元件的动作电流 I_d 应躲过区外短路时产生的最大不平衡电流，这样差动元件的动作电流将比较大，降低了内部故障时保护的灵敏度，甚至有可能在发电机内部短路时拒动。为了解决这一矛盾，考虑到不平衡电流随着流过电流互感器电流的增加而增加的因素，提出了比率制动式纵联差动保护，使差动保护动作值随着外部短路电流的增大而自动增大。

设 $I_d = | \dot{I}'_1 + \dot{I}'_2 | \approx 0$，$I_{res} = | (\dot{I}'_1 + \dot{I}'_2)/2 |$，比率制动式差动保护的动作方程为

$$\begin{cases} I_d \geqslant I_{d.min} & (I_{res} \leqslant I_{res.min}) \\ I_d \geqslant I_{d.min} + K(I_{res} - I_{res.min}) & (I_{res} > I_{res.min}) \end{cases} \tag{6-1}$$

式中　I_d——差动短路或称动作电流；

　　　I_{res}——制动电流；

　　$I_{res.min}$——最小制动电流或称拐点电流；

　　$I_{d.min}$——最小动作电流或称启动电流；

　　　K——制动特性直线的斜率。

式（6-1）对应的比率制动特性如图 6-2 所示。由式（6-1）可以看出，它在动作方程中引入了启动电流和拐点电流，制动线 BC 一般已不再经过原点，从而能够更好地拟合电流互感器的误差特性，进一步提高差动保护的灵敏度。

根据比率制动特性曲线分析，当发电机正常运行或区外较远的地方发生短路时，差动电流接近为零，差动保护不会误动；而在发电机区内发生短路故障时，$\dot{I}_1$ 与 $\dot{I}_2$ 相位接近相同，差动电流明显增大，减小了制动量，从而可灵敏动作。当

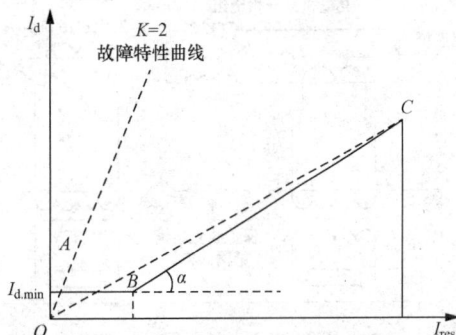

图 6-2　发电机纵差动保护比率制动特性

发电机内部轻微故障时，虽然有负荷电流制动，但制动量比较小，保护一般也能可靠动作。

比率制动式差动保护是在传统差动保护原理的基础上逐步完善起来的。它有如下几个优点：①灵敏度高；②在区外发生短路或切除短路故障时躲不平衡电流能力强；③可靠性高。缺点是：不能反映发电机内部匝间短路故障。

二、标积制动式发电机纵差动保护

当发生区外故障电流互感器严重饱和时，比率制动原理的纵差动保护可能误动作。为防止这种误动作，利用标积制动原理构成纵差动保护，而且在内部故障时具有更高的灵敏度。

标积制动是比率制动原理的另一种表达形式。仍以图 6-1 所示电流流入发电机为正方向说明标积制动式纵差动保护的工作原理。根据图 6-1 所示电流参考正方向，标积制动式纵差动的动作量为 $| \dot{I}_1 + \dot{I}_2 |^2$，制动量由两侧二次电流的标积 $| \dot{I}_1 \| \dot{I}_2 | \cos\varphi$ 决定。其动作判据为

$$| \dot{I}_1 + \dot{I}_2 |^2 \geqslant -K_{res} | \dot{I}_1 \| \dot{I}_2 | \cos\varphi \tag{6-2}$$

式中　φ——电流 $\dot{I}_1$ 与 $\dot{I}_2$ 的相位差角；

　　K_{res}——标积制动系数电流。

标积制动式差动保护动作量和比率制动式的基本相同，其差别就在于制动量。理想情况下，区外短路时，$\varphi=180°$，即 $\dot{I}_1=-\dot{I}_2=\dot{I}$，$\cos\varphi=-1$，动作量为零，而制动量达最大值 $K_{res}I^2$，保护可靠不动作，标积制动式和比率制动式有相同的可靠性。区内短路时，$\varphi\approx0$，$\cos\varphi\approx1$，制动量为负，负值的制动量即为动作量，即此时动作量为 $(I_1+I_2)^2+K_{res}I_1I_2$，制动量为零，大大地提高了保护动作的灵敏度。特别地，当发电机单机送电或空负荷运行时发生区内故障，因机端电流 $\dot{I}_1=0$，制动量为零，动作量为 I_2^2，保护仍能灵敏动作。而比率制动式差动保护在这种情况下会有较大的制动量，降低了保护的灵敏度。

标积制动式差动保护在理论上可以从比率制动式推得。但由于在同等内部故障的条件下，标积制动式差动保护的动作量和制动量的差异要远比比率制动式的大，因此灵敏度更高。

由此可见，标积制动式纵差动保护的灵敏度较高，作为发电机保护有利于减小保护死区，其原理较比率制动式差动保护复杂，但在微机保护中是很容易实现的。在比率制动差动保护不能满足灵敏度要求的情况下可以考虑采用标积制动式纵差动保护。

三、发电机不完全纵差动保护

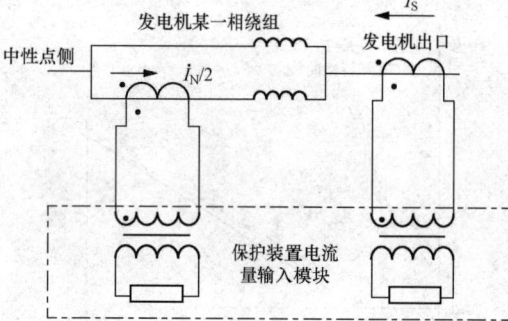

图 6-3　发电机不完全纵差动
保护交流接入回路示意图

一般纵差动保护引入发电机定子机端和中性点的全部相电流 $\dot{I}_1$ 和 $\dot{I}_2$ 构成差动，成为完全差动。在定子绕组发生同相匝间短路时两电流仍然相等，保护将不能动作。而通常大型发电机每相定子绕组均为两个或多个并联分支，中性点可引出多个分支，如图 6-3 所示。在这种情况下若引入发电机中性点侧部分分支电流 $\dot{I}_2'$，来构成纵差动保护，适当地选择电流互感器的变比，也可以保证正常运行及区外故障时没有差流。而在发生发电机相间与匝间短路时均会形成差流，当差流超过定值时，保护可动作切除故障。这种纵差动保护被称为不完全纵差动保护，同时可以反映匝间短路故障。

四、发电机纵差动保护的动作逻辑

分别从发电机机端和发电机中性点引入三相电流实现纵差动保护。其动作逻辑有两种方式，即循环闭锁方式和单相差动方式。

1. 单相差动方式动作逻辑

任一相差动保护动作即出口跳闸。这种方式另外配有 TA 断线检测功能。在 TA 断线时瞬时闭锁差动保护，且延时发 TA 断线信号。单相差动方式保护跳闸出口逻辑如图 6-4 所示。

2. 循环闭锁方式动作逻辑

由于发电机中性点为非直接接地，当发电机区内发生相间短路时，会有两相或三相的差动元件同时动作。根据这一特点，在保护跳闸逻辑设

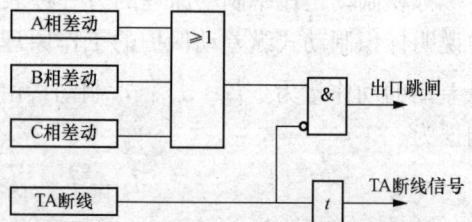

图 6-4　单相式差动方式保护跳闸出口逻辑

计时可以作相应的考虑，当两相或两相以上差动元件动作时，可判断为发电机内部发生短路故障；而仅有一相差动元件动作时，则判断为 TA 断线。循环闭锁方式保护跳闸出口逻辑如图 6-5 所示。

为了反映发生一点在区内而另外一点在区外的异地两点接地（此时仅有一相差动元件动作）引起的短路故障，当有一相差动元件动作且同时有负序电压时也判定为发电机内部短路故障。若仅有一相差动元件动作，而无负序电压时，认为是 TA 断线。这种动作逻辑的特点是单相 TA 断线不会误动，因此可省去专用的 TA 断线闭锁环节，且保护安全可靠。

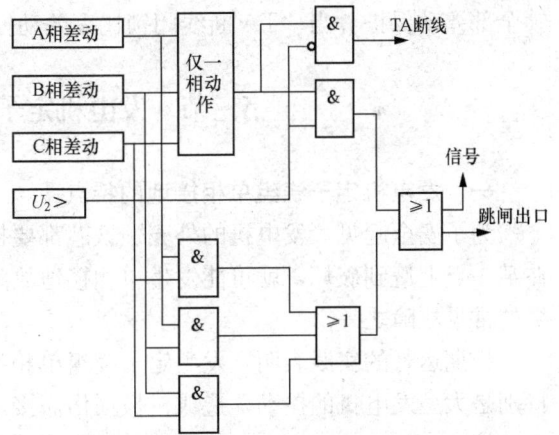

图 6-5　循环闭锁方式保护跳闸出口逻辑

3. 发电机比率差动保护动作逻辑实例

图 6-6 所示为 RCS-985 发电机比率差动保护的动作逻辑。为防止在区外故障时 TA 的暂态与稳态饱和可能引起的稳态比率差动保护误动，装置采用各侧相电流的波形判别作为 TA 饱和的判据。故障发生时，保护装置先判断出是区内故障还是区外故障；如为区外故障，投入 TA 饱和闭锁判据；相差动电流有关的任意一个电流满足相应条件即认为此相差流为 TA 饱和引起，闭锁比率差动保护。

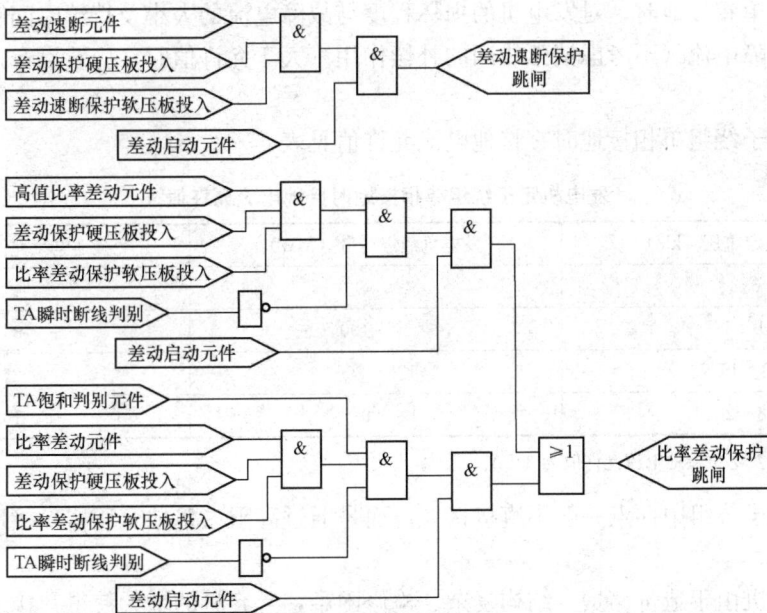

图 6-6　RCS-985 发电机比率差动保护的动作逻辑框图

为避免区内严重故障时 TA 饱和等因素引起的比率差动延时动作，装置设有一高比例和高启动值的高值比率差动保护，利用其比率制动特性抗区外故障时 TA 的暂态和稳态饱和，而在区内故障 TA 饱和时能可靠正确动作。高值比率差动的各相关参数均由装置内部设定。

设有差动速断保护，当任一相差动电流大于差动速断整定值时瞬时动作于出口。

设有带比率制动的差动异常报警功能，开放式瞬时 TA 断线、短路闭锁功能。通过"TA 断线闭锁差动控制字"整定选择，瞬时 TA 断线和短路判别动作后只发报警信号或闭锁全部差动保护。当"TA 断线闭锁比率差动控制字"整定为"1"时，闭锁比率差动保护。

第三节　发电机定子绕组单相接地保护

一、发电机定子绕组单相接地的特点

为了安全起见，发电机的外壳、铁芯都要接地。所以只要发电机定子绕组与铁芯间绝缘在某一点上遭到破坏，就可能发生单相接地故障。发电机的定子绕组的单相接地故障是发电机的常见故障之一。

长期运行的实践表明，发生定子绕组单相接地故障的主要原因是：高速旋转的发电机，特别是大型发电机的振动，造成机械损伤而接地；对于水内冷的发电机，由于漏水致使定子绕组接地。

发电机定子绕组单相接故障时的主要危害有两点：

（1）接地电流会产生电弧，烧伤铁芯，使定子绕组铁芯叠片烧结在一起，造成检修困难。

（2）接地电流会破坏绕组绝缘，扩大事故，若一点接地而未及时发现，很有可能发展成绕组的匝间或相间短路故障，严重损伤发电机。

定子绕组单相接地时，对发电机的损坏程度与故障电流的大小及持续时间有关。当发电机单相接地故障电流（不考虑消弧线圈的补偿作用）大于允许值时，应装设有选择性的接地保护装置。

发电机定子绕组单相接地时，接地电流允许值见表 6-1。

表 6-1　　　　　　　　　发电机定子绕组单相接地时接地电流允许值

发电机额定电压（kV）	发电机额定容量（MW）	接地电流允许值（A）
6.3	≤50	4
10.5	50~100	3
13.8~15.75	125~200	2*
18~20	300	1

注　*对氢冷发电机接地电流允许值为 2.5A。

发电机定子绕组中性点一般不直接接地，而是通过高阻（接地变压器）接地、消弧线圈接地或不接地。

大型发电机由于造价昂贵、结构复杂、检修困难，且容量的增大使得其接地故障电流也随之增大，为了防止故障电流烧坏铁芯，有的装设了消弧线圈，通过消弧线圈的电感电流与接地电容电流的相互抵消，把定子绕组单相接地电容电流限制在规定的允许值之内。

发电机中性点采用高阻接地方式（即中性点经配电变压器接地，配电变压器的二次侧接小电阻）的主要目的是限制发电机单相接地时的暂态过电压，防止暂态过电压破坏定子绕组绝缘，但另一方面也人为地增大了故障电流。因此采用这种接地方式的发电机定子绕组接地

保护应选择尽快跳闸。

对于中小型发电机，由于中性点附近绕组电位不高，单相接地可能性小，故允许定子接地保护有一定的死区。对于大型机组，因其在系统中的地位重要，结构复杂，修复困难，尤其是采用水内冷的机组，中性点附近绕组漏水造成单相接地可能性大，因此对大中型发电机定子绕组单相接地保护应满足以下两个基本要求：

（1）绕组有 100％的保护范围。

（2）在绕组内发生经过渡电阻接地故障时，保护应有足够灵敏度。

二、发电机定子绕组单相接地的保护

（一）反映基波零序电压的接地保护

1. 原理

设在发电机内部 A 相距中性点 α 处（由故障点到中性点绕组匝数占全相绕组匝数的百分数），K 点发生定子绕组接地，如图 6 - 7（a）所示。

每相对地电压为

$$\begin{cases} \dot{U}_A = (1-\alpha)\dot{E}_A \\ \dot{U}_B = \dot{E}_B - \alpha\dot{E}_A \\ \dot{U}_C = \dot{E}_C - \alpha\dot{E}_A \end{cases} \tag{6-3}$$

机端零序电压为

$$\dot{U}_{K0} = \frac{1}{3}(\dot{U}_A + \dot{U}_B + \dot{U}_C) = -\alpha\dot{E}_A$$

故障点零序电压为

$$\begin{aligned} \dot{U}_{K0(\alpha)} &= \frac{1}{3}(\dot{U}_{KA(\alpha)} + \dot{U}_{KB(\alpha)} + \dot{U}_{KC(\alpha)}) \\ &= \frac{1}{3}(0 + \alpha\dot{E}_B - \alpha\dot{E}_A + \alpha\dot{E}_C - \alpha\dot{E}_A) = -\alpha\dot{E}_A \end{aligned} \tag{6-4}$$

可见故障点零序电压与 α 成正比，故障点离中性点越远，零序电压越高。当 $\alpha=1$，即机端接地时，$\dot{U}_{K0(\alpha)} = -\dot{E}_A$。而当 $\alpha=0$，即中性点处接地时，$\dot{U}_{K0(\alpha)} = 0$。$\dot{U}_{K0(\alpha)}$ 与 α 的关系曲线如图 6 - 7(b) 所示。

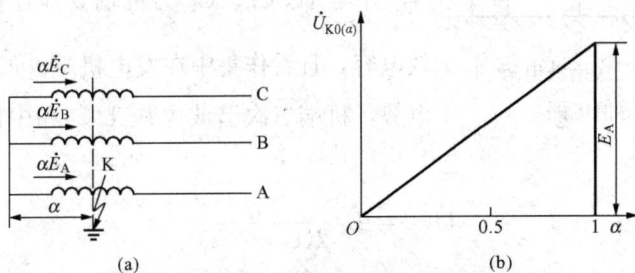

图 6 - 7 反映基波零序电压的接地保护

(a) 发电机内部单相接地机端电压；(b) 零序电压随 α 变化关系

2. 保护的构成

反映零序电压发电机单相接地保护的原理接线如图 6 - 8 所示。零序电压可取自发电机机端 TV 的开口三角绕组或中性点 TV 二次侧。当保护动作于跳闸且零序电压取自发电机机端 TV 开口三角绕组时需要有 TV 一次侧断线的闭锁措施。

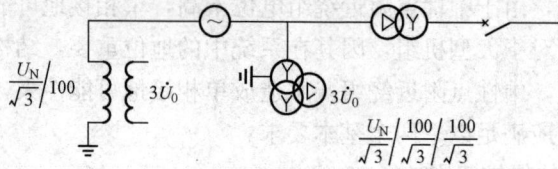

图 6-8　反映零序电压发电机单相接地保护原理接线

保护的动作电压应躲过正常运行时开口三角形侧的不平衡电压，另外，还要躲过在变压器高压侧接地时，通过变压器高、低压绕组间电容耦合到机端的零序电压。

由图 6-7（b）可知，故障点离中性点越近零序电压越低。当零序电压小于电压继电器的动作电压时，保护不动作，因此该保护存在死区。死区大小与保护定值的大小有关。为了减小死区，可采取下列措施降低保护定值，提高保护灵敏度：

（1）加装 3 次谐波过滤器。

（2）高压侧中性点直接接地电网中，利用保护延时躲过高压侧接地故障。

（3）高压侧中性点直接接地电网中，利用高压侧接地出现的零序电压闭锁或者制动发电机接地保护。

采用上述措施后，接地保护只需按躲过不平衡电压整定，其保护范围可达到 95%，但在中性点附近仍有 5% 的死区。保护动作于发信号。

（二）反应基波零序电压和三次谐波电压构成的发电机定子 100% 接地保护

1. 发电机中三次谐波电压的分布

在发电机相电势中，除基波之外，还含有一定分量的谐波，其中主要是三次谐波，三次谐波值一般不超过基波的 10%。现在讨论三次谐波电压保护的原理。

（1）正常运行时定子绕组中三次谐波电压分布。

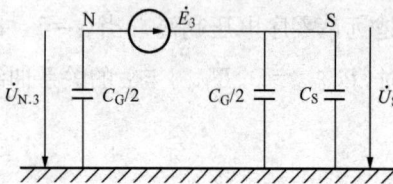

图 6-9　发电机三次谐波电势和对地电容等值电路

正常运行时，中性点绝缘的发电机三次谐波电势和对地电容等值电路如图 6-9 所示。图中 C_G 为发电机每相对地等效电容，且看作集中在发电机端 S 和中性点 N，并均为 $\frac{1}{2}C_G$。C_S 为机端其他连接元件每相对地等效电容，且看作集中在发电机端。$\dot{E}_3$ 为每相三次谐波电势，机端三次谐波电压 $\dot{U}_{S.3}$ 和中性点三次谐波电压 $\dot{U}_{N.3}$ 分别为

$$\dot{U}_{S.3} = \dot{E}_3 \frac{C_G}{2(C_G + C_S)} \tag{6-5}$$

$$\dot{U}_{N.3} = \dot{E}_3 \frac{C_G + 2C_S}{2(C_G + C_S)} \tag{6-6}$$

$\dot{U}_{S.3}$ 与 $\dot{U}_{N.3}$ 比值为

$$\frac{U_{S.3}}{U_{N.3}} = \frac{C_G}{C_G + 2G_S} \tag{6-7}$$

即　　　　　　　　　　　　　　$U_{S.3} < U_{N.3}$

由式（6-7）可见，正常情况下，机端三次谐波电压总是小于中性点三次谐波电压。若发电机中性点经消弧线圈接地，上述结论仍然成立。

（2）定子绕组单相接地时三次谐波电压的分布。

设发电机定子绕组距中性点 α 处发生金属性单相接地，发电机三次谐波电势和对地电容等值电路如图6-10所示。无论发电机中性点是否接有消弧线圈，恒有 $\dot{U}_{N.3}=\alpha\dot{E}_3$、$\dot{U}_{S.3}=(1-\alpha)\dot{E}_3$。且其比值为

$$\frac{U_{S.3}}{U_{N.3}}=\frac{1-\alpha}{\alpha} \tag{6-8}$$

当 $\alpha<50\%$ 时，$U_{S.3}>U_{N.3}$；当 $\alpha>50\%$ 时，$U_{S.3}<U_{N.3}$。

$U_{S.3}$ 与 $U_{N.3}$ 随 α 变化的关系如图6-11所示。

综上所述，正常情况下，$U_{S.3}<U_{N.3}$；定子绕组单相接地时，$\alpha<50\%$ 的范围内，$U_{S.3}>U_{N.3}$。故可利用 $U_{S.3}$ 作为动作量，利用 $U_{N.3}$ 作为制动量，构成接地保护，其保护动作范围在 $\alpha=0\sim0.5$ 内，且越靠近中性点保护越灵敏。

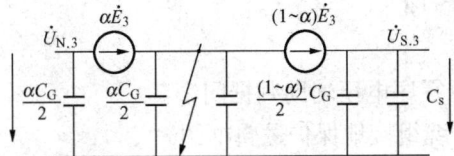

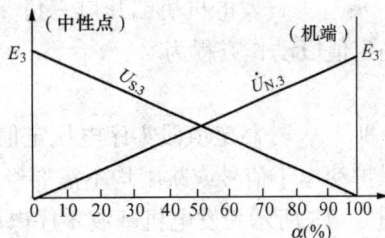

图6-10 发电机三次谐波电势和对地电容等值电路 图6-11 $U_{S.3}$ 与 $U_{N.3}$ 随 α 变化的关系

2. 保护装置的构成

反映三次谐波电压比值的定子绕组接地保护的动作判据为

$$\left|\frac{U_{S.3}}{U_{N.3}}\right|>\beta \tag{6-9}$$

式中 β——整定比值。

需要指出，发电机中性点不接地或经消弧线圈接地与发电机经配电变压器高阻接地，两者的整定比值 β 是有区别的。

目前广泛采用的发电机定子100%接地保护装置由两段构成，一段（简称基波部分）保护定子绕组的5%～100%，采用基波零序电压原理构成。利用发电机机端基波零序电压作为动作量，用延时或变压器高压侧接地保护的闭锁来躲过因高压侧接地故障而引起定子接地保护误动，构成95%的单相接地保护，并且当故障点越靠近中性点时，保护的灵敏性就越高。另一段（简称三次谐波部分）保护定子绕组的0%～20%，利用发电机机端三次谐波电压作为动作量，发电机中性点的三次谐波电压作为制动量，且当故障点越靠近发电机机端时，保护的灵敏性就越高。

（三）RCS-985发电机100%定子接地保护动作逻辑实例

微机型发电机保护均设有100%定子绕组接地保护功能，RCS-985发电机100%定子接地保护其保护原理一次接线示意如图6-12所示。

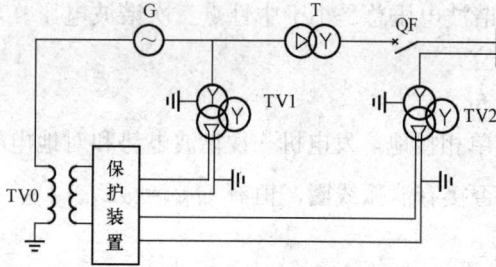

图 6-12　发电机 100％定子绕组
接地保护一次接线示意

1. 基波定子接地保护

取发电机中性点零序电压，经数字滤波器滤除三次谐波电压分量，基波零序电压保护设两段定值，其中一段为灵敏段，另一段为高定值段。

灵敏段动作于信号时，其动作方程为

$$3U_{N.0} > 3U_{0.1} \tag{6-10}$$

式中　$3U_{N.0}$——发电机中性点零序电压；

$3U_{0.1}$——灵敏段零序电压定值。

灵敏段动作于跳闸时还需满足发电机机端 TV1 开口三角形侧零序电压辅助判据闭锁

$$3U_{S.0} > 3U_{0.L}\frac{n_{TV.N}}{n_{TV.1}} \tag{6-11}$$

式中　$3U_{S.0}$——发电机机端 TV1 开口三角零序电压；

$n_{TV.N}$——发电机中性点零序电压 TV0 变比；

$n_{TV.1}$——发电机机端开口三角 TV1 变比。

高定值段动作方程为

$$3U_{N.0} > 3U_{0.h} \tag{6-12}$$

式中　$3U_{0.h}$——高定值段零序电压定值。

保护动作于信号或跳闸均不需要经过机端零序电压辅助判据闭锁。

图 6-13 所示为发电机基波零序电压定子绕组接地保护逻辑框图。

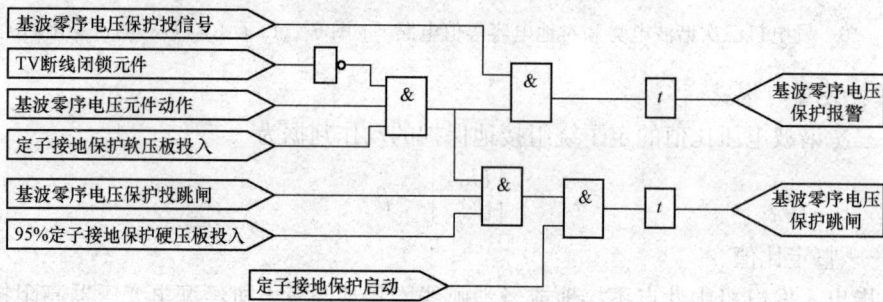

图 6-13　RCS-985 发电机基波零序电压定子绕组接地保护动作逻辑框图

2. 三次谐波定子接地保护

三次谐波电压判据只保护发电机中性点至据中性点 25％左右的定子接地，机端三次谐波电压取自机端开口三角零序电压，中性点侧三次谐波电压取自发电机中性点 TV。三次谐波动作方程

$$\frac{U_{S.3\omega}}{U_{N.3\omega}} > K_{3\omega.set} \tag{6-13}$$

式中　$U_{S.3\omega}$、$U_{N.3\omega}$——分别为机端和中性点三次谐波电压值；

$K_{3\omega.set}$——三次谐波电压比值整定值。

机组并网前后，机组等值容抗有较大的变化，因此三次谐波电压比率关系也随之变化。该装置在机组并网前后各设一段定值，随机组出口断路器位置接点变化自动切换。

图 6-14 所示为发电机三次谐波电压定子绕组接地保护逻辑框图。由图可见，该保护可只投信号，在 TV 断线闭锁元件输出为"0"、三次谐波元件动作、定子接地保护软压板投入三种条件同时满足的情况下经延时发告警信号；只有在 100% 定子接地保护硬压板投入并三次谐波电压保护投跳闸的情况下才能经延时实现保护跳闸。

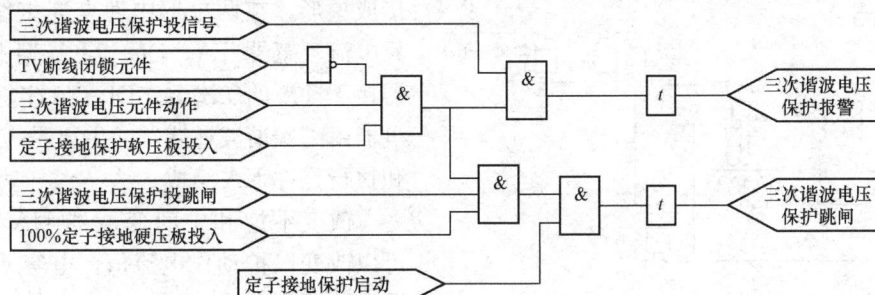

图 6-14　RCS-985 发电机三次谐波电压定子绕组接地保护动作逻辑框图

由于基波零序电压取自发电机中性点电压、机端开口三角零序电压，TV 断线时会导致保护拒动。因此在发电机中性点、机端开口三角 TV 断线时需发报警信号，在发电机中性点 TV 断线时闭锁三次谐波电压保护。

3. 三次谐波电压差动定子接地保护

该保护原理是比较发电机机端三次谐波电压与发电机中性点端三次谐波电压之相量差，当定子绕组靠中性点侧发生单相接地时，机端三次谐波电压较大，因此差动判据为

$$| \dot{U}_{S.3\omega} - K_t \dot{U}_{N.3\omega} | > K_{rel} U_{N.3\omega} \qquad (6-14)$$

式中　$\dot{U}_{S.3\omega}$、$\dot{U}_{N.3\omega}$——分别为机端和中性点三次谐波电压相量；

K_t——自动跟踪调整系数；

K_{rel}——可靠系数。

本判据在机组并网且负荷电流大于 $0.2I_e$（发电机额定电流）时自动投入。

三次谐波电压差动判据动作于信号。

第四节　发电机的定子绕组匝间短路保护

在容量较大的发电机中，每相绕组有两个并联支路，每个支路的匝间或支路之间的短路称为匝间短路故障。由于纵差保护不能反映发电机定子绕组同一相的匝间短路，当出现同一相匝间短路后，如不及时处理，有可能发展成相间故障，造成发电机严重损坏，因此，在发电机上应该装设定子绕组的匝间短路保护。除此之外，发电机定子绕组还可能发生开焊事故，对此类事故，纵差保护也不能反映，如依靠带延时的负序电流等后备保护切除定子绕组开焊故障，可能扩大事故的范围，故只能利用匝间短路的保护来反映。

发电机定子绕组发生匝间短路时，其电流、电压将发生如下变化：

（1）定子绕组中产生了正序、负序和零序电流；

（2）发电机端有零序电压和负序电压；

（3）转子回路中产生二次谐波。

一、横差电流保护

横差电流保护只装设在定子绕组为双星形接线的发电机上作为匝间短路保护。单继电器式横差保护的原理接线如图 6 - 15 所示。

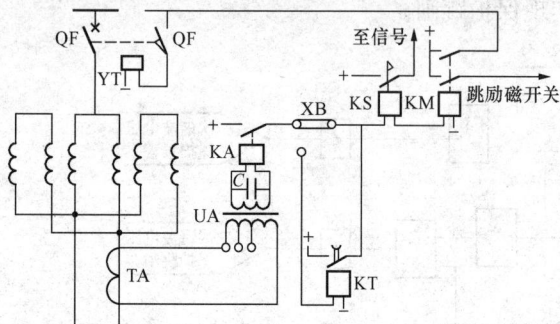

发电机定子绕组每相两并联分支分别接成星形，在两星形中性点连接线上装一只电流互感器 TA，DL - 11/b 型电流继电器接于 TA 的二次侧。DL - 11/b 型电流继电器由高次谐波过滤器（主要是三次谐波）和执行元件 KA 组成。

改变不饱和中间变流器 UA 的变比，可以改变保护动作电流值，电容 C 的作用是过滤三次谐波。

图 6 - 15　单继电器式横差保护的原理接线

在正常运行或外部短路时，每一分支绕组供出该相电流的一半，因此流过中性点连线的电流只是不平衡电流，故保护不动作。

若发生定子绕组匝间短路，则故障相绕组的两个分支的电势不相等，因而在定子绕组中出现环流。通过中性点连接线，该电流大于保护的动作电流，则保护动作，跳开发电机断路器及灭磁开关。

由于发电机外部故障时，波形畸变较严重，从而在中性点连接线上出现三次谐波为主的高次谐波分量，给保护的正常工作造成影响，为此，保护装设了三次谐波过滤器，降低动作电流，提高保护灵敏度。

转子绕组发生瞬时两点接地时，由于转子磁势对称性破坏，使同一相绕组的两并联分支的电势不等，在中性点连接线上出现环流，致使保护误动作。因此，需增设 0.5～1s 的动作延时，以躲过瞬时两点接地故障。切换片 XB 有两个位置，正常时投至 KS 位置，保护不带延时。如发现转子绕组一点接地时，XB 切至 KT 位置，使保护具有 0.5～1s 的动作延时，为转子永久性两点接地故障做好准备。

横差保护的动作电流，根据运行经验一般取为发电机额定电流的 20%～30%，即

$$I_{op} = (0.2 \sim 0.3)I_{G.N} \tag{6 - 15}$$

保护用电流互感器按满足动稳定要求选择，其变比一般按发电机额定电流的 25% 选择，即

$$n_{TA} = \frac{0.25 I_{G.N}}{5} \tag{6 - 16}$$

这种保护的灵敏度是较高的，但是保护在切除故障时有一定的死区。当单相分支匝间短路的 α 较小时，即短接的匝数较少时；或同相两分支间匝间短路，且 $a_1 = a_2$，或 a_1 与 a_2 差别较小时；横差电流保护接线简单，动作可靠，同时能反映定子绕组分支开焊故障，因而得到广泛应用。

二、纵向零序电压的匝间短路保护

大容量的发电机，由于一些技术和经济上的考虑，发电机中性点侧常常只引出三个端子，更大的机组甚至只引出一个中性点，这就无法装设横差电流保护。因此大型机组通常采用反映零序电压的匝间短路保护。

发电机正常运行时，机端不出现基波零序电压。相间短路时，也不会出现零序电压。单相接地故障时，接地故障相对地电压为零，而中性点对地电压上升为相电压，因此三相对中性点电压仍然对称，不出现零序电压。当发电机定子绕组发生匝间短路或开焊时，机端三相电压对发电机中性点出现不对称，从而产生所谓纵向零序电压。利用反映纵向零序电压可构成匝间短路保护。反映纵向零序电压的匝间短路保护原理接线如图 6-16 所示。

为了在机端测量该零序电压，装设专用电压互感器 TV1，TV1 一次线圈中性点与发电机中性点直接连接，并与地绝缘，因此，该电压互感器二次绕组不能用来测量相对地电压。当发电机定子绕组单相接地时，虽然发电机定子绕组三相绕组对地出现零序电压，但由于发电机中性点不直接接地，其定子三相对中性点N 仍保持对称，因此一次侧与发电机三相绕组并联的电压互感器开口三角绕组无零序电压输出。

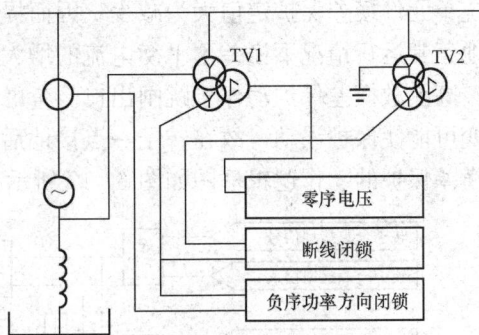

图 6-16 反映纵向零序电压匝间
短路保护的原理接线

TV1 开口三角形侧接入零序电压部分（包括三次谐波过滤器和零序过电压继电器），三次谐波过滤器用于减小发电机正常运行时固有三次谐波对保护的影响。零序电压继电器的动作电压应躲过正常运行和外部故障时三次谐波过滤器输出的最大不平衡电压。

为了提高保护灵敏度，利用负序功率方向元件可正确区分匝间短路和区外短路，负序功率方向采取外部故障时闭锁保护的措施。这样，零序电压继电器的动作电压只需按躲过正常运行时的不平衡电压整定。当三次谐波滤过器的过滤比大于 80 时，保护的动作电压可取额定电压的 0.03~0.04 倍。

为防止电压互感器回路断线时造成保护误动作，因此需要装设电压回路断线闭锁装置。断线闭锁元件是利用比较专用的电压互感器 TV1 和机端测量电压互感器 TV2 的二次正序电压原理工作的。正常运行时，TV1 和 TV2 二次正序电压相等，断线闭锁元件不动作。当任一电压互感器断线时，其正序电压低于另一正常电压互感器的正序电压，断线闭锁元件动作，闭锁保护装置。

反映纵向零序电压的匝间短路保护，原理简单，灵敏度较高，适于中性点只有 3 个引出端的发电机匝间短路保护。

三、RCS-985 发电机纵向零序电压的匝间短路保护动作逻辑实例

1. 发电机高灵敏横差保护出口逻辑

RCS-985 保护中单元件横差保护采用高定值段横差保护（相当于传统单元件横差保护）和灵敏段横差保护。高灵敏横差保护采用相电流比率制动，相电流比率制动横差保护能保证外部故障时不误动，内部故障时灵敏动作。其动作方程为

$$\begin{cases} I_d \geqslant I_{hczd} & (I_{max} \leqslant I_e) \\ I_d \geqslant \left(1 + K_{hczd} \dfrac{I_{max} - I_e}{I_{ezd}}\right) \times I_{hczd} & (I_{max} > I_e) \end{cases} \tag{6-17}$$

式中　I_d——横差电流；

I_{hczd}——横差电流定值；

I_{max}——机端三相电流中最大相电流；

I_e——发电机额定电流；

K_{hczd}——制动系数。

由于采用了相电流比率制动，横差电流定值只需按躲过正常运行时不平衡电流整定，比传统单元件横差保护定值大为减少，因而提高了发电机内部匝间短路时保护的灵敏度。对于其他正常运行情况下横差不平衡电流的增大，横差电流保护具有浮动门槛的功能。

高灵敏横差保护动作于跳闸出口。考虑到在发电机转子绕组两点接地时发电机气隙磁场畸变可能使保护误动，故在转子一点接地后，使横差保护带一短延时动作。RCS-985 单元件横差保护的动作逻辑框图如图 6-17 所示。

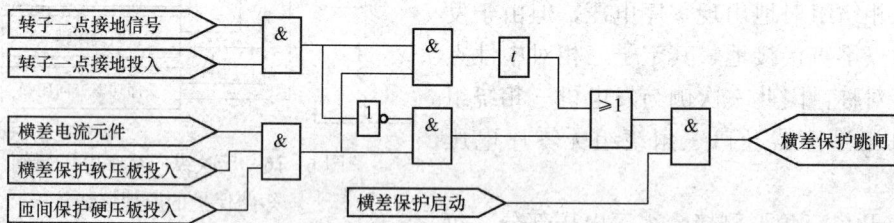

图 6-17　RCS-985 发电机横差保护的动作逻辑框图

2. 纵向零序电压保护出口逻辑

（1）高定值段匝间保护，按躲过区外故障最大不平衡电压整定，经工频变化量负序功率方向闭锁。

（2）灵敏度匝间保护。装置采用电流比率制动的纵向零序电压保护原理，其动作方程为

$$U_{z0} > (1 + K_{z0} \times I_m / I_e) \times U_{z0zd}$$
$$I_m = 3 \times I_2 \qquad (I_{max} < I_e) \qquad\qquad (6-18)$$
$$I_m = (I_{max} - I_e) + 3 \times I_2 \quad (I_{max} \geqslant I_e)$$

式中　U_{z0}——零序电压测量值；

U_{z0zd}——零序电压定值；

I_{max}——机端三相电流中最大相电流；

I_m——制动电流；

I_2——发电机机端负序电流；

I_e——发电机额定电流；

K_{z0}——制动系数，制动系数受工频变化量负序功率方向影响。

电流比率制动原理匝间保护能保证外部故障时不误动，内部故障时灵敏动作。由于采用了电流比率制动的判据，零序电压定值只需按躲过正常运行时不平衡电压流整定，因此提高了发电机内部匝间短路时保护的灵敏度。

对于其他正常运行情况下纵向零序电压不平衡值的增大，纵向零序电压保护具有浮动门槛的功能。

匝间保护一般经延时 0.1～0.2s 出口。

RCS-985 纵向零序电压保护的动作逻辑框图如图 6-18 所示。

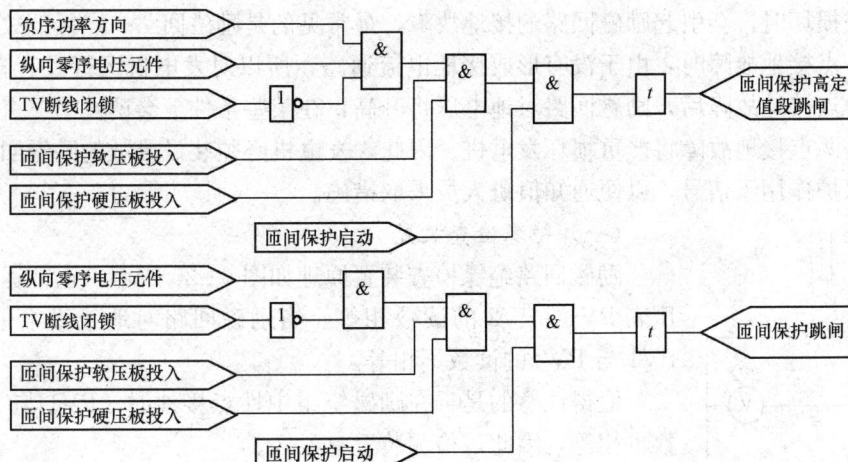

图 6 - 18　RCS - 985 发电机纵向零序电压保护的动作逻辑框图

3. 工频变化量匝间保护出口逻辑

对于机端没有匝间保护专用电压互感器，无法实现纵向零序电压保护功能的，可以用工频变化量匝间方向保护，直接取机端电压、机端电流，动作定值无需整定。其判据为

$$\begin{cases} \Delta F = \text{Re}(\Delta \dot{U}_2 \times \Delta \dot{I}_2 \times e^{j\phi}) > \varepsilon + 1.25 \times \text{d}F \\ \Delta U > 0.5 + 1.25 \text{d}u \\ \Delta I > 0.02 I_n + 1.25 \text{d}i \end{cases}$$

负序工频变化量功率、负序工频变化量电压、负序工频变化量电流三个判据同时满足，保护置方向标志，方向灵敏角为 78°，负序电压大于 0.5V，负序电流大于 0.1A 同时满足，延时动作于出口或报警，延时定值为零序电压延时定值。

工频变化量匝间方向保护建议只投信号，延时定值建议不小于 0.2s，一般整定为 0.5s。RCS - 985 工频变化量匝间保护的动作逻辑框图如图 6 - 19 所示。

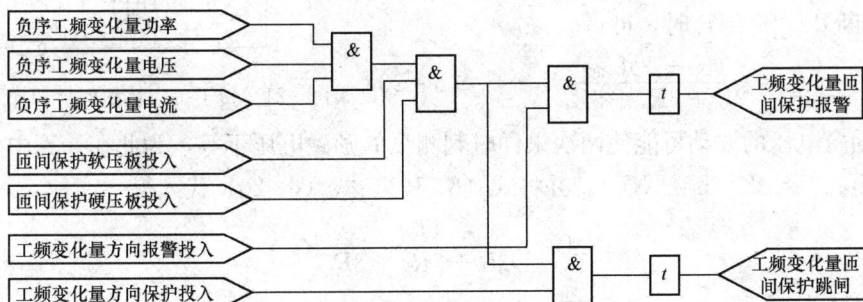

图 6 - 19　RCS - 985 发电机工频变化量匝间保护的动作逻辑框图

第五节　发电机励磁回路接地保护

一、励磁回路一点接地保护

发电机正常运转时，励磁回路与地之间有一定的绝缘电阻和分布电容。当励磁绕组绝缘

严重下降或损坏时，会引起励磁回路的接地故障，最常见的是励磁回路一点接地故障。发生励磁回路一点接地故障时，由于没有形成接地电流通路，所以对发电机运行没有直接影响。但是发生一点接地故障后，励磁回路对地电压将升高，在某些条件下会诱发第二点接地，励磁回路发生两点接地故障将严重损坏发电机。因此，发电机必须装设灵敏的励磁回路一点接地保护，保护作用于信号，以便通知值班人员采取措施。

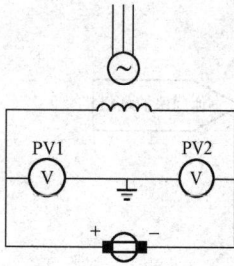

图 6-20　励磁回路
绝缘检查装置原理

（一）绝缘检查装置

励磁回路绝缘检查装置原理如图 6-20 所示。正常运行时，电压表 PV1、PV2 的读数相等。当励磁回路对地绝缘水平下降时，PV1 与 PV2 的读数不相等。

值得注意的是，在励磁绕组中性点接地时，PV1 与 PV2 的读数也相等，因此该检测装置有死区。

（二）切换采样式发电机励磁回路一点接地保护

切换采样式转子一点接地保护是利用轮流对不同采样点分别进行独立采样测量的原理构成的，微机型转子一点接地保护切换采样原理如图 6-21 所示。图中 S1、S2 是两个由微机控制的电子开关，保护工作时按一定的时钟脉冲频率轮流开关，二者交替开、合。

如发电机转子绕组在 K 点经过渡电阻 R_g 接地，负极至接地点 K 的绕组匝数与总匝数之比为 α。U_{fd} 为励磁电压，则转子负极与 K 点之间的励磁电压为 αU_{fd}，K 点与转子正极之间的电压为 $(1-\alpha)U_{fd}$。保护装置中的四个分压电阻的电阻值为 R。R_1 为测量电阻，保护装置通过测量不同状态 R_1 两端的电压可计算出接地电阻 R_g 的大小和 α 值。

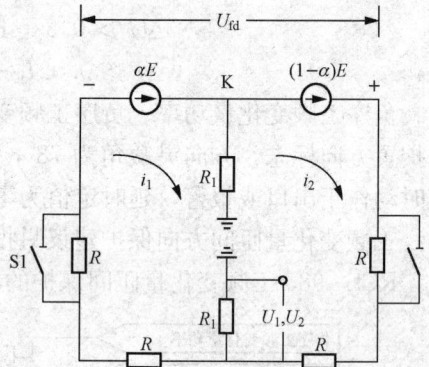

图 6-21　转子一点接地保护切换采样原理

在 S1 闭合，S2 断开时，由采样回路可知

$$U_1 = \frac{(3\alpha - 1)U_{fd1}}{2R + 3R_g + 3R_1}R_1 \tag{6-19}$$

在 S1 断开，S2 闭合时，可得

$$U_2 = \frac{(3\alpha - 2)U_{fd2}}{2R + 3R_g + 3R_1}R_1 \tag{6-20}$$

考虑到因励磁电压的波动可能使两次采样时刻测量的励磁电压不等，为此在计算中引入系数 $K = U_{fd1}/U_{fd2}$。令 $\Delta U = U_1 - KU_2$，并将式（6-19）、式（6-20）代入得

$$\Delta U = \frac{U_{fd1}}{2R + 3R_g + 3R_1}R_1 \tag{6-21}$$

由式（6-21）得

$$R_g = \frac{U_{fd1}}{3\Delta U} - R_1 - \frac{2}{3}R \tag{6-22}$$

$$\alpha = \frac{U_1}{3\Delta U} + \frac{1}{3} \tag{6-23}$$

将计算得出的 R_g 与整定值比较来判断转子绕组的接地程度。

切换采样原理构成的转子绕组一点接地保护具有灵敏度高、误差小、动作无死区的特点，且其动作特性不受励磁电压波动及转子绕组对地电容的影响，灵敏度不因故障点位置的变化而变化；同时在启、停机时也能够保护，并且原理简单、调试方便、易于实现。目前，大型机组的国产微机型发电机保护广泛采用。

二、励磁回路两点接地保护

励磁回路发生两点接地故障，其后果是：

（1）由于故障点流过相当大的短路电流，将产生电弧，因而会烧伤转子。

（2）部分励磁绕组被短接，造成转子磁场发生畸变，力矩不平衡，致使机组振动。

（3）接地电流可能使汽轮机汽缸磁化。

因此，励磁回路发生两点接地会造成严重后果，必须装设励磁回路两点接地保护。励磁回路两点接地保护装置的方式有直流电桥方式、测量定子二次谐波电压方式。

图 6-22 直流电桥式励磁回路
两点接地保护原理接线

1. 直流电桥

励磁回路两点接地保护可由电桥原理构成。直流电桥式励磁回路两点接地保护原理接线如图 6-22 所示。在发现发电机励磁回路一点接地后，将发电机励磁回路两点接地保护投入运行。当发电机励磁回路两点接地时，该保护经延时动作于停机。

励磁回路的直流电阻 R_e 和附加电阻 R_{ab} 构成直流电桥的四臂（R'_{ab}、R''_{ab}、R''_e、R'_e）。毫伏表和电流继电器 KA 接于 R_{ab} 的滑动端与地之间，即电桥的对角线上。当励磁回路 K1 点发生接地后，投入刀闸 S1 并按下按钮 SB，调节 R_{ab} 的滑动触点，使毫伏表指示为零，此时电桥平衡，即

$$\frac{R'_e}{R''_e} = \frac{R'_{ab}}{R''_{ab}} \tag{6-24}$$

然后松开 SB，合上 S2，接入电流继电器 KA，保护投入工作。

当励磁回路第二点发生接地时，R''_e 被短接一部分，电桥平衡遭到破坏，电流继电器中有电流通过。若电流大于继电器的动作电流，继电器动作，断开发电机。

由电桥原理构成的励磁回路两点接地保护有下列缺点：

（1）若第二个故障点 K2 点离第一个故障点 K1 点较远，则保护的灵敏度较好；反之，若 K2 点离 K1 点很近，通过继电器的电流小于继电器动作电流，保护将拒动，因此保护存在死区，死区范围在 10% 左右。

（2）若第一个接地点 K1 点发生在转子绕组的正极或负极端，则因电桥失去作用，不论第二点接地发生在何处，保护装置都将拒动，死区达 100%。

（3）由于两点接地保护只能在转子绕组一点接地后投入，所以对于发生两点同时接地，或者第一点接地后紧接着发生第二点接地的故障，保护均不能反映。

上述两点接地保护装置虽然有这些缺点，但是接线简单、价格便宜，因此在中、小型发电机上仍然得到广泛应用。

目前，采用直流电桥原理构成的集成电路励磁回路两点接地保护，在大型发电机上得到广泛应用。

2. 测量定子二次谐波电压

利用定子回路二次谐波电压构成的励磁回路两点接地保护。

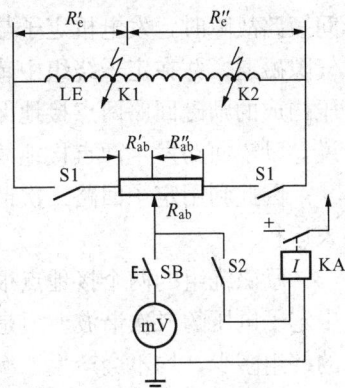

采用电桥原理构成的励磁回路两点接地保护不能反映励磁绕组的匝间短路，且只有在发生稳定金属性第一点接地故障时，保护装置才能投入。当发电机励磁绕组发生两点接地或匝间短路故障时，发电机定子与转子之间气隙中磁通的对称性遭到破坏，因此产生了偶次谐波气隙磁通，并在定子绕组中感应电势中出现相应的偶次谐波分量。利用定子回路二次谐波电压构成的励磁回路两点接地保护，是以定子电量的保护作为动作判据，因为对两极发电机来说，励磁回路发生两点接地故障时，二次谐波分量最为显著。

因此利用定子回路二次谐波电压构成的励磁回路两点接地保护具有高灵敏度并能经常投入运行。

励磁绕组的两个接地点很少可能完全对称于横轴，因而在两点接地故障的同时常伴随产生定子电压的二次谐波。但是，如果两个接地点恰好完全对称于横轴，则不论接地故障包括的绕组多少，均不会产生二次谐波电势。

发电机励磁回路两点接地时，二次谐波电压的大小与短路绕组的空间位置与短路匝数的多少有关，其二次谐波电压一般在额定电压的 $0.6\%\sim0.8\%$ 范围内变化。若两个故障点对称于横轴，二次谐波电压为零，保护将不动作。若一个极的励磁绕组全部短路时，将出现二次谐波电压的最大值，其值可达基波电压的 10% 左右。

三、RCS-985 励磁回路接地保护动作逻辑实例

1. 转子一点接地保护

转子一点接地反映发电机转子对大轴绝缘定值的下降。一点接地设有两段动作值，灵敏段动作于报警，普通段可动作于信号也可动作于跳闸。RCS-985 转子一点接地保护动作逻辑框图如图 6-23 所示。

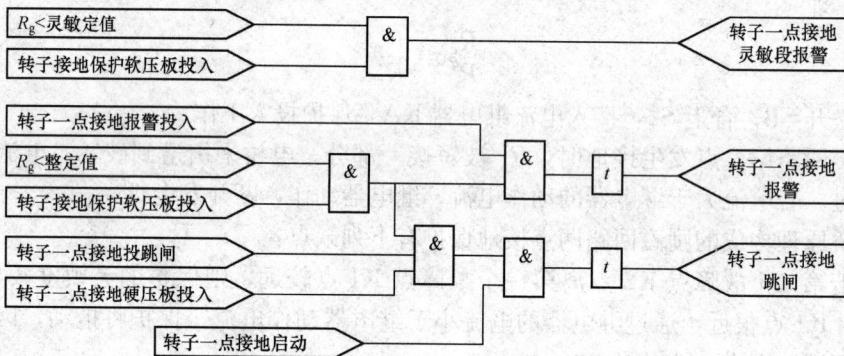

图 6-23 RCS-985 发电机转子一点接地保护动作逻辑框图

2. 转子两点接地保护

若转子一点接地保护动作于报警，当转子接地电阻 R_g 小于普通段整定值，转子一点接地保护动作后，经延时自动投入转子两点接地保护，当接地位置 α 改变达一定值时判为转子两点接地，动作于跳闸。

为提高转子两点接地保护的可靠性，转子两点接地保护可经控制字选择"经定子侧二次谐波电压闭锁"。RCS-985 转子两点接地保护动作逻辑框图如图 6-24 所示。

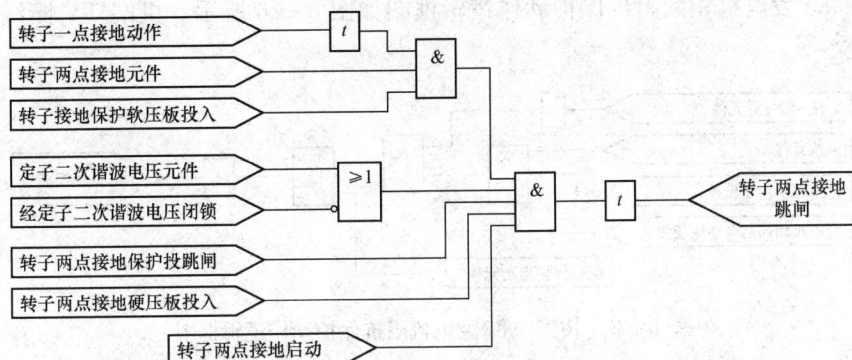

图 6-24　RCS-985 发电机转子两点接地保护动作逻辑框图

第六节　发电机的后备保护

发电机的后备保护用作内部短路主保护及外部短路的后备保护。发电机后备保护可采用相间阻抗保护、低电压启动的过电流保护、复合电压启动的过电流保护或负序电流加单相低电压启动的过电流保护。

一、相间阻抗保护

下面以 RCS-985 发电机相间阻抗保护为例。在发电机机端配置相间阻抗保护，作为发电机相间故障的后备保护，电压量取发电机机端相电压，电流取自发电机中性点电流或发电机后备电流通道相间电流。

保护第 Ⅰ、Ⅱ 段均可通过整定值选择采用方向阻抗圆、偏移阻抗圆或全阻抗圆。当某段阻抗反向定值整定为零时，选择方向阻抗圆；当某段阻抗正向定值大于反向定值时，选择偏移阻抗圆；当某段阻抗正向定值与反向定值整定为相等时，选择全阻抗圆。阻抗元件灵敏角 $\phi_m = 78°$，阻抗保护的方向指向由整定值整定实现，一般正方向指向发电机外。阻抗元件的动作特性如图 6-25 所示。

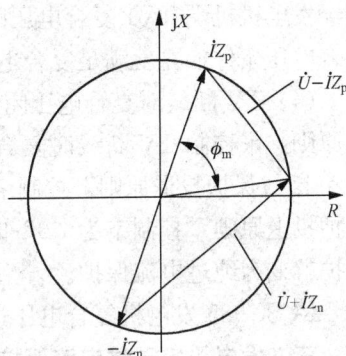

图 6-25　阻抗元件的动作特性

图 6.25 中：$\dot{I}$ 为相间电流，$\dot{U}$ 为对应相间电压，Z_n 为阻抗反向整定值，Z_p 为阻抗正向整定值。阻抗元件的比相方程为

$$90° < \arg \frac{\dot{U} - \dot{I} Z_p}{\dot{U} + \dot{I} Z_n} < 270° \tag{6-25}$$

阻抗保护的启动元件采用相间电流工频变化量启动或负序电流元件启动，开放 500ms，期间若阻抗元件动作则保持。工频变化量起动元件的动作方程为

$$\Delta I > 1.25 \Delta I_t + I_{th} \tag{6-26}$$

其中：ΔI_t 为浮动门槛，随着变化量输出增大而逐步自动提高。取 1.25 倍可保证门槛电压始终略高于不平衡输出，保证在系统振荡和频率偏移情况下，保护不误动。I_{th} 为固定门槛。当相间电流的工频变化量大于 $0.2 I_n$ 时，启动元件动作。

RCS-985 发电机相间阻抗保护动作逻辑框图如图 6-26 所示。机端 TV 断线闭锁阻抗保护。

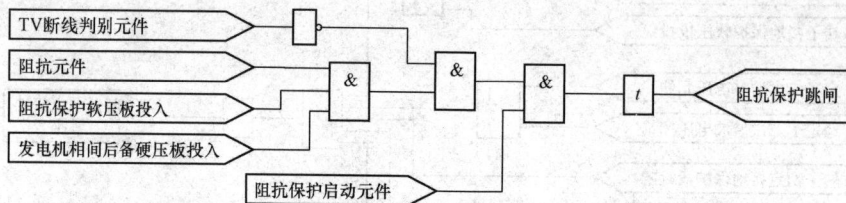

图 6-26 RCS-985 发电机阻抗保护动作逻辑框图

二、复合电压启动的过电流保护

RCS-985 发电机复合电压过电流保护设两段定值各一段延时，第 Ⅰ 段动作于跳母联断路器或其他断路器，复合电压过电流 Ⅱ 动作于跳机。

（1）复合电压元件：复合电压元件由相间低电压和负序电压"或"门构成，由两个控制字来控制过电流 Ⅰ 段和过电流 Ⅱ 段经复合电压闭锁。当过电流经复合电压闭锁控制字为"1"时，表示本段过电流保护经过复合电压闭锁。

（2）电流记忆功能：对于自并励发电机，在短路故障后电流衰减变小，故障电流在过电流保护动作出口前可能已小于过电流定值，因此，复合电压过电流保护启动后，过电流元件需带记忆功能，使保护能可靠动作出口。控制字"自并励发电机"在保护装置用于自并励发电机时置"1"。对于自并励发电机，过电流保护必须经复合电压闭锁。

（3）经高压侧复合电压闭锁：控制字"经高压侧复合电压闭锁"置"1"，过电流保护不但经发电机机端 TV1 复合电压闭锁，而且还经主变压器高压侧复合电压闭锁，只要有一侧复合电压条件成立就满足复合电压判据。

（4）TV 断线对复合电压闭锁过电流的影响：装置设有整定控制字（即 TV 断线保护投退原则）来控制 TV 断线时复合电压元件的动作行为。当装置判断出本侧 TV 断线时，若"TV 断线保护投退原则"控制字为"1"时，表示复合电压元件不满足条件；若"TV 断线保护投退原则"控制字为"0"时，表示复合电压元件满足条件，这样复合电压闭锁过电流保护就变为纯过电流保护。

RCS-985 发电机复合电压过电流保护动作逻辑框图如图 6-27 所示。

三、发电机定子过电流保护

（一）发电机定子过负荷保护

发电机定时限过负荷保护的整定值 I_{zd} 按发电机额定电流 I_{NG} 的 1.24 倍整定，即

$$I_{zd} = 1.24 I_{NG} \tag{6-27}$$

保护的动作时限比发电机过电流保护的动作时限大一时限级差，一般整定为 10s 左右。这样整定是为了防止外部短路时过负荷保护动作。

下面以 RCS-985 保护为例。定子过负荷保护反映发电机定子绕组的平均发热状况。保护动作量同时取发电机机端、中性点定子电流。该保护配置两段定时限定子过负荷保护。定子过负荷定时限 Ⅰ 段作用于跳闸，定时限 Ⅱ 段设两段延时，分别动作于跳闸和信号。

RCS-985 发电机定子过负荷保护动作逻辑框图如图 6-28 所示。

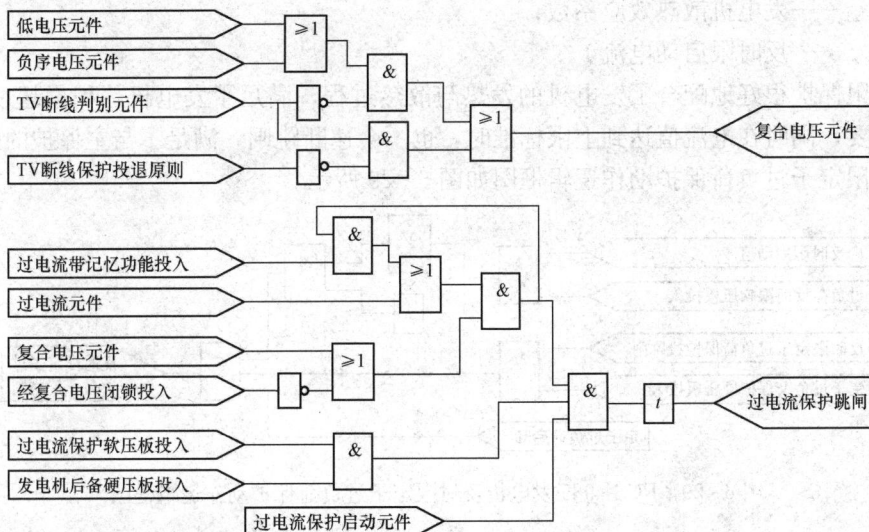

图 6-27　RCS-985 发电机复合电压过流保护动作逻辑框图

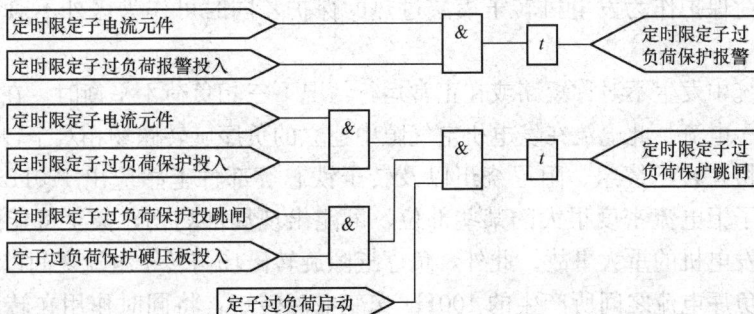

图 6-28　RCS-985 发电机定子过负荷保护动作逻辑框图

(二) 反时限定子过负荷保护

发电机定子绕组通过的电流和允许电流的持续时间成反时限关系，因此，大型发电机的过负荷保护，应尽量采用反时限特性的保护，为了正确反映定子绕组的温升情况，保护装置应采用三相式，动作于跳闸。

下面以 RCS-985 保护为例。

反时限保护由三部分组成：①下限启动；②反时限部分；③上限定时限部分。上限定时限部分设最小动作时间定值。

当定子电流超过下限整定值 I_{szd} 时，反时限部分启动，并进行累积。反时限保护热积累值大于热积累值定值保护发出跳闸信号。反时限保护，模拟发电机的发热过程，并模拟散热。当定子电流大于下限电流定值时，发电机开始热积累，如定子电流小于额定电流时，热积累值通过散热慢慢减小。

反时限保护动作方程

$$[(I/I_{\text{s.zd}})^2 - (K_{\text{sr.zd}})^2] \times t \geqslant K_{\text{S.zd}} \qquad (6-28)$$

式中　$K_{\text{S.zd}}$——定子绕组热容量系数；

$K_{sr.zd}$——发电机散热效应系数；

$I_{s.zd}$——反时限启动电流。

反时限保护很好地配合了发电机的发热与散热过程，满足了发电机热积累超过 $K_{sr.zd}$ 才动作的需要，同时在电流值达到上限标准时，也不会速断跳闸，满足了与主保护的配合。

反时限定子过负荷保护动作逻辑框图如图 6-29 所示。

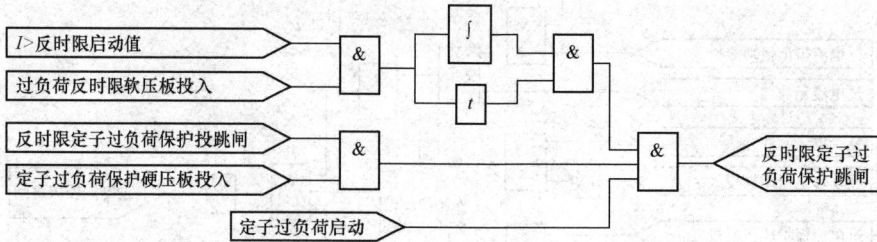

图 6-29　RCS-985 发电机反时限定子过负荷保护动作逻辑框图

四、负序过电流保护

负序过负荷反映发电机转子表层过热状况，也可反映负序电流引起的其他异常，所以发电机负序过负荷保护作为发电机转子表层过热的保护，同时可作为区外不对称短路的后备保护。

当电力系统中发生不对称短路或在正常运行情况下三相负荷不平衡时，在发电机定子绕组中将出现负序电流。此电流在发电机空气隙中建立的负序旋转磁场相对于转子为 2 倍的同步转速，因此将在转子绕组、阻尼绕组以及转子铁芯等部件上感应出 100Hz 的倍频电流。该电流使得转子上电流密度很大的某些部位，可能出现局部灼伤，甚至可能使护环受热松脱，从而导致发电机的重大事故。此外，负序气隙旋转磁场与转子电流之间以及正序气隙旋转磁场与定子负序电流之间所产生的 100Hz 交变电磁转矩，将同时作用在转子大轴和定子机座上，从而引起 100Hz 的振动，威胁发电机安全。

（一）定时限负序过负荷保护

以 RCS-985 保护为例。定时限负序过负荷保护配置一段跳闸、一段信号。其保护动作逻辑框图如图 6-30 所示。

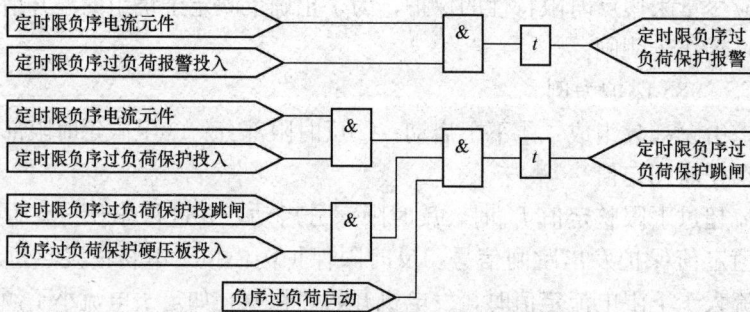

图 6-30　RCS-985 发电机负序过负荷保护动作逻辑框图

（二）反时限负序过负荷保护

反时限特性是指电流大时动作时限短，而电流小时动作时限长的一种时限特性。

负序电流使转子发热，其发热量正比于负序电流的平方与所持续时间的乘积。转子过热所容许的负序电流 I_2 和时间 t 的关系可表示为

$$I_2^2 t = A \tag{6-29}$$

式中　A——与发电机型式及其冷却方式有关的常数。对表面冷却的汽轮发电机可取为 30，
　　　　对直接冷却的 100～300MW 汽轮发电机可取 6～15。

关于 A 的数值应采用制造厂所提供的数据。随着发电机组容量的不断增大，它所允许的承受负序过负荷的能力也随之下降（A 值减小），这对负序电流保护的性能提出了更高的要求。

发电机负序电流保护时限特性

$$I_2^2 t = A + \alpha t \tag{6-30}$$

式中　α——与转子温升特性、温度裕度等因数有关的常数。

发电机负序电流保护时限特性（$I_2^2 t = A + \alpha t$）与允许负序电流曲线（$I_2^2 t = A$）的配合如图 6-31 所示。发电机负序电流保护的时限特性具有反时限特性，保护动作时间随负序电流的增大而减少，较好地与发电机承受负序电流的能力相匹配，这样既可以充分利用发电机承受负序电流的能力，避免在发电机还没有达到危险状态的情况下被切除，又能防止发电机损坏。发电机允许负序电流曲线 $I_2^2 t = A$ 是在绝热的条件下给出的，实际上考虑转子的散热条件后，对于同一时间内所允许的负序电流值要比 $I_2^2 t = A$ 的计算值略高一些，因此在保护动作特性中引入 αt。

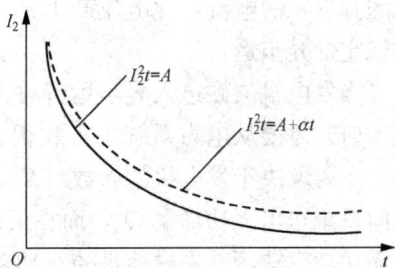

图 6-31　保护的跳闸特性与负序电流曲线的配合

反时限负序电流取自发电机中性点三相电流，这样可以兼作发电机并网前的内部短路故障的后备保护。

发电机反时限负序过负荷保护动作逻辑框图如图 6-32 所示。反时限负序保护可选择跳闸或报警，跳闸方式为解列灭磁。

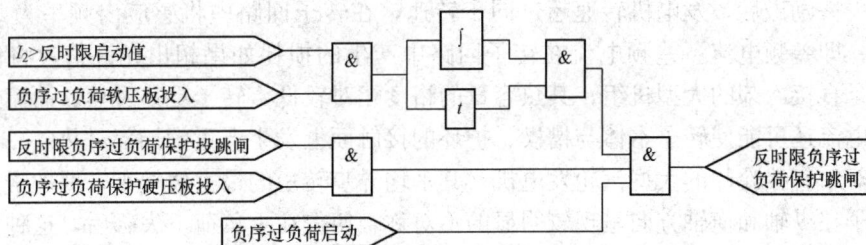

图 6-32　RCS-985 发电机反时限负序过负荷保护动作逻辑框图

第七节　发电机的其他保护

发电机除前面介绍的保护类型外，有些大型发电机还具有以下几种保护。

一、发电机失磁保护

（一）发电机失磁运行及后果

发电机失磁一般是指发电机的励磁电流异常下降超过了静态稳定极限所允许的程度或励磁电流完全消失的故障。前者称为部分失磁或低励故障，后者则称为完全失磁。造成低励故障的原因通常是由于转子绕组故障、励磁机（励磁变压器）故障；励磁系统有些整流元件损坏或自动调节系统不正确动作及操作上的错误。完全失磁通常是由于自动灭磁开关误跳闸，励磁调节器整流装置中自动开关误跳闸，励磁绕组断线或端口短路励磁机（励磁变压器）交流电源消失等。

当发电机完全失去励磁时，励磁电流将逐渐衰减至零。由于发电机的感应电动势 E_d 随着励磁电流的减小而减小，因此，其电磁转矩也将小于原动机的转矩，因而引起转子加速，使发电机的功角 δ 增大，当 δ 超过稳定极限角时，发电机与系统失去同步。在发电机超过同步转速后，转子回路中将感应出频率为 $f_g - f_s$（其中 f_g 为对应发电机转速的频率，f_s 为系统的频率）的电流，此电流产生异步转矩。当异步转矩与原动机转矩达到新的平衡时，即进入稳定的异步运行。

当发电机失磁进入异步运行时，将对发电机和电力系统产生以下影响：

（1）需要从电力系统中吸收很大的无功功率以建立发电机的磁场。所需无功功率的大小，主要取决于发电机的参数（X_1、X_2、X_{ad}）以及实际运行时的转差率。假设失磁前发电机向系统送出无功功率 Q_1，而在失磁后从系统吸收无功功率 Q_2，则系统中将出现 $Q_1 + Q_2$ 的无功功率缺额。失磁前带的有功功率越大，失磁后转差就越大，所吸收的无功功率也就越大，因此，在重负荷下失磁进入异步运行后，如不采取措施，发电机将因过电流使定子过热。

（2）由于从电力系统中吸收无功功率将引起电力系统的电压下降，如果电力系统的容量较小或无功功率储备不足，则可能使失磁发电机的机端电压、升压变压器高压侧的母线电压或其邻近的电压低于允许值，从而破坏了负荷与各电源间的稳定运行，甚至可能因电压崩溃而使系统瓦解。

（3）失去励磁后，发电机转速超过同步转速，在转子回路中将感应出频率为 $f_g - f_s$ 的交流电流，即差频电流。差频电流在转子回路中产生的损耗如果超出允许值，将使转子过热。特别是直接冷却的大型机组，其热容量的裕度相对较低，转子更易过热。而流过转子表层的差频电流还可能使转子本体与槽楔、护环的接触面上发生严重的局部过热。

（4）对于直接冷却的大型汽轮发电机，其平均异步转矩的最大值较小，惯性常数也相对较小，转子在纵轴和横轴方向呈现较明显的不对称，使得在重负荷下失磁后，这种发电机的转矩、有功功率要发生周期性摆动。这种情况下，将有很大的电磁转矩周期性地作用在发电机轴系上，并通过定子传到机座上，引起机组振动，直接威胁机组的安全。

（5）低励或失磁运行时，定子端部漏磁增加，将使端部和边段铁芯过热。实际上，这一情况通常是限制发电机失磁运行能力的主要条件。

为了保证发电机和电力系统的安全运行，在发电机特别是大型发电机上，应装设失磁保护。对于不允许失磁后继续运行的发电机，失磁保护应动作于跳闸。当发电机允许失磁运行时，保护可作用于信号，失磁后首先采取切换励磁、自动减载等自动控制措施，并检查造成失磁的原因以尽快予以消除使机组恢复正常运行。如果在发电机允许的时间内，不能消除造成失磁的原因，则由失磁保护或由人员操作停机。

（二）发电机失磁后机端测量阻抗的变化规律

发电机失磁后或在失磁发展的过程中，机端测量阻抗要发生变化。发电机失磁后，其机端测量阻抗的变化情况如图 6-33 所示。发电机正常运行时，其机端测量阻抗位于阻抗复平面第一象限的 a 点。失磁后其机端测量阻抗沿等有功圆向第四象限变化。临界失步时达到等无功阻抗圆的 b 点。异步运行后，Z 便进入异步边界阻抗圆，稳定在 c 点附近，如图 6-34 所示。

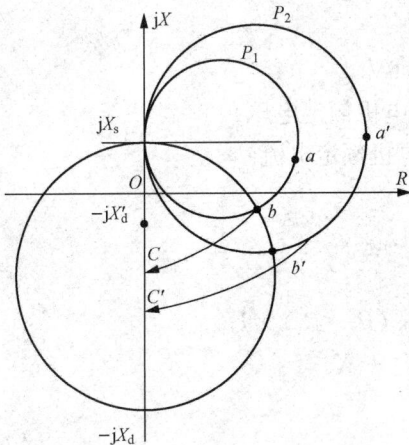

图 6-33　发电机失磁后机端测量阻抗变化轨迹

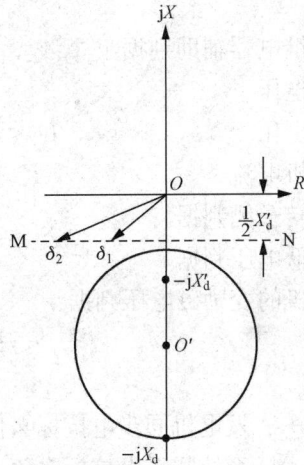

图 6-34　异步边界阻抗圆

（三）发电机失磁保护动作逻辑实例

完整的失磁保护通常由发电机机端测量阻抗判据、转子低电压判据、变压器高压侧低电压判据、定子过电流判据构成。

下面以 RCS-985 发电机失磁保护为例。

1. 失磁保护判据

（1）高压侧母线低电压判据。

三相同时低电压判据为 $U < U_{zd}$

TV 断线时闭锁本判据，并发出 TV 断线信号。

（2）定子侧阻抗判据。

静稳边界圆或异步阻抗圆动作方程为

$$270° \geqslant \arg \frac{Z + jX_B}{Z - jX_A} \geqslant 90°$$

式中　X_A——静稳边界圆，可按系统阻抗整定，异步阻抗圆，$X_A = 0.5X'_d$；

　　　X_B——隐极机一般取 $X_d + 0.5X'_d$；凸极机一般取 $0.5(X_d + X_q) + 0.5X'_d$。

对于阻抗判据可以与无功反向判据 Q_{zd} 相结合：

$$Q < -Q_{zd}$$

对于静稳阻抗继电器，特性如图 6-35 所示。

对于异步阻抗继电器，特性如图 6-36 所示。

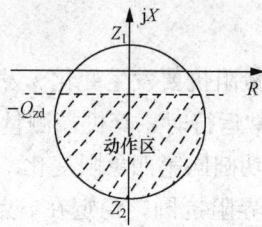

图 6-35　失磁保护阻抗特性　　　图 6-36　失磁保护阻抗特性

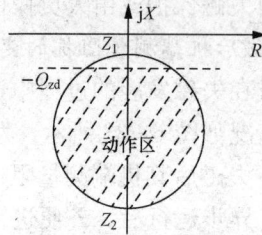

阻抗继电器辅助判据

正序电压　　　　　　　　　　　　　　$U_1 \geqslant 6\text{V}$

负序电压　　　　　　　　　$U_2 < 0.1U_\text{n}$（发电机额定电压）

发电机电流　　　　　　　　$I \geqslant 0.1I_\text{e}$（发电机额定电流）

（3）转子侧判据。

转子低电压判据　　　　　　　　　　$U_\text{r} < U_\text{rlzd}$

发电机的变励磁电压判据

$$U_\text{r} < K_\text{rlzd} \times X_\text{dz} \times (P - P_\text{t}) \times U_\text{fo}$$

$$X_\text{dz} = X_\text{d} + X_\text{s}$$

式中　　X_d——发电机同步电抗标幺值；

　　　　X_s——系统联系电抗标幺值；

　　　　P——发电机输出功率标幺值；

　　　　P_t——发电机凸极功率幅值标幺值；对于汽轮发电机 $P_\text{t} = 0$，对于水轮发电机 $P_\text{t} = 0.5 \times (1/X_\text{qz} - 1/X_\text{dz})$；

　　　　U_fo——发电机励磁空负荷额定电压有名值；

　　　　K_rlzd——可靠系数。

（4）减出力判据。

减出力采用有功功率判据　　　　　　$P > P_\text{zd}$

失磁导致发电机失步后，发电机输出功率在一定范围内波动，P 取一个振荡周期内的平均值。

2. 失磁保护动作逻辑

RCS-985 发电机保护设有四段失磁保护功能，失磁保护Ⅰ段动作于减出力，Ⅱ段经母线电压低动作于跳闸，Ⅲ段可动作于信号或切换备用励磁等，Ⅳ段经较长延时动作于跳闸。

图 6-37 失磁保护Ⅰ段动作逻辑。失磁保护Ⅰ段投入，发电机失磁时，降低原动机出力使发电机输出功率减至整定值。

图 6-38 失磁保护Ⅱ段动作逻辑。失磁保护Ⅱ段投入，发电机失磁时，主变压器高压侧母线电压低于整定值，保护延时动作于跳闸。

图 6-39 失磁保护Ⅲ段动作逻辑。失磁保护Ⅲ段可动作于报警，也可动作于切换备用励磁或跳闸。

二、失步保护

当电力系统发生诸如负荷突变、短路等破坏能量平衡的事故时，往往会引起不稳定振

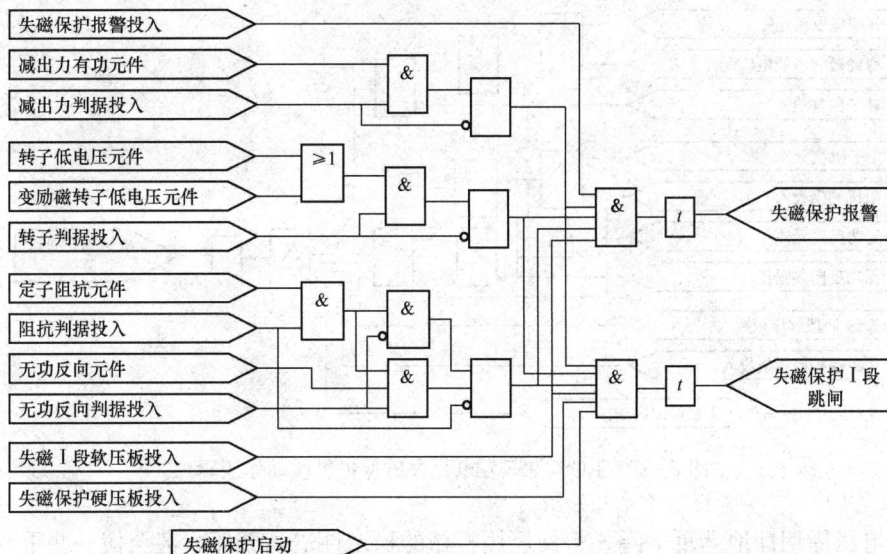

图 6 - 37　RCS - 985 发电机失磁保护 I 段动作逻辑

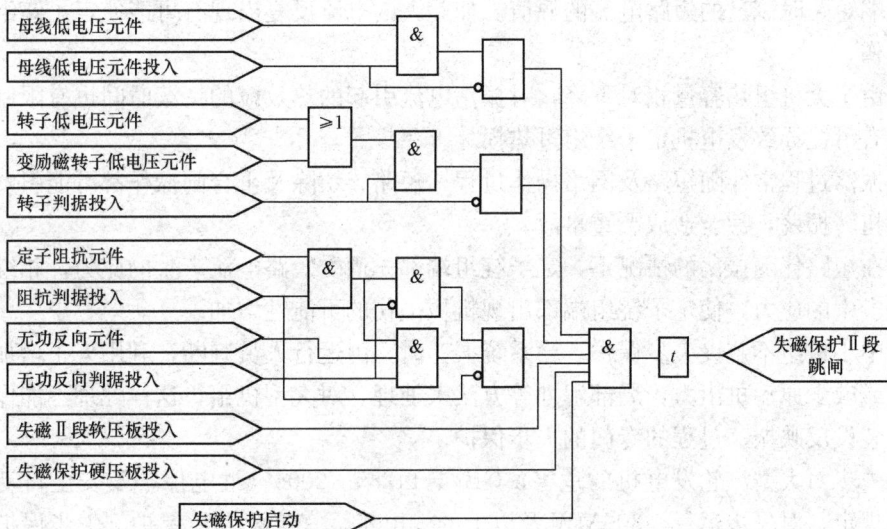

图 6 - 38　RCS - 985 发电机失磁保护 II 段动作逻辑

荡，使一台或多台同步电机失去同步，进而使电网中两个或更多的部分不再运行于同步状态，这就是所谓的失步。失步就是同步机的励磁仍然维持着的非同步运行。这种状态表现为有功和无功功率的强烈摆动。

（一）失步的危害

（1）对于大机组和超高压电力系统，发电机装有快速响应的自动调整励磁装置，并与升压变压器组组成单元接线。由于输电网的扩大，系统的等效阻抗值下降，发电机和变压器的阻抗值相对增加，因此振荡中心常落在发电机机端或升压变压器的范围以内。由于振荡中心落在机端附近，使振荡过程对机组的危害加重。机炉的辅机都由接在机端的厂用变压器供

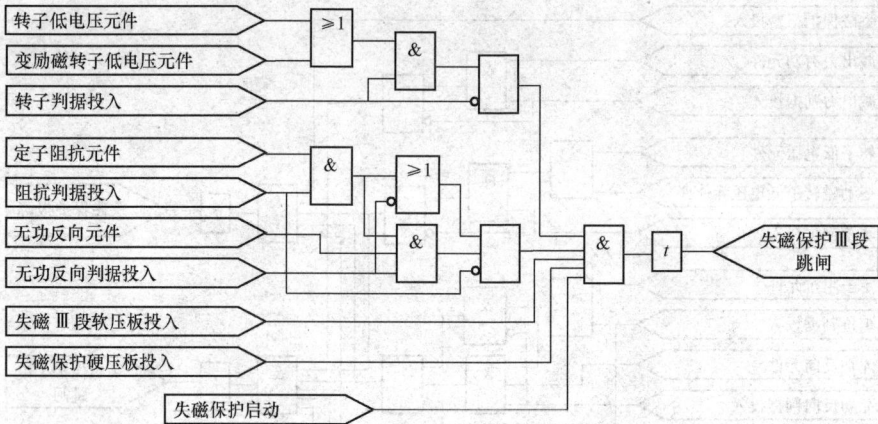

图 6-39　RCS-985 发电机失磁保护Ⅲ段动作逻辑

电，机端电压周期性地严重下降，将使厂用机械的稳定性遭到破坏，甚至使一些重要电动机制动，导致停机、停炉。

（2）振荡过程中，当发电机电动势与系统等效电动势的夹角为 180° 时，振荡电流的幅值将接近机端短路时流过的短路电流的幅值。如此大的电流反复出现有可能使定子绕组端部受到机械损伤。

（3）由于大机组热容量相对下降，对振荡电流引起的热效应的持续时间也有限制，因为时间过长有可能导致发电机定子绕组过热损坏。

（4）振荡过程常伴随短路及网络操作过程，短路、切除及重合闸操作都可能引发汽轮发电机轴系扭转振荡，甚至造成严重事故。

（5）在短路伴随振荡的情况下，定子绕组端部先遭受短路电流产生的应力，相继又承受振荡电路产生的应力，使定子绕组端部出现机械损伤的可能性增加。

一般中小机组不装设失步保护。当系统振荡时，由运行人员判断，利用人工增加励磁电流，增加或减少原动机出力，局部解列等方法来处理。对大型机组，这样处理不能保证机组安全，需装设反映振荡过程的专门的失步保护。

基于失步对大型汽轮发电机的危害，GB/T 14285—2006《继电保护及安全自动装置技术规范》规定，对失步运行，300MW 及以上的发电机，宜装设失步保护。失步保护主要以测量阻抗的变化轨迹作为判据，通常采用双遮挡器和三阻抗元件两种原理。对失步保护判据的要求：能区分短路故障和振荡过程；能区分稳定振荡和失步振荡；能区分加速失步或减速失步；能控制发电机失步跳闸的滑极次数。在短路故障、系统稳定振荡、电压回路断线等情况下保护不应动作。保护通常动作于信号，当振荡中心位于发电机变压器组内部，失步运行时间超过整定值或电流振荡次数超过规定值时，保护还应动作于解列。

（二）双遮挡器原理失步保护动作特性

双遮挡器原理失步保护动作特性及过程如图 6-40 所示。

图 6-40 中设 X_B 为发电机母线到系统的等值电抗，X_t 为发电机所接升压变压器的电抗，X_A 为发电机暂态电抗，R_1、R_2、R_3、R_4 为电阻整定值。由 R_1、R_2、R_3、R_4 构成双遮挡器特性，发电机失步后，如果是加速失步，机端测量阻抗缓慢地从 $+R$ 向 $-R$ 方向变化，且依

次由 0 区→Ⅰ区→Ⅱ区→Ⅲ区→Ⅳ区穿过；减速失步时，测量阻抗轨迹从−R 向＋R 方向变化，且依次由 0 区→Ⅰ区→Ⅱ区→Ⅲ区→Ⅳ区穿过。当 δ 振荡功角从振荡初始功角增大到最大振荡功角后再减小到振荡初始功角（也有可能从 0°～360°变化一周），如此反复一次为一个振荡周期，也称为一次"滑极"。因此，当测量阻抗依次穿过五个区后，失步保护将记录滑极一次，滑极次数累计达到整定值时，发出跳闸命令。如果是稳定振荡，$\delta < 180°$，机端测量阻抗依次由 0 区进入Ⅰ区、Ⅱ区后又缓慢退出，而不进入Ⅲ区、Ⅳ区，保护不记录滑极。通过整定阻抗轨迹

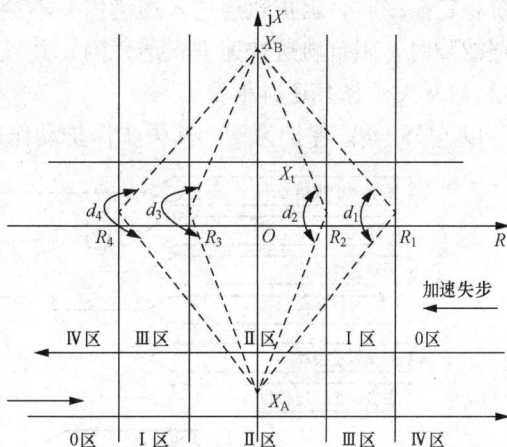

图 6-40　双遮挡器原理失步保护动作特性及过程

在 0 区、Ⅰ区、Ⅱ区、Ⅲ区、Ⅳ区的停留时间 t_1、t_2、t_3、t_4，保护可以区分短路故障或振荡。短路故障时，测量阻抗快速直接进入Ⅰ区或Ⅱ区，停留时间小于 t_1、t_2。振荡时，测量阻抗依次穿过Ⅰ区和Ⅱ区，且停留时间大于 t_1、t_2。X_t 定值用来区分振荡中心是否落在发电机变压器组内部，若振荡轨迹在 X_t 与发电机电抗 X_A 之间，保护确认为振荡中心在区内，发跳闸命令。若振荡轨迹在 X_t 与系统电抗 X_B 之间，保护确认为振荡中心在区外，只发加速或减命令。加速失步信号或减速失步信号作用于降低或提高原动机出力，若在加速或减速信号发出后，没能使振荡平息，进行失步周期记数，当失步周期累计达一定值，失步保护出口跳闸。

（三）三阻抗元件原理失步保护动作特性

三阻抗元件原理失步保护动作特性及过程如图 6-41 所示。

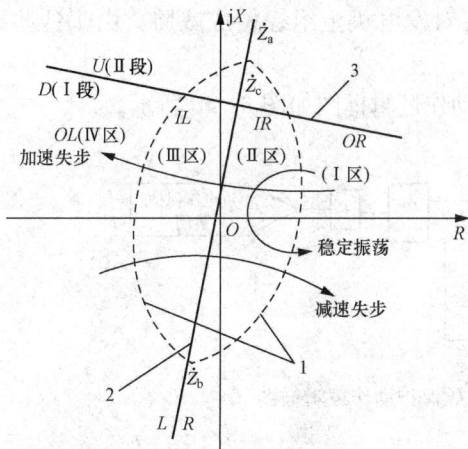

图 6-41　三阻抗元件原理失步
保护动作特性及过程

三阻抗元件原理失步保护动作过程与双遮挡器原理失步保护的过程基本相似。图 6-41 中 1 是透镜特性，它把阻抗平面分成透镜内的部分 I 和透镜外的部分 O；2 是遮挡器特性，它把阻抗平面分成左半部分 L 和右半部分 R。两种特性的结合，把阻抗分为四个区 OR、IR、IL、OL。3 是电抗线特性，它把动作区一分为二，电抗线以下 D 为Ⅰ段，电抗线以上 U 为Ⅱ段。当阻抗轨迹缓慢顺序地穿过 OR、IR、IL、OL 四个区间时，并在每个区停留时间大于一时限，保护判定为加速失步，发出加速失步信号，并记录滑极一次；同样，当阻抗轨迹缓慢顺序地穿过 OL、IL、IR、OR 四个区间时，并在每个区停留时间大于一时限，保护判定为减速失步，发出减速失步信号，并记录滑极一次；当记录的滑极次数达到整定值时，保护动作发跳闸信号。当阻抗轨迹位于电抗线以上是，振荡中心位于发电机-变压器组以外，保护只发信号。

系统稳定振荡时，阻抗轨迹进入透镜内并不穿越遮挡线，而是又从进入方向退出。系统发生短路故障时，阻抗轨迹快速进入透镜内，并且不按顺序穿越。

（四）失步保护逻辑框图

以 RCS-985 保护为例，其失步保护动作逻辑框图如图 6-42 所示。

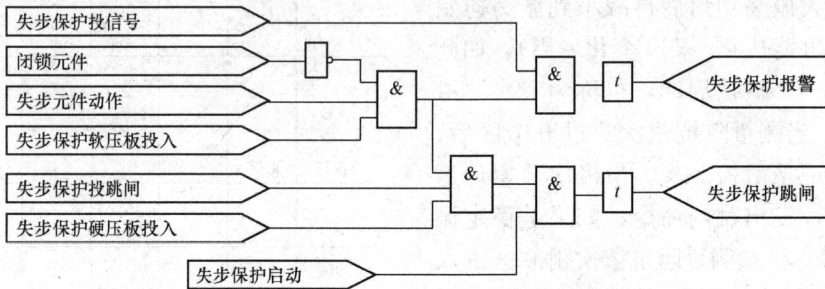

图 6-42　RCS-985 发电机失步保护动作逻辑框图

三、发电机电压保护

（一）过电压保护

对于中小型汽轮发电机，一般都不装设过电压保护，但是，对于 200MW 以上的大型发电机定子电压等级较高，相对绝缘裕度较低，并且在运行实践中，经常出现过电压的现象。

在正常运行中，尽管汽轮发电机的调速系统和自动励磁调节装置都投入运行，但当满负荷下突然甩负荷时，电枢反应突然消失，由于调速系统和自动励磁调节装置都存在有惯性，转速仍然上升，励磁电流不能突变，使得发电机电压在短时间内能达到额定电压的 1.3～1.5 倍，持续时间达几秒之久。如果这时自动励磁调节装置在退出位置，当甩负荷时，过电压持续时间将更长。

发电机主绝缘工频耐压试验一般为 1.3 倍额定电压且持续 60s，而实际运行中出现的过电压值和持续时间往往超过这个数值，因此，这将对发电机主绝缘构成威胁。由于这些原因，大型发电机国内外无例外地都装设过电压保护。

以 RCS-985 保护为例。其发电机过电压保护动作逻辑框图如图 6-43 所示。

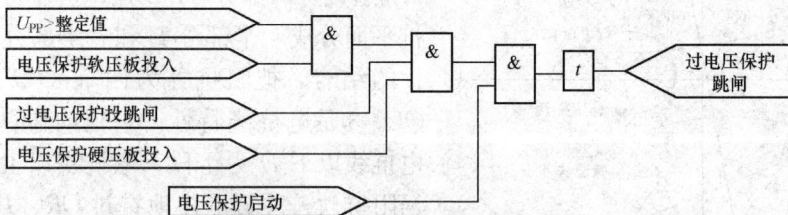

图 6-43　RCS-985 发电机过电压保护动作逻辑框图

（二）低电压保护

低电压保护用于调相运行机组，作为调相失电压保护。它反映三相相间电压的降低。

以 RCS-985 保护为例。其发电机低电压保护动作逻辑框图如图 6-44 所示。

四、发电机过励磁保护

对于现代大容量发电机、变压器，为了降低材料的消耗，材料的利用率较高，因而其额

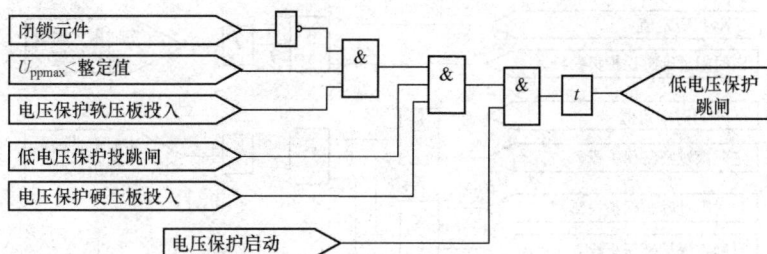

图 6-44 RCS-985 发电机低电压保护动作逻辑框图

定工作磁密接近于饱和磁密。规程规定，发电机、变压器允许运行持续过电压不超过额定电压的 1.05 倍。因此，在实际运行中，很容易造成过电压、过励磁。导致过励磁的原因通常有以下几种：

（1）电力系统甩负荷或发电机自励磁可能引起过电压。

（2）超高压长线上电抗器的切除引起过电压。

（3）由于发电机多数采用静态励磁系统，因而在发电机与系统解列后，励磁系统的误调或失灵也可能引起过电压。

（4）并列或停机过程中的误操作也可能引起过励磁。

（5）由于发生铁磁谐振引起过电压，从而使变压器过励磁。

（6）由于系统故障频率大幅度降低，从而造成变压器励磁电流增加。

发电机过励磁倍数与电压成正比，与频率成反比。所以当电压频率比（电压标幺值与频率标幺值的比值）大于 1 时，也要遭受过励磁的危害。危害之一是铁芯饱和谐波磁密增强，使附加损耗增大，引起局部过热。另一个危害是使定子铁芯背部漏磁场增强，导致局部过热。

过励磁保护可按发电机过励磁特性来整定，可采用定时限和反时限两种。

（一）定时限过励磁保护

定时限过励磁保护配置一段跳闸、一段信号。

过励磁倍数可表示为

$$n = U^* / f^*$$

式中 U^*——电压标幺值；

f^*——频率标幺值。

RCS-985 发电机定时限过励磁保护动作逻辑框图如图 6-45 所示。

（二）反时限过励磁保护

n 的反时限允许特性曲线如图 6-46 所示，反时限过励磁通过对给定的反时限动作特性曲线进行线性化处理，在计算得到过励磁倍数后，采用分段线性插值求出对应的动作时间，实现反时限。反时限过励磁保护具有累积和散热功能。

以 RCS-985 发电机励磁绕组反定时限过负荷保护为例，其动作逻辑框图如图 6-47 所示。

五、发电机逆功率保护

汽轮机运行中由于各种原因关闭主汽门而发电机并未与系统解列时，发电机将从电力系

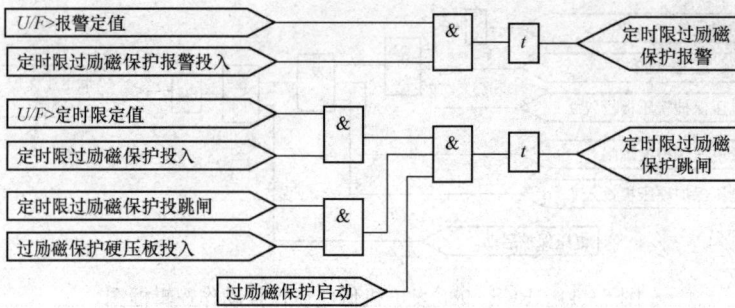

图 6-45　RCS-985 发电机定时限过励磁保护动作逻辑框图

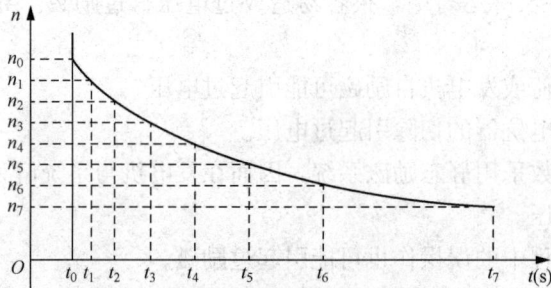

图 6-46　反时限过励磁曲线

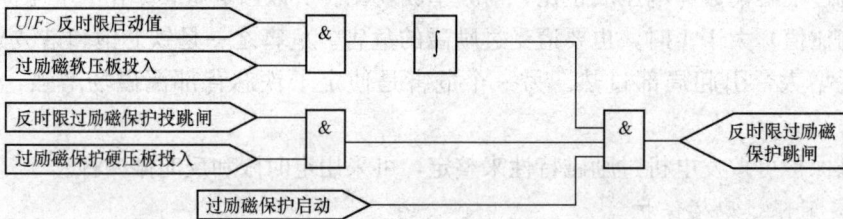

图 6-47　RCS-985 发电机反时限过励磁保护动作逻辑框图

统吸收能量变为同步电动机运行。在这种异常工况下，对发电机并无危害，但汽轮机在其主汽门关闭后，转子和叶片的旋转会引起风损。由风损造成的热量不能被带走，汽轮机叶片将过热以致损坏。发电机变电动机运行时，燃气轮机可能有齿轮损坏问题。因此发电机组不允许在这种状况下长期运行。

为了及时发现发电机逆功率运行的异常工作状况，GB/T 14285—2006 规定，对发电机变电动机运行的异常运行方式，200MW 以上的汽轮发电机，宜装设逆功率保护，对燃气轮发电机，应装设逆功率保护。

当主汽门关闭后，发电机有功功率下降并变到某一负值。发电机的有功损耗，一般约为额定值的 1%～1.5%，而汽轮机的损耗与真空度及其他因素有关，一般约为额定值的 3%～4%，有些还要稍大一些。因此，发电机变为电动机运行后，从电力系统中吸取的有功功率稳态值约为额定值的 4%～5.5%，而最大暂态值可以达到额定值的 10%左右。当主汽门有一定的泄漏时，实际逆向功率比上述数值要小一些。

逆功率保护以反映发电机从系统吸收有功功率的大小而动作，它有两种实现方法。其一是反映逆功率大小的逆功率保护，在发电机并为电动机运行时逆功率保护动作跳开主断路器。另外一种是习惯上称为程序跳闸的逆功率保护。发电机在过负荷、过励磁、失磁等各种异常运行保护动作后需要程序跳闸时，程序跳闸的逆功率保护动作出口，先关闭汽轮机的主汽门，然后由程序逆功率保护经主汽门触点闭锁跳开发电机-变压器组的主断路器。在发电机组停机时，可利用该保护的程序跳闸功能，先将汽轮机中的剩余功率向系统送完后再跳闸，从而更能保证汽轮机的安全。

下面以 RCS-985 发电机逆功率保护为例。

（一）逆功率保护

发电机功率采用三相电压、三相电流计算得到保护动作判据为

$$P \leqslant -RP_{ZD}$$

逆功率保护设两段时限，可通过控制字投退。I 段发信号，固定延时为 10s。II 段定值可整定，延时动作于停机出口。逆功率保护定值范围 $(0.05\% \sim 10\%)\, S_n$，S_n 为发电机视在功率。延时范围 $0.1 \sim 600s$。装置还设有一段低功率保护，经控制字整定可选择低功率保护或过功率保护，动作于跳闸。逆功率保护动作逻辑框图如图 6-48 所示。

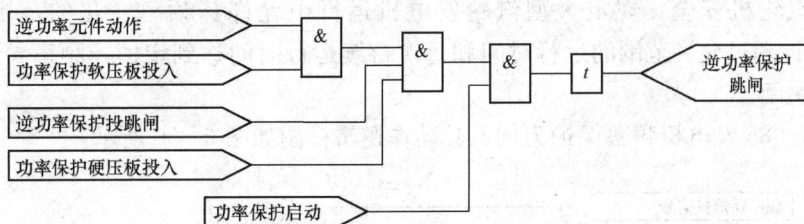

图 6-48 RCS-985 发电机逆功率保护动作逻辑框图

（二）程序逆功率保护

程序逆功率保护动作后，保护先关闭主汽门，由程序逆功率保护经主汽门触点和发电机-变压器组高压侧断路器位置触点闭锁，延时动作于跳闸。程序逆功率保护定值范围 $(0.05\% \sim 10\%)\, S_n$。逆功率保护动作逻辑框图如图 6-49 所示。

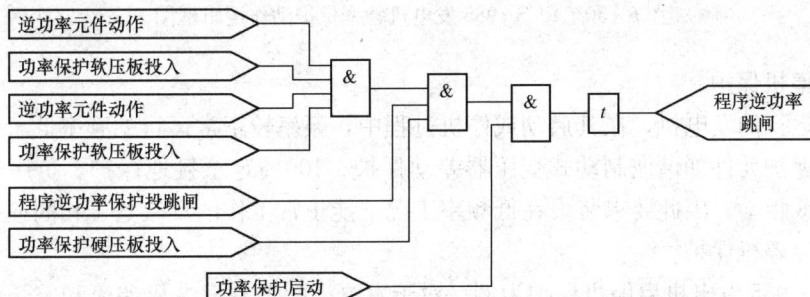

图 6-49 RCS-985 发电机程序逆功率保护动作逻辑框图

六、发电机频率保护

发电机输出的有功功率和频率成正比。当频率低于额定值时，发电机输出的有功功率也

随之降低。在低频运行时，发电机如果发生过负荷，将会导致发电机的热损伤。但是限制汽轮发电机低频运行的决定因素是汽轮机而不是发电机。只要在额定视在容量（千伏安）和额定电压的 105％ 以内，并在汽轮机的允许超频率限值内运行，发电机就不会有热损伤的问题。

汽轮机各节叶片都有一共振频率，当发电机运行频率升高或降低到接近或等于共振频率时，汽轮机的叶片将发生谐振，叶片承受很大的谐振应力，使材料疲劳，达到材料不允许的限度时，叶片或拉金就要断裂，造成严重事故。材料的疲劳是一个不可逆的积累过程，因此汽轮机制造厂都给出在规定的频率下允许的累计运行时间。极端的低频运行还会威胁厂用电的安全。

从对汽轮机叶片及其拉金影响的积累作用方面看，频率升高对汽轮机的安全也是有危害的。但由于一般汽轮机允许的超速范围较小，通过各机组的调速系统或功频调节系统或切除部分机组等措施，可以迅速使频率恢复到额定值。且频率升高大多在轻负荷或空负荷时发生，此时汽轮机叶片和拉金所承受的应力，要比满负荷时小得多。

GB/T 14285—2006 规定，对低于额定频率带负荷运行的异常运行状况下，300MW 及以上汽轮发电机应装设低频保护。

为保护汽轮机安全，规定大型汽轮发电机运行中允许其频率变化的范围为 48.5～50.5Hz，累计超过允许范围的运行时间和每次持续运行时间达到定值，频率异常保护将动作于信号或跳闸。

以 RCS-985 发电机频率保护为例，其动作逻辑框图如图 6-50 所示。

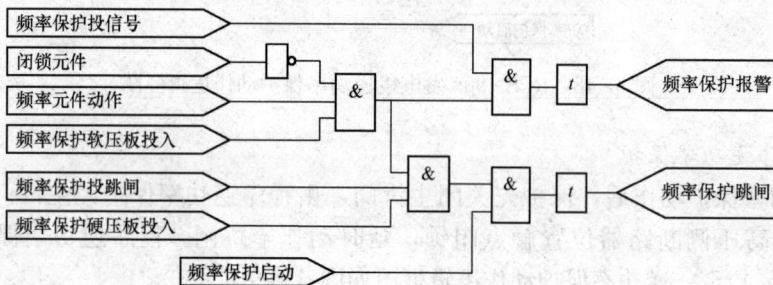

图 6-50　RCS-985 发电机频率保护动作逻辑框图

七、启停机保护

未并网运行的发电机，在其启动或停机过程中，频率较正常运行的频率低了许多，因此谐波制动的保护元件如谐波制动式变压器差动保护、100％定子接地保护、负序电流保护等可能会误动或拒动。因此要求装设在低频率工况下能正常工作的反映定子相间或接地故障的保护，称为启停机保护。

以 RCS-985 发电机启停机保护为例，对于发电机配置有发电机差流和定子接地零序电压启停机保护。启停机辅助判据：机组处于并网前状态，即主变压器高压侧出口断路器为跳位。

RCS-985 发电机启停机保护动作逻辑框图如图 6-51 所示。

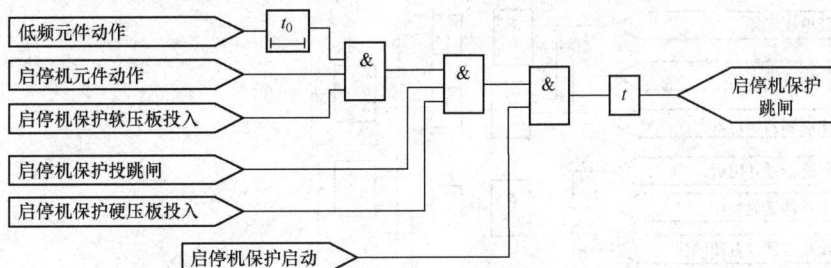

图 6-51 RCS-985 发电机启停机保护逻辑框图

八、误上电保护

发电机误上电的可能有两种情况：第一种是发电机在盘车时，或升速过程中（未加励磁）主断路器误合闸；第二种是非同期合闸。在第一种情况下，同步发电机相当于正在启动的超大容量异步电动机，此时，由系统向发电机定子绕组倒送大电流，定子中出现的三相电流产生与系统频率相对应的旋转磁场，该磁场的旋转速度与转子的旋转速度存在较大差异，定子旋转磁场将切割转子绕组，造成转子过热损伤。在第二种情况下，发电机非同期合闸，将产生很大的冲击电流及转矩，可能损坏发电机及引起系统振荡。

为了大型发电机的安全，通常要求装设误上电保护，该保护一般在发电机并网后自动退出运行，解列后自动投入。误上电保护的判据设计既要考虑开关量的变化（如励磁开关状态）又要考虑电气量的变化。电气量的判据主要有频率、阻抗、负序电流等。

误上电保护主要以频率量作为动作判据，而该电气量依赖于电压量而存在，因此既要考虑电压互感器断线时保护不能误动，又要在发电机投入系统后自动退出保护。

（一）RCS-985 发电机误上电保护构成原理

1. 发电机盘车时误上电

发电机盘车时，未加励磁，断路器误合，造成发电机异步启动。采用两组 TV 均低电压延时 t_1 投入，如电压恢复，延时 t_2（与低频闭锁判据配合）退出。

2. 发电机启停过程中低频误上电

该过程中发电机已加励磁，但频率低于定值，断路器误合。采用低频判据延时 t_3 投入，频率判据延时 t_4 返回，其时间应保证跳闸过程的完成。

3. 发电机启停过程中高频误上电

该过程中发电机已加励磁，但频率高于定值，断路器误合或者断路器非同期合闸。采用断路器位置触点，经控制字可以投退。判据延时 t_3 投入（考虑断路器分闸时间），延时 t_4 返回，其时间应保证跳闸过程的完成。

当发电机非同期合闸时，如果发电机断路器两侧电势相差 180°左右，非同期合闸电流太大，跳闸易造成断路器损坏，此时闭锁跳出口断路器，先跳开灭磁开关，当断路器电流小于定值时再动作于跳出口断路器。

（二）RCS-985 发电机误上电保护动作逻辑

RCS-985 发电机误上电保护动作逻辑框图如图 6-52 所示。

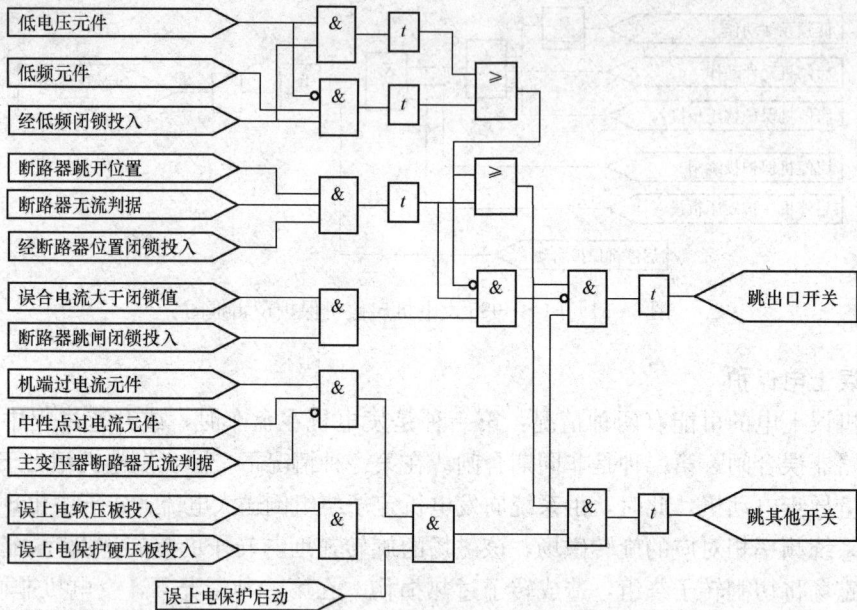

图 6-52 RCS-985 发电机误上电保护动作逻辑框图

学习指导

发电机保护与变压器保护的基本原理相似，只是除装设纵差保护、接地保护、过电流保护外，还装设定子匝间短路保护、转子接地保护及负序电流保护、失磁保护等。发电机-变压器组在电力系统中广泛使用，其保护方式和发电机、变压器保护有许多共同之处。本章学习时应注意以下问题。

1. 发电机的纵差保护

由于发电机在中性点附近短路时短路电流很小，因此差动保护的动作电流越大，保护的死区就越大。而如果故障只能由后备保护来切除，对大型机组而言会带来灾难性后果。所以，大型机组目前大都采用比率制动式差动保护。比率制动式差动保护由于在内部故障时，制动电流大大小于外部故障时的制动电流，而内部故障时，动作电流远远大于外部故障时的动作电流（在不同情况下制动量和动作量都是变量），这样，保护既满足了选择性，又满足了灵敏性。

2. 发电机的匝间短路保护

反映发电机匝间短路的横差保护接线简单、动作可靠，同时能反映定子绕组分支开焊等故障。但这种保护只能用于每相有并联分支，且每一分支在中性点都有引出线的发电机上。对于容量为 200MW 及以上的发电机，由于其结构紧凑，中性点侧只能引出三个端子，就无法装设横差保护。这时往往采用反映零序电压的匝间短路保护。要特别注意的是，反映零序电压的匝间短路保护是以中性点为参考电位，反映机端三相对中性点的零序电压，因而此零序电压在单相接地时是不出现的（单相接地时，机端三相对中性点是对称的，所以不存在对中性点的零序电压），只在匝间短路时出现（匝间短路时，机端三相对中性点是不对称的，所以出现对中性点的零序电压），同时为了取得机端三相对发电机中性点的零序电压需在发电机端装设专用的电压互感器，此互感器中性点不能接地，而是与发电机中性点直接相连，从其二次侧的开口三角形处取得对中性点的零序电压。

3. 发电机的接地保护

发电机定子绕组单相接地的主要危险是故障点电弧烧铁芯，检修困难，同时中性点附近绝缘性能降低严重，再在机端附近发生单相接地，将引起两点接地短路的严重后果，因此大型机组要求定子接地保护无死区。由基波零序电压保护和三次谐波电压保护一起，即可构成双频式 100％接地保护。

4. 发电机的负序电流保护

发电机采用负序电流保护除了可以提高不对称短路的灵敏度作后备作用之外，还有一个更重要的原因：为了防止转子过热。因为发电机定子绕组中出现的负序电流，会产生与转子旋转方向相反的负序旋转磁场，在转子部件中感应出 2 倍频率的交流电流，产生附加损耗，使转子过热，导致重大事故，因此要求容量在 50MW 及以上可能经常出现负序过负荷的发电机上必须装设负序过电流保护。负序电流保护可采用两段式定时限负序电流保护，也可采用反时限负序电流保护，后者效果更加理想。

习 题

6-1 发电机应配置哪些短路保护及接地保护？各保护反映哪些故障？

6-2 试简述发电机的匝间短路保护几个方案的基本原理、保护的特点及适用范围。

6-3 何为 100％发电机定子绕组接地保护？简述反映基波零序电压和三次谐波电压构成的发电机定子 100％接地保护的基本原理。

6-4 试述直流电桥式励磁回路一点接地保护基本原理及励磁回路两点接地保护基本原理。

6-5 发电机失磁后将产生哪些危害？失磁后的机端测量阻抗的变化规律如何？

6-6 为何装设发电机的负序电流保护？为何要采用反时限特性？

6-7 为何要装设发电机逆功率保护？

第七章 母 线 保 护

教学要求

了解母线故障及其保护方式，掌握母线完全电流差动保护的基本原理；熟悉电流比相式母线保护的基本原理，熟悉双母线同时运行时元件固定连接的电流差动保护的工作原理；熟悉母联电流相位比较式差动保护的基本原理，熟悉断路器失灵保护的基本原理。

第一节 母线故障及其保护方式

一、母线的短路故障

母线是电能集中和分配的重要场所，是发电厂和变电站的重要组成元件之一。在发电厂和变电站，母线连接元件较多，一旦母线发生故障，将使接于母线的所有元件被迫切除，造成大面积用户停电，众多电气设备损毁，破坏电力系统稳定运行。在电力系统枢纽变电站上发生故障时，还可能导致电力系统瓦解的严重后果。

运行实践表明，母线故障的原因主要有：母线绝缘子和断路器套管的老化、污秽引起的闪络接地故障，装于母线上的电压互感器和装在母线和断路器之间的电流互感器的故障，母线隔离开关和空气断路器的支持绝缘子损坏，雷击造成的短路故障，运行人员带地线合隔离开关等。

母线故障的类型主要有单相接地故障，两相接地短路故障以及三相短路故障。两相短路故障的概率较小。

（一）母线保护的基本要求

与其他设备保护相比，对母线保护的要求更严格。

（1）高度的安全性和可靠性。母线保护误动将造成严重的后果，母线保护误动，将造成电力系统大面积停电，母线保护拒动，可能造成设备的损毁以及电力系统的瓦解等严重后果。

（2）选择性强、动作速度快。母线保护不仅要能区分区内故障和区外故障，还要判断故障具体发生的位置。母线对于电力系统的稳定运行极为重要，需尽早发现母线故障并快速切除故障。

（二）母线保护装设的基本原则

发电厂和变电站的母线是电力系统中的一个重要组成元件，当母线上发生故障时，如果保护动作迟缓，将会导致电力系统的稳定性遭到破坏，从而使事故扩大。因此母线必须选择合适的保护方式。母线故障的保护方式有两种：一种是利用供电元件的保护兼母线故障的保护，另一种是采用专用母线保护。

1. 利用其他供电元件的保护装置来切除母线故障

当母线上发生故障时，将使连接在故障母线上的所有元件在修复故障故障母线期间，或转换到另一组无故障的母线上运行以前被迫停电。一般说来，不采用专门的母线保护，而利用供电元件的保护装置就可以把母线故障切除。如图 7-1 所示，利用发电机过电流保护，利用变压器过电流保护，利用供电线路的Ⅱ、Ⅲ段保护使断路器跳闸予以切除。

利用供电元件的保护来切除母线故障，不需另外装设保护，简单、经济，但故障切除的时间一般较长。

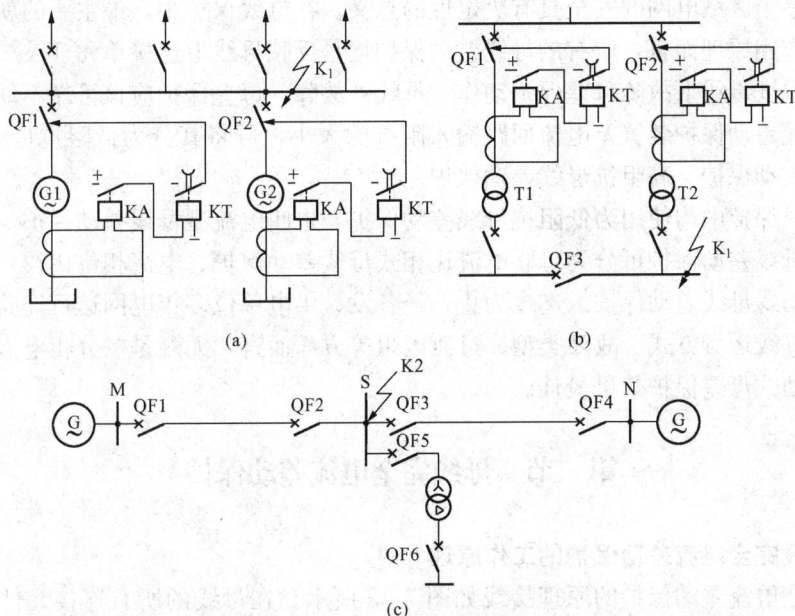

图 7-1　利用供电元件保护装置切除母线故障

（a）利用发电机过电流保护；（b）利用变压器过电流保护；（c）利用供电线路的Ⅱ、Ⅲ段保护

2. 专用母线保护

在电力系统中枢纽变电站的母线上故障时，还可能引起系统稳定的破坏，造成严重的后果。当双母线同时运行或母线分段单母线时，供电元件的保护装置则不能保证有选择性地切除故障母线，因此应装设专门的母线保护，具体情况如下：

（1）在 110kV 及以上的双母线和分段单母线上，为保证有选择性地切除任一组（或段）母线上所发生的故障，而另一组（或段）无故障的母线仍能继续进行，应装设专门的母线保护。

（2）110kV 及以上的单母线，重要发电厂的 35kV 母线或高压侧为 110kV 及以上的重要降压变电站的 35kV 母线，按照装设全线速动保护的要求必须快速切除母线上的故障时，应装设专用的母线保护。为满足速动性和选择性的要求，母线保护都是按差动原理构成的。所以不管母线上元件有多少，实现差动保护的基本原则仍是适用的，即：

1）在正常运行以及母线范围以外故障时，在母线上所有连接元件中，流入的电流和流出的电流相等。

2）当母线上发生故障时，所有与电源连接元件都向故障点供给短路电流，而在供电给负荷的连接元件中电流等于零，因此，母线中的总电流等于差动电流。

3）如从每个连接元件中电流的相位来看，则在正常运行以及外部故障时，至少有一个元件中的电流相位和其余元件中的电流相位是相反的，具体地说，就是电流流入的元件和电流流出的元件这两者的相位相反。而当母线故障时，除电流等于零的元件以外，其他元件中的电流则是同相位的。

二、母线差动保护的分类

母线保护是保证电网安全稳定运行的重要系统设备，它的安全性、可靠性、灵敏性和快速性对保证整个区域电网的安全具有决定性的意义。在母线保护中，最主要的就是母线差动保护。就其作用原理而言，所有的母线差动保护均是反映母线上连接单元 TA 二次电流相量和的。同时保证母线上故障母差保护动作，母线外故障，母差保护应该可靠不动。

按照母线差动保护装置差电流回路输入阻抗的大小，可将其分为低阻抗母线差动保护、中阻抗母线差动保护、高阻抗母线差动保护。

目前母线保护中均使用为低阻抗母线差动保护，也叫电流型母线差动保护。根据动作条件，电流型母线差动保护可分为母联电流比相式母线差动保护、电流相位比较式母线差动保护、电流差动式母线差动保护。迄今为止，经各发、供电单位多年电网运行经验总结，普遍认为就适应母线运行方式、故障类型、过渡电阻等方面而言，无疑是按分相电流差动原理构成的电流差动式母差保护效果最佳。

第二节　母线完全电流差动保护

一、母线完全电流差动保护的工作原理

母线完全电流差动保护的原理接线如图 7-2 所示。在母线的所有连接元件上装设具有相同的变比和特性的电流互感器。所有电流互感器的二次绕组极性相同的端子相互连接，然后接入差动电流继电器。

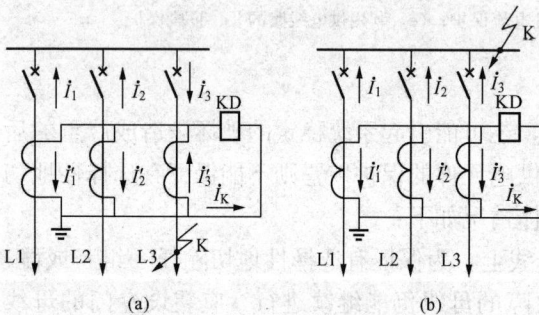

图 7-2　母线完全电流差动保护原理接线
(a) 外部故障时的电流分布；(b) 内部故障时的电流分布

对于中性点直接接地系统母线保护采用三相式接线，对于中性点非直接接地系统母线保护一般采用两相式接线。

母线正常运行或其保护范围外部故障时，由基尔霍夫电流定律可知，流入母线的电流和流出母线的电流之和等于零（差动电流为零），即 $\dot{I}_K = \dot{I}'_1 + \dot{I}'_2 - \dot{I}'_3 = 0$。而母线内部故障时流入和流出母线电流之和不再为零（差动电流不为零）等于故障点的全部短路电流，即 $\dot{I}_K = \dot{I}'_1 + \dot{I}'_2 + \dot{I}'_3$。基于这个前提，差动保护可以正确的区分区内故障和区外故障。

目前，国内应用的微机型母线差动保护，多数采用比率制动式电流差动保护，其动作方程为

$$\left|\sum_{j=1}^{n} \dot{i}_j\right| \geqslant I_{op.0} \qquad\qquad (7-1)$$

$$\left|\sum_{j=1}^{n} \dot{i}_j\right| - K\sum_{j=1}^{n}|\dot{i}_j| \geqslant 0 \qquad\qquad (7-2)$$

其中 $\dot{i}_j$ 为第 j 条支路中的电流；K 为比率制动系数；$I_{op.0}$ 为差动元件的初始动作电流。从式（7-1）可以看出，保护的动作条件是由不平衡差动电流决定的 。从式（7-2）可以看出，保护的动作条件是由母线上所有元件的差动电流和制动电流的比率决定的。综上所述，装置的动作条件是由上述两个判据"与"门输出，提高的而保护的可靠性。其动作特性为具有两段折线式的比率制动的曲线如图7-3所示。图7-7中 $\dot{i}_{cd}$ 为差动电流，i_{zd} 为制动电流，K 为制动系数。

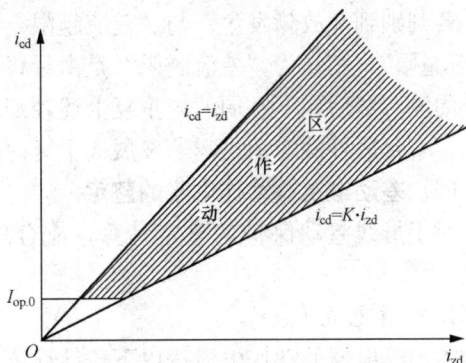

图 7-3　比率制动式电流差动保护动作曲线

二、母线差动保护动作逻辑

母线差动保护的逻辑如图7-4所示。大差元件与母线小差元件各有特点，大差元件用于检查母线故障，大差的差动保护涵盖了各段母线，大多数情况下不受运行方式控制；小差元件选择出故障所在的哪段或者哪条母线，受运行方式的控制，具有选择性。

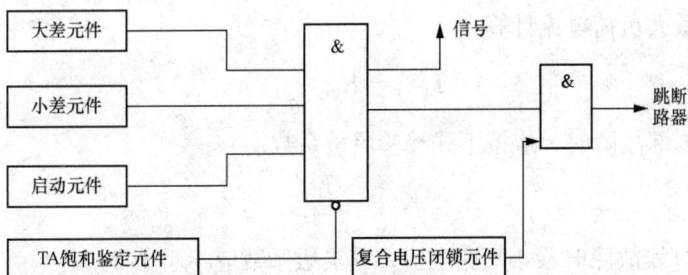

图 7-4　双母线或者单母线分段母差保护动作逻辑（以一相为例）

从图7-4可以看出，双母线正常运行时，若大差元件、小差元件和启动元件同时动作，母差保护出口继电器才动作；同时，只有复合电压闭锁元件也动作，保护才能去跳各断路器。TA 饱和鉴定元件检测出差动电流越限是由于区外故障 TA 饱和时造成的，母线差动保护不应动作，而应该立即闭锁母差保护，当转入区内故障时，应立即开放母差保护。

三、TA 饱和鉴别

为防止母线保护在母线近端发生区外故障时，由于 TA 严重饱和形成的差动电流而引起母线保护误动作，根据 TA 饱和发生后二次电流波形的特点，装置设置了 TA 饱和检测元件。

在系统发生故障瞬间，无论一次电流有多大，TA 不可能立即饱和。从故障发生到 TA 饱和至少经 1/4 周波的时间，在此期间 TA 能正确传变一次电流。

TA 饱和后，二次电流波形出现畸变、缺损，但当一次电流过零点附近时，饱和 TA 二次侧将出现一个线性传变区，即其二次电流能正确反映一次电流。

TA 是否饱和的判别可以采用同步识别法。同步识别法是判别"故障发生"与"差流越限"是否同步发生。若"故障发生"与"差流越限"同时出现，则认为"差流越限"是由母线区内故障引起。此时差动保护在 5ms 以内，发出"动作指令"并记忆下来，快速切除故障。若判别到"故障发生"与"差流越限"不是同时出现，而是"故障发生"在前而后出现"差流越限"，则认为"差流越限"是由母线区外故障 TA 饱和所引起。此时将母差保护闭锁一个周波，然后在下一周波内重复上述判别。若仍是区外故障，则在随后的每个周波内判别一次，直到区外故障消失；若发展成了区内故障，则经判定后发出跳闸命令。

四、差动继电器动作电流的整定

对于母线差动保护的整定计算，应合理地确定差动元件以及复合电压闭锁元件的整定值。

1. 动作电流 $I_{op.0}$

差动继电器的动作电流按以下条件计算，并选择其中较大的一个为整定值。

（1）躲过外部短路时的最大不平衡电流。当所有电流互感器均按 10% 误差曲线选择，且差动继电器采用具有速饱和铁芯的继电器时，其动作电流 I_{op} 为

$$I_{op.0} = K_{rel} I_{unb.max} = K_{rel} \times \frac{0.1 I_{K.max}}{n_{TA}}$$

式中　K_{rel}——可靠系数，取 1.3；

　　$I_{K.max}$——保护范围外短路时，流过差动保护电流互感器的最大短路电流；

　　n_{TA}——母线保护用电流互感器变比。

（2）按躲过最大负荷电流计算

$$I_{op.0} = K_{rel} \frac{I_{L.max}}{n_{TA}}$$

在保护范围内部故障时，应按下式校验灵敏系数

$$K_{sen} = \frac{I_{K.min}}{I_{op}}$$

式中　$I_{K.min}$——母线故障时最小短路电流；其灵敏系数应不小于 2。

2. 比率制动系数 S

具有比率制动特性的母差保护的比率制动系数 S 的整定，应按照能可靠躲区外故障产生的最大差流来整定，同时确保区内故障时差动保护具备足够的灵敏度。

（1）按照能可靠躲区外故障产生的最大差流来整定。母线区外故障时，在差动元件回路中产生的最大差流为

$$I_{unb.max} = (K_{er} + K_2 + K_3) I_{k.max}$$

式中　$I_{unb.max}$——最大不平衡电流；

　　K_{er}——TA 的 10% 误差，取 0.1；

　　K_2——保护装置通道传输机调整误差，取 0.1；

　　K_3——区外故障瞬间由于各侧 TA 暂态特性差异产生的误差，取 0.1；

　　$I_{k.max}$——区外故障的最大短路电流。

即

$$I_{unb.max} = 0.3 I_{k.max}$$

比率制动系数有

$$S = K_{rel} \frac{I_{unb.max}}{I_{k.max}}$$

式中 K_{rel}——可靠系数，取 $0.15\sim0.2$。

（2）按确保动作灵敏度来整定。当母线出现故障时，其最小故障电流应大于母差保护启动电流的 2 倍以上，当满足上述条件时，有

$$S = \frac{1}{K_{sen}}$$

式中 K_{sen}——动作灵敏度系数，取 $1.5\sim2.0$。

3. 复合电压闭锁

（1）低电压元件的整定电压 U_{op}。在母差保护中，低电压闭锁元件的动作电压，应该按照躲正常运行时母线 TV 二次的最低电压来整定。一般规定电力系统对用户供电电压的变化范围是 $\pm5\%$，实际上，母线电压可能下降到 $85\%\sim90\%$ 的额定电压 U_N 下运行。同时考虑到母线 TV 的变比误差 $2\%\sim3\%$，母线低电压保护动作电压为

$$U_{op} = (0.75 - 0.8)U_N$$

在母线上发生三相短路时，母线电压将严重下降，此时电压元件可以正确动作。

（2）负序电压元件的动作电压 U_{2op}。负序电压闭锁元件的动作电压，应该按照躲正常运行时母线 TV 二次的最大负序电压来整定。即

$$U_{2op} = K_{rel}U_{2max}$$

式中 K_{rel}——可靠系数，一般取 $1.3\sim1.5$；

U_{2max}——正常运行时母线 TV 二次侧的最大负序电压。

即 $U_{2max}=U_{2TV}+U_{2s\,max}$，其中 $U_{2TV}=(2\%\sim3\%)U_N$，$U_{2s\,max}=1.1\times4\%U_N$。

（3）零序电压元件的动作电压 $3U_{0.op}$。零序电压的动作电压与负序电压的动作电压是相同的。

第三节　电流比相式母线保护

一、电流比相式母线保护的基本原理

电流比相式母线保护是近年来采用的各种新原理的母线保护的一种，它的工作原理是根据母线外部故障或内部故障时连接在该母线上各元件电流相位的变化来实现的，如图 7-5 所示。假设母线上只有两个元件，当线路正常运行或外部（K 点）故障时如图 7-5（a）所示，电流 I_1 流入母线，电流 I_2 由母线流出，两者大小相等、相位相反。当母线上 K 点故障时，电流 I_1 或 I_2 都流向母线，在理想情况下两者相位相同，如图 7-5（b）所示。显然，利用比相元件比较各元件电流的相位，便可判断内部或外部故障，从而确定保护的动作情况。

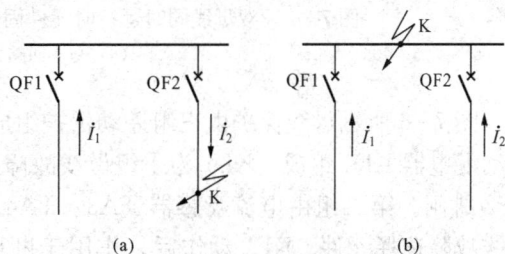

图 7-5　电流比相式母线保护的基本原理
（a）母线外部故障的电流分布；
（b）母线内部故障的电流分布

二、电流比相式母线保护的特点

（1）电流比相式母线保护只与电流的相位有关，而与电流的幅值无关。因此，既不用考虑采用同型号和同变比的电流互感器，也不需要考虑不平衡电流的影响等问题，这就提高了保护的灵敏度，增加了使用的灵活性。

（2）每条母线都装设这种保护，从而克服了一般母线差动保护不适应母线运行方式改变的缺点。

第四节　双母线同时运行时的母线差动保护

为了提高供电的可靠性，在发电厂以及重要变电站的高压母线上，一般采用双母线同时运行的方式，并且将供电和受电元件（约各占 1/2）分别接在每组母线上。这样当任一组母线上故障后，要求母线保护具有选择地切除故障母线，缩小停电范围。因此，双母线同时运行时，要求母线保护具有选择故障母线的能力。下面介绍几种实现方法。

一、双母线同时运行时元件固定连接的电流差动保护

图 7-6 所示为双母线同时运行时元件固定连接的电流差动保护单相原理接线。

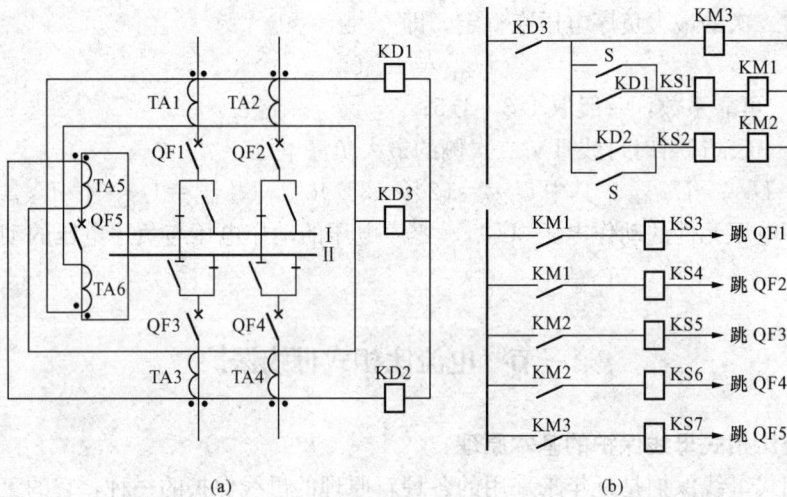

图 7-6　双母线同时运行时元件固定连接的电流差动保护单相原理接线
(a) 交流回路；(b) 直流回路

图 7-6 所示母线保护由三组差动保护组成。第一组由电流互感器 TA1、TA2、TA6 及差动继电器 KD1 组成，KD1 为 Ⅰ 组母线故障选择元件。KD1 动作后，作用于断路器 QF1、QF2 跳闸。第二组由电流互感器 TA3、TA4、TA5 及差动继电器 KD2 组成，KD2 为 Ⅱ 组母线故障选择元件。KD2 动作后，作用于断路器 QF3、QF4 跳闸。第三组由电流互感器 TA1、TA2、TA3、TA4 及差动继电器 KD3 组成，反映两组母线上的故障，并作为整个保护的启动元件，KD3 动作后作用于母联断路器 QF5 跳闸。保护的动作情况用图 7-7～图 7-9 说明。

（1）当元件固定连接方式下外部短路时，流经继电器 KD1、KD2、KD3 的电流均为不平衡电流，保护装置已从定值上躲过，故保护不会误动作，如图 7-7 所示。元件固定连接

且Ⅰ组母线故障时，KD1、KD3 通过短路点全部短路电流而启动，并作用于 QF1、QF2 及 QF5 跳闸，切除故障母线（Ⅰ组），如图 7-8 所示。

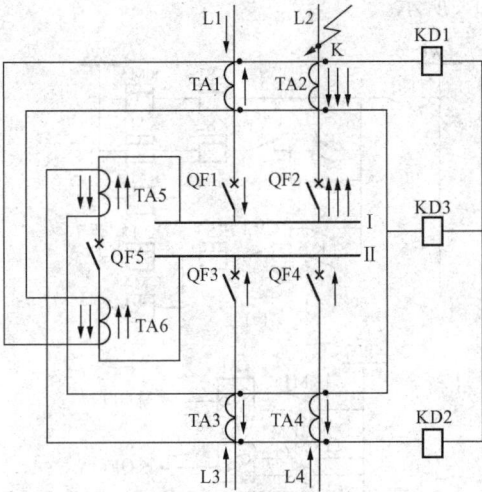

图 7-7　元件固定连接的双母线完全电流差动
保护外部故障时的电流分布

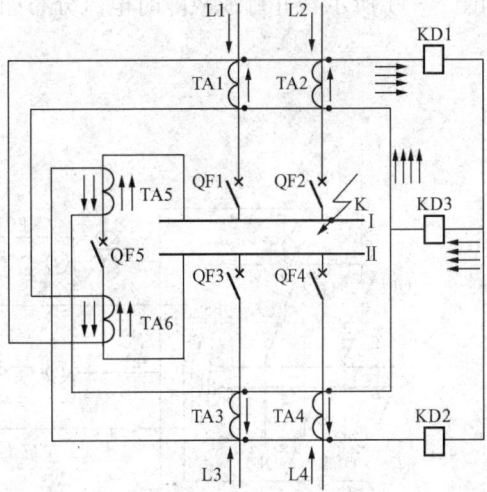

图 7-8　元件固定连接双母线完全电流差动
保护内部故障时的电流分布

（2）当元件固定连接破坏后（例如Ⅰ组母线上一个元件倒换到Ⅱ组母线上运行），发生外部短路时，启动元件中 KD3 中流过不平衡电流，因此，保护不会误动作，如图 7-9 所示。若Ⅰ组母线短路，KD1、KD2、KD3 都通过短路电流，它们都能启动，因此，两组母线上所有断路器将跳闸，保护动作失去选择性。

综上所述，当母线按照固定连接方式运行时，保护装置将有选择地切除一组故障母线，而另一组母线可以继续运行。当固定连接方式破坏时，任一母线故障时，保护将失去选择性，同时切除两条母线。因此，从保护的角度来看，应尽量保证元件固定连接的运行方式不被破坏，这就限制了母线运行的灵活性，这是该保护的主要缺点。

图 7-9　固定连接破坏后外部
故障电流分布

二、母联电流相位比较式差动保护原理介绍

对于母线连接元件经常变化的母线，可以采用母联电流相位比较式差动保护。

母联电流相位比较式差动保护原理是：利用比较总差动电流与母线联络断路器回路的电流的相位，作为故障母线的选择元件。这种保护解决了固定连接方式破坏时，固定连接的母线差动保护无选择性的问题。它不受元件连接方式的影响。总差电流是反映母线故障的总电流，其相位是不变的，而流过母联回路的电流，则随故障点的位置相差 180°。当第Ⅰ组母线上故障时，流过母联中的电流是由母线Ⅱ流向母线Ⅰ。当第Ⅱ组母线上故障时，流过母联中电流是由母线Ⅰ流向母线Ⅱ。在这两种故障情况下，母联电流的相位相差 180°，因此，利用

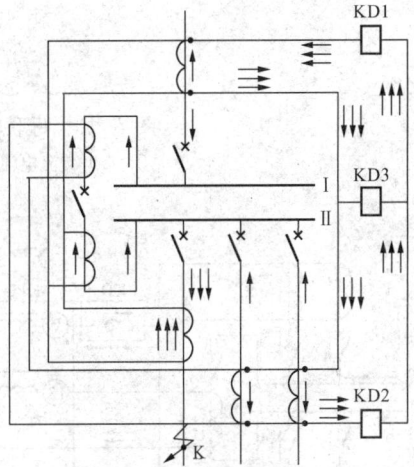

这两个电流的相位比较，可以选出故障母线。

母联电流相位比较式差动保护的原理接线如图7-10所示，其中Ⅰ母线故障时电流分布如图7-11所示，Ⅱ母线故障时电流分布如图7-12所示。

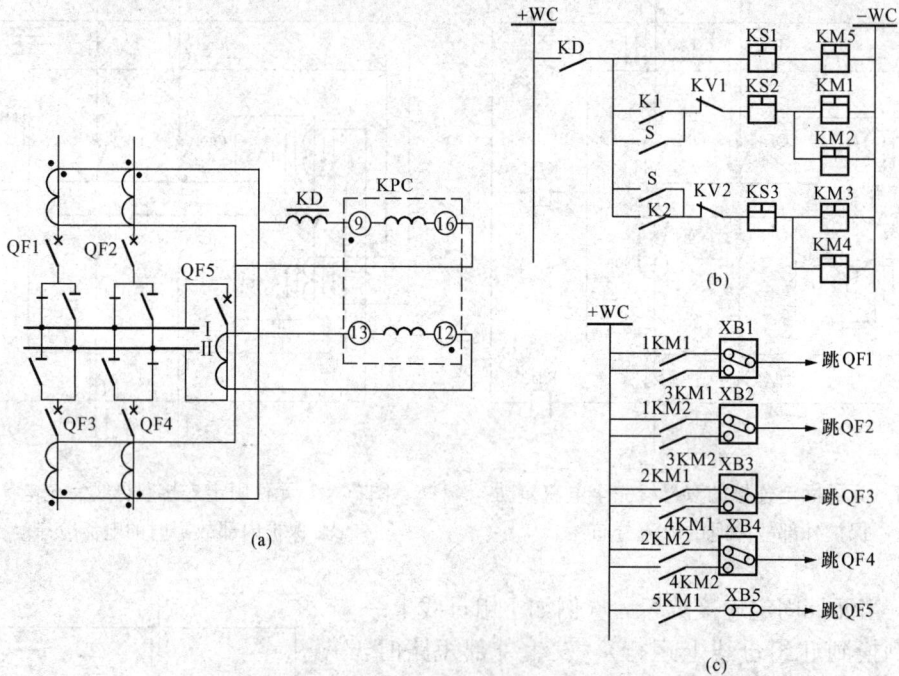

图 7-10　母联电流相位比较式差动保护的原理接线
(a) 交流电流回路；(b) 直流回路；(c) 跳闸回路

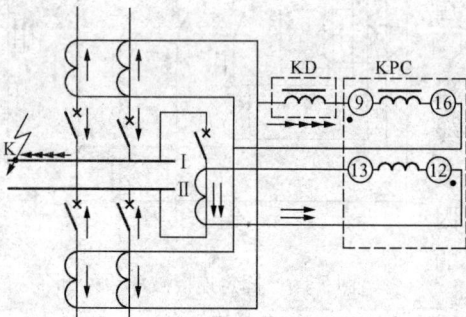

图 7-11　Ⅰ母线故障时电流分布　　　　图 7-12　Ⅱ母线故障时电流分布

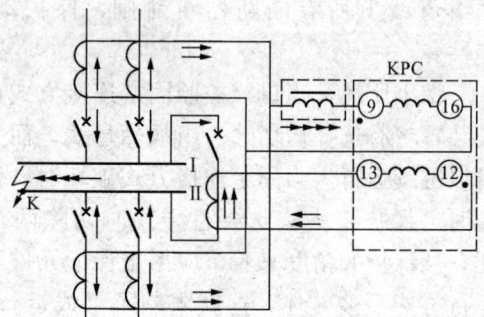

第五节　母差死区保护

在各种类型的母线差动保护中，存在一个共同的问题，就是保护死区问题。对于双母线的母差保护，当故障发生在母联断路器和母联 TA 之间时，母线保护的大差出现差流，跳开母联断路器，故障点对于Ⅱ母属于区外故障，Ⅱ母小差不会动作，而故障点对于Ⅰ母则属于区内故障，虽然母联断路器已经跳开，但母联 TA 仍然可以感受到故障电流，即Ⅰ母小差会动作跳 I 母线上所有间隔断路器，且大差差流也仍然存在。实际上故障点并没有被真正切除掉，这就是母联死区故障。一般把母联断路器与母联 TA 之间这一段范围称为死区。

为了避免死区故障的发生，确保电力系统的稳定性，在微机母线保护装置中一般设置有专用的死区保护，用于快速切除母联断路器与母联 TA 之间的故障，即当：大差以及 I 母小差动作跳 I 母线后，大差及 I 母小差均不返回，则死区保护逻辑启动直接跳 II 母线所有断路器。反过来，当大差以及 II 母小差动作跳 II 母线后，大差及 II 母小差均不返回，则死区保护逻辑启动直接跳 I 母线所有断路器。死区保护动作逻辑框图如图 7-13 所示。

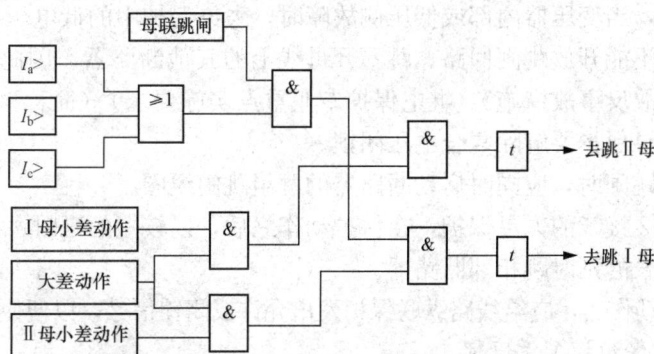

图 7-13 母线死区保护动作逻辑框图

第六节 断路器失灵保护

一、断路器失灵保护

断路器失灵保护又称后备接线，是指当系统发生故障时，故障元件的保护动作，而且断路器操动机构失灵拒绝跳闸时，通过故障元件的保护作用于同一母线所有有电源的相邻元件断路器使之跳闸切除故障的接线。这种保护能以较短的时限切除同一发电厂或变电站内其他有关的断路器，以便尽快地把停电范围限制到最小。

然而，电力系统正常运行时，有时会出现某个元件发生故障，该元件的继电保护动作发出跳闸脉冲之后，断路器却拒绝动作（即断路器失灵）的情况。这种情况可能导致扩大事故范围、烧毁设备，甚至破坏系统的稳定运行。虽然，用相邻元件保护作远后备是最简单、合理的后备方式，既可作保护拒动时的后备，又可作断路器拒动时的后备。但是，这种后备方式在高压电网中由于各电源支路的助增电流和汲出电流的作用，使后备保护的灵敏度得不到满足，动作时间也较长。因此，对于比较重要的高压电力系统，应装设断路器失灵保护。

（一）断路器失灵

1. 断路器失灵的原因

运行经验表明，发生断路器失灵故障的原因很多，主要有：断路器跳闸线圈断线、断路器操动机构故障、空气断路器的气压降低或者液压式断路器的液压降低、直流电源消失以及操作回路故障等，其中发生最多的是液压或者气压降低，操作回路出现故障以及直流电源消失。

2. 断路器失灵的影响

（1）设备损毁或者引起着火。例如变压器出口短路而保护动作后断路器拒绝跳闸，将严重损毁变压器，甚至造成变压器起火。

（2）扩大停电范围，造成巨大的经济损失。

（3）可能使电力系统瓦解。当断路器失灵故障时，要靠相邻元件的后备保护切除故障，扩大了停电范围，另外由于故障切除时间过长，影响了运行的稳定性，也可能使系统瓦解。

（二）断路器失灵保护

1. 对失灵保护的技术要求

（1）对双母线接线的失灵保护，当变压器保护启动失灵保护时，应有解除电压闭锁的输入回路。这是因为，当变压器内部或低压侧故障时，失灵保护中的低电压和负序电压的灵敏度可能不够，造成不能开放跳闸回路，跳不开母线上的其他断路器。因此，《国家电网公司十八项电网重大事故反事故措施》（继电保护专业重点实施要求）（简称《反措》）中明确要求，变压器启动失灵保护要解除复合电压闭锁。

（2）失灵保护跳闸时，应同时启动断路器的两组跳闸线圈。

（3）对用于 3/2 接线的失灵保护，在保护动作之后，以较短的延时，再次给故障开关一次跳闸脉冲，以较长的延时跳相邻断路器。

（4）失灵保护动作后，应给线路纵联保护发出允许或闭锁信号，以便使对侧断路器跳闸。

2. 断路器失灵保护的工作原理

失灵保护的设置形式与一次系统的接线形式有关。在双母线接线形式的厂、站，只设置一套失灵保护，母线上连接的任何一个元件（线路或变压器）的保护装置动作跳闸的同时，均启动失灵保护。失灵保护根据故障断路器所在的位置，动作后切除相应母线上的其他断路器。在 3/2 接线的厂、站中，失灵保护是按断路器设置的，当保护动作跳闸，断路器跳不开时，故障断路器本身的失灵保护启动，如果故障断路器是中间断路器，则跳开相邻的两个边断路器。如果是边断路器故障，则一方面跳开中间断路器，另一方面，启动所在母线的母差保护动作，跳开所在母线上的其他断路器。

按《反措》要求，双母线的失灵保护与母差保护相同，为防止正常运行时保护误动，应设置复合电压闭锁。在发电厂或变电站，无论一次系统是哪种接线形式，均只设置一套失灵保护。断路器失灵保护通常在断路器确有可能拒动的 220kV 及以上的电网（以及个别重要的 110kV 电网）中装设。

断路器失灵保护的构成原理如图 7 - 14 所示。

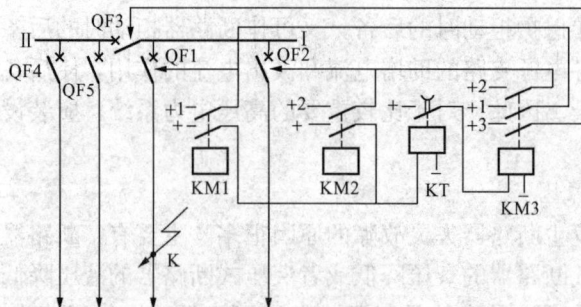

图 7 - 14　断路器失灵保护的构成原理

图 7 - 14 中 KM1、KM2 为连接在单母线分段 Ⅰ 段的元件保护的出口继电器。这些继电

器动作时，一方面使本身的断路器跳闸，另一方面启动断路器失灵保护的公用时间继电器 KT。时间继电器的延时整定得大于故障元件断路器的跳闸时间与保护装置返回时间之和。因此，断路器失灵保护在故障元件保护正常跳闸时不会动作跳闸，而是在故障切除后自动返回。只有在故障元件的断路器拒动时，才由时间继电器 KT 启动出口继电器 KM3，使接在 Ⅰ 段母线上所有有电源的断路器跳闸，从而代替故障处拒动的断路器切除故障（如图中 K 点故障），起到了断路器 QF1 拒动时后备保护的作用。

3. 断路器失灵保护的逻辑框图

断路器失灵保护由启动回路、失灵判别元件、动作延时元件以及复合电压闭锁元件四个部分组成。图 7-15 所示是双母线断路器失灵保护动作逻辑框图。

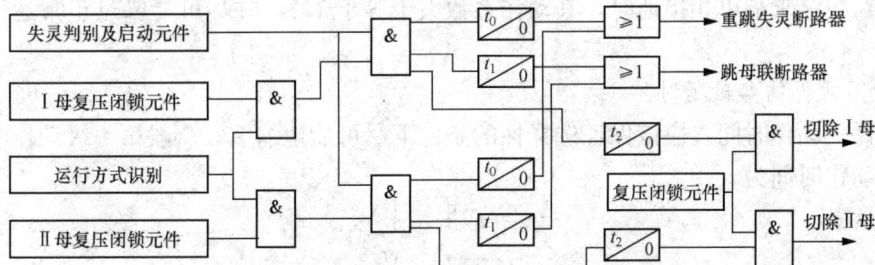

图 7-15 双母线断路器失灵保护动作逻辑框图

（1）失灵启动及判别元件。失灵启动及判别元件由电流启动元件、保护出口动作触点及断路器辅助触点构成。

由于断路器失灵保护动作时要切除一段母线上所有连接元件的断路器，而且保护接线中是将所有断路器的操作回路连接在一起，因此，保护的接线必须保证动作的可靠性，以免保护误动作造成严重事故。为此，为提高保护动作的可靠性，要求启动元件同时具备下述两个条件才能启动。

1）故障元件保护的出口继电器动作后不返回。

2）在故障元件的被保护范围内仍存在故障即失灵判别元件启动。

当母线上连接的元件较多时，一般采用检查故障母线电压的方式以确定故障仍然没有切除；当连接元件较少或一套保护动作于几个断路器（如采用多角形接线时）以及采用单相合闸时，一般采用检查通过每个或每相断路器的故障电流的方式，作为判别断路器拒动且故障仍未消除之用。

（2）复合电压闭锁元件。复合电压闭锁元件的作用是防止失灵保护误动作，其动作判据为

$$\begin{cases} U_p \leqslant U_{op} \\ 3U_0 \geqslant U_{0op} \\ U_p \geqslant U_{2op} \end{cases}$$

式中　　　　U_p——母线 TV 二次相电压；

　　　　　$3U_0$——零序电压（二次值）；

　　　　　U_2——负序电压（二次值）；

U_{op}、U_{0op}、U_{2op}——相电压元件、零序电压元件以及负序电压元件的动作整定值。

在小电流系统中，断路器失灵保护采用的复合电压闭锁元件中，设有零序电压判据。

上述三个判据中只要有一个满足动作条件，复合电压闭锁元件就动作，双母线的复合电压闭锁元件有两套，分别用于两条母线所接元件的断路器失灵判据及跳闸回路闭锁。

（3）运行方式的识别。运行方式识别回路用于确定失灵断路器接在哪条母线上，从而决定失灵保护该将哪条母线切除。

（4）动作延时。根据失灵保护的动作要求，其失灵保护延时有两个：一个是以 0.3s 的延时跳母联断路器，一个是以 0.5s 的延时切除失灵断路器所接母线上的所有元件。

（三）断路器失灵保护的整定

1. 相电流元件的动作电流 I_{op} 的值

相电流元件的动作电流 I_{op} 的值，应按照躲过长线空充电时的电容电流来整定，同时，应该保证在线路末端单相接地时，其动作系数大于等于 1.3，并尽可能躲过正常运行时的负载电流。

2. 时间元件的各段延时

失灵保护动作时间，应该保证选择性的条件下尽可能地缩短，一般第一级动作时间以及第二级的动作时间为

$$t_1 = t_0 + t_b + V_{t_1}$$
$$t_2 = t_1 + V_t$$

式中　t_1、t_2——分别为失灵保护第一级以及第二级的动作延时；

　　　　t_0——断路器的跳闸时间，一般取 0.03～0.05s；

　　　　t_b——保护动作返回时间，一般取 0.02～0.03s；

　　　　V_{t_1}——时间裕度，取 0.1～0.3s；

　　　　V_t——时间级差，取 0.15～0.2s。

对于双母线或者单母线分段接线：t_1 取 0.3s，跳母联或者分段断路器；t_2 取 0.5s，跳与失灵断路器接在同一条母线上的所有断路器。

对于 3/2 接线：t_1 取 0.15s，跳失灵断路器三相；经 0.3s 跳与失灵断路器相连接或者接在同一条母线上的所有断路器，还要启动远方跳闸装置，跳线路对侧断路器。

3. 零序电流 $3I_0$ 元件及负序电流 I_2 元件动作值整定

根据《反措》要求，在变压器的断路器失灵启动回路中，除了相电流元件之外，还采用了零序电流元件和负序电流元件，对于它们动作电流的整定，应该保证在各种运行方式下，使元件具备足够的动作灵敏度。

二、母联失灵保护

当母线区内故障，母线保护或者其他相关保护动作，向母联发跳令后，母联断路器的出口继电器触点闭合，但是经整定延时母联电流仍然大于母联失灵电流定值，即判断为母联断路器失灵。启动母联失灵保护，经两母线电压闭锁后切除两母线上所有连接元件。通常情况下，只有母差保护和母联充电保护才启动母联失灵保护。当投入"投母联过电流启动母联失灵"控制字时，母联过电流保护也可以启动母联失灵保护。如果希望通过外部保护启动本装置的母联失灵保护，应将系统参数中的"投外部启动母联失灵"控制字置 1。装置检测到"外部启动母联失灵"开入后，经整定延时母联电流仍然大于母联失灵电流定值时，母联失灵保护经两母线电压闭锁后切除两母线上所有连接元件。母联失灵保护动作逻辑框图如图 7-16 所示。

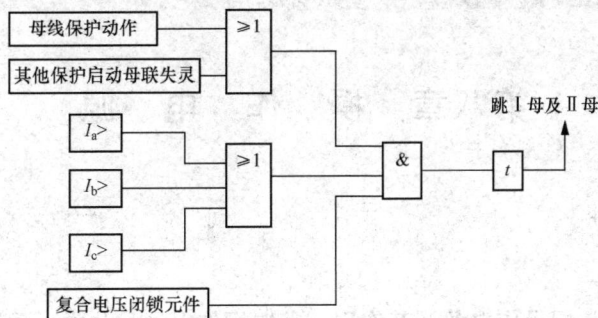

图 7-16 母联失灵保护动作逻辑

学习指导

1. 母线保护的两种方式

一是借用供电元件的保护，兼作母线保护，简单经济，但往往切除母线故障时间长。因此当利用此保护不能满足要求时，就应选择第二种方式，即专用的母线保护。

2. 母线电流差动保护

母线上通常连接有多个供电和受电元件。在正常运行和外部故障时，流入母线的电流与流出母线的电流是相等的，而母线故障时，所有与电源相连的元件电流均流向故障点。因此根据这个特点，可构成母线的电流差动保护。

3. 元件固定连接的母线完全电流差动保护

保护由启动元件和选择元件组成，实际上是由三个完全差动回路构成。启动元件是双母线的完全电流差动。用来判别在母线上是否出现故障，且改变固定连接方式不会改变其完全电流差动的性质。选择元件分别是各母线的完全电流差动，用来选择故障母线。但当固定连接方式破坏后，选择元件不能正确选择故障母线，任一母线故障将无选择地将两条母线切除。因此这种保护限制了系统调度的灵活性，这是该保护的最大弱点。

4. 失灵保护

断路器失灵保护又称后备接线，是指当系统发生故障时，故障元件的保护动作，而且断路器操动机构失灵拒绝跳闸时，通过故障元件的保护作用于同一母线所有有电源的相邻元件断路器使之跳闸切除故障的接线。这种保护能以较短的时限切除同一发电厂或变电站内其他有关的断路器，以便尽快地把停电范围限制到最小。

习 题

7-1 试述母线电流差动保护的工作原理。

7-2 试述元件固定连接的双母线完全电流差动保护的工作原理。

7-3 试举例说明某些情况下当母线连接元件故障，而断路器失灵时，采用相邻元件的远后备保护与采用断路器失灵保护两种方式切除故障，在性能上有何区别。

7-4 何为断路器失灵保护？为什么在高压电网中，断路器拒绝跳闸时，往往不能采用远后备保护方式切除故障，而必须采用断路器失灵保护方式去切除故障？

7-5 断路器失灵保护时间整定为多少？何时开始计时？

第八章 操 作 电 源

教学要求

通过本章学习，掌握操作电源及其作用；掌握操作电源的分类；了解蓄电池的分类及特点、容量；了解蓄电池直流电源系统的运行方式；了解全密封免维护酸性蓄电池直流系统；了解硅整流电容储能直流电源系统的基本工作情况；了解复式整流直流电源系统的基本构成；了解 UPS 的基本构成与工作情况；掌握直流系统电压监视电路；掌握直流系统接地的危害、查找直流接地点的基本原则与注意事项。

第一节 操 作 电 源 概 述

供给继电保护装置、自动装置、信号装置、断路器控制等二次回路及事故照明的电源，统称操作电源。

一、操作电源的作用和要求

操作电源的主要作用是：在正常运行时，对断路器的控制回路、信号设备、自动装置等设备供电；在一次电路故障时，对继电保护、信号设备、断路器控制等回路供电，以保证它们能可靠地动作；在交流自用电源中断时，对事故照明、直流油泵等事故保安负荷供电。

操作电源可采用交流操作电源，也可采用直流操作电源，目前一般采用直流操作电源。操作电源必须充分可靠，且应具有独立性。对操作电源有以下要求：

（1）供电可靠，应尽可能保持对交流电网的独立性，避免因交流电网故障影响操作电源的正常供电。

（2）设备投资小、占地面积小。

（3）使用寿命长、维护工作量小。

二、操作电源系统的分类

操作电源直流系统的电压等级较多，一般强电回路采用 110V 或 220V，弱电回路采用 24V 或 48V。目前，常见的操作电源主要有以下几类：

1. 交流操作电源

交流操作电源直接使用交流电源，分为"电流源"和"电压源"两种。图 8-1 所示为

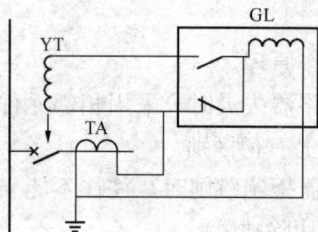

图 8-1 电流源型交流操作电源

采用 GL 系列过电流继电器的电流源型交流操作电源。正常时，过电流继电器 GL 不动作，其动合触点断开，跳闸线圈 YT 中无电流通过。当被保护区域发生短路故障时，过电流继电器 GL 启动，其动合触点闭合，动断触点断开，于是电流互感器 TA 的二次绕组与继电器 GL 的电流线圈和跳闸线圈 YT 组成串联回路，TA 二次回路流过电流使断路器跳闸。

这种利用电流互感器供给的操作电源，只是用作事故跳闸时的跳闸电流。如果要进行合闸操作，则必须具有直流或其他交流操作电源。例如，采用弹簧操动机构操作断路器合闸时，必须先采用直流电源或其他交流电源作为弹簧的储能电源，如果没有储能所需电源，则须手动储能，十分不便。

2. 直流操作电源

直流操作电源主要指蓄电池组直流操作电源，是一种独立电源。蓄电池是一种化学电源，它能把电能转变为化学能并储存起来，使用时再把化学能转换为电能供给负荷，其变换过程是可逆的。当蓄电池由于放电而出现电压和容量不足时，可以用适当的反向电流通入蓄电池，使蓄电池重新充电。充电就是将电能转化为化学能并储存起来。蓄电池的充电放电过程，可以重复循环，所以蓄电池又称为二次电池。

3. 整流操作电源

整流操作电源的基本过程是将交流电源整流后以直流电源的形式供给负荷使用，主要包括硅整流电容储能操作电源与复式整流操作电源。整流操作电源在中、小型变电站中有一定应用。

4. 交流不间断电源（UPS）

交流不间断电源（UPS）在正常、异常和供电中断等情况下，均能向负荷提供安全、可靠、稳定、不间断、不受倒闸操作影响的交流电源。目前，它已成为发电厂和变电站计算机、监控仪表、信息处理系统等重要负荷不可缺少的供电装置。

三、直流负荷的分类

发电厂和变电站的直流负荷，按其用电特性可分为经常负荷、事故负荷和冲击负荷。

1. 经常负荷

经常负荷是指在正常运行时带电的负荷，包括经常带电的继电器、信号灯、直流照明、自动装置、远动装置等，以及经常由逆变电源供电的计算机、巡回检测装置等。

2. 事故负荷

事故负荷是指当发电厂或变电站失去交流电源后，应由直流系统供电的负荷，包括事故照明和以直流系统作为备用电源的、正常由厂用交流电源供电的事故保安负荷。

3. 冲击负荷

冲击负荷是指短时所承受的冲击电流，如断路器的合闸电流等。

第二节 蓄电池组直流电源系统

蓄电池是一种可以重复使用的化学电源，它能把电能转变为化学能并储存起来，使用时再把化学能转换为电能供给负荷，其变换过程是可逆的。

发电厂和变电站中的蓄电池组是由多个蓄电池相互串联而成的，串联的个数取决于直流系统的工作电压。常用的蓄电池有酸性蓄电池和碱性蓄电池两种，目前多用酸性蓄电池。

一、蓄电池介绍

1. 酸性蓄电池

酸性蓄电池就是铅酸蓄电池，电解液为 $27\% \sim 37\%$ 的硫酸水溶液，正极为二氧化铅（PbO_2），负极为铅（Pb）。

酸性蓄电池的端电压较高（2.15V），冲击放电电流较大，适用于断路器跳合闸的冲击负载，寿命短，充电时可能逸出有害的硫酸气体。为克服酸性蓄电池的这些缺点，目前已生产出各种性能优良、使用安全的酸性蓄电池，如防酸隔爆式、消氢式，以及目前得到广泛应用的阀控式全密封酸性蓄电池。

全密封酸性蓄电池在正常使用时保持气密和液密状态，硫酸和氢气、氧气不会外泄。当内部压力超过设定值时，安全阀自动开启，释放气体。等内部气压降低后安全阀自动闭合，同时防止外部空气进入蓄电池内部，保持密封状态。蓄电池在正常使用寿命期间，无须补加电解液。

2. 碱性蓄电池

碱性蓄电池的电解液为氢氧化钾或氢氧化钠，根据极板的有效物质，碱性电池可分为铁镍蓄电池、镉镍蓄电池和锌银蓄电池等，目前在发电厂和变电站中多用镉镍蓄电池。

与酸性蓄电池相比，碱性蓄电池具有体积小、占地面积少、无酸气腐蚀、机械强度高、工作电压平稳、使用寿命长（15～25 年）等优点，但价格较贵，应用受到一定限制。

3. 蓄电池的电势与容量

（1）蓄电池的电势。蓄电池的电势就是外部电路断开时蓄电池的端电压。它主要与电解液的比重和温度有关，温度在5～25℃范围内变化时对电势影响很小，可以近似地用经验公式表示，即

$$E = 0.85 + d$$

式中　E——蓄电池的电势，V；

　　　d——渗入极板内的电解液的比重，g/cm^3。

如常用的固定型铅酸蓄电池充电完毕后，电解液的比重是 $1.21\ g/cm^3$，则其电势约为

$$E = 0.85 + 1.21 = 2.06(V)$$

（2）蓄电池的容量。蓄电池的容量表示蓄电池的蓄电能力，充足电的蓄电池放电到某一最小允许电压（称为终止电压）时所放出的电量即为该蓄电池的容量。当蓄电池以恒定电流值放电时，其容量的计算式为

$$Q = I_{fd} t_{fd}$$

式中　Q——蓄电池的容量，Ah；

　　　I_{fd}——放电电流值，A；

　　　t_{fd}——放电时间，h。

一般以电解液温度为 25℃时、10h 放电率的容量作为蓄电池的额定容量。

如放电电流不是恒定值，其容量等于各段放电电流值与该段放电时间乘积之和。蓄电池的容量主要受放电率和电解液的比重与温度影响较大。

二、蓄电池组直流系统的运行方式

蓄电池组直流系统由充电设备、蓄电池组、浮充电设备和相关的断路器及测量仪表组成，一般采用单母线或单母线分段的接线方式。蓄电池组的运行方式有两种：充电—放电方式和浮充电方式。下面结合这两种方式介绍蓄电池组直流系统。

1. 充电—放电方式

按充电—放电方式工作的蓄电池组直流系统，其简化电路如图 8 - 2 所示。直流母线电

压为 110V 或 220V。正常工作时，充电用的硅整流装置与蓄电池之间断开，由蓄电池组向负荷供电，蓄电池放电运行。为了保证在事故情况下蓄电池组能可靠地工作，必须在任何时候都留有一定的容量，不可使蓄电池完全放电。通常放电到容量的 60%～70% 时，便应停止放电，进行充电。

在给蓄电池充电时，充电整流装置除向蓄电池组充电外，同时还供给经常性的直流负荷用电。蓄电池组在充电和放电过程中，每个蓄电池端电压的变化范围很大。放电时，每个蓄电池端电压由 2V 下降到 1.75～1.8V；充电时，则由 2.1V 升高到 2.6～2.7V。为了维持直流母线电压基本稳定，在充电和放电过程中必须进行调整。通常采用端电池调节器，利用改变接入调节蓄电池的数目的方法来维持母线电压的稳定。为此，将全部蓄电池分为两部分，一部分是固定不变的基本电池，另一部分是可调的端电池。在充电—放电过程中，借助于减少或增加端电池的数目以达到维持母线电压基本稳定的目的。

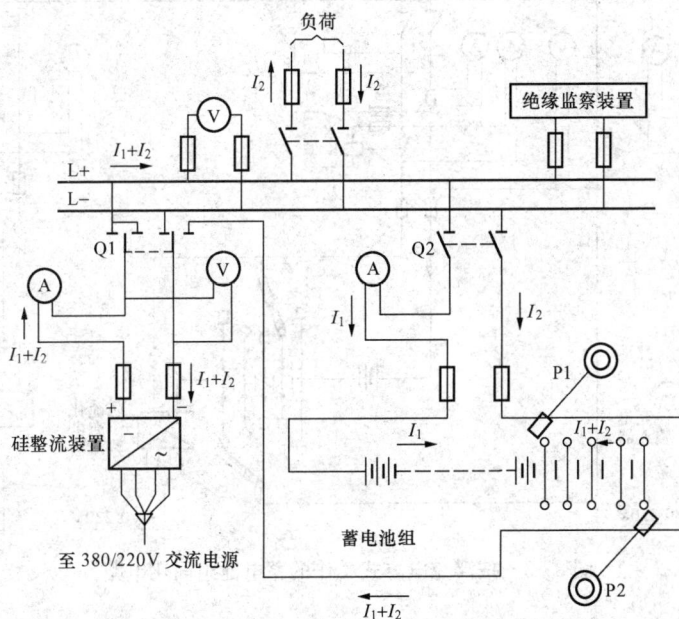

图 8-2 按充电—放电方式工作的蓄电池组直流系统简化电路

2. 浮充电方式

按浮充电方式工作时，充电设备与蓄电池组并联供电，充电设备除了给直流母线上经常性负荷供电外，同时以很小的电流向蓄电池组浮充电，用以补偿蓄电池自放电，使蓄电池处于满充电状态。蓄电池组主要承担短时的冲击负荷，如断路器的合闸电流。在交流系统发生故障时，蓄电池组转入放电状态，承担全部直流负荷；交流电源恢复后，充电整流器给蓄电池组充好电再转入浮充电状态。这种连续浮充电方式，又称为全浮充电方式。

全浮充电时蓄电池处于满充电状态，每个蓄电池外加电压应为 2.15V。为维持直流电压母线电压不变，不能使所有的蓄电池都投入浮充电，必须切除一部分端电池。参加浮充电蓄电池的数目，由母线额定电压和浮充电时每个蓄电池的外加电压决定。不参加浮充电的蓄电池，自放电得不到补偿，极板上硫酸铅（$PbSO_4$）大量积沉，导致极板硫化，影响寿命。为此，对有端电池的蓄电池组，必须采取防止端电池硫化的措施。目前多采用在端电池上单独加装一台小容量的浮充电整流器，经常单独对未参加浮充电的端电池进行浮充电，如图 8-3 所示。

此外，为避免由于控制浮充电流不准确，造成硫酸沉淀在极板上，影响蓄电池的输出容量和降低使用寿命，一般规定每三个月进行一次核对性放电。

采用全浮充电方式运行，不仅可以减少维护的工作量，而且可以提高直流系统的工作可靠性，蓄电池的使用寿命较充电—放电方式可延长 1～2 倍，所以全浮充电方式曾在发电厂和变电站得到广泛应用。

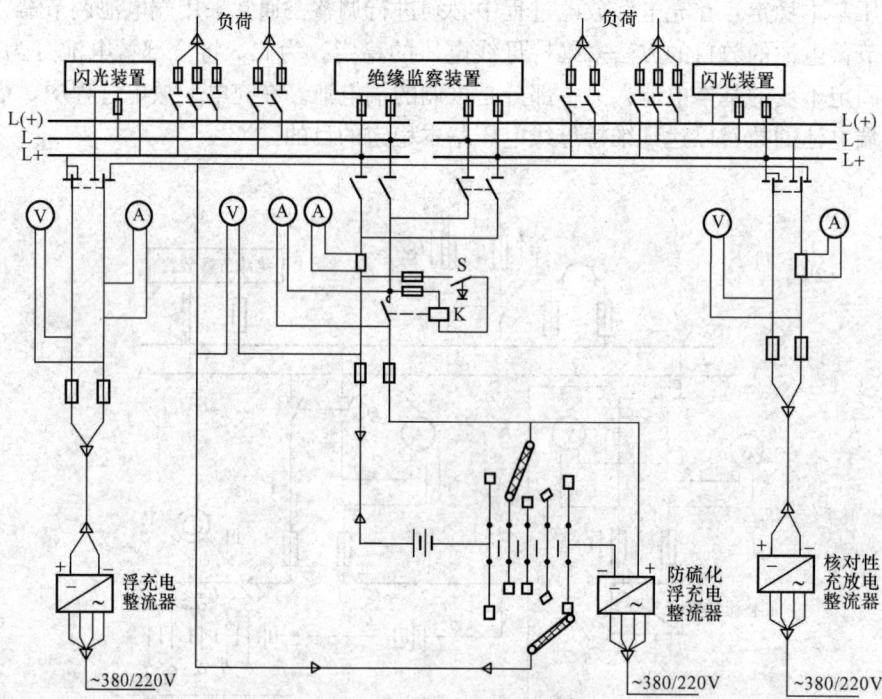

图 8-3　按浮充电方式工作的蓄电池组简化电路

三、全密封免维护酸性蓄电池直流系统

开口式铅酸蓄电池和镉镍碱性蓄电池都存在维护复杂、寿命短的特点。全密封免维护酸性蓄电池的出现是蓄电池技术上的一个飞跃。这种蓄电池的主要特点是"密封免维护"，这种免维护、寿命长的蓄电池和先进可靠的充电线路构成的直流系统装置能满足多种场合的需要。

1. 工作原理

全密封免维护酸性蓄电池直流系统的类型很多，现简要说明其基本工作原理。

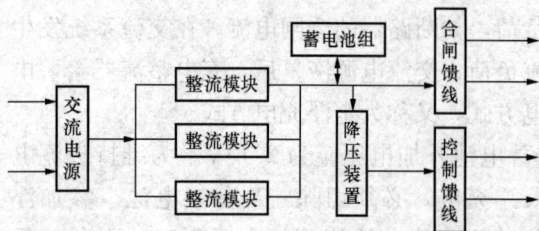

图 8-4　全密封免维护酸性蓄电池
直流系统原理框图

如图 8-4 所示为全密封免维护酸性蓄电池直流系统原理框图。输入三相交流电源经整流模块隔离降压、整流滤波后，输出较平滑的直流电，除供给蓄电池组充电电流和瞬时合闸电流外，同时降压供给各工作回路正常负荷电流。当输入交流电源中断时，蓄电

池向负荷供电，保证一定时间内直流系统不断电，交流电源恢复时，整流模块自动启动，向负荷供电，同时对蓄电池进行恢复充电。

2. 特点

（1）封闭、安全。蓄电池内部能进行自我循环、转化反应，内部电解液不会外溢，非常安全、可靠。

（2）免维护。由于采用了独特的气体还原系统，通过活性材料，把产生的气体还原为水，使电池在长期运行中，不必补充蒸馏水。

（3）气压自动调节。在异常运行时，电池内部气体增加，气压上升，调节系统能自动检测并自动放出过剩气体，调整气压，使电池内部不积存过剩气体。

（4）无需另设蓄电池室。蓄电池在运行中不产生腐蚀性气体，可直接装在直流屏内。

（5）使用寿命长。由于采用特殊的防腐蚀合金材料，在浮充电状态下（15～25℃），使用寿命在 10～18 年以上。

（6）在正常浮充条件下无需均衡充电。因每只电池特性非常接近，不会出现各电池不均衡的情况。

这种电池配合先进的线路和充电装置构成的直流系统，能自动浮充电和快速充电，直流母线电压能自动调整，误差不超过额定值的±5%，能实现在线浮充电检测。

第三节 整流操作直流电源系统

利用蓄电池作为操作电源，主要优点在于直流系统完全独立，其供电可靠性不受交流系统运行情况的影响。但由于其价格昂贵等原因，整流操作电源在小型发电厂和变电站中得到了一定应用。整流操作的直流系统可分为硅整流电容储能直流系统和复式整流装置直流系统两种。

一、硅整流电容储能装置直流系统

硅整流电容储能装置直流系统是利用硅整流器直接接于发电厂（或变电站）自用变压器低压侧，将交流整流后向直流负荷供电。当出现交流电源异常或消失等危急情况时，释放电容器储存的能量供继电保护装置和断路器跳闸回路使用。

图 8-5 所示为硅整流电容储能装置直流系统电路。一般发电厂（或变电站）装有两组硅整流装置，交流侧都装设带抽头的隔离变压器 T1 和 T2。第一组整流器 U1 容量较大，供断路器合闸，也兼向控制、信号和其他回路供电。第二组整流器 U2 容量较小，仅向控制信号和保护供电。两组整流器之间用电阻 R1 和硅二极管 V3 隔开。逆止元件 V3 的作用是当断路器合闸时或合闸母线短路故障时，防止整流装置 U2 向合闸母线供电，造成 U2 过电流被烧坏，从而保证控制、信号和保护电源可靠工作。电阻 R1 用来限制控制、信号和保护电路侧短路时流过逆止元件 V3 的电流。

储能电容器有 C1 和 C2 两组，一组供给低压出线保护和断路器跳闸回路，另一组供给其他元件的保护和跳闸回路。在给保护供电的电路中所设的硅二极管 V1 和 V2 起隔离作用，防止在事故状态下电容器组向直流母线上的其他回路放电。

由于电容器放电过程是一次性的，所以，在发电厂（或变电站）有几级保护时，必须相应装设几组电容储能装置。

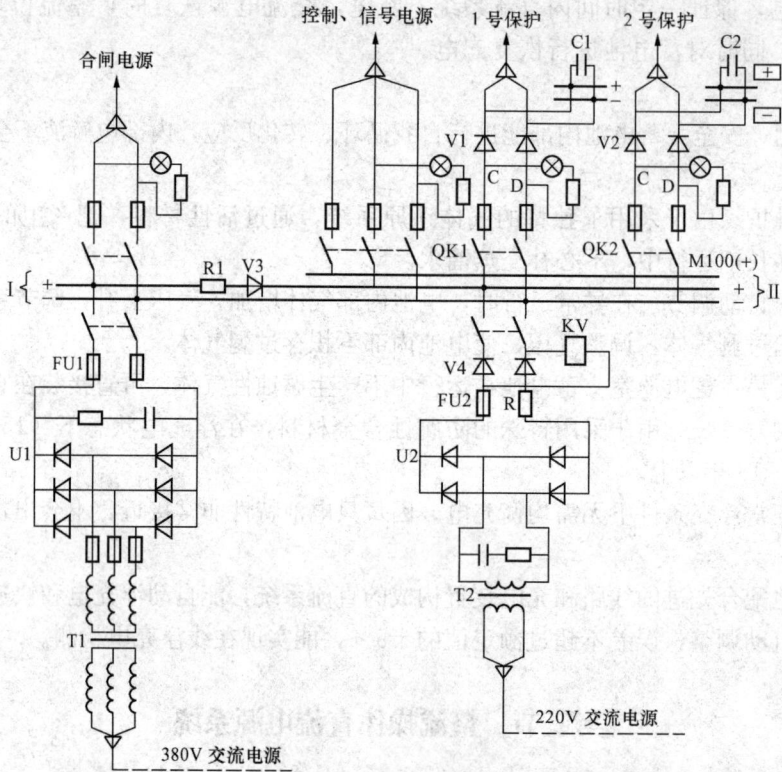

图 8 - 5　硅整流电容储能装置直流系统电路

电容储能装置投运后，必须加强对电容器组、逆止元件的监视和维护。电容器组可通过专门的装置进行定期检查，判断其回路是否有断线故障或电容器的电容量是否降低。在运行中停电查线时，应提前释放电容器组储存的电荷，以免触电或烧坏设备。

硅整流电容储能装置的供电可靠性，直接受交流侧电源的影响，因此要求发电厂和变电站至少应设有两路可靠的自用电源，其中一路电源接入硅整流装置，另一路电源备用。

二、复式整流装置直流系统

复式整流装置是利用交流系统短路时电压降低，而电流增大这一特点，实现对整流电源的补偿，以保证在交流系统发生短路故障时仍能供给继电保护和断路器跳闸电源。复式整流装置的原理如图 8 - 6 所示。

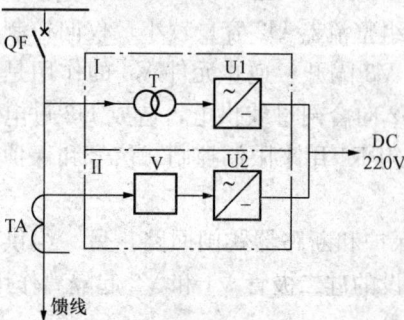

图 8 - 6　复式整流装置的原理
Ⅰ—电压源；Ⅱ—电流源

复式整流装置同时取用电压源和电流源两种交流整流电源，电压源一般采用厂（站）用变压器和电压互感器，电流源为能反映短路电流变化的电流互感器。

与硅整流电容储能式装置相比，当系统发生故障时，复式整流装置能输出较大的功率，并能保持直流电压恒定。但采用复式整流须满足两个条件：①短路电流的大小必须保证继电保护和断路器能可靠地动作；②应有专用的电流互感器，以便在各种短路情况下都能输出足够的功率，向复式整流器供电。

复式整流常用的有单相和三相两种方式，在电力系统中多数采用单相复式整流方式。

第四节 交流不间断电源系统（UPS）

UPS 是交流不间断电源的简称。目前，它已成为发电厂和变电站计算机、通信、监控系统、应急照明等不能中断供电的重要负荷不可缺少的供电装置。

一、UPS 的作用和功能

发电厂和变电站中有很多设备对供电的可靠性、连续性及供电质量要求很高，一般电网及常规的保安电源已不能满足要求，特别是非线性负荷越来越多。这些负荷对电网产生种种干扰，致使电网波形畸变、电噪声日益严重，有时甚至突然中断供电，这将造成计算机停运、各种控制系统失灵等一系列严重后果。UPS 装置就是为此而开发的。它的主要功能是：在正常、异常和供电中断事故情况下，均能向重要用电设备及系统提供安全、可靠、稳定、不间断、不受倒闸操作影响的交流电源。

二、UPS 的组成及工作原理

UPS 由整流器、逆变器、隔离变压器、静态开关、手动旁路开关等设备组成，其系统原理接线如图 8-7 所示。

图 8-7 中，供电电源为 3 路，其中 2 路交流电源来自厂用保安段（或其中 1 路来自一个独立的市电电源），这两路交流电源可经静态开关自动切换或经手动旁路开关手动切换。第 3 路电源来自 220V 的直流屏，由蓄电池组供电，经隔离二极管 V 引至逆变器前。3 路电源配合使用，保证 UPS 系统在设备故障、电源故障乃至全厂停电时，均能不间断地向 UPS 配电屏的负荷供电。

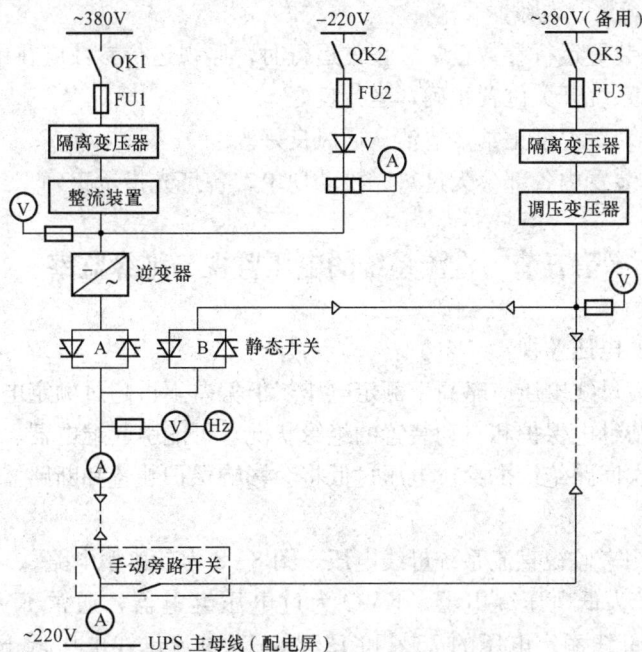

图 8-7 UPS 系统原理接线

UPS 的工作原理是正常工作状态下，由厂（站）用电源向其输入交流，经整流器整流、滤波为直流后再送入逆变器，变为稳频稳压的工频交流，经静态开关向负荷供电。当 UPS 的输入交流电源因故中断或整流器发生故障时，逆变器由蓄电池组供电，则仍可做到不间断地向负荷提供优质可靠的交流电。如果逆变器发生故障，还可自动切换至旁路备用电源供电。当负载启动电流太大时，UPS 也可自动切换至备用电源供电，启动过程结束后，再自动恢复由 UPS 供电。

三、UPS 系统的运行方式及运行维护

如图 8-7 所示，UPS 系统的输入电源为三相交流或直流，输出电压为单相交流。

1. 正常运行方式

正常运行时，刀开关 QK1 合上，熔断器 FU1 装上，电网三相交流电源通过整流器整流后送给逆变器，经逆变器转换，输出 50Hz、220V 的单相交流电压，再经静态开关 A 向 UPS 配电屏供电。直流电源刀开关 QK2 合上，熔断器 FU2 装上，直流电源处于备用状态；旁路电源刀开关 QK3 合上，熔断器 FU3 装上，旁路电源、静态开关 B 手动旁路开关处于备用状态。

2. 非正常运行方式

（1）电网三相交流电源消失或整流器故障时，由直流电源供电。由于直流电源回路采用二极管切换，或逆变器输入回路采用逻辑二极管，由逻辑二极管控制直流电源的投入或停用。当整流器自动退出运行后，二极管能自动将 UPS 的电源切换至 220V 直流电源供电，经逆变器转换后，保持 UPS 母线供电不中断。当电网三相交流电源及整流器恢复正常时，则又自动恢复到 UPS 的正常运行方式。

（2）当 UPS 装置需要检修而退出运行时，由旁路电源经静态开关 B 直接向 UPS 配电屏供电，或静态开关故障，旁路电源用手动旁路开关向 UPS 配电屏供电。UPS 检修完毕，或静态开关故障处理完毕，退出旁路电源供电，恢复 UPS 正常运行方式。

3. UPS 系统运行监视与维护

（1）监视 UPS 装置运行参数正常。正常运行时，监视运行参数应在铭牌规定的范围内。

（2）检查 UPS 系统开关位置正确，运行良好。

（3）保持 UPS 装置温度正常、清洁、通风良好。

（4）检查 UPS 装置内各部分无过热、松动现象，各灯光指示正确。

第五节　直流系统的电压监视与绝缘监察

一、直流系统的电压监视

一般情况下直流母线电压应略高于额定电压，但偏差不得超过额定电压的 ±10%。母线电压过高，直接威胁继电保护和自动装置的绝缘状况，可能引起继电器、指示灯等带电设备过热损坏，甚至二次回路绝缘击穿。电压过低将会影响保护装置和断路器动作的可靠性，降低其灵敏度。

电压监视装置用来监视直流系统母线电压，图 8-8 为其典型电路。

图 8-8 中，KV 为低电压继电器、KVO 为过电压继电器，通常 KV、KVO 的动作电压分别整定为直流母线额定电压的 75% 和 125%，当直流母线电压低于或高于整定值时，KV 或 KVO 动作，使光字牌 HL1 或 HL2 发光，发出预告信号。

二、直流系统的绝缘监察

1. 直流系统接地的危害

发电厂和变电站的直流系统的供电网络比较复杂，分布范围也较广，由于受潮等原因很容易使绝缘电阻降低。直流系统的绝缘性能降低相当于该回路的某一点经一定的电阻接地。

正常运行的直流系统，其正、负极对地都是绝缘的，直流系统的绝缘性能降低直接影响直流回路的可靠性。直流回路发生一点接地时，由于没有短路电流流过，熔断器不会熔断，仍能继续运行。但如果另一点再接地，就有可能引起信号回路、控制回路、继电保护回路和自动装置回路的误动作或拒绝动作，同时还可能烧坏继电器触点，引起熔断器熔断。直流系统接地情况如图8-9所示。

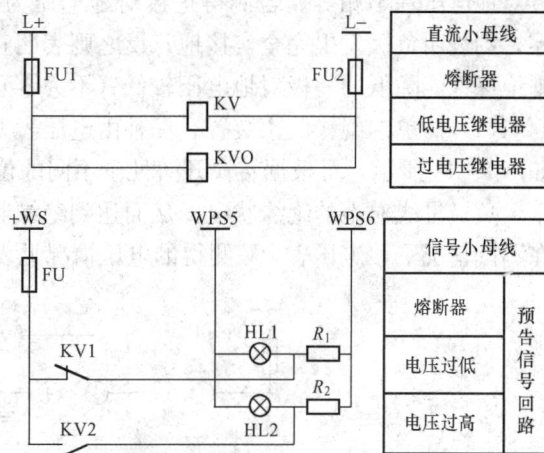

图8-8 电压监视装置典型电路

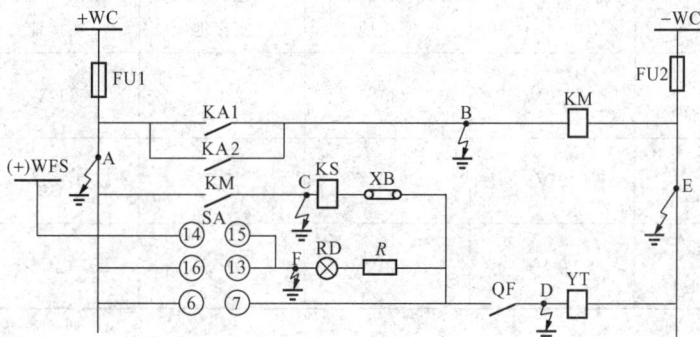

图8-9 直流系统接地情况

（1）两点接地可能造成断路器误跳闸。如图8-9所示，当A、B两点接地时，将电流继电器KA1、KA2触点短接，使KM启动，KM触点闭合而跳闸。A、C两点接地时短接KM触点而跳闸。类似地，在A、D两点，D、F两点接地时都能造成断路器误跳闸。

（2）两点接地可能造成断路器拒动。如图8-9所示，当B、E两点，C、E两点或D、E两点发生接地，断路器可能造成拒动。

（3）两点接地引起熔断器熔断。如图8-9所示，接地发生在A、E两点，将引起熔断器熔断。当接地点发生在B、E和C、E两点，保护动作时，不但断路器拒跳，而且引起熔断器熔断，同时有烧坏继电器触点的可能。

因此必须在直流系统中装设连续工作、可切换且足够灵敏的绝缘监察装置，用来监测直流母线正对地、负对地的电压。当220V（或110V）直流系统中任何一极的绝缘下降到15～20kΩ（或2～5kΩ）时，应发出灯光和音响信号，以便及时处理，避免事故扩大而造成损失。

2. 直流系统的绝缘监察

通常利用直流绝缘监察装置对直流系统进行监测。正常时直流系统对地绝缘良好，正负极对地电压基本相等。若测得正极对地电压为直流系统母线电压（如 220V），负极对地为零，则表明负极发生完全实接地；反之则表明正极有接地故障。如果属不完全实接地故障，则绝缘性能降低的一极对地电压较低（不为零），而另一极对地电压较高。

（1）简单的绝缘监察装置。一种由电压表 PV 和转换开关 SA 组成的简单绝缘监察装置如图 8 - 10 所示，可根据转换开关处于不同的位置时电压表 PV 测得的电压值，粗略地判断正、负极母线对地的绝缘状况，从而达到绝缘监察的目的。假设当前直流母线电压为 230V，在不同情况下，电压表 PV 测得的电压情况见表 8 - 1。

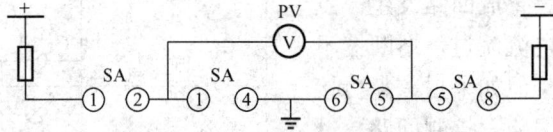

图 8 - 10　简单的绝缘监察装置

表 8 - 1　　　　　　　　　　　　　　**电压表 PV 测得的电压情况**

项目　　　　　　　　测量电压	绝缘正常	正极完全实接地	负极完全实接地	正极不完全实接地	负极不完全实接地
U_m（母线电压）SA①②、⑤⑧接通	230V	230V	230V	230V	230V
U_+（正对地电压）SA①②、⑤⑥接通	0 V	0 V	230V	$U_{(+)} < U_{(-)}$	$U_{(+)} > U_{(-)}$
U_-（负对地电压）SA①④、⑤⑧接通	0 V	230V	0 V	$U_{(-)} > U_{(+)}$	$U_{(-)} < U_{(+)}$

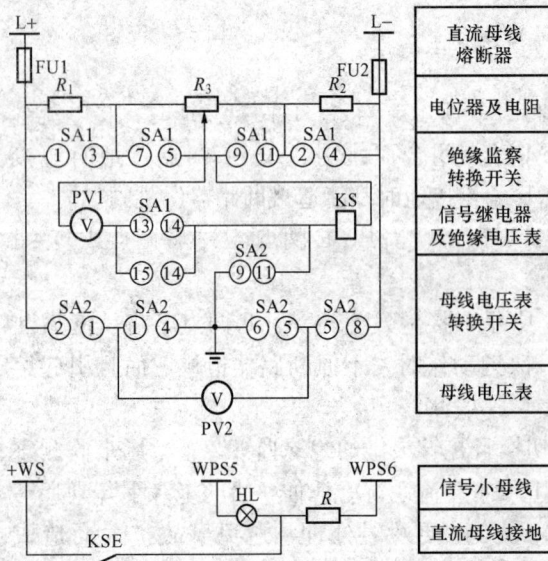

图 8 - 11　绝缘监察装置接线

当直流系统发生不完全实接地时，测得的正对地电压 U_+ 与负对地电压 U_- 在 $0 \sim U_m$ 之间，可根据 U_+ 与 U_- 两者大小关系确定究竟是哪一极发生接地。

（2）电桥原理的绝缘监察装置。下面再介绍一种利用电桥原理实现的、灵敏度较高的绝缘监察装置，如图 8 - 11 所示。当 220V 直流系统中任何一极的绝缘下降到 $15 \sim 20 k\Omega$ 时，绝缘监察装置发出灯光和音响信号。

图 8 - 11 所示为一种电桥原理的绝缘监察装置接线，整套装置分为信号与测量两个部分，信号部分由接地信号继电器 KS 和电阻 R_1、R_2、R_3 组成，$R_1 = R_2 = R_3 =$

1000Ω，R_3 为可调节电阻；测量部分由绝缘电压表 PV1、母线电压表 PV2 和绝缘监察转换开关 SA1、母线电压转换开关 SA2 组成。

PV1 用来测量直流系统对地或正、负极母线对地的绝缘电阻，它有电压和电阻两种刻度。PV2 用来监测直流母线电压，通过切换 SA2 可测量正极和负极对地电压，也可用以粗略估计正极和负极的绝缘电阻。

信号部分的工作原理：正常运行时，SA1 置中间位置，其触点⑤⑦、⑨⑪接通；SA2 置 "m" 位置，其触点⑨⑪接通。R_1、R_2 与直流系统正、负极母线对地绝缘电阻 R_+、R_- 组成电桥的四个桥臂，信号继电器 KS 接于电桥的对角线上，相当于直流电桥中的检流计。由于此时直流母线正、负极对地绝缘电阻相等，KS 线圈中仅有很小的不平衡电流流过，KS 不动作。当正极或负极接地，对地绝缘电阻失去平衡，KS 动作发出信号。

测量部分的工作原理：当发生直流系统接地后，先利用 SA2 和 PV2 分别测量正极对地电压 U_+、负极对地电压 U_-，利用表 8-1 判断是正极还是负极绝缘性能降低；然后将 SA2 置 "m" 位置，使其触点⑨－⑪接通；再利用 SA1 和 PV1 测量绝缘电阻。

若正极绝缘下降，应先将 SA1 切至 "测量Ⅰ" 位置，其触点①③、⑬⑭接通，R_1 被短接，PV1 接入，然后调节电桥的电位器 R_3，使 PV1 指示为零，读取 R_3 的百分数 x 值。再将 SA1 切至 "测量Ⅱ" 位置，其触点②④、⑭⑮接通，R_2 被短接，此时 PV1 指示的数值就是直流系统对地总的电阻值 R_{jd}，若想知道每极的对地电阻，则换算式为

$$R_+ = \frac{2R_{jd}}{2-x}, R_- = \frac{2R_{jd}}{x}$$

若负极绝缘下降，应利用上述方法，将 SA1 先后切至 "测量Ⅱ"、"测量Ⅰ" 位置，分别测得 x 和 R_{jd}，得各极对地绝缘电阻为

$$R_+ = \frac{2R_{jd}}{1-x}, R_- = \frac{2R_{jd}}{1+x}$$

式中　　x——电位器 R_3 读数的百分数；

R_+、R_-——直流系统正、负极对地绝缘电阻值；

　　R_{jd}——直流系统总的对地绝缘电阻值。

3. 直流系统一点接地的查找

直流系统发生接地时，应根据当时的运行方式、操作情况和气候影响，分析接地发生的原因，判断接地点的可能位置。一般采取拉路寻找、分段处理的方法，以先信号、照明部分后操作部分，先室外部分后室内部分为原则。在切断直流回路时，切断时间不得超过 3s，不论回路是否接地均应合上。当发现直流回路有接地时，则应及时找出接地点，尽快消除。

查找直流系统接地时，应注意以下事项：

(1) 禁止使用灯泡寻找的方法查找接地点。

(2) 用仪表检查时，所用仪表的内阻不应低于 $2000\Omega/V$。

(3) 当直流系统发生接地时，禁止在二次回路上工作。

(4) 在试取直流熔断器时，应先取下正极、后取下负极，放上时顺序相反。

(5) 查找和处理时必须由 2 人进行。

(6) 处理时应注意不得造成人为直流短路和另一点直流接地。

(7) 拉路前应采取必要措施，以防直流失电后可能引起继电保护及自动装置的误动。

当直流接地发生在充电设备、蓄电池本身或直流母线上，用拉路方法查找时，一般不能一下全部拉掉接地点，因此可能找不到接地点。

学习指导

操作电源是指供给继电保护装置、自动装置、信号装置、断路器控制等二次回路及事故照明的电源。操作电源能在正常运行、一次电路故障以及交流自用电源中断时，对断路器的控制回路、信号设备、自动装置、事故照明等设备可靠供电。

操作电源直流系统的电压等级较多，一般强电回路采用110V或220V，弱电回路采用24V或48V。操作电源必须充分可靠，且应具有独立性，目前一般采用直流操作电源。

常见的操作电源主要有交流操作电源、直流操作电源、整流操作电源和交流不间断电源（UPS）。

交流操作电源直接使用交流电源，分为电流源和电压源两种，目前应用较少。

直流操作电源主要指蓄电池组直流操作电源，是一种独立电源。蓄电池是一种化学电源，它能把电能转变为化学能并储存起来，使用时再把化学能转换为电能供给负荷，其变换过程是可逆的。蓄电池分为酸性电池与碱性电池两大类，目前应用较多的是全密闭免维护蓄电池系统。

整流操作电源的基本过程是将交流电源整流后以直流电源的形式供给负荷使用，主要包括硅整流电容储能直流电源与复式整流直流电源。

交流不间断电源（UPS）在正常、异常和供电中断等情况下，均能向负荷提供安全、可靠、稳定、不间断、不受倒闸操作影响的交流电源，目前已成为发电厂和变电站计算机、监控仪表、信息处理系统等重要负荷不可缺少的供电装置。

直流系统电压的偏差不得超过额定电压的±10%，电压监察装置用来监视直流系统母线电压，当直流母线电压过高或过低时发出信号。

正常运行的直流系统，其正、负极对地都是绝缘的，直流系统的绝缘性能降低直接影响直流回路的可靠性。通常利用直流绝缘监察装置对直流系统进行监测。正常时直流系统对地绝缘良好，正负极对地电压基本相等。发生一极接地时，绝缘性能降低的一极对地电压较低，而另一极对地电压较高。

直流系统发生接地时，应根据当时的运行方式、操作情况和气候影响，分析接地发生的原因，判断接地点的可能位置。一般采取拉路寻找、分段处理的方法，以先信号部分后操作部分，先室外部分后室内部分为原则。在切断各专用直流回路时，切断时间不得超过3s，不论回路接地与否均应合上。当发现直流回路有接地时，则应及时找出接地点，尽快消除。

习 题

8-1 操作电源的作用是什么？目前常用的操作电源有哪几种？

8-2 直流负荷分为哪几类？

8-3 铅酸蓄电池组直流系统有哪两种运行方式？

8-4 试述硅整流电容储能直流系统的工作原理。

8-5 试述复式整流装置直流系统的工作原理。

8-6 为什么直流系统要装设电压监视装置? 试述直流系统电压监视装置的工作原理。

8-7 直流系统绝缘性能降低有何危害?

8-8 查找直流系统接地的原则与注意事项有哪些?

第九章　断路器的控制和信号回路

教学要求

通过本章学习了解断路器的控制方式；熟悉高压断路器的操动机构的型式；掌握断路器控制回路的基本任务、对断路器控制回路的基本要求；掌握 LW2-Z 型控制开关的使用，能看懂控制开关触点通断符号图；掌握断路器控制回路的组成，了解各组成部分的功能、结构；能对照电路图说明断路器手动跳合闸、自动跳合闸的工作过程。了解断路器的"跳跃"和防跳回路的基本工作原理；了解灯光监视和音响监视的断路器控制回路的特点。

第一节　断路器控制概述

高压断路器是电力系统中重要的控制和保护设备，其作用是正常运行时接通和断开高压电路，改变一次系统的运行方式；发生故障时在继电保护与自动装置的配合下自动地、迅速地切除故障设备，保证一次系统安全运行，减轻故障损失。

断路器控制回路的基本任务是运行人员通过控制开关发出操作命令，要求断路器跳闸或合闸，然后经过中间环节将命令传送给断路器的操动机构，使断路器跳闸或合闸，断路器完成相应的操作后，由信号装置显示已完成的操作。

为了实现对断路器的控制，必须有发出命令的控制开关、执行命令的操动机构和传送命令的中间机构（如继电器、接触器等），由这几部分连接构成的电路即为断路器的控制回路。

一、断路器的控制方式

发电厂和变电站内，对断路器的控制方式可分为一对一控制和一对 N 选线控制。一对一控制是利用一个控制开关控制一台断路器，一般适用于重要且操作机会较少的设备，如发电机、变压器等。一对 N 选线控制是利用一个控制开关控制多台断路器，一般适用于馈线较多、接线和要求基本相同的高压和厂用馈线。

根据操作电源的不同，断路器的控制又可分为强电控制和弱电控制。强电控制电压一般为 110V 和 220V，弱电控制电压为 48V 及以下。

对于强电控制，根据其控制特点，又可分为就地控制和远方控制。就地控制是控制设备安装在断路器附近，运行人员就地进行手动操作。这种控制方式一般适用于不重要的设备，例如 6~10kV 的馈线、厂用电动机等。远方控制是在离断路器几十至几百米的主控制室的主控制屏（台）上，装设能发出跳、合闸指令的控制开关和按钮，对断路器进行操作。一般适用于发电厂和变电站内较重要的设备，如发电机、主变压器、35kV 及以上线路等。

近年来综合自动化变电站的出现，断路器的控制回路已成为综合自动化控制的一部分。本章主要介绍一对一控制的断路器控制回路，这是其他方式的基础。

二、断路器的操动机构

断路器的操动机构是断路器本身附带的跳、合闸传动装置，它用来使断路器合闸或维持闭合状态，或使断路器跳闸。在操动机构中均设有合闸机构、维持机构和跳闸机构。根据动力来源的不同，操动机构可分为电磁操动机构（CD）、弹簧操动机构（CT）、液压操动机构（CY）、气动操动机构（CQ）和电动操动机构（CJ）等。其中，电磁操动机构、弹簧操动机构和液压操动机构应用较广。实际应用中根据断路器传动方式和机械荷载的不同，配用不同形式的操动机构。

（1）电磁操动机构。电磁操动机构依靠电磁力进行合闸操作，结构简单、加工方便、运行可靠，是我国断路器应用较广的一种操动机构。由于是利用电磁力直接合闸，合闸电流很大，可达几十至数百安，所以合闸回路不能直接利用控制开关触点接通，必须采用合闸接触器。目前，这种操动机构在 10～35kV 断路器中得到广泛使用。

（2）弹簧操动机构。弹簧操动机构依靠预先储存在弹簧内的位能。这种机构不需配备附加设备，弹簧储能时耗用功率小，因而合闸电流小，合闸回路可直接用控制开关触点接通。但这种机构结构复杂，加工工艺及材料性能要求高，调试困难。目前，这种操作机构一般应用在 35～110kV 断路器中。

（3）液压操动机构。液压操动机构依靠压缩气体（氮气）作为能源，以液压油作为传递媒介来进行合闸操作。这种机构所用的高压油预先储存在储油箱内，用电动机带动油泵运转，将油压入储压桶内，使预压缩的氮气进一步压缩，从而不仅合闸电流小，合闸回路可直接用控制开关触点接通，而且压力高、传动快、动作准确、出力均匀。目前我国 110kV 及以上少油断路器及 SF_6 断路器一般采用液压机构。

三、对断路器控制回路的基本要求

断路器控制回路应满足下列基本要求：

（1）应有对控制电源的监视回路。断路器的控制电源非常重要，一旦失去将无法操作断路器。因此，无论何种原因，当断路器控制电源消失时，应发出声、光信号，提醒运行人员及时处理。对于无人值班变电站，断路器控制电源的消失应发出遥信信号。

（2）应经常监视断路器跳闸、合闸回路的完好性。当跳闸或合闸回路故障时，应发出断路器控制回路断线信号。

（3）应有防止断路器"跳跃"的电气闭锁装置，发生"跳跃"对断路器是非常危险的，容易引起机构损伤，甚至引起断路器的爆炸，故必须采取闭锁措施。断路器的"跳跃"现象一般是在跳闸、合闸回路同时接通时才发生。防跳回路的设计应使得断路器出现"跳跃"时，将断路器闭锁至跳闸位置。

（4）跳闸、合闸命令应保持足够长的时间，并且当跳闸或合闸完成后，命令脉冲应能自动解除。断路器的跳、合闸线圈都是按短时带电设计的，因此，跳、合闸操作完成后，必须自动断开跳、合闸回路，否则，跳闸或合闸线圈会烧坏。通常由断路器的辅助触点自动断开跳、合闸回路。

（5）对于断路器的合闸、跳闸状态，应有明显的位置信号。故障自动跳闸、合闸时，应有明显的动作信号。

（6）断路器的操作动力消失或不足时，例如弹簧操动机构的弹簧未拉紧、液压或气压操动机构的压力降低等，应闭锁断路器的动作并发出信号。当 SF_6 断路器中 SF_6 气体压力降低而断路器不能可靠运行时，也应闭锁断路器的动作并发出信号。

（7）在满足上述要求的前提下，力求控制回路接线简单，采用的设备和使用的电缆最少。

第二节　断路器控制回路的构成

一、断路器的控制开关

控制开关又称控制把手、万能转换开关，是运行人员对断路器进行手动跳、合闸的控制装置，其文字符号为 SA。控制开关种类很多，用得较多的是有两个固定位置的控制开关——LW2 系列封闭式控制开关，其中主要有 LW2-Z 型及 LW2-YZ 型，这两种的区别仅在于 LW2-YZ 型控制开关操作手柄上带有指示灯。

图 9-1 是 LW2-Z 型控制开关结构示意。正面是一个操作手柄，装于屏前，通过旋转手柄可以控制断路器合闸或分闸。与手柄固定连接的转轴上有 5～8 个触点盒，用螺杆相连装于屏后，每个触点盒四周均匀固定 4 个静触点，静触点外连 4 个接线端子。根据盒内动触点簧片的形状与安装位置的不同，采用不同的特征代号来表示。

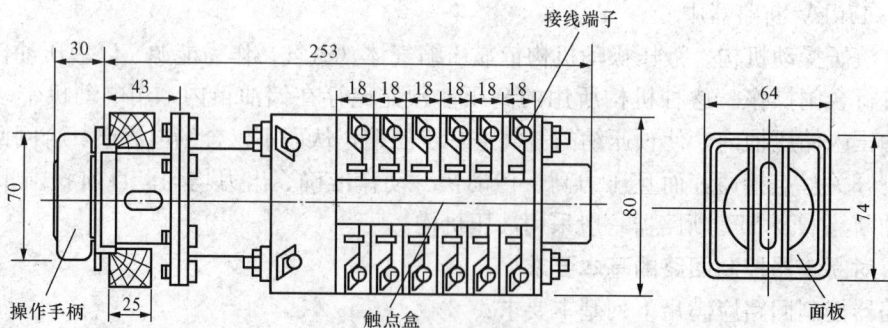

图 9-1　LW2-Z 型控制开关结构示意

断路器的控制回路中使用较多的 LW2-Z-1a、4、6a、40、20、20/F8 型控制开关，共有 6 个触点盒，其中 1a、4、6a、40、20、20 为各触点盒特征代号，F 表示控制开关为方形面板（O 表示圆形面板），8 为 1～9 种手柄中的一种。

控制开关的手柄有"预备合闸""合闸""合闸后""预备跳闸""跳闸"和"跳闸后"六个位置，其中"跳闸后"和"合闸后"为两个固定位置，控制开关 SA 手柄正常应处于"跳闸后"（水平）或"合闸后"（垂直）位置。"预备合闸"和"预备跳闸"为两个预备位置，虽然控制开关手柄也处于垂直或水平位置，但在操作过程中是过渡位置，手柄不宜长时间停在该位置上。"合闸"和"跳闸"为两个自动复归的位置。

用控制开关操作的顺序如下：合闸操作时，将控制开关手柄由水平位置顺时针方向旋转 90°到垂直位置（"预备合闸"位置），再将手柄顺时针旋转 45°（"合闸"位置）即发出合闸命令将断路器合上。断路器合上后，手放开控制开关手柄，在弹簧的作用下手柄自动反向复归 45°回到垂直位置（"合闸后"位置），此时指示断路器处于合闸位置。跳闸操作时，应先将 SA 的手柄由垂直位置逆时针方向旋转 90°到水平位置（"预备跳闸"位置），再将手柄逆时针旋转 45°到"跳闸"位置，发出跳闸命令将断路器断开，手松开后，手柄在弹簧的作用下自动顺时针旋转 45°到水平位置（"跳闸后"位置），此时指示断路器处于跳闸位置。

随着转动手柄所处的位置不同，触点盒内触点通断情况不同。表 9-1 示出了 LW2-Z-

1a、4、6a、40、20、20/F8 型控制开关的手柄处在六种不同的位置时，各触点的通断情况。表中"·"符号表示触点接通，"—"符号表示触点断开。

表 9 - 1　　　　　　LW2-Z-1a、4、6a、40、20、20/F8 型控制开关触点通断情况

在"跳闸后"位置的手柄（正面）的样式和触点盒（背面）的接线图	合跳	1→2 3 / 4	5→6 8 7	9→ 12 11 10	13→14 16 15	18→19 17 20	22→23 21 24
手柄和触点盒型式	F8	1a	4	6a	40	20	20

位置 ＼ 触点号	—	1-3	2-4	5-8	6-7	9-10	9-12	11-10	14-13	14-15	16-13	19-17	17-18	18-20	21-23	21-22	22-24
跳闸后TD		—	•	—	•	—	—	•	—	—	•	—	—	•	—	—	•
预备合闸PC		•	—	—	•	—	•	—	—	•	—	•	—	—	•	—	—
合闸C		•	—	•	—	•	—	—	•	—	—	—	•	—	—	•	—
合闸后CD		•	—	•	—	—	•	—	•	—	—	—	•	—	—	•	—
预备跳闸PT		—	•	•	—	•	—	—	—	•	—	•	—	—	•	—	—
跳闸T		—	•	—	•	—	•	•	—	—	•	—	—	•	—	—	•

为了便于阅读展开图，控制开关 SA 触点的通断情况在展开图中以图形符号表示出来，如图 9 - 2 所示。图中 6 条垂直虚线表示控制开关 SA 手柄的六个不同的操作位置：PC—预备合闸、C—合闸、CD—合闸后、PT—预备跳闸、T—跳闸、TD—跳闸后。13 条水平线表示 13 对触点回路，数字表示触点号。水平线下方位于垂直虚线上的粗黑点表示该对触点在此操作位置是接通的，否则是断开的。例如：触点①③左侧 PC 及 CD 垂直虚线上对应的黑点表示控制开关 SA 手柄打在 PC（预备合闸）及 CD（合闸后）位置时触点①③是接通的。

手柄上带有指示灯的 LW2-YZ 型控制开关，在操作程序上与 LW2-Z 型控制开关完全相同，但触点通断情况不同。

二、断路器控制回路的构成

断路器的控制回路一般由基本跳合闸回路、防跳回路、位置信号回路、事故跳闸音响信号回路等几个部分构成。

图 9 - 3 所示是简化的断路器基本跳合闸控制回路。图中，±WC 是控制电源小母线；±WOM 是合闸电源小母线，由于合闸电流很大，所以单独设置合闸电源；YC 是断路器的合闸线圈，YT 是断路器的跳闸线圈；KMC 是合闸接触器，FU1～FU4 是熔断器；K1 是自动合闸出口继电器的动合触点，K2 是继电保护跳闸出口继电器的动合触点；SA 是断路器的控制开关；QF1 和 QF2 分别是断路器的动合、动断辅助触点。

断路器基本跳合闸回路的工作原理简述如下：

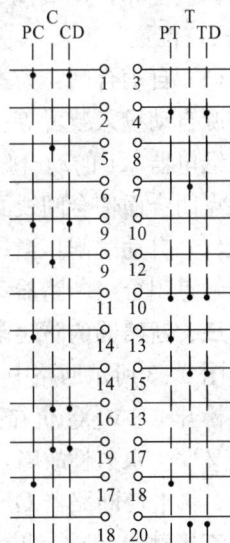

图 9 - 2　LW2-Z-1a、4、6a、40、20、20/F8 型控制开关触点通断的图形符号

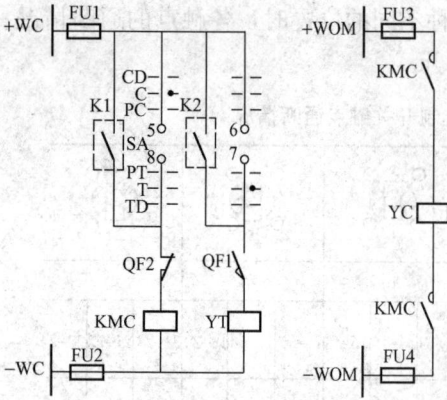

图 9-3　断路器的基本跳合闸控制回路

（1）手动合闸：将控制开关 SA 的手柄顺时针旋转 90°到"预备合闸"PC 位置，再将手柄顺时针旋转 45°到"合闸"位置，此时控制开关触点 SA⑤⑧接通（断路器动断辅助触点 QF2 已处于接通状态），故触点 SA⑤⑧流过电流，其路径为＋WC→FU1→SA⑤⑧→QF2→KMC→FU2→－WC，接触器 KMC 线圈通电，其动合触点闭合，从而使电路＋WOM→FU3→KMC→YC→KMC→FU4→－WOM 通电，断路器合闸线圈 YC 带电而使断路器合闸。断路器合闸后，其动合辅助触点 QF1 随即闭合，动断辅助触点 QF2 断开。QF1 闭合为下一次断路器跳闸做准备，QF2 断开使合闸接触器 KMC 线圈失电，KMC 触点断开后使合闸线圈 YC 失电，避免合闸线圈 YC 长时间通电被烧坏。手松开后 SA 手柄自动复位于"合闸后"CD 位置。

（2）手动跳闸：将控制开关 SA 手柄逆时针旋转 90°到"预备跳闸"PT 位置，再将手柄逆时针旋转 45°到"跳闸"T 位置，此时控制开关触点 SA⑥⑦接通（断路器的动合辅助触点 QF1 已处于接通位置），故断路器跳闸线圈 YT 通电而将断路器断开。断路器断开后其辅助触点 QF1 随之断开，QF2 随之闭合。QF1 断开使跳闸线圈 YT 失电，避免 YT 线圈长时间通电而被烧坏，QF2 闭合为下一次断路器合闸做准备。手松开后 SA 手柄自动复位于"跳闸后"TD 位置。

（3）自动合闸：为提高电网供电的可靠性设置了自动合闸功能，如自动重合闸装置、备用电源自动投入装置等。当线路故障而使断路器跳闸后，自动重合闸装置发出合闸命令使其出口继电器 K1 的动合触点接通（断路器的动断辅助触点 QF2 已闭合），KMC 线圈带电，其触点闭合而使合闸线圈 YC 带电将断路器合闸。

（4）自动跳闸：当一次系统发生故障，继电保护装置启动使保护跳闸出口继电器 K2 的动合触点闭合（断路器动合辅助触点 QF1 已闭合），故跳闸线圈 YT 通电而将断路器断开。

三、断路器的防跳闭锁回路

图 9-3 所示回路中，若对断路器进行手动合闸时，控制开关手柄打在"合闸"C 位置尚未松开（SA⑤⑧仍在接通状态）或自动装置的合闸出口继电器 K1 触点粘连，而此时一次系统又发生永久性故障，继电保护装置将动作，保护跳闸出口继电器 K2 触点闭合，跳闸线圈 YT 带电使断路器 QF 跳闸。断路器 QF 断开后，其辅助触点 QF1 断开、QF2 闭合，进而交流接触器 KMC 线圈带电，使得断路器再次合闸。但断路器又合闸于故障设备上，保护再次动作跳闸。同样，跳闸后又合闸，如此反复。断路器的这种合→跳→合→……的现象称"跳跃"现象。断路器"跳跃"将造成断路器绝缘下降，严重时危及人身和设备安全，甚至引起系统瓦解。因此，应采取措施防止"跳跃"现象的发生，称为防跳。

防跳的措施有电气防跳和机械防跳。机械防跳指操作机构本身有防跳性能，如 6~10kV 断路器的电磁操动机构（CD2）就具有机械防跳措施。电气防跳是指不论断路器操动机构本身是否带有机械闭锁，均在断路器控制回路中加装电气防跳电路。

电气防跳的方法有加装防跳继电器、利用跳闸线圈的辅助触点防跳等。电气防跳的工作原理如下：

（1）图 9 - 4 所示为加装防跳继电器的断路器控制回路。图中 KCF 为防跳跃闭锁继电器，它有两个线圈，一个是电流启动线圈 KCF，串联于跳闸线圈 YT 回路中；另一个为电压（自保持）线圈 KCF，它与自身的动合触点串联，再并联于 KMC 回路中。在合闸回路（KMC 线圈回路）中串接了一个 KCF 的动断触点。K1 为自动合闸出口继电器的动合触点。

进行手动合闸时，将控制开关 SA 手柄打在"合闸"C 位置后让 SA 手柄一直保持在 C 位置（SA⑤⑧一直接通），则 KMC 线圈通电，其触点闭合后使 YC 通电而将断路器合上，若此时断路器合闸于永久性故障线路上，则继电保护启动，其跳闸出口继电器动合触点 K2 闭合，从而使得 YT 线圈带电将断路器断开，以切断短路电流，此时 KCF 电流线圈也带电，其动合触点闭合，使 KCF 电压线圈带电自保持，同时 KCF 动断触点断开，使 KMC 线圈失电而无法再将断路器合上，由此起到了防跳的目的。

（2）利用跳闸线圈辅助触点构成的电气防跳电路如图 9 - 5（a）所示，图 9 - 5（b）为跳闸线圈的闭锁辅助触点示意图。当跳闸线圈不带电时，其动合辅助触点 YT1 断开，动断辅助触点 YT2 闭合；跳闸线圈带电时，铁芯被吸起，使两触点改变状态。

图 9 - 5（a）中，如果对断路器进行手动合闸，将控制开关 SA 手柄切至"合闸"C 位置并保持在该位置，将会发出合闸脉冲，合上断路器。若断路器合在永久性故障上，则继电保护装置动作，使其跳闸出口继电器的动合触点 K2 闭合，跳闸线圈 YT 励磁，YT 线圈的两个辅助触点动作，其动合辅助触点 YT1 闭合自保持，动断辅助触点 YT2 断开合闸回路，以此实现了防跳的目的。

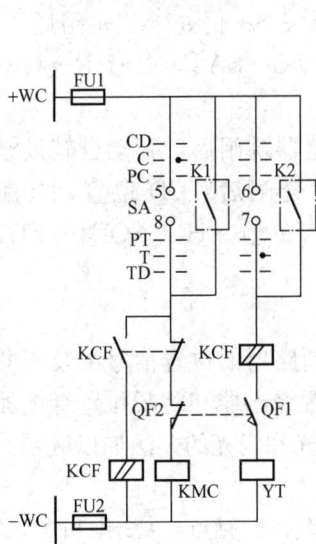

图 9 - 4　加装防跳继电器的
断路器控制回路

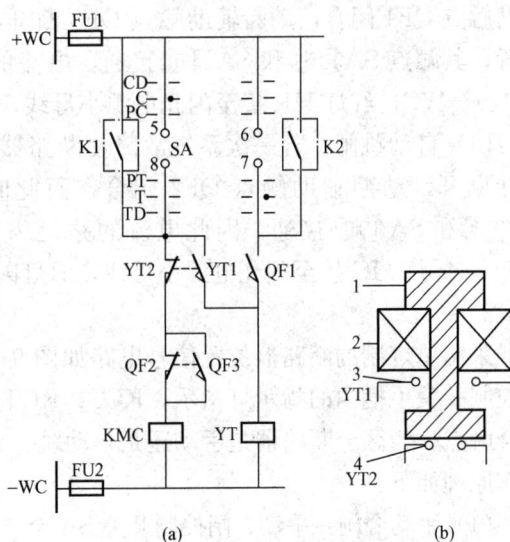

图 9 - 5　利用跳闸线圈辅助触点构成的防跳电路
（a）防跳电路；（b）跳闸线圈的闭锁辅助触点示意图
1—铁芯；2—线圈；3—YT1 的动合辅助触点；
4—YT2 的动断辅助触点

由于断路器的动断辅助触点 QF2 有时会过早地断开，不能保证完成合闸所需的时间，因此常用一对滑动触点 QF3（在合闸过程中暂时闭合）与其并联，用来保证断路器的可靠合闸。

利用跳闸线圈辅助触点构成的电气防跳电路有一个缺点，跳闸线圈会长时间通电。因此这种方法的应用在一定程度受到了限制。

四、断路器的位置信号电路

断路器的位置信号一般用信号灯表示，其形式分为单灯制和双灯制两种。单灯制用于音响监视的断路器控制回路中，双灯制用于灯光监视的断路器控制回路中。

1. 双灯制

采用双灯制的断路器位置信号电路如图 9-6 所示，图中（+）WFS 为闪光电源小母线，该电源的母线电压时断时续，由闪光继电器控制。HR 为红灯，HG 为绿灯，红灯 HR 发光表示断路器处于合闸状态，绿灯 HG 发光表示断路器处于跳闸状态。此外，为区分断路器是手动还是自动合闸或跳闸，广泛采用平光和闪光的方式加以区别：平光（红光、绿光）表示手动合闸或跳闸，闪光（红光、绿光）表示自动合闸或跳闸。其工作原理如下：

（1）手动合闸：手动合闸后控制开关 SA 处于"合闸后"CD 位置，其触点 SA⑨⑩和 SA⑯⑬接通，此时断路器在合闸状态，其动合辅助触点 QF1 闭合，动断辅助触点 QF2 断开，所以只有 SA⑯⑬通电，电流的路径为＋WC→FU1→SA⑯⑬→HR→QF1→FU2→－WC，红灯 HR 接至控制电源小母线，红灯发平光。

（2）手动跳闸：手动跳闸后控制开关 SA 在"跳闸后"TD 位置，其触点 SA⑪⑩和 SA⑭⑮接通，此时断路器处于跳闸状态，其动合辅助触点 QF1 断开，动断辅助触点 QF2 闭合，所以只有 SA⑪⑩通电，使绿灯 HG 接通控制电源＋WC，绿灯发平光。

（3）自动合闸：若断路器断开，通过自动装置使断路器合闸，断路器自动合闸后其动合辅助触点 QF1 闭合，动断辅助触点 QF2 断开，而此时控制开关 SA 仍处于"跳闸后"TD 位置，其触点 SA⑪⑩和 SA⑭⑮接通，电流的路径为（＋）WFS→SA⑭⑮→HR→QF1→FU2→－WC，红灯 HR 接至闪光电源小母线，红灯闪光。

（4）自动跳闸：若一次系统故障使断路器自动跳闸，断路器跳闸后，其动合辅助触点 QF1 断开，动断辅助触点 QF2 闭合，而此时 SA 仍处于"合闸后"CD 位置，其触点 SA⑨⑩和 SA⑯⑬接通，因此电流的路径为（＋）WFS→SA⑨⑩→HG→QF2→FU2→－WC，绿灯 HG 接至闪光电源小母线，绿灯闪光。

2. 单灯制

采用单灯制的断路器位置信号电路如图 9-7 所示。图中断路器的位置信号由装于断路器控制开关手柄内的指示灯指示，KCC、KCT 分别为合闸位置继电器和跳闸位置继电器的动合触点。为区分断路器是手动还是自动跳、合闸，也采用平光和闪光的办法加以区别。其工作原理如下：

（1）手动合闸：手动合闸控制开关 SA 至"合闸后"CD 位置，则触点 SA②④和 SA⑳⑰接通，而此时合闸位置继电器的动合触点 KCC 闭合，则白色信号灯 WH 接通控制电源而发平光。

（2）手动跳闸：手动跳闸后控制开关 SA 至"跳闸后"TD 位置，其触点 SA①③和 SA⑭⑮接通，而此时跳闸位置继电器的动合触点 KCT 闭合，于是白色信号灯 WH 接通控制电源而发平光。

（3）自动合闸：若断路器断开，通过自动装置使断路器合闸，而此时控制开关 SA 仍处于"跳闸后"TD 位置，其触点 SA①③和 SA⑱⑲接通，而此时合闸位置继电器 KCC 的动合触点闭合，于是白色信号灯 WH 接通闪光电源而发闪光。

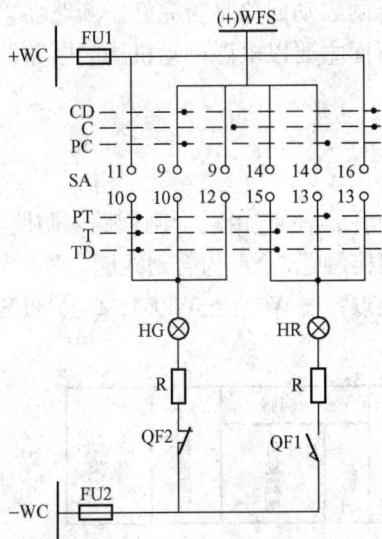

图 9 - 6　采用双灯制的断路器位置信号电路

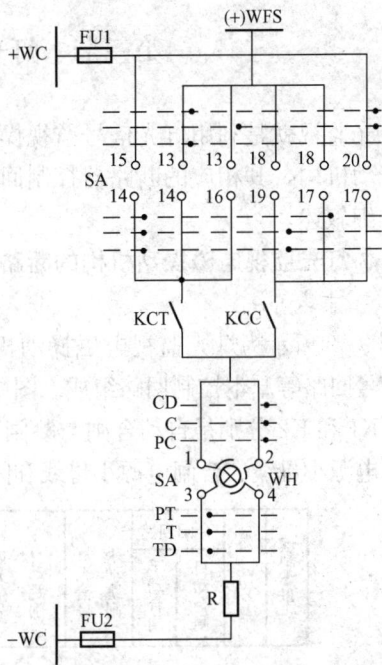

图 9 - 7　采用单灯制的断路器位置信号电路

（4）自动跳闸：若一次系统故障使断路器自动跳闸，而此时控制开关 SA 仍处于"合闸后"CD 位置，其触点 SA②④和 SA⑬⑭接通，而此时跳闸位置继电器 KCT 的动合触点闭合，于是白色信号灯 WH 接通闪光电源而发闪光。

五、事故跳闸音响信号启动回路

断路器在自动跳闸时，不仅位置信号灯 HL 要发出闪光，而且还要求能发出事故音响信号（蜂鸣器或电喇叭）引起运行人员的注意，以便能及时对事故进行处理。

常见的事故音响启动回路有利用断路器辅助触点启动、利用跳闸位置继电器启动和利用三相断路器辅助触点并联启动三种形式，都是利用"不对应"原理工作的。下面以利用断路器辅助触点启动的事故音响回路为例来说明其工作原理。

事故跳闸音响信号一般采用"不对应原理"启动，即控制开关 SA 在"合闸后"CD 位置，而断路器在跳闸位置时启动事故跳闸音响信号。图 9 - 8 为事故跳闸音响信号回路的原理接线，图中 WTS 是事故音响小母线，-WS 是信号母线负极。假设一次系统发生故障使断路器自动跳闸，则图 9 - 8 中的断路器动断辅助触点随断路器的断开而闭合，而控制开关 SA 仍处于"合闸后"CD 位置，其触点 SA①③和 SA⑲⑰接通，则事故音响小母线 WTS 与信号小母线-WS 接通，启动事故音响信号，蜂鸣器 HB 发出音响。

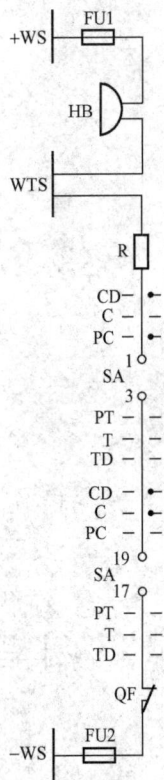

图 9 - 8　事故跳闸音响信号回路的原理接线

第三节　灯光监视的断路器控制回路

灯光监视就是利用灯光信号监视操作电源及跳、合闸启动回路是否完好。断路器采用不同的操动机构，其相应的断路器控制回路基本相同，下面主要以电磁操动机构的断路器控制回路详细叙述。

一、灯光监视电磁操动机构的断路器控制回路

1. 基本电路

图 9-9 所示为灯光监视电磁操动机构的断路器控制回路，它由跳合闸回路、防跳回路、位置信号回路等基本控制回路组成。图中，KMC 为合闸接触器，YC 为合闸线圈，YT 为跳闸线圈，K1 和 K2 分别是自动合闸与跳闸的出口继电器触点；±WC、±WOM、（+）WFS 分别为控制电源小母线、合闸电源小母线和闪光电源小母线。

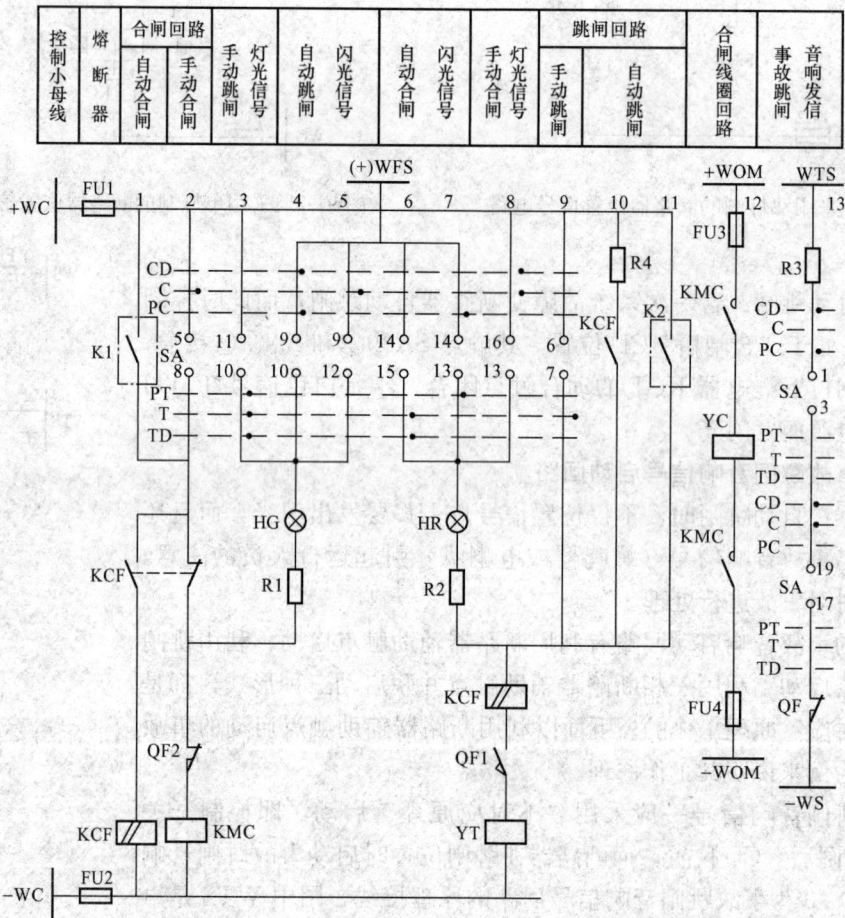

图 9-9　灯光监视电磁操动机构的断路器控制回路

2. 动作原理

（1）手动合闸。

1）"预备合闸" PC：先将控制开关 SA 手柄顺时针旋转 90°至"预备合闸" PC 位置，

触点 SA⑨⑩和 SA⑭⑬接通，由于此时断路器处于跳闸状态，其动合辅助触点 QF1 断开、动断辅助触点 QF2 闭合，只有 SA⑨⑩触点流过电流，其路径为（＋）WFS→SA⑨⑩→HG→R1→QF2→KMC→FU2→－WC，绿灯 HG 接通闪光电源而发闪光。

2）"合闸" C：再将控制开关 SA 手柄顺时针旋转 45°至"合闸" C 位置，触点 SA⑤⑧、SA⑨⑫和 SA⑯⑬接通，首先触点 SA⑤⑧通电，电流路径为＋WC→SA⑤⑧→QF2→KMC→FU2→－WC，使合闸接触器 KMC 线圈通电，KMC 触点闭合后使合闸线圈 YC 通电而将断路器合上，断路器合闸后其辅助触点 QF1 闭合、QF2 断开；接着触点 SA⑯⑬通电，路径为＋WC→SA⑯⑬→HR→KCF→QF1→YT→FU2→－WC，使红灯 HR 接通控制电源而发平光。

3）"合闸后" CD：断路器合闸后，手松开，SA 手柄在弹簧的作用下自动逆时针旋转 45°至"合闸后" CD 位置，触点 SA⑨⑩和 SA⑯⑬接通，仍只有 SA⑯⑬通电，电流路径为＋WC→SA⑯⑬→HR→R2→KCF→QF1→YT→－WC，仍为红灯发平光。

（2）手动跳闸。

1）"预备跳闸" PT：先将控制开关 SA 手柄逆时针旋转 90°至"预备跳闸" PT 位置，触点 SA⑪⑩和 SA⑭⑬接通，由于断路器的辅助触点 QF1 闭合，因此只有 SA⑭⑬通电，其路径为（＋）WFS→SA⑭⑬→HR→R2→KCF→QF1→YT→－WC，使红灯 HR 闪光。

2）"跳闸" T：再将 SA 手柄逆时针旋转 45°至"跳闸" T 位置，触点 SA⑪⑩、SA⑭⑮和 SA⑥⑦接通，首先 SA⑥⑦通电，使跳闸线圈 YT 励磁而将断路器断开，断路器的辅助触点 QF1 断开、QF2 闭合，接着触点 SA⑪⑩通电，路径为＋WC→FU1→SA⑪⑩→HG→R1→QF2→KMC→FU2→－WC，使绿灯 HG 发平光。

3）"跳闸后" TD：断路器断开后，手松开 SA 手柄，则 SA 手柄在弹簧作用下自动顺时针旋转 45°至"跳闸后" TD 位置，触点 SA⑪⑩和 SA⑭⑮接通，但仍只有 SA⑪⑩通电，电流路径和现象同"跳闸" T 位置。

（3）自动合闸。若自动装置动作使其合闸出口继电器 K1 触点闭合，则合闸接触器 KMC 线圈通电，KMC 触点闭合后使合闸线圈 YC 通电而将断路器合闸，而此时控制开关 SA 手柄仍在断路器自动合闸之前的位置——"跳闸后" TD 位置，触点 SA⑪⑩和 SA⑭⑮接通，但只有 SA⑭⑮通电，路径为（＋）WFS→SA⑭⑮→HR→R2→QCF→QF1→YT→－WC，红灯 HR 发闪光。

（4）自动跳闸。若一次系统发生故障启动继电保护装置而将保护跳闸出口继电器 K2 的触点闭合，则跳闸线圈 YT 励磁将断路器断开，而此时控制开关 SA 手柄仍然在断路器自动跳闸之前的位置——"合闸后" CD 位置，触点 SA⑨⑩和 SA⑯⑬接通，但只有 SA⑨⑩通电，其路径为（－）WFS→SA⑨⑩→HG→R1→QF2→KMC→FU2→－WC，绿灯 HG 发闪光。

（5）熔断器监视。若红灯 HR 和绿灯 HG 有一个亮，则表示熔断器 FU1、FU2 完好。

（6）保护出口继电器 K2 触点保护。由于断路器的跳闸线圈 YT 的工作电流较大，可达几安培，若 K2 触点先于 QF1 断开，可能烧坏 K2 触点，可利用跳跃闭锁继电器 KCF 的一对动合触点串入电阻 R4 与 K2 触点并联，即使 K2 触点先跳开，电流回路改经 R4 和 KCF 流过，短接了 K2，K2 触点也不会烧坏。

二、灯光监视弹簧操动机构的断路器控制回路

图 9-10 所示为灯光监视弹簧操动机构的断路器控制回路。该控制回路是利用储能电动

机 M 使弹簧压缩（或拉紧）储能，合闸时弹簧储能释放，使断路器合闸。

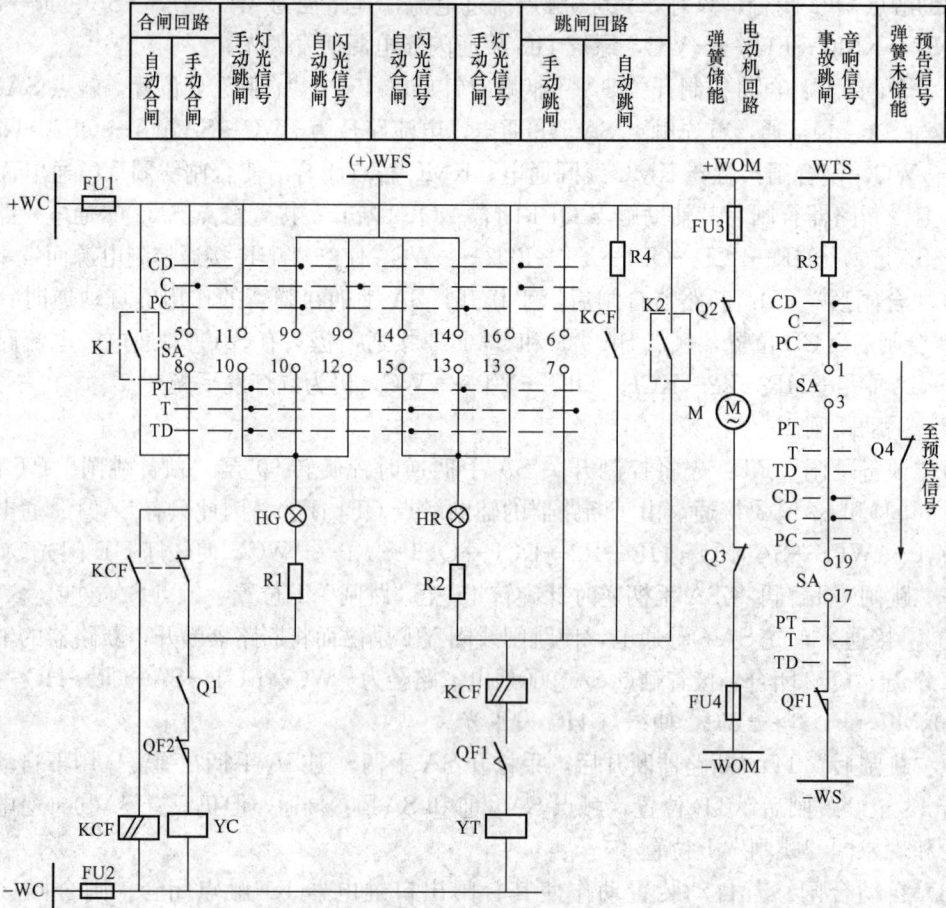

合闸回路		手动跳闸	灯光信号自动跳闸	闪光信号自动合闸	灯光信号手动合闸	跳闸回路		弹簧储能	电动机回路	事故跳闸	音响信号	预告信号弹簧未储能
自动合闸	手动合闸					手动跳闸	自动跳闸					

图 9-10 灯光监视弹簧操动机构的断路器控制回路

弹簧未储能时，操动机构的动合辅助触点 Q1 断开以闭锁合闸回路，动断辅助触点 Q2、Q3 与 Q4 闭合，触点 Q4 发出"弹簧未储能"预告信号，触点 Q2 与 Q3 闭合启动储能电动机 M 使弹簧压缩（或拉紧）储能，储能后触点 Q2、Q3 与 Q4 断开，触点 Q1 闭合，为断路器合闸做好准备。

手动合闸时，控制开关 SA 的触点⑤⑧闭合，合闸线圈 YC 励磁，释放弹簧储能，断路器合闸。由于合闸时仅是合闸线圈吸引衔铁，解除已储能弹簧的锁扣，需用功率不大，所以可用控制开关直接控制合闸线圈，无需经过接触器。弹簧未储能时，Q1 是断开的，断路器不能合闸。

手动跳闸时，SA 的触点⑥⑦闭合，使跳闸回路带电，断路器跳闸。

当断路器装有自动重合闸装置时，由于弹簧正常运行时处于储能状态，所以能可靠地完成一次重合闸的动作。如果重合闸不成功又跳闸，因此时弹簧未储能，触点 Q1 断开，故不能进行第二次重合闸。但为了保证可靠地防止断路器发生"跳跃"，控制回路中仍设有电气防跳措施。

三、灯光监视液压操动机构的断路器控制回路

具有液压操动机构的断路器控制回路是利用液压储能使断路器跳、合闸，并靠液压使断路器保持在合闸位置的。断路器的跳合闸可用控制开关直接控制。操动机构必须保持一定的液压，液压过高可能发生事故，液压过低，断路器动作速度太慢，电弧会烧坏触头。因此液压操动机构带有反映不同压力的辅助触点，它们能保证断路器可靠地进行操作。图9-11所示为灯光监视液压操动机构的断路器控制回路。

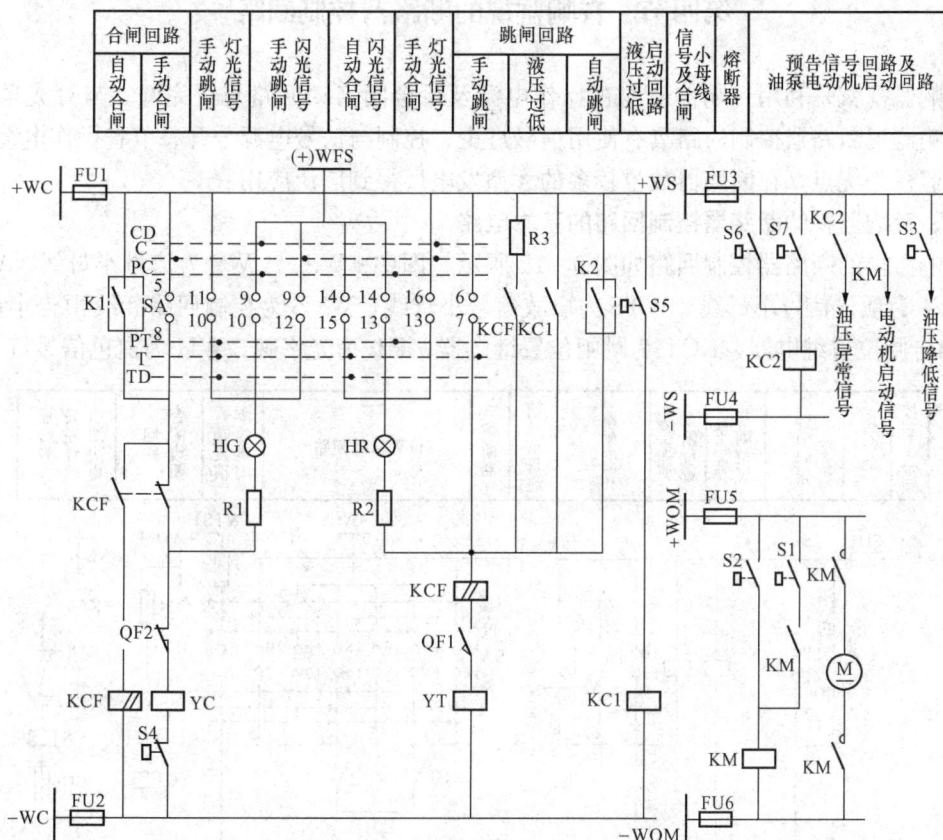

图 9-11　灯光监视液压操动机构的断路器控制回路

四、灯光监视的断路器控制回路的接线特点

灯光监视的断路器控制回路的接线特点如下：

（1）控制开关 SA 采用 LW2-Z 型。断路器的位置状态以红、绿灯表示。红灯亮表示断路器在合闸状态，并表示其跳闸回路完好；绿灯亮表示断路器在跳闸状态，并表示其合闸回路完好。如果红、绿灯都不亮，则表示直流控制电源有问题，但此时不发音响信号。

（2）当自动同期或备用电源自动投入装置出口触点 K1 闭合时，断路器合闸，红灯 HR 闪光；当继电保护出口动作 K2 闭合，断路器跳闸，绿灯闪光。闪光表明断路器实际位置与控制开关位置不一致。当断路器在合闸位置，其控制开关触点 SA①③、SA⑰⑲闭合，如果此时保护动作或断路器误脱扣时，断路器动断辅助触点 QF2 闭合，接通事故信号小母线 WTS 回路，发出事故音响信号。

（3）断路器跳、合闸线圈的短脉冲，是靠其回路串入断路器的辅助触点 QF1、QF2 来

保证的。

（4）当控制开关 SA 在"预备合闸"或"预备分闸"位置时，指示灯通过 SA⑨⑩或 SA⑭⑬触点接通闪光电源小母线（＋）WFS 回路，指示灯闪光。

（5）断路器的防跳由专设的防跳继电器 KCF 实现。

（6）主控制室到操动机构之间的联系电缆芯数为五芯。

第四节　音响监视的断路器控制回路

音响监视就是利用音响信号监视操作电源及跳合闸启动回路是否完好。与灯光监视相比，音响监视断路器控制回路具有使用信号灯少、控制与信号电源分开、节省操作电缆和便于运行监视等优点，在断路器数量较多的大型发电厂得到广泛应用。

一、音响监视的断路器控制回路的基本电路

音响监视的断路器控制回路如图 9 - 12 所示。图中＋WS、－WS 为信号小母线，WPS3 和 WPS4 为预告信号小母线，WTS 为事故信号小母线，WVS 为控制回路断线预告小母线，KCC 为合闸位置继电器，KCT 为跳闸位置继电器，HL 为光字牌，WH 为白色信号灯。

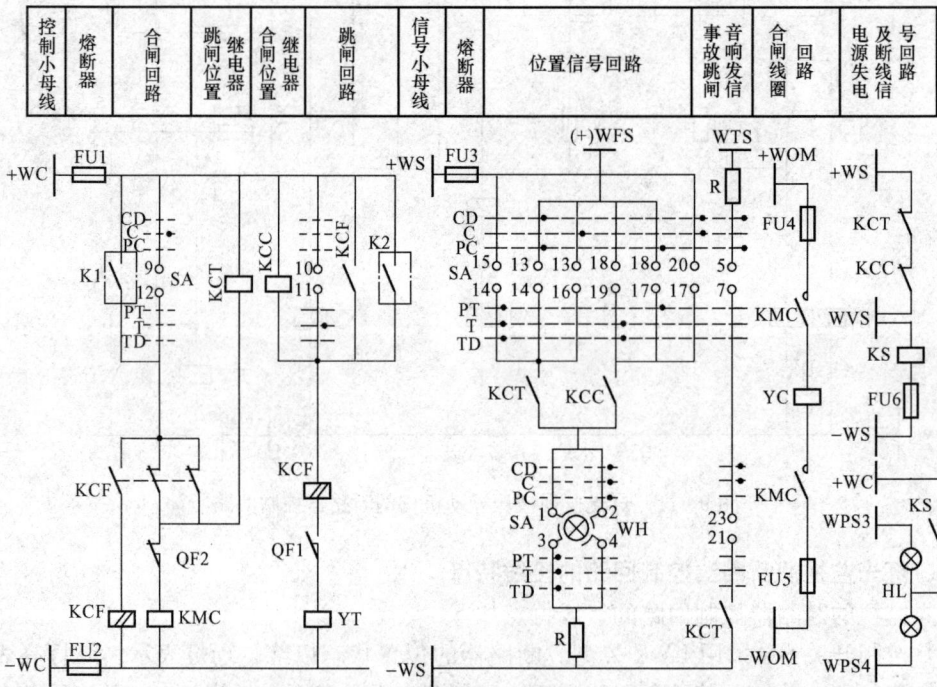

图 9 - 12　音响监视的断路器控制回路

二、音响监视的断路器控制回路的基本工作原理

1. 手动合闸

（1）操作前：手动合闸前断路器的动断辅助触点 QF2 闭合，跳闸位置继电器 KCT 线圈带电，其动合触点闭合，此时 SA 处于"跳闸后"TD 位置，SA 触点 SA⑮⑭和 SA①③接通并通电，电流路径为＋WS→FU3→SA⑮⑭→KCT→SA①③→R→－WS，白色信号灯

WH 发平光。

（2）"预备合闸"PC：将控制开关 SA 切至"预备合闸"PC 位置，触点 SA⑬⑭和 SA②④接通，此时跳闸位置继电器 KCT 触点仍闭合，WH 接通闪光电源而闪光，其路径为（+）WFS→SA⑬⑭→KCT→SA②④→R→－WS。

（3）"合闸"C：将控制开关 SA 切至"合闸"C 位置，触点 SA⑨⑫接通，合闸接触器 KMC 线圈带电，KMC 触点闭合后使合闸线圈 YC 带电，断路器合闸。断路器合闸后，其动合辅助触点 QF1 闭合、动断辅助触点 QF2 断开，于是合闸位置继电器 KCC 线圈带电其触点闭合，白色信号灯 WH 通过闭合的 SA⑳⑰和 SA②④触点接通信号电源＋WS 和－WS 而发平光。

（4）"合闸后"CD：手松开控制开关 SA，SA 自动复归到"合闸后"TD 位置，此时触点 SA⑳⑰和 SA②④接通，触点 KCC 也闭合，白色信号灯 WH 接通信号电源发平光。

2. 手动跳闸

（1）操作前：手动跳闸前，SA 处于"合闸后"TD 位置，此时触点 SA⑳⑰、SA②④和 KCC 都闭合，电流路径为＋WS→FU3→SA⑳⑰→KCC→SA②④→R→－WS，白色信号灯 WH 发平光。

（2）"预备跳闸"PT：将控制开关 SA 切至"预备跳闸"PT 位置，触点 SA⑱⑰、SA①③接通，而此时合闸位置继电器 KCC 的触点仍闭合，白色信号灯 WH 接通闪光电源发闪光。

（3）"跳闸"PT：将控制开关 SA 切至"跳闸"T 位置，触点 SA⑩⑪、SA⑮⑭和 SA①③接通，SA⑩⑪接通使跳闸线圈 YT 通电而将断路器跳闸，于是断路器的辅助触点 QF1 断开、QF2 闭合，QF2 闭合使跳闸位置继电器 KCT 线圈通电，白色信号灯 WH 经触点 KCT 与触点 SA⑮⑭、SA①③接通信号电源发平光。

（4）"跳闸后"TD：手松开控制开关 SA 后，SA 自动复归到"跳闸后"TD 位置，此时触点 SA⑮⑭、SA①③和触点 KCT 都闭合，白色信号灯 WH 接通信号电源发平光。

3. 自动合闸

若自动装置动作使其出口继电器 K1 触点闭合，则使路径＋WC→FU1→K1→QF2→KMC→FU2→－WC 接通，合闸接触器 KMC 线圈通电，其触点闭合，随即合闸线圈 YC 通电而将断路器自动合上。断路器合闸后，辅助触点 QF1 闭合、QF2 断开，合闸位置继电器 KCC 线圈通电，KCC 动合触点闭合，而此时控制开关 SA 仍处于"跳闸后"TD 位置，触点 SA⑱⑲和 SA①③接通，信号灯 WH 接通闪光电源（＋）WFS 而发闪光。

4. 自动跳闸

一次系统发生故障，继电保护装置动作使其出口继电器 K2 触点闭合，跳闸线圈 YT 通电将断路器跳开，断路器的辅助触点 QF1 断开、QF2 闭合。QF2 闭合后使跳闸位置继电器 KCT 线圈通电，触点 KCT 闭合，又由于 SA 仍处于"合闸后"CD 位置，触点 SA⑬⑭和 SA②④接通，白色信号灯 WH 接至闪光电源（＋）WFS 而发闪光。

三、音响监视的断路器控制回路的接线特点

音响监视的断路器控制回路的接线特点如下：

（1）控制开关 SA 采用手柄带信号灯的 LW2-YZ 型。断路器的正常合闸位置指示，是以 SA 手柄在合闸位置，其触点 SA⑳⑰和 KCC 触点接通信号灯来实现；跳闸位置指示，是以手柄在跳闸位置，其触点 SA⑭⑮ 和 KCT 触点接通信号灯来实现。当断路器的位置与 SA 手柄不对应时，指示灯发出闪光。如手柄在"合闸后"位置，指示灯闪光，表明断路器已跳闸；如手柄在"跳闸后"位置，指示灯闪光，表明断路器自动合闸。

（2）控制回路的熔断器 FU1、FU2 熔断时，继电器 KCC 和 KCT 的线圈同时断电，其动断触点均闭合，接通断线信号小母线 WCO，发出音响信号。此时由信号灯熄灭，可以找出故障的控制回路。该音响信号装置应带延时，因当发出合闸或跳闸脉冲时，相应的 KCC 或 KCT 被短路而失压，此时音响信号也可能动作。

（3）KCT 和 KCC 继电器可以用作下次操作回路的监视。如断路器在合闸位置时，KCC 启动，其动断触点断开；同时 KCT 断电，其动断触点闭合。当跳闸回路断线时，KCC 断电，KCC 动断触点接通，从而发出音响信号。合闸回路的监视与此类似。由指示灯的熄灭来找出故障的控制回路。

（4）控制开关 SA 在"预备合闸"或"预备分闸"位置时，白色指示灯能通过 SA⑬⑭ 或 SA⑱⑰ 发出闪光。

（5）此接线正常时可以暗屏运行，并能使白色信号灯点亮，以利于检查回路的完整性。图 9-12 中 +WS 即为可控制暗灯或亮灯运行的小母线。

（6）主控制室与断路器操动机构的联系电缆用三芯电缆即可。

学习指导

高压断路器是发电厂和变电站内重要的一次设备，它能切断负荷电流、过负荷电流以及短路电流。运行人员通过断路器控制回路对操作机构下发跳、合闸指令，以完成跳合闸操作。

断路器控制回路应满足以下基本要求：①应有对控制电源的监视回路；②应经常监视断路器跳闸、合闸回路的完好性；③应有防止断路器"跳跃"的电气闭锁装置；④跳闸、合闸命令应保持足够长的时间，并且当跳闸或合闸完成后，命令脉冲应能自动解除；⑤应有明显的跳、合闸位置信号；⑥应能对操动机构储能进行监视；⑦接线简单、经济性好。

控制开关是运行人员对断路器进行手动分、合闸的控制装置，常用的控制开关为 LW2 型。LW2 型控制开关 SA 手柄的 6 个不同的操作位置：PC—预备合闸、C—合闸、CD—合闸后、PT—预备跳闸、T—跳闸、TD—跳闸后。

断路器的控制回路一般由基本跳合闸回路、防跳回路、位置信号回路、事故跳闸音响信号回路等几个部分构成。

断路器控制回路应能实现对断路器的手动跳、合闸与自动跳、合闸的基本操作，同时应具备电气防跳跃功能。断路器不断地合→跳→合→……的现象称为"跳跃"，断路器"跳跃"对设备、对电力系统的危害都很大，因此须采取防跳措施。防跳的措施有电气防跳和机械防跳，不论断路器操动机构本身是否带有机械闭锁，均应在断路器控制回路中加装电气防跳电路。电气防跳的方法有加装防跳继电器、利用跳闸线圈的辅助触点防跳等，加装防跳继电器的电气防跳电路应用较多。

断路器的位置信号一般用信号灯表示，其形式分为单灯制和双灯制两种。单灯制用于音响监视的断路器控制信号回路中，双灯制用于灯光监视的断路器控制信号回路中。

　　断路器由继电保护动作而跳闸时，要求发出事故跳闸音响信号，以引起运行人员的注意。常见的事故音响启动回路有利用断路器辅助触点启动、利用跳闸位置继电器启动和利用三相断路器辅助触点并联启动三种形式，都是利用"不对应"原理工作的。

　　断路器采用不同的操动机构，其断路器控制回路也不相同，但基本可将断路器控制回路分为灯光监视与音响监视两种类型。

　　灯光监视就是利用灯光信号监视操作电源及跳、合闸启动回路是否完好。灯光监视的断路器控制回路的控制开关采用 LW2-Z 型。断路器的位置状态以红、绿灯表示。红灯亮表示断路器在合闸状态，并表示其跳闸回路完好；绿灯亮表示断路器在跳闸状态，并表示其合闸回路完好。如果红、绿灯都不亮，则表示直流控制电源有问题，但此时不发音响信号。当断路器实际位置与控制开关位置不一致时发出闪光。主控制室到操动机构之间的联系电缆芯数为五芯。

　　音响监视就是利用音响信号监视操作电源及跳、合闸启动回路是否完好。音响监视的断路器控制回路的控制开关采用手柄带信号灯的 LW2-YZ 型。断路器的正常跳、合闸位置指示，是以 SA 手柄的位置与信号灯的状态来实现，当断路器的位置与 SA 手柄不对应时，指示灯发出闪光。控制电源消失以及跳、合闸回路断线时，发出音响信号，并利用指示灯是否熄灭来查找故障。正常时可以暗屏运行，并能使信号灯点亮。主控制室与断路器操作机构的联系电缆用三芯电缆即可。与灯光监视相比，音响监视断路器控制回路具有使用信号灯少、控制与信号电源分开、节省操作电缆和便于运行监视等优点，在断路器数量较多的大型发电厂得到广泛应用。

习　题

　9-1　对断路器控制回路的基本要求有哪些？

　9-2　断路器的辅助触点有哪几种？它们的位置与主触头有何关系？

　9-3　根据动力来源的不同，断路器的操动机构有哪几种？

　9-4　简述对断路器进行手动合闸及手动跳闸的基本操作步骤。

　9-5　什么是断路器的"跳跃"？试用图 9-4 说明加装防跳继电器的防跳电路的基本工作原理。

　9-6　试用图 9-6 说明断路器的位置信号。

　9-7　试用图 9-9 说明断路器手动合闸、手动跳闸、自动合闸与自动跳闸的动作原理。

　9-8　试用图 9-9 说明灯光监视的断路器控制回路的特点。

　9-9　试用图 9-12 说明音响监视的断路器控制回路的特点。

第十章　隔离开关的控制和闭锁回路

教学要求

　　了解隔离开关控制方式的分类；了解隔离开关两种位置指示器的结构和原理，理解动力式操动机构控制回路的控制原理；了解隔离开关闭锁装置的分类，各闭锁装置适用于何种操动机构；理解闭锁装置的闭锁原理；掌握闭锁装置下隔离开关的操作方法。

第一节　隔离开关的控制回路

　　隔离开关的控制分就地控制和远方控制两种。110kV 及以下的隔离开关一般采用就地控制；220kV 及以上的隔离开关一般采用就地控制和远方控制两种方式。

　　隔离开关的操动机构有手动、电动、气动和液压传动等形式，其中手动机构只能就地操作，其他几种均具备就地控制和远方控制的条件。

一、对隔离开关控制回路的基本要求

　　对隔离开关控制回路的基本要求如下：

　　（1）断路器在合闸状态下，不能操作隔离开关。隔离开关没有灭弧装置，不能通断负荷电流和短路电流，因此控制回路必须受相应断路器的闭锁，确保断路器在合闸状态下不能操作隔离开关，防止带负荷拉合隔离开关。

　　（2）为防止带接地线合闸，控制回路必须受接地开关闭锁，确保接地开关在合闸状态下不能操作隔离开关。

　　（3）操作脉冲应是短时的，完成操作后应能自动解除。

　　（4）隔离开关应有所处状态的位置信号。

二、隔离开关的控制回路

　　下面介绍隔离开关的气动、电动和电动液压操作等三种动力式操动机构的控制电路。

1. 气动控制电路

　　GW4-110 型、GW4-220 型和 GW7-330 型的户外式隔离开关，常采用 CQ2 型气动操动机构，直流控制的隔离开关控制电路如图 10-1 所示。

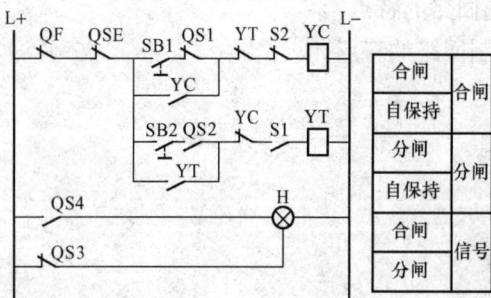

图 10-1　气动操动隔离开关控制电路

　　隔离开关的合闸操作过程如下：当相应断路器 QF 在分闸状态、接地开关 QSE 在断开状态、隔离开关 QS 在分闸终端位置，图 10-1 中三个开关相应的动断辅助触点 QF、QSE、QS1 闭合，同时分闸终端开关 S2 闭合，按下合闸按钮 SB1，合闸回路接通，合闸线圈 YC 通电动作，启动气动操动机构将隔离开关合闸。合闸线圈

YC动合辅助触点用于自保持,保证隔离开关合闸到位。隔离开关合闸到位后,分闸终端开关 S2 断开,合闸线圈 YC 失电返回,自动解除合闸脉冲;同时,隔离开关动合辅助触点 QS4 闭合,启动位置指示器 H,黑色标线垂直,示出隔离开关的位置。

同理,隔离开关的分闸操作过程如下:当相应断路器 QF 在分闸状态、接地开关 QSE 在断开状态,隔离开关在合闸终端位置(其动合辅助触点 QS2 和合闸终端开关 S1 均闭合),按下分闸按钮 SB2,分闸回路接通,分闸线圈 YT 通电动作,启动气动操动机构将隔离开关分闸。

2. 电动控制电路

GW4-220D/1000 型的户外式隔离开关,常采用 CJ5 型电动操动机构,交流控制的隔离开关控制电路如图 10 - 2 所示。

该控制电路实质上是电动机的正、反转控制电路,控制原理已在"电工技术"相关课程中介绍过,与气动控制电路也相似,这里不再赘述。电动机正转时,隔离开关进行合闸;电动机反转时,隔离开关进行分闸。

3. 电动液压控制电路

GW6-220G 型、GW7-220 型和 GW7-330 型的户外式隔离开关,操动机构可采用 CYG-1 型电动液压操动机构,交流控制的隔离开关控制电路如图 10 - 3 所示。

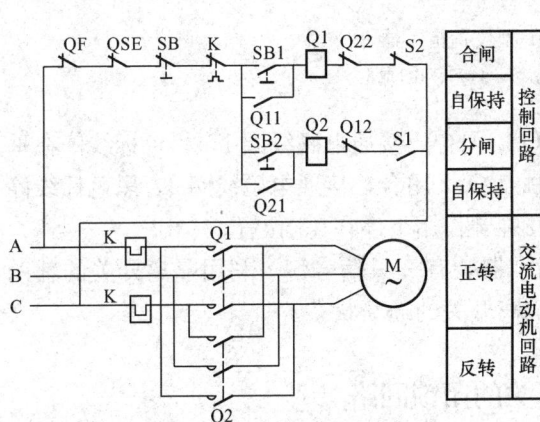

图 10 - 2 电动操动隔离开关控制电路
K—热继电器;SB—停止按钮;
Q1—合闸接触器;Q2—分闸接触器

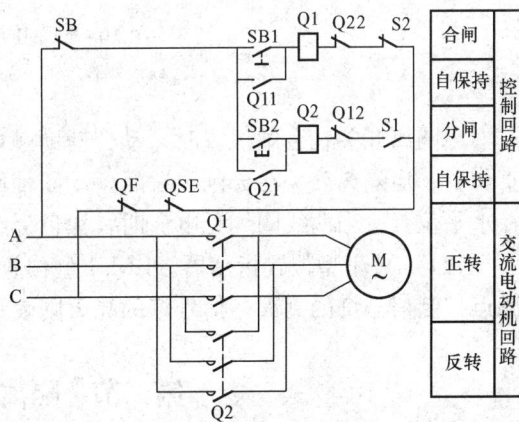

图 10 - 3 电动液压操动隔离开关控制电路

三、隔离开关的位置指示器

隔离开关的位置指示器装于控制屏模拟主接线的相应位置上,常用的有手动模拟牌、电动式位置指示器。电动式位置指示器常用的有 MK-9T 型、LM-1 型两种。手动模拟牌用于不需要经常倒换操作的隔离开关,需要经常倒换操作的隔离开关或 330~500kV 重要回路的隔离开关;可装设 MK-9T 型电动式位置指示器,信号回路采用弱电系统时可采用 LM-1 型位置指示器。

图 10 - 4 手动模拟牌结构示意

1. 手动模拟牌

图 10 - 4 为手动模拟牌结构示意。当操作隔离开关后,隔离开关的

位置发生了改变，用手拨动指示器，以示隔离开关的合闸或分闸状态，使指示器与隔离开关的实际位置相一致。手动模拟牌结构简单，操作方便。

2. 电动式位置指示器

(1) MK-9T 型位置指示器。MK-9T 型位置指示器的外形、内部结构及二次回路如图 10-5 所示。指示器内有两个电磁线圈，分别由隔离开关的动合辅助触点 QS1、动断辅助触点 QS2 控制；舌片用永久磁铁做成，黑色标线与舌片固定连接。当隔离开关的位置改变时，隔离开关的辅助触点 QS1、QS2 的通断状态切换，两线圈的通断状态也改变，线圈磁场方向发生改变，舌片改变位置，黑色标线也随之改变位置，从而指示隔离开关新的位置。

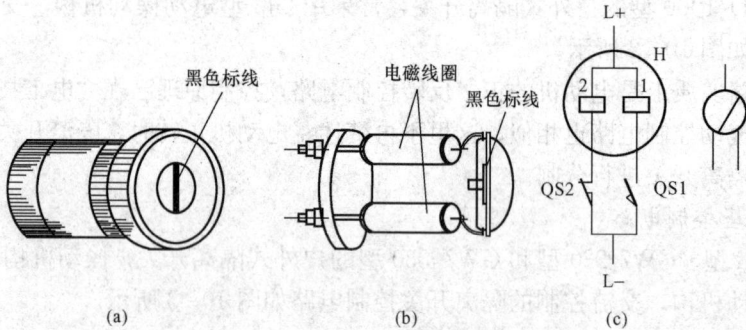

图 10-5　MK-9T 型位置指示器
(a) 外形；(b) 内部结构；(c) 二次回路

当隔离开关在合闸位置时，动合辅助触点 QS1 闭合，接通电磁线圈 1，黑色标线停在垂直位置；当隔离开关在分闸位置时，动断辅助触点 QS2 闭合，接通电磁线圈 2，黑色标线停在水平位置；当两线圈均无电流时，黑色标线在弹簧作用下停在 45°位置。

(2) LM-1 型位置指示器。LM-1 型位置指示器装有 2 只信号灯，利用隔离开关的辅助触点控制信号灯的亮灭，信号灯的亮灭则表示隔离开关的通断状态。

第二节　隔离开关的闭锁回路

如果违反操作规程带负荷拉、合隔离开关，将造成严重的后果。因此配电装置需有"五防"功能，对隔离开关应有专门的闭锁装置，防止隔离开关误操作。闭锁装置分为机械、电气、微机三种。

一、机械闭锁

机械闭锁利用设备的机械传动部位的互锁来实现，是最简单而有效的防误闭锁方式，用于结构上直接相连的设备之间的闭锁。例如成套开关柜中断路器与隔离开关之间、隔离开关与接地开关之间、主电路与柜门之间，以及 35kV 及以上屋外配电装置中装成一体的隔离开关与接地开关之间的闭锁。

当无法使用上述机械闭锁时，另一种常用的机械闭锁装置是防误操作程序锁。锁由锁体、锁轴及钥匙等几个部分组成，其中锁体是主体部分，锁体上有钥匙孔，孔边有两个圆柱与钥匙的两个编码圆孔相对应。锁轴是锁对开关设备的闭锁执行元件，可控制设备的操作，其运动受两把钥匙的控制。当具有两把钥匙时，锁轴被释放，设备才可以进行操作。操作后，上一程序钥匙被锁住，下一程序钥匙取出，此时锁轴被制止，将设备闭锁。目前我国生产的有 JS 系列和 CZS 系列等防误操作程序锁。

二、电气闭锁

电气闭锁是通过接通或断开操作电源而达到闭锁目的的一种装置。对采用气动、电动和液压操动机构的隔离开关，在其控制电路中设闭锁接线，如图 10 - 1～图 10 - 3 所示三个控制电路中的断路器动断辅助触点 QF 以及接地开关动断辅助触点 QSE；对手动操作的隔离开关、接地开关，装设电磁锁闭锁装置，装置由电磁锁和闭锁电路两部分组成。

1. 电磁锁

电气闭锁装置是利用电磁锁来实现防误操作的，其结构示意如图 10 - 6 所示。电磁锁由电锁 1 和电钥匙 2 两部分组成。电锁又由锁芯 4、弹簧 5 和插座 3 组成；电钥匙则由插头 6、线圈 7、电磁铁 8、钥匙环 10 组成。电锁装设在每个隔离开关操动机构的手柄上，以便把隔离开关锁住；电钥匙是可以取下的，全厂或全站共有 2～3 把。

电磁锁的工作原理如图 10 - 7 所示。电锁用来锁住操动机构的转动部分，即锁芯在弹簧的压力作用下，锁入操动机构的小孔内，使操动机构的手柄不能转动。当需要操作隔离开关时，断路器必须在分闸位置，其动断辅助触点 QF1 闭合，才能给插座加上直流电源，操作人员把电钥匙的插头插入插座时，线圈有电流流过，电磁铁产生磁力吸出锁芯，锁被打开，便可操作隔离开关。

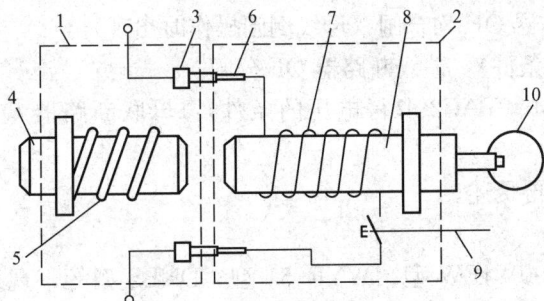

图 10 - 6 电磁锁的结构示意

1—电锁；2—电钥匙；3—插座；4—锁芯；5—弹簧；
6—插头；7—线圈；8—电磁铁；9—解除按钮；10—钥匙环

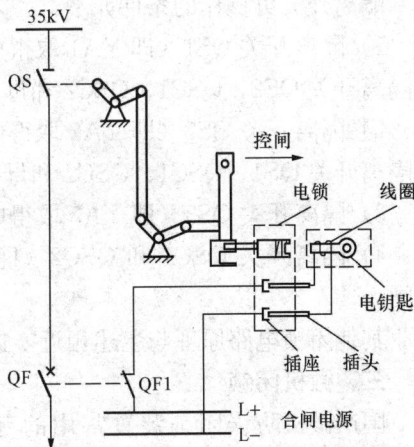

图 10 - 7 电磁锁的工作原理

隔离开关操作结束后取下电钥匙，线圈失电压，释放锁芯，锁芯在弹簧压力作用下锁入操动机构的小孔。隔离开关合闸或分闸操作后，锁芯锁入操动机构的小孔不相同，但原理一致。

2. 闭锁电路

电磁锁闭锁装置的构成，除了电磁锁之外，还必须有断路器的辅助触点等构成的闭锁电路。

（1）单母线隔离开关的闭锁电路，如图 10 - 8 所示。图中 YA1、YA2 分别为对应于隔离开关 QS1、QS2 的电磁锁的插座。只有断路器在分闸位置，断路器的动断辅助触点 QF 闭合，插座 YA1、YA2 才有电压，电钥匙插入插座后才能开启电磁锁，操作隔离开关 QS1、QS2。

（2）双母线隔离开关的闭锁电路，如图 10-9 所示。图中 YA1～YA3 分别为对应于隔离开关 QS1～QS3 的电磁锁的插座，YAC1、YAC2 分别为对应于隔离开关 QSC1、QSC2 的电磁锁的插座，M880 为隔离开关操作闭锁小母线。

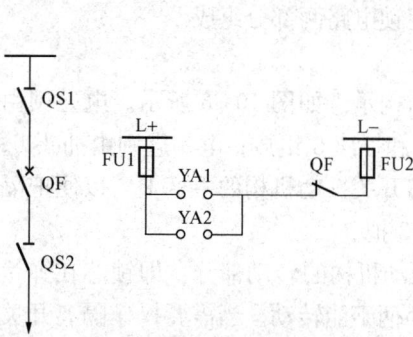

图 10-8　单母线隔离开关的闭锁电路

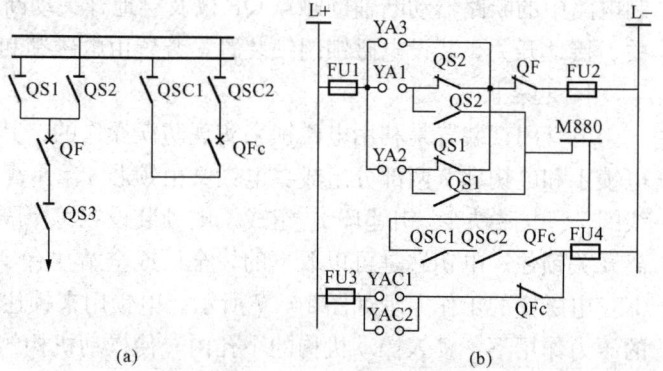

图 10-9　双母线隔离开关的闭锁电路
（a）一次接线示意；（b）闭锁接线

隔离开关可操作的条件如下：

1）隔离开关 QS1（即 YA1 取得电压的条件）：馈线断路器 QF 和隔离开关 QS2 分闸，或隔离开关 QS2、QSC1、QSC2 和母联断路器 QF_c 均合闸（母线倒闸操作时出现）。

2）隔离开关 QS2（即 YA2 取得电压的条件）：馈线断路器 QF 和隔离开关 QS1 分闸，或隔离开关 QS1、QSC1、QSC2 和母联断路器 QF_c 均合闸（母线倒闸操作时出现）。

3）隔离开关 QS3（即 YA3 取得电压的条件）：馈线断路器 QF 分闸。

4）隔离开关 QSC1 和 QSC2（即 YAC1、YAC2 取得电压的条件）：母联断路器 QF_c 分闸。

其他闭锁电路原理与上述相近，这里不再赘述。

三、微机闭锁

国产微机防误闭锁装置常用的有 FY-90WJFW 型、WYF-51 型、DNBS 型等，现以 DNBS 型为例简述微机闭锁装置的构成和工作原理。

1. DNBS 型微机闭锁装置的构成

DNBS 型微机闭锁装置由微机模拟盘、电脑钥匙、编码锁组成。

微机模拟盘由盘面、专用微机等组成。盘面上有主接线的模拟元件，模拟元件均有一对触点与主机相连，盘面可挂墙上或落地安装。

电脑钥匙通过接口与模拟盘联系，可接收、记忆储存由模拟盘主机发送的操作票，按操作票内容依次打开编码锁。电脑钥匙全厂（站）配两只，其中一只备用。

编码锁分有电编码锁和机械编码锁两种。电编码锁装于每台断路器的控制回路，或动力式操动机构的控制回路（与电气闭锁在控制电路中设闭锁接线相似）；机械编码锁装于被闭锁的设备（如隔离开关、临时接地、网门等），并有一定数量的备用。每把锁的编码是唯一的。

2. 工作原理

（1）在主机中形成电脑专家系统。制造厂商根据主接线图及闭锁原则，在系统软件中编写所有设备的操作规则，在主机形成一个倒闸操作的电脑专家系统，并输入了所有的操作票且由电脑专家系统整理、归纳、储存。

（2）预演操作。操作人员开始倒闸操作前，先打开装置的电源，输入操作任务，然后在模拟盘上进行预演操作，电脑专家系统自动提示每一项操作是否正确。预演结束后，通过模拟盘上的传输插座将正确的操作票内容输入到电脑钥匙中，并可通过打印机打印出操作票。

（3）现场操作。操作人员拿着电脑钥匙到现场实际操作时，依据电脑钥匙显示屏上显示的设备编码，插入相应设备的编码锁内，开放闭锁回路或机构，便可以进行相关设备的操作，操作结束后电脑钥匙自动显示下一项的操作内容。当插入与电脑钥匙显示的设备编码不一致的编码锁时，电脑钥匙不能打开编码锁，并发出报警声。

（4）事故情况下的操作。这时允许直接使用电解钥匙和机械解锁钥匙到现场操作，不再预演操作和使用电脑钥匙操作。

学习指导

隔离开关的控制分就地控制和远方控制两种。

隔离开关的操动机构有手动、电动、气动和液压传动等形式。手动机构只能就地操作，其他几种可就地控制，也可远方控制。

防误闭锁装置按动作原理分为机械、电气、微机三大类。机械闭锁常用的有设备互锁、程序锁两种形式；电气闭锁常用的有电磁锁闭锁装置、控制回路设闭锁接线两种形式；微机闭锁可由电编码锁闭锁控制电路，也可以由机械编码锁直接闭锁设备。

手动操动机构无需设控制电路，但要装设闭锁装置。闭锁装置可装设机械闭锁、电磁锁闭锁、微机机械编码锁等形式。

动力式（电动、气动和液压传动等）操动机构装设专门的控制电路。防误闭锁装置可采用在控制电路中装设闭锁接线（如断路器动断辅助触点）或微机电编码锁等形式。

习　题

10-1　对隔离开关控制回路有哪些基本要求？

10-2　简述隔离开关电动操动机构控制回路的工作原理。

10-3　手动操动机构可采用什么防误闭锁措施？

10-4　动力式操动机构可采用什么防误闭锁措施？

第十一章　中央信号及其他信号回路

教学要求

了解信号回路的作用、分类和构成；了解对中央信号系统回路的基本要求；掌握中央复归能重复动作的中央信号系统的工作原理；懂得根据中央信号系统的信号判断事故或异常的设备及其性质。

在发电厂、变电站中，为了监视各电气设备和系统的运行状态，便于事故处理、分析和相互联系，需要装设信号装置。本章主要讲述信号的类型、作用及其构成，中央信号系统的工作原理。

第一节　信号回路概述

在发电厂和变电站中，常常需用信号装置显示断路器和隔离开关的位置信号；为了及时发现异常工作状态和事故，电气值班人员仅依靠测量仪表来监视设备和系统的运行状态是不够的，还必须借助更直观、更醒目的灯光信号和音响信号来反映系统的运行状态；各车间之间还需用信号进行相互联系。

一、信号回路的类型

信号回路按用途可分为中央信号、位置信号、指挥信号等几种。

1. 中央信号

中央信号有事故信号和预告信号两种，一般装设在主控室的信号屏上，中央信号由此而得名。

（1）事故信号。当电气设备发生事故时，应使故障回路的断路器跳闸，同时应发出事故信号，指明故障的性质，引起值班人员的注意。事故信号由音响（蜂鸣器，又称电笛）和灯光信号（灯光闪烁）两部分组成。

（2）预告信号。当电气设备出现异常的工作状态时，一般并不使断路器立即跳闸，但要发出预告信号，以便采取适当的措施处理，防止故障扩大。预告信号也由音响（电铃）和灯光信号（光字牌）两部分组成。

2. 位置信号

用于指示断路器、隔离开关及其他开关电气设备的位置状态，通常用红、绿灯作断路器的合闸、分闸位置信号，用专门的指示器表示隔离开关的位置状态。

3. 指挥信号

指挥信号用于主控室向其他控制室发出操作命令，如主控室向机炉房发出"增负荷""减负荷""发电机已合闸"等命令。

二、信号的形式

这里主要介绍中央信号的形式。中央信号由掉牌信号、光字信号、音响信号三种信号形式构成。

1. 掉牌信号

掉牌信号由装在保护屏上的信号继电器实现，能告诉值班人员是何种保护动作，从而帮助值班人员判断故障的性质和远近。

2. 光字信号

光字信号由各种异常工作状态的名称和相应的灯光构成。当发生某种异常工作状态时，相应的灯光变亮，将该种异常工作状态的名称显示出来。

3. 音响信号

如前所述，事故信号的音响信号部分采用蜂鸣器（又称电笛），预告信号的音响信号部分则采用电铃。

发生事故时，值班人员首先听到事故信号的蜂鸣器发出音响，再通过断路器位置指示灯闪光判断哪个设备发生了事故跳闸，并通过继电保护的掉牌信号判断是何种保护作用于跳闸。

发生异常工作状态时，值班人员则首先听到预告信号的电铃发出音响，再通过控制台的光字信号判断何种设备发生了何种异常工作状态，据此做出正确的判断处理。

三、信号回路的基本要求

发电厂和变电站的信号系统应能满足以下要求：

（1）断路器事故跳闸时，蜂鸣器能及时发出音响信号，相应的断路器的位置指示灯闪光，信号继电器掉牌，点亮"掉牌未复归"光字牌。

（2）发生异常工作状态时，电铃能及时发出音响信号，并使显示故障性质的光字信号点亮。

（3）对信号回路，应能进行是否完好的试验。

（4）音响信号应能重复动作，并能手动或自动复归，光字信号、继电器的掉牌信号应能暂时保留。

（5）对于指挥信号等应根据需要装设。

四、全信号回路的构成

从信号启动至发出掉牌信号、光字信号和音响信号，就构成了全信号回路。

（一）信号启动回路

全信号回路的第一部分为信号启动回路，分散在各种保护电路中，也是保护回路的组成部分。信号启动回路分为有信号继电器的信号启动回路和无信号继电器的信号启动回路两种形式。

1. 有信号继电器的信号启动回路

信号继电器分为电流型和电压型两种，因此，信号启动回路可分为串联和并联两种接入法。

（1）串联接入法。串联接入法常用于各种事故信号启动回路。如图 11-1 所示，信号继电器 KS1 为电流型，线圈 KS1 串联接于变压器电流速断保护回路中。

（2）并联接入法。并联接入法常用于各种预告信号启动回路。如图 11-1 所示，信号继电器 KS2

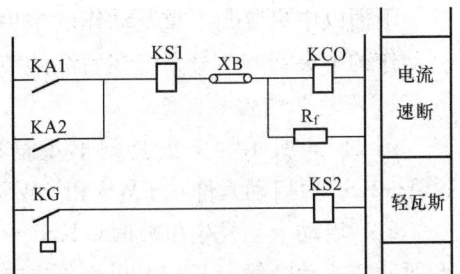

图 11-1 信号启动回路

为电压型，当变压器轻瓦斯保护动作时 KS2 启动并掉牌，发出轻瓦斯动作信号。

2. 无信号继电器的信号启动回路

在预告信号中，某些信号无需保留，或保护发出的信号源具备保持的能力，可将各保护回路发出的信号源直接引入光字回路而省去信号继电器，即各信号源的保护回路就是信号启动回路。如图 11-2 所示，KV2、KA 等启动回路为保护的触点。

（二）光字信号回路

光字信号（光字牌）通常在预告信号中采用。如图 11-2 所示为某发电机单元的光字信号回路。光字信号回路一端接至正极信号小母线，另一端接至预告音响小母线，即正极性接法，电站一般都采用正极性接法。

图 11-2 中的光字信号回路由保护的触点直接启动，同时也是全信号回路的下一级——预告音响信号的启动回路。例如，HL1 为发电机定子接地监视的光字牌，若定子接地后不消失，保护的触点 KV2 保持闭合，光字牌 HL1 保持点亮，即保护发出的信号源具有保持信号的能力，故可以省去信号继电器。

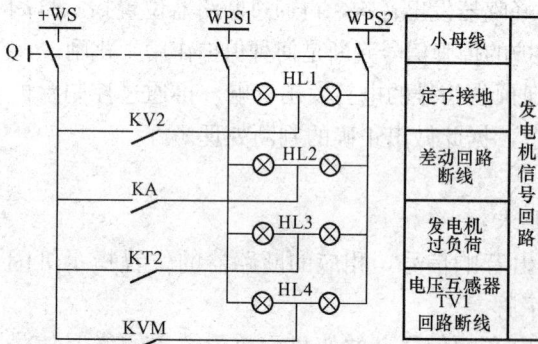

图 11-2 光字信号启动回路

其他设备单元的光字信号与此相似，通过本单元信号小闸刀从各母线中引接电源，各单元只设电源小闸刀，不设熔断器，以免在各单元要增设电源监视回路。

（三）音响信号回路

音响信号回路是当发电厂、变电站发生事故或异常时发出音响，提醒电气值班人员的一套报警系统。事故音响信号和预告音响信号构成了中央音响信号系统，中央音响信号系统按复归方法分为就地复归和中央复归两种；按动作性能分为重复动作和不重复动作两种。

重复动作是指前一个事故（预告）音响停止后，在原启动回路没有复位的情况下，当再次发生事故或异常时，音响信号仍能被再次启动。不重复动作则必须在前一启动回路复位的情况下，当再次发生事故或异常时，音响信号才能被再次启动。

发电厂或变电站中央事故信号系统一般采用中央复归能重复动作的中央信号装置，而且事故音响信号的启动回路通常采用控制开关位置与断路器位置不对应方式。只有设备特别少的变电站或小型水电站，才采用不重复动作的信号装置和就地复归的信号装置。

下面以中央复归不重复动作的中央音响信号系统为例，介绍音响信号回路。中央复归重复动作的中央音响信号系统在后续两节介绍。

1. 事故音响信号回路

图 11-3 所示为中央复归不重复动作事故音响信号回路。图中，信号继电器的触点 KS1～KSn 为启动元件；+WS 和-WS 为信号电源小母线；WTS 为事故音响信号小母线。

（1）启动。当发生事故时，KS1～KSn 中相应的触点闭合，时间继电器 KT1 因线圈通电而动作：动断触点 KT11 断开，将电阻 R1 串联接入时间继电器 KT1 的线圈回路，减小通过时间继电器 KT1 线圈的电流，从而减小时间继电器 KT1 的发热，延长其寿命；动合触点

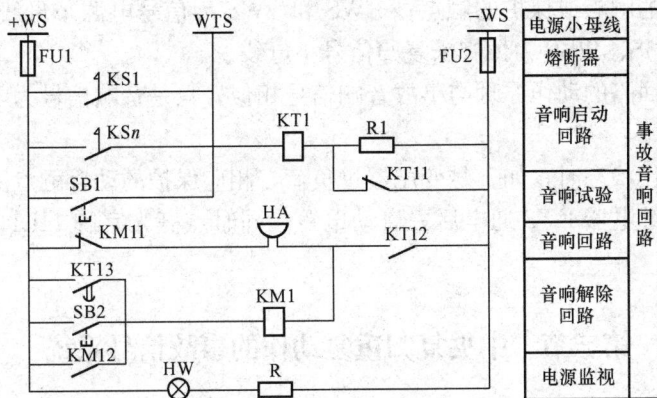

图 11-3　事故音响信号回路

KT12 闭合，接通蜂鸣器 HA，蜂鸣器鸣响，提醒值班人员发生了事故；KT13 经过一定的延时后闭合，启动 KM1，其动断触点 KM11 断开，自动解除音响。

（2）音响解除。除以上分析的自动解除音响外，还可人工解除。值班人员按下音响解除按钮 SB2，使中间继电器 KM1 动作，动断触点 KM11 断开蜂鸣器电源，解除音响。

（3）复归。当事故处理完毕后，将掉牌的信号继电器手动复归，其动合触点断开，切断时间继电器 KT1 电源，时间继电器 KT1 返回，时间继电器动合触点 KT12 断开，使中间继电器 KM1 失电返回，整套装置恢复至动作前的状态。

（4）音响信号的试验。值班人员可通过按下试验按钮 SB1 对音响信号回路进行试验，回路动作过程与事故时自动启动相似。

白炽灯 HW 用于监视信号系统的电源，当电源消失时，白炽灯熄灭，提醒值班人员及时检查，排除故障。

2. 预告音响信号回路

图 11-4 为中央复归不重复动作预告音响信号回路。图中，K1～Kn 为启动元件，是相

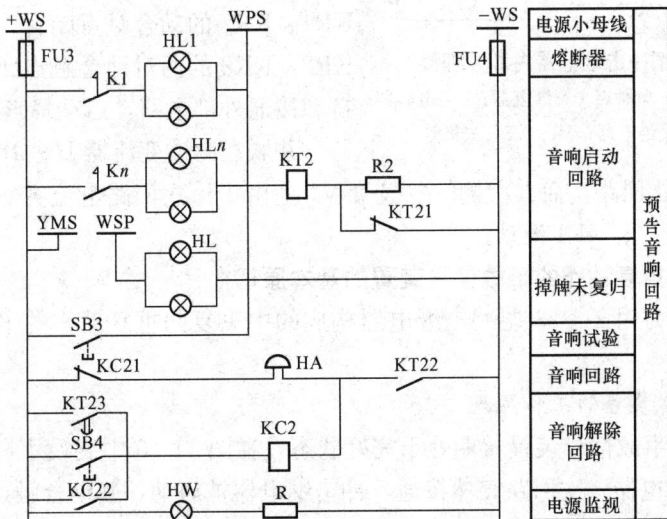

图 11-4　预告音响信号回路

关保护信号继电器的触点或保护的触点；+WS 和 −WS 为信号电源小母线；WPS 为预告音响信号小母线；YMS、WSP 为掉牌未复归信号小母线。

预告音响信号回路的动作原理与事故音响信号相似，只是音响信号为电铃，灯光信号为光字牌。

当发生异常工作状态时，如 1 号变压器过负荷，相应保护的动合触点闭合（如 K1），产生下列效果：时间继电器 KT2 通电后去启动电铃；同时点亮光字牌 HL1，使"1 号变压器过负荷"变亮。

第二节　中央复归重复动作的事故信号系统

如前所述，中央信号由中央事故信号和中央预告信号构成，中央事故信号的作用是：当电气设备发生事故时，应使事故回路的断路器跳闸，同时发出事故信号（包括音响信号和灯光信号），指明故障的性质，引起值班人员的注意。

一、冲击继电器的种类及其工作原理

冲击继电器是中央复归能重复动作的中央信号装置的重要元件，通常有 CJ1 型、ZC-23 型、BC-3A 型、JC-2 型等。由于微机控制的新型中央信号逐渐被广泛采用，本节只介绍 ZC-23 型冲击继电器的工作原理，并介绍由其构成的中央事故信号系统。

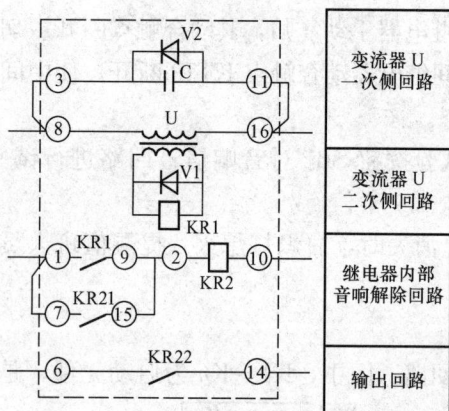

图 11-5　ZC-23 型冲击继电器内部原理接线
U—脉冲变流器；KR1—单触点干簧继电器；C—电容器；
KR2—多触点干簧继电器；V1、V2—二极管

ZC-23 型冲击继电器的内部原理接线如图 11-5 所示。其中，脉冲变流器 U 一次侧与外部的音响启动回路串联，当外部音响启动回路发生变化时，流过脉冲变流器 U 一次侧绕组的直流电流发生变化，于是在二次绕组回路感应出短暂的尖峰脉冲电流，启动干簧继电器 KR1。KR1 的动合触点闭合，启动干簧继电器 KR2，KR2 的两对动合触点闭合后，分别自保持和接通外部电路，启动蜂鸣器。

并联在脉冲变流器 U 一次侧的电容 C 和二极管 V2 组成抗干扰回路，而二次侧的二极管 V1 把由于一次回路电流突然减小而产生的负脉冲电流旁路掉，防止 KR1 误动作。

二、中央复归重复动作的事故信号装置的基本原理

图 11-6 所示为用 ZC-23 型冲击继电器构成的中央复归重复动作的事故信号装置原理接线。

（一）试验按钮装置的工作原理

为了确保中央事故信号装置长期处于完好状态，在图 11-6 中装设了试验按钮 SB1。按下 SB1 时，冲击继电器一次回路突然按通，冲击继电器被启动，其动合触点 KR22 闭合，启动时间继电器 KT1。时间继电器动作产生下列三个效果：

（1）动断触点 KT11 断开，将电阻 R4 串联接入时间继电器回路，从而减小 KT1 的发

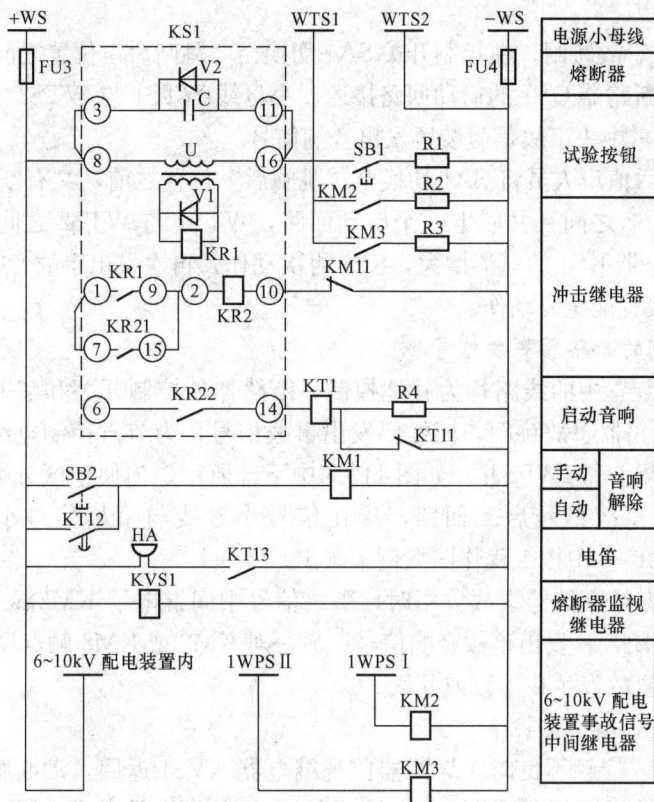

图 11-6 中央复归重复动作的事故信号装置原理接线

热，延长 KT1 的寿命。

（2）动合触点 KT13 闭合，接通蜂鸣器 HA，若 HA1 鸣响，则表示装置完好。

（3）延时动合触点 KT12 经一定的延时后闭合，自动解除音响。

除自动解除音响外，也可手动解除。按下手动解除按钮 SB2，与自动解除相似，启动中间继电器 KM1，KM11 动断触点断开，切断 KR2 所在回路。KR22 断开，使 KT1 返回，KT13 触点断开，解除音响。因此，依靠 SB2 能集中在一个地点手动解除，即所谓中央复归。

当用 SB1 试验时，其动断触点断开遥信装置，以免向电力调度误发信号（图 11-6 中未画出）。

（二）断路器事故信号启动回路的工作原理

图 11-6 中按工程作图惯例，启动回路部分没有画出。断路器事故信号的启动回路如图 11-7 所示。在小母线 WTS1 与 WTS2 之间，并联接入了需要由中央事故信号装置发出事故报警的所有断路器事故信号的启动回路，R 为各个启动回路的电阻，SA1～SAn 为各自断路器的控制开关，QF1～QFn 为各断

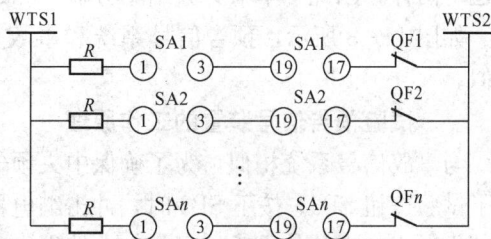

图 11-7 断路器事故信号的启动回路

路器的动断辅助触点。

若断路器 QF1 事故跳闸，在控制开关 SA1 切换至"跳闸后"位置之前，SA1 与 QF1 的位置不对应，对应断路器 QF1 的启动回路接通，小母线 WTS1 与 WTS2 之间接通，与按下试验按钮 SB1 类似，中央事故信号装置发出音响信号。

若在音响解除后值班人员将 SA1 切换至"跳闸后"位置之前，又有断路器事故跳闸时，则在 WTS1 与 WTS2 之间又并联上一个启动回路，WTS1 与 WTS2 之间的电阻由 R 变为 $R/2$，通过冲击继电器 KS1 的电流增大，KS1 再次动作，再次发出事故音响信号。因此，图 11-6 的事故信号装置能重复动作。

（三）就地控制的断路器事故信号

6～10kV 配电装置中的线路均为就地控制，断路器的控制开关和辅助触点在配电装置中。当 6～10kV 断路器事故跳闸，同样要发出事故信号，为节省控制电缆，设置了两段事故信号小母线 1WPSⅠ和 1WPSⅡ，如图 11-6 中下部所示。为便于区分哪段断路器事故跳闸，各段断路器的事故信号启动回路，接在信号小母线与事故信号小母线 1WPSⅠ和 1WPSⅡ之间（图 11-6 中按工程作图惯例未画出）。

当任一段上的某个断路器事故分闸时，事故信号中间继电器 KM2 或 KM3 动作，动合触点 KM2 或 KM3 闭合，发出事故音响信号；另一对 KM2 或 KM3 触点设在中央预告信号，点亮光字牌，指明事故发生在Ⅰ段或Ⅱ段。

（四）事故信号回路的监视

当熔断器熔断或接触不良时，熔断器监视继电器 KVS1 返回，动断触点闭合（在中央预告信号系统），延时启动预告音响信号系统，点亮"事故信号回路熔断器熔断"光字牌。

第三节　中央复归重复动作的预告信号系统

如前所述，预告信号是中央信号系统的一部分，当电气设备出现异常的工作状态时，一般并不使断路器立即跳闸，但要发出预告信号，以便采取适当的措施处理，防止故障扩大。本节主要介绍由 ZC-23 型冲击继电器构成的中央复归能重复动作的预告信号装置。

预告信号分为瞬时预告信号和延时预告信号两种。对某些在电力系统发生短路时可能伴随发出的预告信号，如过负荷、电压互感器二次回路断线、交流回路绝缘损坏等，应带延时发出音响信号使短路被切除，这些信号消失后，预告信号不会发出，以免影响值班人员的注意力。但运行经验表明，只要预告信号带有 0.2～0.3s 延时，预告信号便没有必要分为瞬时和延时两种。因此，本节只介绍不分瞬时和延时的信号回路。

如图 11-8 所示，预告信号系统和事故信号系统在接线上有些不同，但工作原理基本相似。

一、试验预告信号装置的工作原理

与事故信号系统相似，为了确保中央预告信号装置长期处于完好状态，在图 11-8 中装设了试验按钮 SB3。按下 SB3 时，冲击继电器一次回路突然按通，冲击继电器被启动，下面的动作过程与事故信号系统类似，电铃发出音响信号，表明信号系统工作正常。

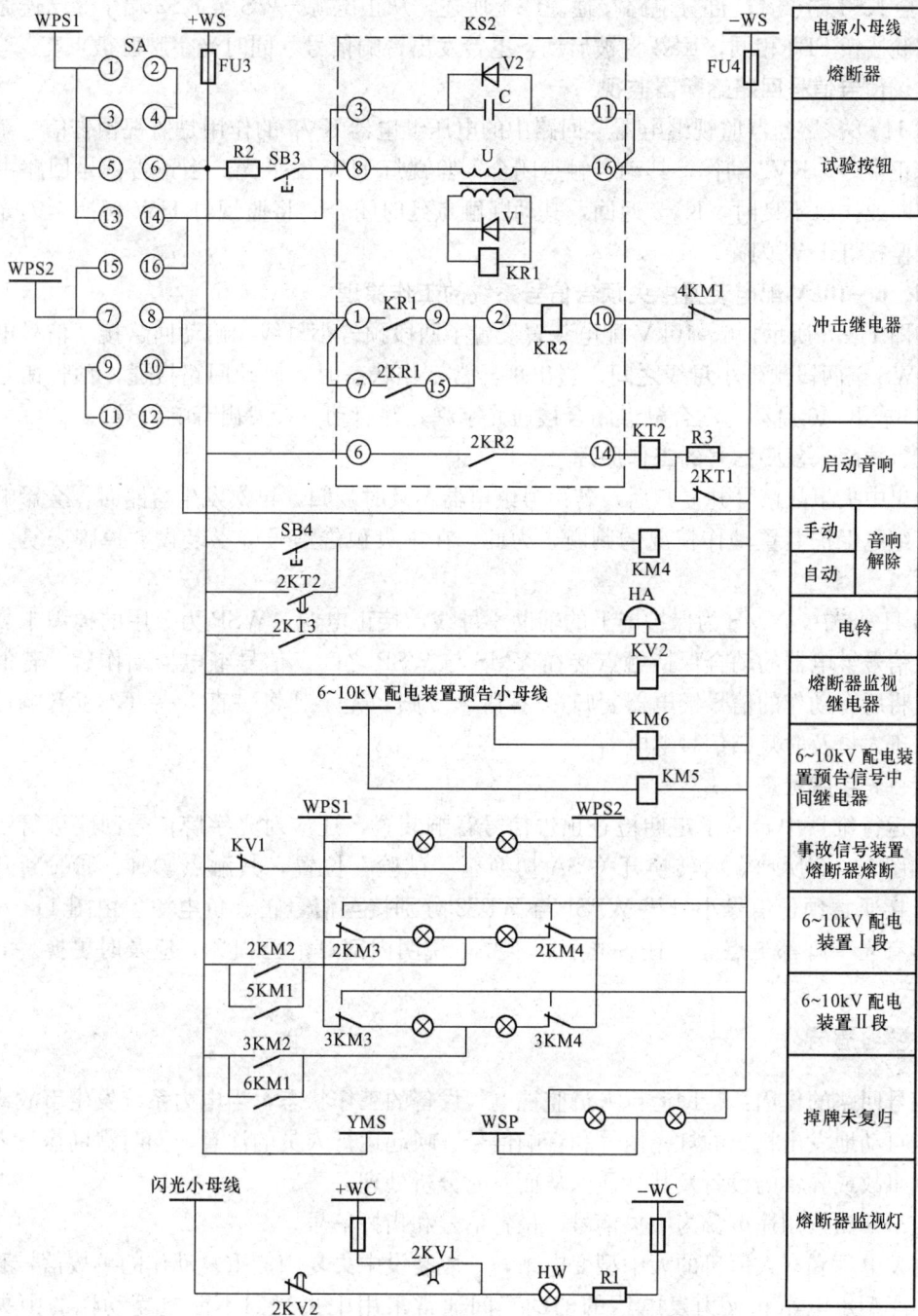

图 11 - 8　中央复归重复动作的预告信号装置原理

二、预告信号发出的工作原理

设某台发电机定子绕组发生了接地故障，如图 11 - 2 所示，反映定子绕组接地的保护动作 KV2 动合触点接通，将信号正电源＋WS 至预告信号小母线 WPS1 和 WPS2 这部分电路接通。回到图 11 - 8 中，SA 处于"信号"位置时，其触点⑬⑭和⑮⑯接通，因此 WPS1 和

WPS2 至 KS2 端子 8 这部分电路接通。综上所述，从正电源＋WS 至 KS2 端子 8 已连通，与按下试验按钮 SB3 相同，KS2 将被启动，电铃发出音响信号，同时光字牌已被点亮。

三、预告信号回路熔断器监视

图 11-8"熔断器监视继电器"回路中的电压继电器 KV2 的作用是监视预告信号系统的电源。正常时，KV2 动作，其动合触点闭合，监视灯 HW 发平光。当预告信号回路中的熔断器熔断或接触不良时，KV2 返回，其动断触点延时闭合，将监视灯 HW 切换至闪光小母线上，监视灯 HW 闪光。

四、6～10kV 配电装置中央预告信号系统的工作原理

如图 11-8 所示，6～10kV 配电装置设置了两段预告小母线，启动回路接于信号电源小母线＋WS 至两段预告小母线之间。当出现异常工作状态时，启动回路接通，预告信号继电器 KM5 或 KM6 启动，动合触点闭合接通光字牌，并启动电铃发出音响信号。

五、掉牌未复归信号的工作原理

发出中央事故信号并复归后，若信号继电器不及时复归，再次发生短路时，会影响运行人员对继电保护装置动作情况的判断，为此，在中央预告信号屏上装设"掉牌未复归"光字牌。

图 11-8 中，YMS 为保护屏上的辅助小母线，接正电源；WSP 为公用的掉牌未复归小母线，信号继电器的动合保持触点接在 YMS 与 WSP 之间。信号继电器动作后，若值班人员忘了将所有动作的信号继电器复归，"掉牌未复归"光字牌将一直点亮（不发音响信号），提醒值班人员及时复归信号继电器。

六、光字牌检查

在运行维护中，除了定期检查预告信号音响装置，还应对光字牌信号回路进行定期检查。如图 11-8 所示，将转换开关 SA 切换至"试验"位置，其触点⑬⑭、⑮⑯断开，其余触点接通，预告信号小母线 WPS1 与 WPS2 分别接至信号正、负电源。由图 11-8 可看出，所有光字牌都被点亮。任一光字牌不亮，说明内部灯泡已损坏，应及时更换。

学习指导

信号回路的作用：帮助运行人员监视电气设备的工作状态，当电力系统发生事故或异常时，能自动地发出相应的灯光信号和音响信号，唤起运行人员的注意，同时帮助运行人员判断发生事故或异常的设备及其性质，从而及时分析处理。

信号回路按用途可分为中央信号、位置信号和指挥信号。

在发电厂和有人值班的大中型变电站，一般装设中央复归能重复动作的事故信号和预告信号；小型水电站和火力发电厂的辅助车间通常采用中央复归不能重复动作的中央信号系统。

中央信号由掉牌信号、光字信号、音响信号三种信号形式构成。

根据中央信号系统的音响信号可以判断是发生了事故还是异常工作状态，根据光字信号、掉牌信号可以判别事故或异常的设备及其性质。

习　题

11-1　信号回路有哪些类型？发电厂、变电站装设中央信号系统有什么作用？

11-2　说明 ZC-23 型冲击继电器能重复动作的工作原理。

11-3　说明中央事故信号系统试验和事故时的动作原理。

11-4　说明中央预告信号系统试验和事故时的动作原理。

11-5　如何根据中央信号系统的信号判断事故或异常的设备及其性质？

第十二章 继电保护和二次回路的发展及新技术简介

教学要求

通过本章学习，了解继电保护与二次回路的发展现状；了解继电保护的发展趋势；了解二次回路的发展趋势；了解故障信息与继电保护技术；了解计算机在继电保护领域中的应用；了解信息网络技术在继电保护中的应用；了解小波变换在继电保护中的应用；了解神经网络在继电保护中的应用；了解自适应继电保护；了解光电式互感器。

第一节 电力系统继电保护和二次回路的发展

一、继电保护与二次回路的发展现状

新中国成立后，我国继电保护学科、继电保护设计、继电器制造工业和继电保护技术队伍从无到有，在大约 10 年的时间里走完了先进国家半个世纪走过的道路。

20 世纪 50 年代，我国工程技术人员有针对性地吸收、消化、掌握了国外先进的继电保护设备性能和运行技术，建立了一支具有深厚理论造诣和丰富运行经验的继电保护技术队伍。阿城继电器厂（现为阿城继电器股份有限公司）引进并消化了当时国外先进的继电器制造技术，建立了我国自己的继电器制造业。在 20 世纪 60 年代中期，我国已建成了继电保护研究、设计、制造、运行和教学的完整体系。这是机电式继电保护的繁荣时代，为我国继电保护技术的发展奠定了坚实基础。

20 世纪 50 年代末，已开始研究晶体管继电保护。20 世纪 60 年代中期到 80 年代中期是晶体管继电保护蓬勃发展和广泛采用的时代。其中天津大学与南京电力自动化设备厂合作研究的 500kV 晶体管方向高频保护和南京电力自动化研究院研制的晶体管高频闭锁距离保护，运行于葛洲坝 500kV 线路上，结束了 500kV 线路保护完全依靠进口的时代。

从 20 世纪 70 年代中期开始，基于集成运算放大器的集成电路保护进入实质性开发研究阶段。到 20 世纪 80 年代末，集成电路保护已经形成完整系列，逐渐取代了晶体管保护。到 20 世纪 90 年代初期，集成电路保护的研制、生产、应用仍处于主导地位，这是集成电路保护时代。在这方面南京电力自动化研究院研制的集成电路工频变化量方向高频保护起了重要作用，天津大学与南京电力自动化设备厂合作研制的集成电路相电压补偿式方向高频保护在多条 220kV 和 500kV 线路上运行。

我国从 20 世纪 70 年代末已经开始了计算机继电保护的研究。华北电力学院（现为华北电力大学）、西安交通大学、华中理工大学（与同济医科大学、武汉城市建设学院合并为华中科技大学）、东南大学、天津大学、上海交通大学、重庆大学和南京电力自动化研究院都相继研制了不同原理和型式的微机保护装置。1984 年，华北电力学院研制的输电线路微机保护装置首先通过鉴定，并在电力系统中获得应用，揭开了我国继电保护发展史上新的一页，为微机保护的推广开辟了道路。在主设备保护方面，东南大学和华中理工大学研制的发

电机失磁保护、发电机保护和发电机—变压器组保护也相继于 1989、1994 年通过鉴定，投入运行。南京电力自动化研究院研制的微机线路保护装置也于 1991 年通过鉴定。天津大学与南京电力自动化设备厂合作研制的微机相电压补偿式方向高频保护，西安交通大学与许昌继电器厂（现为许昌继电气股份有限公司）合作研制的正序故障分量方向高频保护也相继于 1993、1996 年通过鉴定。至此，不同原理、不同机型的微机线路和主设备保护各具特色，为电力系统提供了一批性能优良、功能齐全、工作可靠的新一代继电保护装置。随着微机保护装置研究工作的开展，在微机保护软件、算法等方面也取得了很多理论成果。从 20 世纪 90 年代开始，我国继电保护技术已经进入了微机保护时代。近年来，通过加强管理和技术进步，继电保护运行水平不断提高，高压电网继电保护微机化率稳步增长，先进的技术管理手段得到充分应用，超高压直流输电、串补控制保护设备国产化取得突破，提升了国产控制保护的技术水平和实力。

二、继电保护的发展趋势

继电保护技术未来的趋势是向计算机化，网络化，智能化，保护、控制、测量和数据通信一体化方向发展。

1. 计算机化

微机保护的巨大优越性不容置疑，而且已被普遍接受。随着计算机硬件的迅猛发展，微机保护硬件也在不断发展。我国微机保护装置硬件设计经历了从 8 位微处理器、16 位微处理器、32 位微处理器到 64 位微处理器的几个发展阶段。

电力系统对微机保护的要求不断提高，除了保护的基本功能外，还应具有大容量故障信息和数据的长期存放空间、快速的数据处理功能、强大的通信能力、与其他保护或控制装置调度联网以共享全系统数据、高级语言编程、信息和网络资源的能力等。目前，国内外已研制出以 64 位数字信号处理器为硬件基础的保护、控制、测量一体化的微机保护综合控制装置。

为适应变电站自动化的需要，微机保护的对外通信功能不断加强，从现场总线到嵌入式以太网的应用，网络技术的发展已经跨越了几个阶段。变电站内分层分布式网络结构的设计，网络性能和可靠性的不断提高，方便灵活、扩展性强等网络特点，使得微机保护装置内部网络化的潜在优势日益明显，网络化硬件设计思想开始深入到保护装置内部。

实际上，在 20 世纪 90 年代中后期，国外著名继电保护制造商通用电气公司（General Electric Company，GE，又称奇异公司）、阿西布朗勃法瑞（ABB）等公司已经在向保护测控装置网络化设计的方向发展，并开始将网络设计思想引入到装置内部硬件设计中。ABB 公司于 1998 年推出全面实现网络硬件平台设计的新一代保护，不仅对外通信具有不同的通信接口，装置内部不同模块之间互联也采用了网络总线。其中，A/D 模块与主处理器模块间采样数据传送由 RS-485 总线实现，主处理器模块与其他各模块间（包括输入、输出模块）通过 CAN 总线互联，并相互交换信息。

2. 网络化

计算机网络作为信息和数据通信工具已成为信息时代的技术支柱，使人类生产活动和社会生活的面貌发生了根本的变化。它深刻影响着各工业领域，也为各工业领域提供了强有力的通信手段。到目前为止，除了纵联保护和纵差保护外，所有继电保护装置都只能反映保护安装处的电气量。继电保护的作用也只限于切除故障元件，缩小事故影响范围，这主要是由于缺乏强有力的数据通信手段。国外早已提出过系统保护的概念，但当时限于技术条件主要针对安全自动装置而言。继电保护的作用不应局限于切除故障元件和限制事故影响范围，还应保证全系统的安全稳定运行。这就要求每个保护单元都应共享全系统的运行和故障信息与数据，各保护单元与重合闸装置在分析这些信息和数据的基础上协调动作，确保系统的安全稳定运行。显然，实现这种系统保护的基本条件是将全系统各主要设备的保护装置用计算机网络连接起来，亦即实现微机保护装置的网络化。

对于一般的非系统保护，实现继电保护装置的计算机联网也有很大的好处。继电保护装置能够得到的系统故障信息越多，则对故障性质、故障位置的判断和故障距离的检测越准确。对自适应保护原理的研究已经有很长的时间，也取得了一定的成果，但要真正实现继电保护对系统运行方式和故障状态的自适应，必须获得更多的系统运行和故障信息，只有实现继电保护的计算机网络化，才能做到这一点。

全球卫星定位系统（GPS）和光纤通信技术对网络化的微机保护装置实现同步矢量测量提供了条件。GPS在各领域中已经得到了广泛应用，在电力系统中主要用于同步矢量测量。在GPS系统中，共有24颗卫星绕地球轨道运行，它们距地面约20 000km，地球表面任一点均可接收到卫星发出的精度在$1\mu s$以内的时间脉冲。这样，电力系统中任一变电站均可接收GPS发来的精确时间脉冲给当地测量电流或电压波形以时间标记，其标度的相位精度对于50Hz的波形为$0.018°$。光纤通信系统将各变电站的测量结果收集、汇总、处理后，即得到各变电站之间动态矢量的变化，并据此实施电力系统的保护与控制。

微机保护装置网络化可大大提高保护性能和可靠性，这是继电保护发展的必然趋势。

3. 保护、控制、测量、数据通信一体化

在实现继电保护的计算机化和网络化的条件下，继电保护装置实际上是一台高性能、多功能的计算机，是整个电力系统计算机网络上的一个智能终端。它可从网上获取电力系统运行和故障的任何信息和数据，也可将它所获得的被保护元件的任何信息和数据传送给网络控制中心或任一终端。因此，每台微机保护装置不但可以完成继电保护功能，而且在无故障正常运行情况下还可完成测量、控制、数据通信功能，亦即实现保护、控制、测量、数据通信一体化。

在过去，为了测量、保护和控制的需要，室外变电站的所有设备（如变压器、线路等）的二次电流、电压都必须用控制电缆引到主控室。所敷设的大量控制电缆不但要大量投资，而且使二次回路非常复杂。但是如果将上述的保护、控制、测量、数据通信一体化的计算机装置，就地安装在室外变电站的被保护设备旁边，将被保护设备的电流、电压量在此装置内转换成数字量后，通过计算机网络送到主控室，则可减少大量的控制电缆。此外，用光纤作为网络的传输介质，还可免除电磁干扰。现在光电流互感器（OTA）和光电压互感器（OTV）已经开始使用，将来必然在电力系统中得到应用。在采用OTA和OTV的情况下，保护装置应放在距离OTA和OTV最近的地方，即应放在被保护设备附近。OTA和OTV的光信号输入到此一体化装置中并转换成电信号后，一方面用作保护的计算判断，另一方面作为测量，通过网络送到主控室。相应地，从主控室通过网络可将对被保护设备的操作控制命令送至此一体化装置，由此一体化装置执行断路器的操作。

4. 智能化

进入20世纪90年代，电力系统继电保护领域内的很多研究工作转至人工智能的应用，相继出现了利用人工神经网络、模糊理论来实现故障类型的判别、故障距离的确定、方向保护、主设备保护等新方法，用小波理论数学手段分析故障产生信号的整个频带的信息并用于实现故障检测。这些人工智能技术不仅为提高故障判别精度提供了手段，而且能够使某些基于单一工频信号的传统算法难以识别的问题得到解决。

例如利用模糊理论区分振荡与短路。振荡与短路是电力系统中的两种不同现象，继电保护要快速准确地区分电力系统振荡与短路。对振荡时可能误动作的保护应可靠闭锁，而对振荡中出现的各种类型的故障，则要求继电保护能够准确及时地识别，并开放保护快速切除故障，以利于系统尽快恢复稳定运行。传统的振荡闭锁方案有利用有无负序分量的、利用负序电流增量的、利用电气量变化速度不同原理等。仅取振荡时的某一种特征来识别的时候虽然具有不错的性能，但缺陷也是存在的，而且电力系统的运行情况十分复杂，振荡与短路的情况又多种多样，根据单一的判据，利用某一精确而绝对的定值来区分振荡与短路是有局限性的，甚至会引起保护在振荡时的误动作。而采用模糊集合理论，利用模糊模式识别原理建立相应的模糊数学模型，利用多特征量、多判据进行综合判断就能很好地区分振荡与短路。

模糊理论在继电保护中应用非常多，常见的还有：

（1）根据振荡中 i_0、i_2 相对于 i_1 的大小，利用模糊原理识别振荡中的不对称故障，进而开放振荡中的零序、负序方向元件，从而快速地切除振荡中的不对称故障。

（2）根据视在阻抗电阻分量 R 在振荡中"渐变"，在三相故障时"较小或基本不变"的特征，利用模糊理论描述识别振荡闭锁中的三相短路的机理，快速识别并切除振荡中的三相故障。

（3）利用模糊理论区分电力系统多机系统发生多模振荡时的同步振荡与失步振荡的新原理，该原理大大提高了对复杂系统失步振荡进行系统解列的可靠性。

（4）利用小波理论进行特征提取，利用模糊集方法区分变压器励磁涌流和故障的新方法，这种从定量到定性的识别方法为研制新型的变压器保护提供了一种较先进的新原理。

其他如人工神经网络、遗传算法、进化规划等，也都有其独特的求解复杂问题的能力。然而到目前为止，人工智能的应用还不能够取代传统保护原理，而且这些方法的应用同样受传感器频宽的限制，其结果往往是通过复杂的计算和烦琐的工作只能换取故障识别的准确度或可靠性的有限提高。

三、二次回路的发展趋势

传统的二次系统是由相对独立的继电保护和安全自动装置系统、远动系统和调度通信系统组成。这三个系统在设备及管理上都彼此独立，各司其职，统一由系统运行调度员使用和控制。

自 20 世纪 80 年代以来，继电保护的微机化、远动的数字化和调度的自动化使得这三个系统出现了相互融合的趋势，产生了基于微机装置和计算机网络的变电站综合自动化，国际上称为变电站自动化。进入 20 世纪 90 年代，随着我国农村电网和城市电网的改造，变电站自动化促成了电力系统二次系统的重大变革。

在实际应用中，常规变电站的二次回路是按照测量、信号、控制等功能分开的，相应地就有测量装置（如计量屏）、信号装置（如中央信号屏）、控制装置（如控制屏）等。每个一次设备的电流互感器的二次侧回路、断路器的跳合闸操作回路，都需要分别连到这些计量屏、信号屏、控制屏、保护屏、远动屏以及其他屏上。由于各设备安装在不同地点，变电站内二次电缆错综复杂，并存在接线复杂，安全性、可靠性不高；电能质量难以控制，设备结构复杂，设备占地面积大，维护工作量大等问题。

变电站自动化是将变电站的二次设备（包括测量仪表、控制系统、信号系统、继电保护、自动装置和远动装置等）经过功能的组合与优化设计，利用先进的计算机技术、电子技术、通信技术、信号处理技术和网络技术，实现对全变电站的主要设备和输配电线路的自动控制、自动监测和保护，以及实现与运行和调度通信相关的综合性自动化功能。

变电站自动化利用多台计算机代替常规的测量和监视仪表，代替常规的控制设备、信号设备和远动设备，用微机保护代替常规的继电保护，取消了常规的控制屏、远动屏和中央信号系统，改变了常规的继电保护装置孤立运行、不与外界联系的状态。变电站自动化是集保护、测量、控制、远动功能为一体，通过数字通信及网络技术来实现信息共享的一套微机化的二次设备及系统。

变电站自动化与传统变电站的二次回路相比，具有接线相对简单、设备相对较少、系统性强、接线方式更合理等特点。

传统变电站的二次回路是一个复杂的网络，它包括控制系统、信号系统、测量与监察系统、继电保护与自动装置系统、调节系统及操作电源系统等。其中仅信号系统包括了位置信号、事故音响信号、瞬时预告信号、延时预告信号等。这些二次回路各系统之间全靠硬件连接，所以二次接线繁多。而变电站自动化从基本原理上打破了原来的界限，原来靠硬件连接的系统可以通过数字通信方式联系，原来屏内设备之间的连线由装置内部的印刷电路板取代，二次接线得到了简化。

传统变电站的二次设备，是分散地装设在控制屏和保护屏上，每一个电气元件都要配置测量仪表、切换开关、控制开关、位置指示灯、光字牌等。而每一套继电保护都由若干个交流测量继电器、中间继电器、信号继电器组成。一个变电站包括多个电气单元，就会有很多的二次设备。而变电站自动化的一个电气单元的控制、信号及测量可以在一个测控装置内实现，继电保护由一套微机保护装置构成。变电站自动化取消了中央信号屏和控制屏，这样，二次设备相应减少了很多。

变电站自动化中，二次设备是按每一个电气单元配置，二次接线也是按电气单元，以一对一的方式连接。不同电气单元之间，只有保护之间配合的连接、操作闭锁回路需要的连接，相应之间的连接大为减少。将变电站的一些公用二次设备和一些不属于各个电气单元的二次设备组合为公用屏。这样，从变电站整体来看，二次回路的接线比较合理、系统性强，也有规律，使运行和维护人员更容易掌握。

第二节　继电保护与二次回路新技术简介

电力生产发展的需要和新技术的陆续出现是电力系统继电保护原理和技术发展的源泉，计算机与网络技术的应用为此创造了前所未有的良机。目前，许多新技术已应用到继电保护领域，如计算机及网络技术的应用，实现了保护、控制、测量、数据通信一体化；应用人工神经网络，可以解决复杂的非线性问题；利用自适应原理，可以进一步改善继电保护性能；应用可编程控制器（PLC），代替传统的机械触点继电器；应用光电式互感器，解决了电流互感器的饱和与暂态过程、电容式电压互感器的铁磁谐振过电压和暂态过程问题等。

一、故障信息与继电保护技术

继电保护的任务就是检测故障信息、识别故障信号，进而做出继电保护是否跳闸的决定。因此故障信息的识别、处理和利用是继电保护技术发展的基础，不断发掘和利用故障信息对继电保护技术的进一步发展有十分重要的意义。故障信息可分为以工频信息及谐波为主的稳态故障信息和暂态故障信息。在使用故障信息方面，引入故障分量的概念。利用故障分量构成电流、方向、电流纵联差动、电流相位差动及距离保护原理。故障分量具有以下特征：

（1）非故障状态下不存在故障分量的电流、电压，故障分量只有在故障状态下才出现。

（2）故障分量独立于非故障状态，但仍受系统运行方式的影响。

（3）故障点的电压故障分量最大，系统中性点的电压为零。

（4）保护装设处电压和电流故障分量间的相位关系，由保护装设处到系统中性点间的阻抗决定，且不受系统电势和短路点过渡电阻的影响。

建立在暂态故障信息基础上的小电流接地保护、行波保护等，都是新型继电保护的重要理论。利用高频故障电流、电压信号的暂态量实现超高速继电保护，已经有许多重要的成果。如利用高频故障电压信号构成的对串补超高压输电线路的保护，其保护原理是基于故障点高频故障电压信号的非联合保护，并具有联合保护方案的优点。这种保护方案使用组合调谐设备和输电线路阻波器来检测保护区域内的高频暂态故障信号（频率为 $70\sim81\mathrm{kHz}$，也可以根据实际情况整定），使用其带阻特性可以区分内部故障和外部故障。该装置使用一个特殊设计的信号处理器来获取高频电压信号，可以完全满足超高压串补线路对继电保护装置的可靠性和安全性要求。

传统的输电线路保护可分为联合保护和非联合保护，这两种保护本身均存在固有的缺陷。非联合保护如距离保护只能保护输电线路的一部分，而且整定比较复杂。联合保护如电流差动保护解决了这个问题，但是需要在输电线路两端之间设立昂贵的专用通信通道，且其可靠性还要受到通信线路和元件的限制。使用就地故障信息实现保护的基本思想，在节省通信联络线费用的同时避免了信号传输带来的误差，使得保护可以免受 TA 饱和及网络状态的影响。这种保护方案同时具有联合保护和非联合保护的优点，是今后继电保护发展的趋势。

一种新型的无通信输电线路继电保护技术以第一次检测到的高频故障电流暂态信号为基础，使用一个特别设计的多通道数字滤波器来捕捉限定频段的高频信号，通过对数字滤波器的几个输出之间的比较来确定故障是否在保护范围内。这种继电保护除了可以节省通信联络线的费用外，还保存了许多暂态保护技术的优点，如故障点、故障类型、过渡电阻以及相位角影响都较小，且不受铁芯饱和及网络状态的影响。

总之，对故障信息的发掘、提取和利用，应满足电力系统发展的要求，是继电保护技术发展的重要课题。此外，新算法的引入为高频暂态信号的应用提供了可能性。

二、计算机在继电保护领域中的应用

计算机在继电保护中的应用可分为最基本的两类。

1. 原有的理论得以实现

例如人工神经网络在电力系统中的应用问题，由于训练人工神经网络所需的计算量过大，传统的计算方法无法满足继电保护的快速性要求，导致该理论以前无法得到实际应用，而计算机的高速运算能力解决了这个问题。又如，对故障分量的判定，需将故障后的信息与正常状态下的信息相比较，在计算机出现以前是很难实现的，但由于计算机有记忆能力，该理论很容易在实际工程中应用。

2. 借助计算机开发的新理论及新技术

计算机在电力系统继电保护中的应用，带来了继电保护领域的一场革新，其中较为成功的例子就是建立在暂态量基础上的行波保护原理，充分利用了计算机的特性。

微机保护利用微型计算机极强的数学运算能力和逻辑处理能力，能够应用许多独特的算法，大大提高了继电保护的性能。

现代微机继电保护一般具有以下特点：采用分层多 CPU 并行运行的结构，各模块系统相关性少；每块 CPU 由单独的开关电源供电，可靠性更高；主保护配置双重化或多重化；单元管理机采用一体化工控机，并可与综合自动化系统连接；软硬件模块化设计，适应各种配置的要求；能够存储故障报告，可供随时查阅和打印输出；具有软硬件的自检功能，有独立的"看门狗"电路监控 CPU 的工作；能提供在线定值修改、实时参数显示、录波功能；可接收 GPS 卫星校时信号等。

三、信息网络技术在继电保护中的应用

当代继电保护技术的发展，正在从传统的模拟式、数字式探索着进入信息技术领域。

变电站自动化的结构向全分散模式方向发展，即以一次主设备为安装单位，将保护、控制等单元分散，就地安装在主设备旁边。全分散模式的变电站自动化，继电保护的配置比较灵活，具体实施又存在两种模式：保护相对独立，控制和测量合一；保护、控制和测量合一。

继电保护的运行信息、事故记忆信息是保障电网安全运行的重要信息，是运行人员和调度人员作为电网运行、事故处理的重要依据。以现代电力系统的运行要求来看，仅依靠安装在被保护设备旁边的传统的继电保护及自动装置，对电力系统的情况做出快速反应，还不能保证电力系统的安全、优质、经济运行，因为这些装置往往都是根据局部的、事后的信息来处理电力系统的故障，不能以全局的、事先的信息来预测、分析系统的运行情况和处理系统中出现的各种情况。为了提高电网事故分析水平，满足电网调度和运行管理的需要，通常是通过建立继电保护运行信息处理系统和继电保护管理信息系统组成的继电保护信息网络，该网络采集保护的动作报告、故障前后的采样数据、录波数据、装置的运行状态、定值维护情况等，实现对整个电网保护和录波装置的实时、动态监测，利用站端信息建立继电保护故障处理和运行管理决策支持系统。

四、小波变换在继电保护中的应用

小波变换等数学方法在电力系统中的应用，为充分利用故障信息提供了有力的数学手段，也为继电保护的发展提供了一个更为广阔的空间。

为了有效地处理暂态量，小波变换算法被引入了继电保护领域，并得到了日益广泛的应用。小波变换具有时域局部化性能，是分析具有突变性质的、非平稳变化信号的理想工具。在电力系统中得到应用的主要是离散小波变换和二进小波变换。

离散小波变换主要用于数据压缩和滤波。电力质量监视器、行波保护和行波故障测距装置的共同特点是对于电压、电流信号的采样频率很高（达数兆赫兹），需要记录、存储和传输的数据量巨大，迫切地需要数据压缩。使用离散小波变换来实现数据压缩，丢失的信息量很少。小波变换能够暗频带分解信号，因此可以用于滤波，包括从含有衰减非周期分量的故障电流中提取工频分量、谐波检测和电压波形畸变检测等。

二进小波变换具有平移不变性，其模极大值可用来表示和重构信号，因此二进小波变换在电力系统中主要用于故障检测、行波检测和识别。电力系统发生故障后，各种电气量（电流、电压、阻抗、相角等）都将发生剧烈变化，从信号的角度来看，可称为突变信号，包含着丰富的故障信息。小波变换的引入，将有助于利用故障分量或突变量的继电保护的发展。行波信号的小波变换呈模极大值，提取和识别这些模极大值，将极大改变行波保护和故障测距的面貌。

五、人工神经网络在继电保护中的应用

人工神经网络是一种非线性映射的方法。很多难以列出方程式或难以求解的复杂非线性问题，应用人工神经网络方法则可迎刃而解，如配电网的线损、电网的暂态分析、动稳态分析等。应用神经网络理论的保护装置是神经网络与专家系统融为一体的神经网络专家系统。例如，在输电线路两侧系统电势角度摆开情况下发生经过渡电阻的短路属于非线性问题，距离保护很难正确做出故障位置的判别，从而造成误动或拒动。如果应用人工神经网络方法，经过大量故障样本的训练，只要样本充分考虑了各种情况，则在发生任何故障时都可正确判别。

人工神经网络用于继电保护领域在 20 世纪 80 年代就已经开始了，但是形成和训练神经网络需要非常大的计算量，因此当时的研究未能取得突破。近年来计算机计算速度的迅猛提高，使神经网络应用于继电保护领域成为可能。许多学者致力于该项技术的研究，并取得了丰厚的成果。

使用人工神经网络也是继电保护装置智能化的一种方法，在解决了计算速度的问题后，神经网络在电力系统中的应用可谓是得心应手。

六、自适应继电保护

自适应继电保护是 20 世纪 80 年代提出的一个较新的研究课题，指可以根据系统运行方式和故障状态而实时改变保护的性能、特性或定值的保护。自适应继电保护的基本思想是使其尽可能地适应电力系统的各种变化，进一步改善保护性能。

电力系统由为数众多的电源设备、送变电设备、线路和各种负荷组成，其运行状态（包括用户负荷的变化、设备的投切、发电机的出力变化等）处于频繁的变化之中。除上述正常运行的情况之外，电力系统中还可能发生各种类型的故障，故障可能是瞬时性或永久性的，又可能是金属性短路或经过过渡电阻短路，因此，要适应电力系统的变化是一项非常困难的工作。

事实上，传统的继电保护也力图适应系统运行方式的变化和故障状态。例如，电流速断保护的整定值是按系统最大运行方式下线路末端发生三相短路考虑，过电流保护定值按线路的最大负荷考虑。这种按最严重的条件确定保护定值的方法，能保证所有可能的正常和故障条件下保护都不会错误地切除被保护的线路，但却存在以下两个缺点：一是按该方法设定的定值，在其他运行方式（其中包括系统的主要运行方式）下不是最佳的；另外，在最小运行方式或最不利的短路条件下，保护可能失效或性能严重变差。同时，应该指出的是，在某些传统保护中也具有许多自适应性能，例如过电流保护的反时限特性、差动保护中的制动特性等。由此可见，自适应继电保护并不是一个新提出的概念，它早已存在于传统继电保护之中。目前计算机在电力系统继电保护和控制中的应用以及相关技术的发展，更为自适应继电

保护的发展提供了前所未有的良机。自适应技术的应用，将使继电保护在如下几个方面有所改进：

1. 保护性能最佳化

保护性能最佳化是在考察现有保护存在问题的基础上提出的。对电力系统继电保护的四个基本要求是选择性、速动性、灵敏性、可靠性，它们之间既矛盾又统一，问题在于如何根据实际情况正确处理这四个基本要求之间的辩证统一关系。例如，传统的观点是必须在最不利的条件下考虑选择性和灵敏性，从而最大限度地满足选择性和灵敏性的要求。其效果虽不是最佳的，但却是正确合理的。因为这种思维方式和决策方法与传统继电保护装置的情况相适应，或者说是由传统的保护装置不能在线自动识别千变万化的一次系统的运行状态和故障状态所决定的。与传统保护不同，自适应保护的突出特点之一就是具有自动识别系统运行状态和故障状态的能力，并针对状态的改变，实时自动地调整保护的性能，其中包括动作原理、动作特性和整定值，从而使其达到最佳效果。

2. 整定计算在线化

继电保护装置整定计算的目的是对电力系统中已经配置安装好的各种保护装置，按照具体电力系统的有关参数和运行要求，通过计算分析给出所需要的各项整定值，以使全系统中的保护装置正确协调地工作，有效地发挥其作用。由于电力系统的结构变化和运行情况的复杂性，继电保护的整定计算是一项复杂而又艰巨的工作。目前已进入计算机辅助整定计算的阶段，尽管还存在着不足，但整定计算工作效率已显著提高。迄今，所有的整定计算都是离线进行的。

自适应继电保护技术的发展预示出未来整定计算在线化的可能性，国内外已有这方面的文章发表。随着电力系统继电保护信息网的形成和发展，可以预见整定计算在线化的时刻一定会到来。

3. 使用简便化

微机保护之所以能在短短的十余年间取得如此迅猛的发展，是因为它有着传统的模拟式保护不可比拟的优点。微机保护装置现场调试、维护简便，深受用户的欢迎。自适应继电保护将进一步发展计算机的智能作用，使装置使用更加简便化。

七、暂态保护

"通过检测故障暂态产生的高频信号来实现传输线及电力设备的保护"是新一代的电力系统继电保护思想，简称"暂态保护"。故障暂态产生的信号中含有大量的信息，其中包括故障的类型、方向、位置、持续时间等。这些信息贯穿于信号的整个频域，从直流、工频到高频分量。在基于工频的保护原理中，故障产生的高频量被当作干扰滤掉，很多研究工作用于设计滤掉高频信号的滤波器上。

"暂态保护"首先通过特殊设计的高频检测装置及算法从故障暂态中提取所需的高频信号，利用专门设计的快速信号处理算法来判断故障性质。微处理机技术的发展使得暂态保护的实现成为可能。

八、可编程控制器在继电保护中的应用

可编程控制器（PLC）可以简单地视为具有特殊体系结构的工业计算机，比一般计算机有更强的与工业过程相连的接口，具有更适应于控制要求的编程语言。在由继电器组成的控制系统里，为了完成一项操作任务，要把各个分立元件，如继电器、接触器、电子元件等用导线连接起来，对于实现复杂的逻辑关系以及需要定期改变操作任务来说，采用这样的连接方式显示是不适宜的。而使用 PLC 就可以简单地解决上述问题，通过软件编程的方式来代替实际的各个分立元件之间的接线。为了减少占地面积，还可以用 PLC 内部已定义的各种辅助器来取代传统的机械触点继电器。例如，长沙马王堆 110kV 变电站保护装置是法国梅兰日兰（MERLTN—GERIN）公司（施耐德电气下属配电品牌之一）的 SEPAM 数字式多功能继电器，该装置把通常的微机保护的逻辑回路分解成保护功能的继电器组和 PLC 两个部分，应用 PLC 能够简单地实现低频减载和备用电源自动投入功能。

九、光电式互感器

电流互感器和电压互感器是电力系统的一次系统和二次系统联系的纽带、信息交换的通道，是测量、保护、控制系统的输入器件，其性能和可靠性对于电力系统的安全运行起着重要的作用。传统的电磁式电流互感器、电磁式或电容式电压互感器都需要高压绝缘子支撑，价格昂贵且容易发生绝缘击穿事故，造成电力系统短路。电流互感器的饱和与暂态过程、电容式电压互感器的铁磁谐振过电压和暂态过程，一直是困扰继电保护工作者的技术难题。经过 30 多年的不懈努力，光电式互感器的研究已经有很大进展，这将引起电力系统的设计、测量、保护、控制技术的一次变革。

光电式互感器的原理是利用石晶材料的磁电效应和电场效应，将被测的电压、电流信号转换成光信号（光波或激光），经光通道传播，由接收装置进行数字化处理，将接收到的光波转变成电信号，并经过放大，供仪表和继电器使用。与传统的电磁式电流互感器相比，光电式互感器具有不易饱和、测量范围大、频带宽、数字信号传输、体积小等优点。输出容量较小是光电式互感器的缺点。

光电流互感器是利用法拉第效应测量激光在光纤中或磁光物质中传播时受附近电流所产生磁场的影响使光的极化方向偏转的原理来测量磁场强度，进而测量电流的器件。OTA 与电子式电流互感器不同，电子式 TA 是将高压线中电流通过小空心互感器转换成小电流后再转换成光，传送到地面后再转换成电流的光电式转换器。

OTA 研究中的关键问题是磁光材料的性能和受机械振动的影响，这些是影响 OTA 进入实用化阶段的主要障碍。从控制角度分析，OTA 是一个开环系统，内应力、温度等因素对其测量精度的影响难以消除或补偿，只有引入其他与 OTA 测量值有关的独立变量，用自适应算法构造一自适应的闭环控制系统才能彻底解决其精度和稳定性问题。

基于磁光晶体的"混合式"OTA 性能较好。在通过待测电流的导线外面，装设一个具有空气隙的环形铁芯，在空气隙中设置由晶体磁光材料做成的法拉第测量元件。铁芯使电流产生的磁场集中在空气隙，可减小外界杂散磁场的影响，提高对干扰的兼容性。下面给出几种基于磁光晶体"混合式"OTA 的示意，如图 12-1 所示。图 12-1（a）所示为法拉第测量元件用光纤通过磁场一次；为提高测量的灵敏度，可使光纤多次通过空气隙，如图 12-1（b）所示；图 12-1（c）所示为晶体两侧的反射薄膜使光多次经过磁场。

如图 12-2 所示，OTV 的基本原理为：用晶体材料 BSO（$Bi_{12}SiO_2$）作矩形测量元件，从其左端输入经过极化的光，从右端输出经过电场后被偏转的光。将此元件置于被测电压的电场强度 E 之下，如图 12-2 中箭头所示，则因晶体材料的折射率随 E 的变化而变化，使光的极化面发生偏转，测量其偏转角即可测量所测的电场强度，换算出被测电压。

因被测电压太高，通常采用与电容式电压互感器类似的电容分压器分压，如图 12-3 所

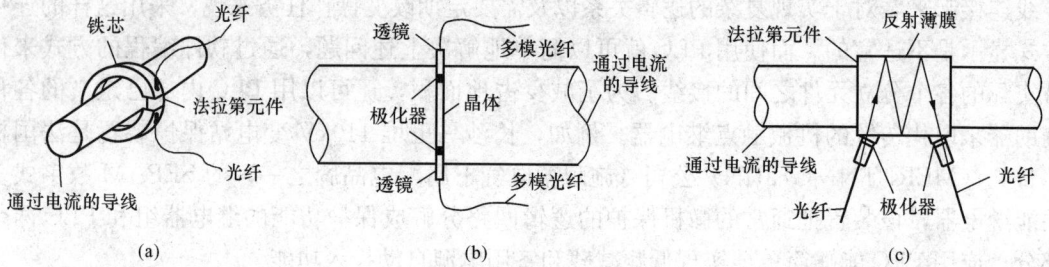

图 12-1　几种 OTA 示意

(a) 混合式 OTA；(b) 一次经过磁场的晶体式 OTA；(c) 多次经过磁场的晶体式 OTA

示，OTV 并联在 C_1 两端。由于 OTV 中没有很大的电感、电阻元件，因此与电容式电压互感器不同，故障时没有严重的暂态过程问题，所以 OTV 特别适合于各种暂态继电保护等超高速保护装置。

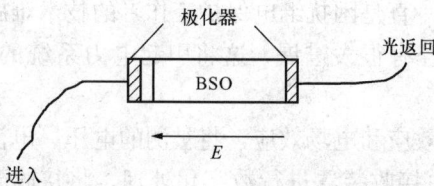

图 12-2　OTV 基本原理

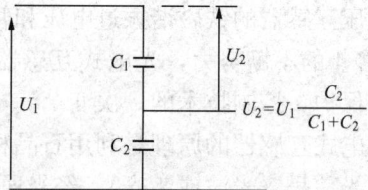

$$U_2 = U_1 \frac{C_2}{C_1 + C_2}$$

图 12-3　OTV 接入方式

学习指导

我国继电保护学科、继电保护设计、继电器制造工业和继电保护技术先后经历了机电型、晶体管型、集成电路型和计算机型继电保护。从 20 世纪 90 年代开始，我国继电保护技术已经进入了微机保护时代。

继电保护技术未来的趋势是向计算机化，网络化，智能化，保护、控制、测量和数据通信一体化方向发展。二次回路向着综合自动化方向发展。

电力生产发展的需要、计算机与网络技术陆续出现，为电力系统继电保护原理和技术发展带来了前所未有的良机和源泉。许多新技术已应用到继电保护的领域，如计算机及网络技术的应用，实现了保护、控制、测量、数据通信一体化；应用人工神经网络，可以解决复杂的非线性问题；利用自适应原理，可以进一步改善继电保护保护性能；应用可编程控制器（PLC），代替传统的机械触点继电器；应用光电式互感器，解决了电流互感器的饱和与暂态过程、电容式电压互感器的铁磁谐振过电压和暂态过程问题等。

习　题

12-1　简述继电保护的发展趋势。

12-2　什么是自适应继电保护？

附录 A　电气常用图形符号

序　号	名　　称		图　形
1	同步发电机、直流发电机		
2	交流电动机、直流电动机		
3	双绕组变压器 电压互感器		形式 1 形式 2
4	电流互感器	一般形式	形式 1 形式 2
		有两个铁芯和两个二次绕组	形式 1 形式 2
		有一个铁芯和两个二次绕组	形式 1 形式 2
5	电阻器	一般形式	
		可变电阻、可调电阻	
		滑线电阻	
		滑线电位器	
6	电容器	一般形式	
		电解电容	
7		电感器、线圈、扼流圈、绕组	
		带铁芯的电感器	
8	二极管	一般符号	
		发光二极管（LED）	

续表

序　号	名　称		图　形
9	反向阻断三极晶闸管 一般形式		
10	三极管	PNP 型	
		NPN 型	
11	蓄电池		
12	桥式整流器		
13	整流器		
14	逆变器		
15	整流器/逆变器		
16	断路器		
17	低压断路器（自动空气开关）		
18	隔离开关		
19	负荷开关（负荷隔离开关）		
20	三极开关	单线表示	
		多线表示	
21	火化间隙		
22	熔断器		

续表

序　号	名　　　称		图　　形
23	接触器	主动合触点	
		主动断触点	
24	按钮开关	动合触点	
		动断触点	
25	手动开关		
26	位置开关、限位开关	动合触点	
		动断触点	
27	信号继电器	机械保持的动合触点	
		机械保持的动断触点	
28	非电量继电器	动合触点	
		动断触点	
29	热继电器动断触点		
30	控制开关 LW2-Z-1a、4、6a、40、20、20/F8 型控制开关部分触点图形符号 … 表示手柄操作位置 "·"表示手柄转向此位置时触点闭合		

序　号	名　　称		图　　形
31	接通的连接片		形式1 ——○—— 形式2 ——|—|—
	断开的连接片		
32	切换片		
33	端子一般符号		○
34	连接、连接点		●
35	继电器、接触器线圈		
36	双绕组继电器线圈	集中表示	
		分开表示	
37	热继电器的驱动器件		
38	极化继电器的线圈		
	缓放继电器的线圈		
	缓吸继电器的线圈		
39	继电器、接触器	被吸合时暂时闭合的过渡动合触点	
		被释放时暂时闭合的过渡动合触点	
		被吸合或释放时暂时闭合的过渡动合触点	
40	继电器、接触器	延时闭合的动合触点	或
		延时断开的动合触点	或
		延时闭合的动断触点	或
		延时断开的动断触点	或

序　号	名　　称		图　　形
41	继电器、开关	动合触点	
		动断触点	
		先断后合的转换触点	
		先合后断的转换触点	或
42	中间断开的双向触点		
43	仪表的电流线圈		
44	仪表的电压线圈		
45	电流表		A
46	电压表		V
47	有功功率表		W
48	无功功率表		var
49	频率表		Hz
50	同步表		
51	记录式有功、无功功率表		W　var
52	记录式电流、电压表		A　V
53	有功电能表	一般符号	Wh
		测量从母线流出的电能	Wh
		测量流向母线的电能	Wh
		测量单向传输电能	Wh

序　号	名　　称	图　　形
54	无功电能表	varh
55	电铃	
56	电警笛、报警器	
57	蜂鸣器	
58	电喇叭	
59	灯的一般符号	

附录 B　二次回路常用电气新旧文字符号对照表

序　号	名　　　称	新符号		旧符号	序　号	名　　　称	新符号		旧符号
		单字母	多字母				单字母	多字母	
1	功能单元；组建；电路板；装置；控制（保护）屏、台	A			2	测量变送器、传感器	B		
					3	电容器（组）	C		
1.1	保护装置		AP		4	二进制元件；延时、存储器件；数字集成电路、插件	D		
1.2	电流保护装置		APA						
1.3	电压保护装置		APV		4.1	数字集成电路和器件	D		
1.4	距离保护装置		APD		4.2	双稳态元件	D		
1.5	电压抽取装置		AVS		4.3	单稳态元件	D		
1.6	零序电流方向保护装置		APZ		4.4	磁芯存储器		DS	
1.7	自动重合闸装置		AAR	ZCH	4.5	寄存器		DR	
1.8	母线保护装置		APB		5	发光器件	E		
1.9	接地故障保护装置		APE		5.1	发热器件		EH	
1.10	电源自动投入装置		AAT	BZT	5.2	照明灯		EL	
1.11	自动切机装置		AAC		6	直接动作式保护；避雷器；放电间隙；熔断器	F		
1.12	按频率减负荷装置		AFL	ZPJH					
1.13	按频率解列装置		AFD		6.1	熔断器		FU	RD
1.14	自动调节励磁装置		AER	ZTL	6.2	限压保护器件		FV	
1.15	自动灭磁装置		AEA	ZM	7	电源；发电机；信号发生器；振荡器；振荡晶体	G		F
1.16	强行励磁装置		AEI						
1.17	强行减磁装置		AED						
1.18	自动调节频率装置		AFR		7.1	交流发电机		GA	
1.19	有功功率成组调节装置		APA		7.2	直流发电机		GD	
1.20	无功功率成组调节装置		APR		7.3	同步发电机；发生器		GS	
1.21	（线路）纵联保护装置		APP		7.4	励磁机		GE	L
1.22	远方跳闸装置		ATQ		7.5	蓄电池		GB	
1.23	远动装置		ATA		8	信号器件：声、光指示器	H		
1.24	遥测装置		ATM						
1.25	故障预测装置		AUP		8.1	声响指示器		HA	
1.26	故障录波装置		AFO		8.2	警铃		HA	
1.27	中央信号在装置		ACS		8.3	蜂鸣器、电喇叭		HB	
1.28	自动准同步装置		ASA	ZZQ	8.4	信号灯、光指示器		HL	
1.29	手动准同步		ASM		8.5	跳闸信号灯		HLT	
1.30	自同步装置		AS		8.6	合闸信号灯		HLC	
1.31	巡回检测装置		AMD		8.7	光字牌		HL	
1.32	振荡闭锁装置		ABS		8.8	绿灯		HG	
1.33	收发信机		AT		8.9	红灯		HR	
1.34	载波机		AC		8.10	黄灯		HY	
1.35	故障距离探测装置		AUD		8.11	白灯		HW	
1.36	硅整流装置		AUF		9	程序；程序单元；模块	J		
1.37	失灵保护装置		APD						

序 号	名　称	新符号		旧符号	序 号	名　称	新符号		旧符号
		单字母	多字母				单字母	多字母	
10	继电器			J	10.42	同步中间继电器		KCS	
10.1	电流继电器		KA	J	10.43	固定继电器		KCX	
10.2	过电流继电器	K	KAO	LJ	10.44	加速继电器		KCL	
10.3	欠电流继电器		KAU		10.45	切换继电器		KCW	
10.4	负序电流继电器		KAN	FLJ	10.46	重动继电器		KCE	
10.5	零序电流继电器		KAZ	LDJ	10.47	脉冲继电器		KM	
10.6	电压继电器		KV	YJ	10.48	绝缘监察继电器		KVI	
10.7	过电压继电器		KVO		10.49	电源监视继电器		KVS	JJ
10.8	欠电压继电器		KVU		10.50	压力监视继电器		KVP	
10.9	负序电压继电器		KVN	FYJ	10.51	保持继电器		KL	
10.10	零序电压继电器		KVZ	LYJ	10.52	启动继电器		KST	
10.11	频率继电器		KF	ZHJ	10.53	停信继电器		KSS	
10.12	过频率继电器		KFO		10.54	收信继电器		KSR	
10.13	欠频率继电器		KFU		10.55	接触器		KM	C
10.14	差频率继电器		KFD		10.56	闭锁继电器		KCB	BSJ
10.15	差动继电器		KD	CJ	10.57	瓦斯继电器		KG	WSJ
10.16	阻抗继电器		KR	ZKJ	10.58	合闸继电器		KOH	HJ
10.17	接地继电器		KE	JDJ	10.59	跳闸继电器		KTP	
10.18	过励磁继电器		KEO		11	电抗器；电感器；	L		
10.19	欠励磁继电器		KEU			电感线圈；消弧线圈			
10.20	功率方向继电器		KW	GJ	12	电动机	M		
10.21	负序功率方向继电器		KWN		12.1	同步电动机		MS	
10.22	零序功率方向继电器		KWZ		12.2	异步电动机		MA	
10.23	逆功率继电器		KWR		12.3	直流电动机		MD	
10.24	同步监察继电器		KY	TJJ	13	运算放大器；模拟/	N		
10.25	失步继电器		KYO			数字混合器件			
10.26	重合闸继电器		KCA		14	指示器件；测量设	P		
10.27	重合闸后加速继电器		KAC	JSJ		备；记录器件；信号			
10.28	母线差动继电器		KDB			发生器			
10.29	极化继电器		KP	JJ	14.1	电流表		PA	
10.30	干簧继电器		KRD		14.2	电压表		PV	
10.31	闪光继电器		KH		14.3	计数器		PC	
10.32	时间继电器		KT	SJ	14.4	电能表		PJ	
10.33	温度继电器		KT	WJ	14.5	有功功率表		PW	
10.34	信号继电器		KS	XJ	14.6	无功功率表		PV	
10.35	控制（中间）继电器		KC	ZJ	14.7	记录仪器		PS	
10.36	防跳继电器		KCF	TBJ	14.8	时钟，操作时间表		PT	
10.37	出口继电器		KCO	BCJ	15	电力电路开关器件	Q		
10.38	跳闸位置继电器		KCT	TWJ	15.1	断路器		QF	DL
10.39	合闸位置继电器		KCC	HWJ	15.2	隔离开关		QS	G
10.40	事故信号继电器		KCA	SXJ	15.3	接地开关		QSE	
10.41	预告信号继电器		KCR	YXJ	15.4	负荷开关		QL	

序 号	名 称	新符号		旧符号	序 号	名 称	新符号		旧符号
		单字母	多字母				单字母	多字母	
15.5	刀开关		QK	DK	19.7	逆变器		UC	
15.6	自动开关		QA	ZK	19.8	整流器		UI	
16	电阻器；变阻器	R		R	20	半导体器件：晶体管、二极管	V	UF	
16.1	电位器		RP						
16.2	压敏电阻		RV		20.1	发光二极管		VL	
16.3	分流器		RS		20.2	稳压管		VS	
16.4	热敏电阻		RT		20.3	可控硅元件		VSO	
17	控制回路开关	S			20.4	三极管		VT	
17.1	控制开关（手动）；选择开关		SA	KK	21	导线；电缆；母线；信息总线；天线，光纤	W		
17.2	按钮开关		SB	AN					
17.3	测量转换开关		SM	CK	22	端子；插头；插座；接线柱	X		
17.4	灭磁开关		SD	MK					
17.5	终端（限位）开关			XWK	22.1	连接片；切换片		XB	LP
17.6	手动准同步开关		SSM1	ISTK	22.2	测试插孔		XJ	
17.7	解除手动准同步开关		SSM	STK	22.3	插头		XP	
17.8	自动准同步开关		SSA1	DTK	22.4	插座		XS	
17.9	自同步开关		SSA2	ZTK	22.5	测试端子		XE	
18	变压器；调压器	T		B	22.6	端子排箱（板）		XT	
18.1	分裂变压器		TU	B	23	操作线圈；闭锁器件	Y		
18.2	电力变压器		TM	B	23.1	合闸线圈		YC	HQ
18.3	转角变压器		TR	ZB	23.2	跳闸线圈		YT	TQ
18.4	控制回路电源用变压器		TC	KB	23.3	电磁铁（锁）		YA	DS
18.5	自耦调压器		TA		24	滤波器；滤过器	Z		
18.6	励磁变压器；接地变压器		TE		24.1	有源滤波器		ZA	
					24.2	全通滤波器		ZP	
18.7	电流互感器		TA	LH	24.3	带阻滤波器		ZB	
18.8	电压互感器		TV	YH	24.4	高通滤波器		ZH	
19	变换器	U			24.5	低通滤波器		ZL	
19.1	电流变换器（变流器）		UA		24.6	无源滤波器		ZV	
19.2	电压变换器		UV		25	直流系统电源			
19.3	电抗变换器		UR			正		+	
19.4	鉴频器		UD			负		−	
19.5	解调器；励磁变流器		UE	NB		中间线		M	
19.6	编码器			ZL					

附录C　直流二次回路编号组

回　路　名　称	数　字　标　号　组			
	一	二	三	四
正电源回路	1	101	201	301
负电源回路	2	102	202	302
合闸回路	3～31	103～131	203～231	303～331
绿灯或合闸回路监视继电器回路①	5	105	205	305
跳闸回路	33～49	133～149	233～249	333～349
红灯或跳闸回路监视继电器回路①	35	135	235	335
备用电源自动合闸回路②	50～69	150～169	250～269	350～369
开关设备的位置信号回路	70～89	170～189	270～289	370～389
事故跳闸音响信号回路	90～99	190～199	290～299	390～399
保护回路	01～099（或 011～0999）			
发电机励磁回路	601～699（或 6011～6999）			
信号及其他回路	701～799（或 7011～7999）			
断路器位置遥信回路	801～809（或 8011～8999）			
断路器合闸线圈或操动机构电动机回路	871～879（或 8711～8799）			
隔离开关操作闭锁回路	881～889（或 8810～8899）			
发电机调速电动机回路	991～999（或 9910～9999）			
变压器零序保护共用电源回路	001、002、003			

注　①对接于断路器控制回路内的红灯和绿灯回路，如直接从控制回路电源引接时，该回路可标注与控制回路电源相同的标号。

　　②在没有备用电源自动投入的安装单位接线图中，标号50～69可作为其他回路的标号，当回路标号不够用时，可以向后递增。

附录 D 交流二次回路标号组

回 路 名 称	互感器的文字符号及电压等级	回 路 标 号 组				
		A相	B相	C相	中性线	零序
保护装置及测量表计的电流回路	TA	A401~A409	B401~B409	C401~C409	N401~N409	L401~L409
	TA1	A411~A419	B411~B419	C411~C419	N411~N419	L411~L419
	TA2	A421~A429	B421~B429	C421~C429	N421~N429	L421~L429
	TA9	A491~A499	B491~B499	C491~C499	N491~N499	L491~L499
	TA10	A501~A509	B501~B509	C501~C509	N501~N509	L501~L509
	TA19	A591~A599	B591~B599	C591~C599	N591~N599	L591~L599
保护装置及测量表计的电压回路	TV	A601~A609	B601~B609	C601~C609	N601~N609	L601~L609
	TV1	A611~A619	B611~B619	C611~C619	N611~N619	L611~L619
	TV2	A621~A629	B621~B629	C621~C629	N621~N629	L621~L629
母线差动保护公用回路	110 kV	A310	B310	C310	N310	
	220 kV	A320	B320	C320	N320	
	35 kV	A330		C330	N330	
	6~10kV	A360		C360	N360	
控制、保护、信号回路		A1~A399	B1~B399	C1~C399	N1~N399	
绝缘监察电压表的公用回路		A700	B700	C700	N700	
在隔离开关辅助触点和隔离开关位置继电器触点后的电压回路	110 kV	A (B、C、N、L、X) 710~719				
	220 kV	A (B、C、N、L、X) 720~729				
	35 kV	A (B、C、N、L) 730~739				
	6~10kV	A (B、C) 760~769				

附录 E　常见小母线的文字符号及其回路标号

序号	小母线名称	文字符号	回路标号
	（一）直流控制、信号和辅助小母线		
1	控制回路电源	+WC、−WC	1、2；101、102；201、202；301、302；401、402
2	信号回路电源	+WS、−WS	701、702
3	事故音响信号（不发遥信时）	WTS	708
4	事故音响信号（用于直流屏）	WTS1	728
5	事故音响信号（用于配电装置）	WTS2	727
6	事故音响信号（不发遥信时）	WTS3	808
7	预告音响信号（瞬时）	WPS1、WPS2	709、710
8	预告音响信号（延时）	WPS3、WPS4	711、712
9	预告音响信号（用于配电装置）	WPS	729
10	预告音响信号（用于直流屏）	WPS5、WPS6	724、725
11	控制回路断线预告信号	（KDMⅠ、KDMⅡ、KDMⅢ）	713Ⅰ、713Ⅱ、713Ⅲ
12	灯光信号	−WS	726
13	配电装置信号	（XPM）	701
14	闪光信号	+WFS	100
15	合闸电源	+WOM、−WOM	
16	"掉牌未复归"光字牌	WAUX	703、716
17	指挥装置音响	WCS	715
18	自动调速脉冲	（1TZM、2TZM）	（717、718）
19	自动调压脉冲	（1TYM、2TYM）	（Y717、Y718）
20	同步装置超前时间	（1TQM、2TQM）	（719、720）
21	同步合闸	（1THM、2THM、3THM）	（721、722、723）
22	隔离开关操作闭锁	WQLA	880
23	旁路闭锁	WPB1、WPB2	881、900
24	厂用电源辅助信号	（+CFM、−CFM）	（701、702）
25	母线设备辅助信号	（+MFM、−MFM）	701、702
	（二）交流电压、信号和辅助小母线		
26	同步电压（待并系统）小母线	（TQM_a、TQM_c）	（A610、C610）
27	同步电压（运行系统）小母线	（TQM'_a、TQM'_c）	（A620、C620）
28	自同步发电机残压小母线	（TQM_j）	（A780）
29	第一组（或奇数）母线段电压小母线	$1VB_a$、$1VB_b$ [VB_b]、$1VB_c$、$1VB_L$、$1VB_X$、$1VB_N$	A630、B630、C630、L630、S_a630、N600

续表

序号	小母线名称	文字符号	回路标号
30	第二组（或偶数）母线段电压小母线	$2VB_a$、$2VB_b$ [VB_b]、$2VB_c$、$2VB_L$、$2VB_X$、$2VB_N$	A640、B640、C640、L640、S_a640、N600
31	6～10kV 备用段电压小母线	（$9YM_a$、$9YM_b$、$9YM_c$）	（A690、B690、C690）
32	转角小母线	（ZM_a、ZM_b、ZM_c）	（A790、B790、C790）
33	低电压保护小母线	（1DYM、2DYM、3DYM）	（011、012、013）
34	电源小母线	（DYM_a、DYM_N）	
35	旁路母线电压切换小母线	（YQM_c）	（C712）

注　1. （　）内为旧文字符号或回路标号；

　　2. 表中交流电压小母线的符号和标号，适用于 TV 二次侧中性点接地系统，[　] 中的符号和标号适用于 TV 二次侧 V 相接地系统。

参 考 文 献

[1] 刘学军. 继电保护. 北京：中国电力出版社，2004.

[2] 贺家李，宋从矩. 电力系统继电保护原理（增订版）. 北京：中国电力出版社，2004.

[3] 张艳霞，姜惠兰. 电力系统保护与控制. 北京：清华大学出版社，2005.

[4] 李丽娇，齐云秋. 电力系统继电保护. 北京：中国电力出版社，2005.

[5] 陈金玉. 继电保护. 北京：中国电力出版社，2006.

[6] 马永祥. 电力系统继电保护. 重庆：重庆大学出版社，2004.

[7] 王维俭. 电力系统继电保护基本原理. 北京：清华大学出版社，1991.

[8] 李火元. 电力系统继电保护与自动装置. 北京：中国电力出版社，2006.

[9] 卢文鹏. 发电厂变电站电气设备. 2版. 北京：中国电力出版社，2007.

[10] 郭光荣. 电力系统继电保护. 北京：高等教育出版社，2001.

[11] 陈继森，熊为群. 电力系统继电保护. 北京：中国电力出版社，1990.

[12] 沈胜标. 二次回路. 北京：高等教育出版社，2006.

[13] 黄栋，吴轶群. 发电厂及变电站二次回路. 北京：中国水利水电出版社，2004.

[14] 何永华. 发电厂及变电站的二次回路. 2版. 北京：中国电力出版社，2004.

[15] 国家电力调度通信中心. 电力系统继电保护实用技术问答. 2版. 北京：中国电力出版社，2000.

[16] 马丽英. 供用电网络继电保护. 北京：中国电力出版社，2004.

[17] 张涛，等. 新型数字式保护网络化硬件平台的研究. 2003年亚洲继电保护和控制学术研讨会.

[18] 王国光. 变电站综合自动化系统二次回路及运行维护. 北京：中国电力出版社，2005.

[19] 许建安，连晶晶. 继电保护技术. 北京：中国水利水电出版社，2004.

[20] 贺家李. 电力系统继电保护技术的现状与发展. 中国电力，1999，32（10）：38-40.

[21] 国家电网公司人力资源部. 继电保护. 北京：中国电力出版社，2010.

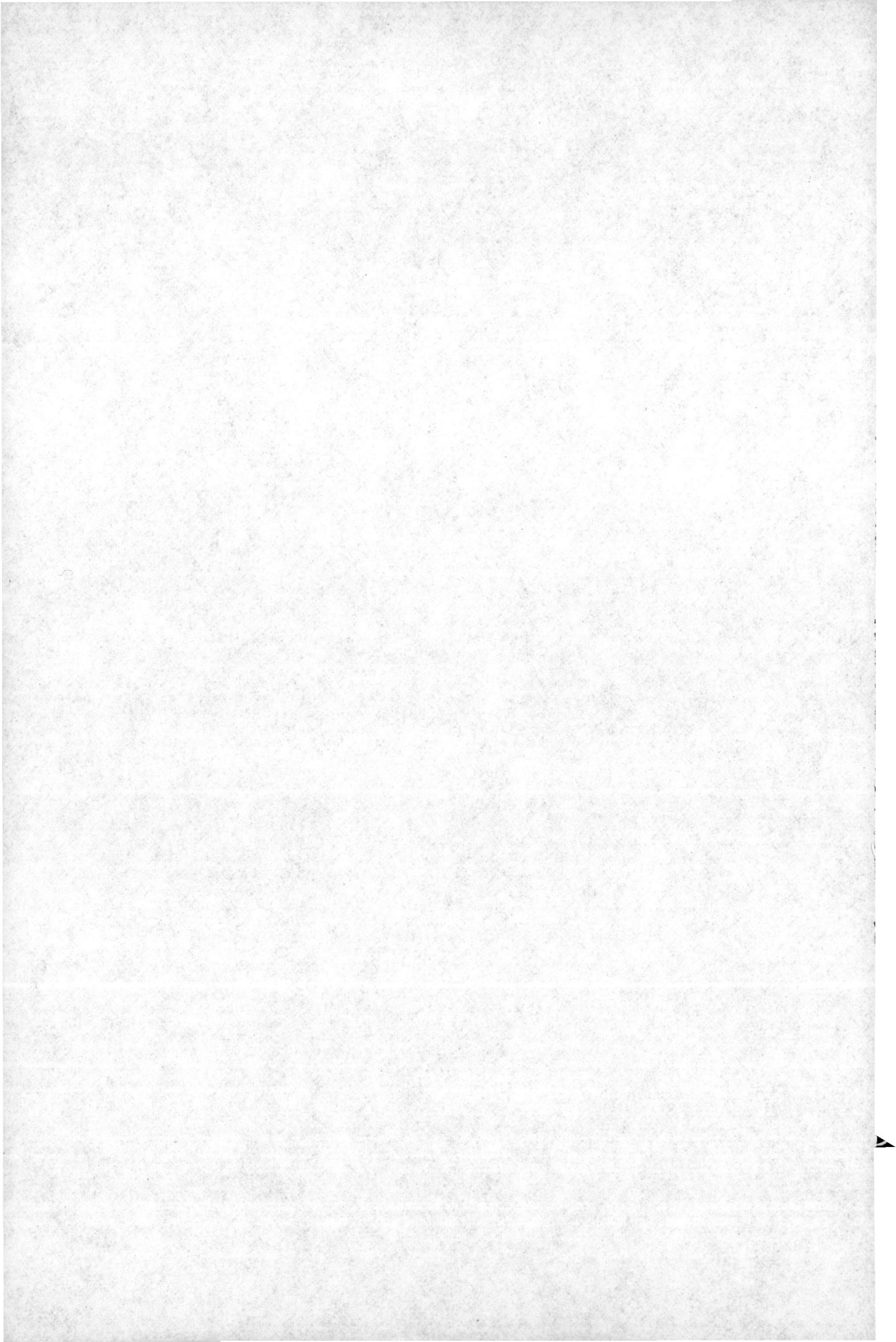